교감국역 송남잡지 05

An Encyclopedia of Songnam

지은이 조재삼(趙在三)은 1808년에 태어나서 1866년까지 생존하였다. 본관은 임천(林川)이고 호는 송남(松南)이며 자는 중기(仲璣)이다. 졸수재(拙修齋) 조성기(趙聖期)의 5대손이다. 저서로『송남잡지』외에도 유고 2권이 있다고 한다.

옮긴이 강민구(姜玟求)는 성균관대학교를 졸업(문학박사)하고 민족문화추진회 국역연수원을 졸업하였으며 연청(硏靑) 오호영(吳虎泳) 선생을 사사하였다. 현재 경북대학교 교수이다. 논문으로「영조대 문학론과 비평에 대한 연구」, 역서로『국역 낙재선생문집』외 다수가 있다.

교감국역校勘國譯 **송남잡지**松南雜識 **05**

1판 1쇄 인쇄 2008년 10월 5일
1판 1쇄 발행 2008년 10월 10일

지은이 / 조재삼
옮긴이 / 강민구
펴낸이 / 박성모
펴낸곳 / 소명출판
등록 / 제13-522호
주소 / 137-878 서울시 서초구 서초동 1621-18 (란빌딩 1층)
대표전화 / (02) 585-7840
팩시밀리 / (02) 585-7848
somyong@korea.com / www.somyong.co.kr

값 30,000원

ISBN 978-89-5626-324-3 94810
ISBN 978-89-5626-319-9 (전13권)

교감 국역 송남잡지 05

松南雜識

조재삼 지음 | 강민구 옮김

일러두기

1. 저본(底本)

이 책은 1987년 동서문화원에서 영인 출판한 『송남잡지』를 저본으로 삼아 역주하되, 1986년 아세아문화사에서 영인 출판한 『송남잡지』와 규장각 소장본 『송남잡지』를 참고하였다.

2. 교감(校勘)

『송남잡지』의 모든 내용을 교감하였다.
인용 원문과 『송남잡지』의 내용을 대조하여 상호 출입을 모두 표시하였다. 인용 원문과 『송남잡지』 사이에 또 다른 전적이 개재되었을 경우, 즉 재인용의 경우에는 그들 간의 변형 과정과 양태를 제시하였다.
『송남잡지』에 인용되지 않은 부분이라도 원문의 이해를 위해 필요할 경우 전후를 제시하였다.
인용 원문을 왼쪽에 두고 『송남잡지』를 오른쪽에 두었으며, 화살표(→)로 변형된 것임을 표시하였다.

3. 역문(譯文)

역문은 쉬운 우리말로 옮기는 것을 원칙으로 하였다. 교감을 거친 번역이므로 원문과 차이가 있는 것이 많다. 그러한 경우 반드시 각주의 형식으로 교감기를 제시하였다.
시(詩)는 역문을 왼쪽에 두고 원문을 오른쪽에 배치하였다.

4. 주석(註釋)

주석은 내용이 간단하고 짧은 경우에는 간주(間註)로 처리하고, 내용이 긴 경우에는 각주로 처리하였다.
각주는 해당 항목을 제시하고 주석하였으며, 긴 항목은 앞뒤의 어구만 제시하고 중간에 …… 부호를 넣어 중략하였음을 표시하였다.

5. 맞춤법

맞춤법과 띄어쓰기는 한글맞춤법과 표준어규정을 따르는 것을 원칙으로 하였다. 단 필요한 경우 두음법칙 등을 적용하지 아니하고 원음을 그대로 제시하였다.

6. 부호

이 책에 사용한 부호는 다음과 같다.
( ) : 번역문과 음이 같은 한자를 묶는다.
[ ] : 번역문과 뜻은 같으나 음이 다른 한자를 묶는다.
“ ” : 대화 등의 인용문을 묶는다.
‘ ’ : “ ” 안의 재인용, 또는 강조 부분을 묶는다.
「 」 : 편명을 묶는다.
『 』 : 책명을 묶는다.
〈 〉 : 인용된 주석을 묶는다.

해제

『송남잡지(松南雜識)』는 조재삼(趙在三 : 1808~1866)이 1855년(哲宗 6년)에 저술한 백과전서적 성격의 유서(類書)이다. 조재삼은 재야의 사인(士人)으로 호가 송남(松南)이고 자는 중기(仲璣)이며 졸수재(拙修齋) 조성기(趙聖期)의 5대손이다.

현재 『송남잡지』는 세 가지 종류가 전해진다. 하나는 임기중(林基中) 교수가 편의상 '임씨본(林氏本)'으로 칭하는 것이고 하나는 규장각 소장본이고 나머지 하나는 청주에서 프린트본으로 발간된 것이다.

임씨본은 총 7책으로 비·파·귤·율·도·매·리(枇·杷·橘·栗·桃·梅·李)로 차례가 정해져 있다. 임기중 교수는 이 책만이 『임천조씨가보(林川趙氏家譜)』에서 "송남잡지 7권을 저술하여 세상에 행(行)하고 있다[著雜識七卷印行于世]"라고 한 기록에 부합되는 유일한 현존본이며 기타 두 종과 대조한 결과 임씨본이 초고본이라는 견해를 제시하였다. 즉 규장각본과 유인본(油印本)은 각각 임씨본을 필사하고 유인(油印)했다는 것이다. 그리고 그 근거로 후자의 두 책과 전자의 편차를 비교해 보면 권차(卷次)가 흐트러져 있는데, 제책(製冊) 후에도 보충이 계속되었다는 점을 제시하였다.

규장각본(奎章閣本)은 총 14권으로 되어 있는데, 비(枇)를 1・2로, 파(杷)를 11・12로, 귤(橘)을 3・4로, 률(栗)을 10・13으로, 도(桃)를 7・8로, 리(李)를 5・6으로 편차하였으니 이는 나무의 이름으로 편차를 정하는 방법이 일반적이지 않기 때문에 생긴 오류로 보인다.

청주의 유인본은 임형택(林熒澤) 교수가 조재삼의 방손(傍孫)인 조남식(趙南植) 옹으로부터 입수하여 아세아 문화사에서 1986년에 영인하였다. 이것은 해방 후 청주 지방에서 이광(李光 : 1887~1966)씨의 주선에 의해 상・중・하 세 책으로 약간부가 유인(油印)되었다고 한다.

유인본은 필경(筆耕)하여 유인(油印)한 것으로 임씨본과 큰 차이는 없다. 단 필경(筆耕)하는 과정에서 자구(字句)의 첨삭을 가하는 교정이 이루어졌을 가능성이 있다. 그러나 규장각본은 임씨본과 제책상(製冊上) 편차에서 차이를 보일 뿐만 아니라 항목의 구성에도 다소간의 차이를 보이고 있다. 규장각본은 임씨본에 있는 항목이 다수 누락되어 있다. 그런데 제책 후 누락된 내용은 원본을 보고 항목간의 빈 공간에 채워 넣은 것으로 보인다. 이는 마치 간주(間注)의 형식처럼 보이는데 사실은 누락된 항목의 보충에 불과하다. 그것의 글씨는 알아보기 어려울 정도로 조악한 것도 있다.

임씨본 역시 결락(缺落)된 글자가 어떤 이에 의하여 가필(加筆)된 흔적이 있다. 그런데 그것은 문맹자의 소위(所爲)로 보이는 바, 전혀 문리가 닿지 않는 글자뿐만 아니라 존재하지도 않는 글자를 그려 넣었기 때문이다.

『송남잡지』는 1,743장으로 이루어진 거질로 '백과전서적 유서'라고 할 만한데, 그 구성을 살펴보면 다음과 같다.

천문류(天文類) 70항목, 세시류(歲時類) 153항목, 지리류(地理類) 189항목, 국호류(國號類) 35항목, 역년류(歷年類), 외국류(外國類) 117항목, 인사류(人事類) 40항목, 가취류(嫁娶類) 75항목, 상제류(喪祭類) 139항목, 성명류(姓名類) 71항목, 과거류(科擧類) 41항목, 문방류(文房類) 85항목, 무비류(武備類) 114항목, 농정류(農政類) 64항목, 어렵류(漁獵類) 16항목, 실옥류(室屋類) 121항목, 의식류(衣食類) 244항목, 재보류(財寶類) 77항목, 집물류(什物類) 90항목, 음악류(音樂類) 94항목, 기술류(技術類) 151항목, 구기류(拘忌類) 80항목, 선불류(仙佛類) 117항목, 상이류(祥異類) 118항목, 계고류(稽古類) 407항목, 이기설(理氣說) 33항목, 인물류(人物類), 조시류(朝市類) 119항목, 방언류(方言類) 816항목, 화약류(花藥類) 180항목, 초목류(草木類) 179항목, 충수류(蟲獸類) 207항목, 어조류(魚鳥類) 187항목으로 상위 범주가 33류이고 하위 항목이 4432항이다.

위와 같이 『송남잡지』는 한문학 · 국문학 · 국어학 · 역사학 · 철학 · 민속학 · 종교학 · 천문학 · 지리학 · 농학 · 병학 · 건축학 · 동물학 · 식물학 · 한의학 · 복식사 · 음악사 · 과학사 · 외교사 · 제도사 등 다양한 분야의 지식을 담고 있다.

『송남잡지』의 '잡지(雜識)'라는 서명은 『성호사설(星湖僿說)』의 '사설(僿說)'이나 『반계수록(磻溪隨錄)』의 '수록(隨錄)'과 같은 의미이다. 이 책은 형식적 측면에서 유서의 전통적 양식을 충실히 계승하고 있을 뿐만 아니라 작가의 선명한 의식을 드러내고 있다.

조재삼은 『송남잡지』 자서에서 저작 동기와 저술 의식을 명확히 제시하고 있으니, 그는 추상물인 '태평(太平)'의 기록과 구체적 형상을 지니고 있는 '만물(萬物)'의 문자화를 자신의 책무로 자임하였다. 그 두 가지 중에서 조재삼의 주된 서술 의식은 전자에 맞춰져 있다. 즉 조재삼은 자서에서 "『송남잡지』는 태평(太平)의 기록으로 시작하여 태평(太平)의 기록으로 끝을 맺은 책"이라고 언명하고 있다. 과연 조재삼의 말대로 『송남잡지』의 첫 항목명은 '동방왈태평(東方日太平)'이고 마지막 항목명은 '태평봉(太平鳳)'인데다가 '태평(太平)' 두 글자로 끝을 맺고 있다. 그런데 흥미로운 점은 조재삼의 강한 민족적 의식의 자각이다. 즉 '태평'은 우리나라의 태평에 다름 아니고 만물은 우리나라에 존재하는 만물에 다름 아니다. 조재삼은 우리나라를 '태평지역(太平之域)'이라고 명명하고 있으며, 우리나라가 천하에 존재하는 만물 가운데 절반을 보유하고 있다고 말하였다. 그러므로 『송남잡지』는 외우내환으로 나라가 병들어 가던 시기에 민족적 자존과 문화적 긍지를 고양하기 위한 의식의 소산이라고 할 수 있다. 그와 같이 선명한 의식이 백과전서적 형식 속에서 증명 분석되고 있다는 점이 기존의 유서와 다른 점이라고 할 수 있다.

그렇다면 『송남잡지』의 출현 동인은 무엇인가?

임형택(林熒澤) 교수는 『송남잡지』의 출현 동인으로, "새로운 지식에 대하여 경시하는 등 고루(固陋)와 고식(姑息)에 빠진 당대의 학풍을 반성하고 진작하려는 움직임"으로 파악하였다.

지금도 백과사전은 그것을 발행한 사회나 국가의 문화적 · 학술적 수준을 평가하는 하나의 척도가 될 수 있다. 『송남잡지』를 비록 '백과전서'라고 표현하고 있기는 하지만, 현대적 용어로 달리 대체할 만한 것이 없기 때문에 편의상 사용할 뿐이다. 현대적 의미의 백과사전은 중세의 유서들이 취하고 있는 분류 체계와는 전혀 다르기 때문이다. 즉 백과사전이 글자의 배열 순서에 입각해서 편찬된다면 유서는 작가의 가치관에 의해 차서(次序)가 정해진다. 그러므로 유서로서 『송남잡지』는 현재의 백과사전과 같이 다양한 정보를 제공하는 기능을 지니고 있는 동시에 당대인들의 가치관을 명확하게 볼 수 있는 유용한 자료라고 할 수 있다.

무엇보다 간과할 수 없는 점은 『송남잡지』가 문예미학적 특성을 갖추고 있다는 점이다. 이는 중국의 『운부군옥(韻府群玉)』·『사문류취(事文類聚)』 등이 문학 창작의 중요한 공구서(工具書)로 활용된 전통을 계승한 것이다. 그리고 또 하나의 중요한 사실은 『송남잡지』가 우리나라에서 발행된 『대동운부군옥(大東韻府群玉)』과 같은 운서류와 『지봉유설(芝峯類說)』·『성호사설(星湖僿說)』·『반계수록(磻溪隨錄)』과 같은 유서류의 전통을 충실히 계승하고 있다는 점이다. 조재삼은 중세의 막바지에서 유서라는 형식을 통하여 이전의 문화적 축적을 체계적으로 정리하려고 한 것이다.

참고문헌

임형택, 「송남잡지 해제」, 『松南雜識』, 아세아문화사, 1986.
임기중, 「송남잡지 해제」, 『松南雜識』, 동서문화원, 1987.

18. 재보류 財寶類

19. 집물류 什物類

松南雜識 전체 차례

17. 의식류(衣食類)

머리털을 땋아 머리를 덮다
編髮蓋首

『아희원람(兒戲原覽)』에서 "옛날에는 빛나는 모발과 윤나는 머리에 가죽으로 몸을 가리고 풀로 옷을 만들었다. 황제(黃帝)의 신하인 호조(胡曹)가 처음으로 의복을 만들었다"[1]라고 하였다.

『고기(古記)』에서 "아홉 종족의 동쪽 오랑캐(九種夷)들은 임금이 없고 풀로 옷을 해 입고 열매를 먹으며 여름에는 나무 위에서 살고 겨울에는 동굴에서 살았다"라고 하였다.

단군(檀君)이 백성들에게 머리털을 땋고 머리를 덮는 것을 가르쳤고 의복 음식의 제도를 가르쳤으니 그것이 동방의 의복과 음식의 시초인 듯하다.

---

1) 衣服. 黃帝臣胡曹爲**之**. 古世, 絢髮潤首, 蔽皮衣薪.(『兒戲原覽, 創始』)→古世, 絢髮潤首, 蔽皮衣薪, 黃帝臣胡曹, **始**爲衣服.(『松南雜識』)

또 "구이(九夷)는 대부분 토착민으로 술 마시기를 좋아한다. 고깔을 쓰고 비단옷을 입으며 기명(器皿)과 용구(用具), 제기(祭器)를 사용하니 이른바 '중국에서 없어진 예를 사방의 오랑캐(四夷)에게서 구한다'라는 것이다"[2]라고 하였다.

『문헌통고(文獻通考)』에 "진한(辰韓)은 왜와 가까워서 문신(文身)을 한 사람도 있다"[3]라고 하였다. 살펴보건대, "구월(甌越)의 백성들은 머리털을 풀어헤치고 몸에는 문신을 하였으며 팔에 문신을 하고(錯臂), 오른쪽 옷섶을 왼쪽 섶 위로 여민다(左衽)"[4]는 내용의 주석에 "항상 수중 생활을 하기 때문에 머리를 자르며 그 몸에 문신을 하여 용의 자식임을 형상한다. 그렇기 때문에 다치지 않는다. 머리를 풀어 헤쳐 물귀신을 놀라게 한다"라고 하였다.[5]

관과 복식은 중국의 제도
冠服華制

신라의 역사에 "관(冠)과 옷이 중국의 제도를 따른 것은 진덕여왕 때부터 시작되었다"라고 한다.[6]

---

2) **東**夷, 率皆土著, **憙**飮酒**歌舞**. 或冠弁衣錦器用俎豆, 所謂中國失禮, 求之四夷者也.(『後漢書, 卷一百十五, 東夷傳, 第七十五, 東夷』) → **九**夷, 率皆土着, **喜**飮酒, 或冠弁衣錦器用俎豆, 所謂中國失禮, 求之四夷者也.(『松南雜識』)

3) **故**辰韓**人**, **皆匾頭**, **男女**近倭, **亦**文身.(『文獻通考, 卷三百二十四, 四裔考一, 辰韓』) → 辰韓近倭, **或有**文身**者**.(『松南雜識』)

4) **夫翦**髮文身, 錯臂左衽, 甌越**之民也**.(『史記, 卷四十三, 趙世家第十三』) → **按**甌越**氏**, **披**髮文身, 錯臂左衽.(『松南雜識』)

5) **正義應劭曰**, 常在水中, **故斷其髮**, **文其身**, 以象龍子, **故不見傷害**.(『史記, 卷四, 周本紀第四, 註』) → 常在水中, 以象龍子**也**. **披髮**, **驚水神也**.(『松南雜識』)

6) **春秋**, **又請改其章**服, **以**從**中**華制.(『三國史記, 新羅本紀, 眞德王』) → **新羅史曰**, **冠**服從華制, **自眞德王始**.(『松南雜識』)

한나라의 의복과 머리싸개를 받아 오다
受漢衣幘

「동이전(東夷傳)」에서 "고구려는 한(漢)나라 때 항상 현도군(玄菟郡)으로부터 조복(朝服)과 옷, 머리싸개를 받았다. 책성을 쌓아 한나라의 조복과 옷, 머리싸개를 보관하였기에 이 성을 책구루(幘溝婁[7])라 한다"[8]라고 하였다. "모자를 쓰지 않고 맨 상투바람으로 다닌다"라는 내용의 주석에 "괴두(魁頭)는 '과두(科頭)'와 같으니, 머리털을 빙빙 돌려 상투(科結)를 만드는 것이다"[9]라고 하였다.

『설문해자』에는 "머릿수건을 책(幘)이라고 한다"라고 하였으니, 바로 상투를 덮는 '승로(承露)'가 그 물건이다.[10]

머리를 깎고 원나라의 옷을 입다
剃頭元服

『속후한서(續後漢書)』에서 말하였다.

묵특(冒頓)[11]이 동호(東胡)를 격파하자, 그 남은 무리들이 오환산(烏桓山)을 지켰기에 오환(烏桓)이라고 불렀다. 그들의 풍속은 일정한 거처가 없고, 남자나 여자가 모두 머리를 깎으니 가볍고 편리함을 위해

---

7) 책구루(幘溝婁) : 고구려 말로 성(城)을 의미함.

8) 今桂婁部代之, 漢時賜鼓吹技人, 常從玄菟郡, 受朝服衣幘. 高句麗令主其名籍, 後稍驕恣, 不復詣郡, 於東界築小城, 置朝服衣幘其中, 歲時來取之. 今胡猶名此城, 爲幘溝漊, 溝漊者, 句麗名城也.(『三國志, 魏志, 卷三十』) → 高句麗, 漢時, 常從玄菟郡, 受朝服衣幘, 築幘城, 置漢朝服衣幘其中, 名此城, 爲幘溝漊.(『松南雜識』)

9) 魁頭露紒. 魁頭猶科頭也. 謂以髮縈繞, 成科結也.(『後漢書, 卷一百十五, 東夷傳, 第七十五』) → 又魁頭露紒. 註, 魁頭猶科頭, 謂以髮縈繞, 成科結也.(『松南雜識』)

10) 說文, 髮有巾曰幘. 幘卽巾也. 又方言, 覆髻謂之幘. 漢書卑賤執事不冠者所服, 或謂之承露.(『說略, 卷二十一, 服飾』) → 說文, 髮有巾曰幘, 卽覆髻之謂承露.(『松南雜識』)

11) 묵특[冒頓] : 한(漢)나라 초기 흉노(匈奴)의 유명한 선우(單于).

서이다.[12]

『고려사』에서 충렬왕(忠烈王)이 처음으로 흰옷을 금지하고 머리를 깎고 원나라의 의관을 입었다고 한다.[13]

겁구아
怯仇兒

충렬왕(忠烈王)이 원나라의 공주를 맞아들이고 군신이 겁구아(怯仇兒)를 하지 않는다고 책망하였다. '겁구아(怯仇兒)'는 몽고말로 머리를 깎는 것이다.[14]

오랑캐의 의복을 금하고 중국의 의복을 따르다
禁胡從華

『고려사』에서 "우왕(禑王) 때는 바로 명나라 홍무(洪武)[15] 초기이니 관

---

12) 續漢書曰, **漢初**, **匈奴**冒頓**滅其國**, 餘**類**保烏桓山, **以**爲號, 俗**隨水草**, 居無常**處**, **恒以父之名字爲姓**. **父子**男女悉髡頭, 爲輕便**也**.(『史記, 卷一百十, 匈奴列傳, 第五十』)→續漢書曰, 冒頓**破東胡**, **其**餘**衆**, 保烏桓山, **因**爲號**焉**. **其**俗無常居, 男女悉髡頭, 爲輕便.(『松南雜識』)

13) 忠烈王元年六月, 大司局言, 東方木位色, 當尙靑, 而白者, 金之色也. 國人自着戎服,多裼以白紵衣, 木制於金之象也. 請禁白色服, 從之, 非父母忌齋, 禁往寺社. 四年二月, 令境內, 皆服上國衣冠.(『高麗史, 卷八十五, 志三十九, 刑法二, 禁令』)→忠烈王, 始禁白衣, 剃頭, 服元衣冠.(『松南雜識』)

14) 辛酉, 幸西北面, 迎公主, 順安公悰, 廣平公譓, 帶方公澂, 漢陽侯儇, 平章事兪千遇, 知樞密院事張鎰, 知奏事李汾禧, 承宣崔文本·朴恒, 上將軍朴成大, 知御史臺事李汾成從行. 王責汾禧等不開剃. 對曰, 臣等, 非惡開剃, 唯俟衆例耳. 蒙古之俗, 剃頂至額, 方其形, 留髮其中, 謂之怯仇兒. 王入朝時, 已開剃, 而國人則未也, 故責之.(『高麗史, 卷二十八, 世家二十八, 忠烈王』)→忠烈王, 迎元公主, 責群臣不爲怯仇兒. 蒙語開剃也.(『松南雜識』)

제(官制)를 확립하여 중국의 제도를 따르고 오랑캐의 복식을 금지시켰다"라고 하였다.

머리가 간지럽고 성질이 흉악하여 머리를 깎다
頭癢凶性

연암(燕巖) 박지원(朴趾源)이 말하였다.

탁오(卓吾) 이지(李贄)[16]가 머리가 몹시 간지러워 공공연히 머리를 깎으니 중국 사람들이 그의 성질이 흉악하다고 말하였는데, 대개 중국이 머리를 깎게 될 조짐이었다.[17]

이천(伊川)에서 머리를 풀어헤친 것을 보고 중국에 오랑캐가 침입할 조짐[18]이라고 한 것과 다르지 않다. 탁오(卓吾)는 명나라 말기의 사람이다.

---

15) 홍무(洪武) : 명나라 태조의 연호(1368~1398).

16) 이지(李贄) : 명나라의 학자. 호는 탁오(卓吾). 별호는 굉보(宏甫). 운남 요안부 지사(雲南姚安府知事)를 역임했다. 전통적인 권위에 맹종하지 않고 자아(自我) 중심의 혁신사상을 제창한 왕양명(王陽明) 학파 가운데 '진주학파(秦州學派)'에 속했다. 그는 금욕주의와 신분차별을 강요하는 예교(禮教)를 부정하고 인간성을 옹호하는 입장에서 본능(本能)을 긍정했다. 저서로는 『분서(焚書)』·『속분서(續焚書)』·『장서(藏書)』·『속장서(續藏書)』 등이 있고, 그 밖에도 각 책에 대한 독특한 평어(評語)를 붙여서 편집한 다수의 서적이 있다.

17) 李卓吾以**其**煩癢, 公然剃髮, 中國人, **亦**謂其凶性, 蓋中國**剃**髮之**徵**也.(『燕巖集, 卷十五, 別集, 熱河日記, 銅蘭涉筆』) → 李卓吾以**頭**煩癢, 公然剃髮, 中國人謂其凶性, 蓋中國**薙**髮之**兆**也.(『松南雜識』)

18) **辛有適**伊川, **見**被髮**而祭於野者曰, 不及百年, 此其戎乎. 其禮先亡矣**.(『春秋左傳, 僖公二十二年』) → 伊川被髮.(『松南雜識』)

예의를 지키기 위해 머리를 깎지 않음
禮義不剃

연암 박지원이 말하였다.

북평(北平)의 손승택(孫承澤)[19]이 저술한 『춘몽여록(春夢餘錄)』에 "『고려사』를 살펴보면 원나라가 강성할 때에 고려사람 치고 머리를 깎지 않은 이가 없었다"라고 하였다. 청나라 초기에 한족을 포로로 잡으면 반드시 머리를 깎았는데, 정축년(1637)의 맹약에서는 유독 우리나라 사람들의 머리를 깎지 않도록 하였으니 대개 연유가 있어서 그런 것이다. 세상에 전하는 말에 청나라에서 칸[汗], 즉 태종(太宗)에게 우리나라 사람들의 머리를 깎게 하도록 권하는 사람들이 많았지만 칸은 묵묵히 응하지 않다가 은밀히 여러 패륵(貝勒)에게, "조선은 평소 예의를 부르짖어 머리털 아끼기를 머리보다 대단하게 한다. 만약 억지로 그들의 정서를 거스른다면 우리 군대가 철수한 뒤에 반드시 반란을 할 것이니 그들의 풍속대로 따라서 예의로 속박하는 것보다 못하다. 그리고 저들이 만약 우리의 풍속을 익힌다면 말 타고 활 쏘는데 편리하리니 우리에게 이롭지 못하다"라고 하니 드디어 우리나라 사람의 머리를 깎자는 논의가 중지되었다. 우리나라의 입장에서 보면 다행이지만 저들의 속셈을 헤아려본다면 다만 문약(文弱)으로 우리는 길들이자는 것이다.[20]

---

19) 손승택(孫承澤) : 청나라 사람. 자는 이북(耳北). 호는 북해(北海), 퇴곡(退谷). 이자성(李自成)이 황위를 탈취하였을 때 사천방어사를 역임했다. 청나라 건국 후에는 이부좌시랑(吏部左侍郞)에 제수되었다. 연산재(硏山齋), 한자헌(閒者軒) 등의 서실을 짓고 학문에 힘썼다. 저서로 『경자쇄하기(庚子鎖夏記)』·『상서집해(尙書集解)』 등이 있다.

20) 春**明**夢餘錄, 北平孫承澤著. 攷**其國史**, 高麗史, 元盛時, **元孝王遷居江華島, 元無如之何, 但責其不登陸而已, 竟臣服於元, 而終不登陸. 至其子順孝王, 親迎王主, 元公主, 以元服同輦入國, 觀者駭愕, 時從行宗室, 不開剃, 王責之. 至其子忠烈王, 則宰相至下僚**, 無不開剃, **惟禁內學館不剃. 左承旨朴桓呼執事諭之. 於是, 館學生, 皆剃髮云**. 淸**之**初**起**, 俘**獲**漢人, 必**隨得隨**剃, 而丁丑之盟, 獨不令東人開剃, **蓋亦**有由. 世

화은(花隱) 조명건(趙明健)[21]의 「중국 사행을 전송하며[送燕行詩]」에서,

중국의 황제가 지금 머리를 깎으니 中原皇帝頭今剃
조선의 사대부들 눈물 흘리며 남몰래 상심한다 左海衣冠淚暗傷

라고 하였고 창해(滄海) 허격(許格)[22]의 시에서,

하늘 아래 산이 있어 내가 이미 도망가니[23] 天下有山吾已遯
중국에 천자 없으니 그대는 어디에 조회할까 域中無帝子何朝

라고 한 구절이 있어서 서로 비견되지만 화은(花隱)의 시가 이별하는 순간에 장부의 눈물을 흩뿌리게 만드는 점이 있다.

傳, 淸人多薙汗, **淸**太宗, **令**剃我國, 汗默然不應, 密謂諸貝勒曰, 朝鮮素號禮義, 愛其髮, 甚於其頭. **今**若强拂其情, 則軍還**之**後, 必相反覆, 不如因其俗以禮義拘之. 彼若反習吾俗, 便於騎射, 非吾之利也. 遂止. 自我論之, 幸**莫大**矣. 由彼**之**計, **則**特狃我以文弱矣.(『燕巖集, 卷十五, 別集, 熱河日記, 銅蘭涉筆』) → 北平孫承澤, **所**著春夢餘錄**云**, 攷麗史, 元盛時, **麗人**無不開剃**云**. 淸初, 俘漢人, 必**開**剃, 而丁丑之盟, 獨不令東人開剃, **盖**有由**然**. 世傳, 淸人多勸汗, **卽**太宗, **開**剃我國, 汗默然不應, 密謂諸貝勒曰, 朝鮮素號禮義, 愛其髮, 甚於其頭, 若强拂其情, 則軍還後, 必相反覆, 不如因其俗以禮義拘之. 彼若反習吾俗, 便於騎射, 非吾之利也. 遂止. 自我論之, 幸矣. 由彼計**之**, 特狃我以文弱矣.(『松南雜識』)

21) 조명건(趙明健) : 조선 후기의 문신(1708~?). 본관은 임천(林川). 호는 화은(花隱). 자는 계강(季剛). 1735년에 생원시에 합격하여 현감(縣監), 응교(應敎) 등을 역임했다.

22) 허격(許格) : 조선 후기의 문인(1607~1690). 자는 춘장(春長). 호는 창해(滄海) 또는 창해노인(滄海老人). 1623년 별시에 합격하고 이안눌(李安訥)에게 수학했다. 병자호란이 일어나자 의병을 일으켜 활동하였고 화친이 성립되었다는 소식을 듣고 소백산에 올라가 통곡하고, 평생 학문에 전념했다. 김종후(金鍾厚)의 『본암집(本庵集)』에 그의 행장이 실려 있다.

23) 『주역』의 '天山屯卦'를 의미함.

왜상투
倭髻

왜인(倭人)의 역사에서 말하였다.

왜(倭) 황제가 거느린 백관을 문신(文臣)이라고 칭한다. 왜 황제와 백관은 수염과 머리를 깍지 않고 모자를 쓰고 홀(笏)을 쥐고 긴 옷을 입으며 큰 신을 신는다. 수레 타기를 좋아하고 병기를 가까이 하지 않는다.

왜인은 머리의 앞뒤를 돌아가며 깎고 숫구멍에 한 줌만 남겨서 밀랍을 바른 후 한 치쯤 그 끝을 잘라 몽치모양을 만든다. 또 「육가전(陸賈傳)」에서 이른바 "위타(尉佗)[24]의 한 줌 머리털은 몽치처럼 우뚝하다"[25]라고 한 말이 이것이다.

대체로 머리털이 인체에는 쓸모없는 물건이지만 풀어헤치면 이천(伊川)의 오랑캐이고 깎으면 북방의 되놈이고 몽치를 만들면 남만(南蠻)의 왜인이니 모두 말 타고 활 쏘는데 편리하다. 그런데 불경에서 이른바 "부끄러움의 옷을 뒤집고 번뇌의 머리털을 떨어뜨리라"[26]라고 한 말은 무엇인가? 우리나라 말로는 '상투(象椎)'라고 한다. 옛날에 대머리는 비단 주머니와 구슬, 패물(貝物)로 망건(網巾)을 꾸미고 갓에 이어 붙이더니, 근년에는 성천(成川)[27] 사람들이 사람의 머리털로 상투를 만들기에 성천가추(成川假椎 : 성천의 가짜 상투)라고 한다. 『장자(莊子)』에서 "대머리이기에 가발을 붙였다"[28]라고 한 말이 이것이다.

---

24) 위타(尉佗) : 한(漢)나라 고조(高祖) 때의 남월왕(南越王).

25) 『전한서(前漢書), 육가(陸賈)』에서 '尉佗魋結'라고 하였고, 그 주석에서 '結讀曰髻, 椎髻者, 一撮之髻, 其形如椎'라고 했다.

26) 覆以慚愧之衣, 落其煩惱之髮.(『記纂淵海, 卷八十五, 釋部, 披剃』)

27) 성천(成川) : 평남 남동쪽에 있는 성천군의 군청 소재지.

28) 禿而施髢.(『莊子, 天地』)

흰색 숭상은 은나라 제도
尙白殷制

『고려사』에서 말하였다.

『도선비기(道詵秘記)』[29]에 "우리나라는 백두산에서 시작되어 지리산에서 끝이 나는데, 물의 근원·나무의 줄기가 되는 땅이기에 푸른색을 자신으로 삼고 검은 색을 부모로 삼는다. 그렇기 때문에 푸른색을 숭상한다"라고 하였다. 충렬왕 때에는 흰옷을 금지하였고 공민왕 때에는 사천감(司天監)[30] 우필흥(于必興)[31]이 상소하여 "검은 색은 부모가 되고 푸른색은 자신이 되니 의당 푸른색 옷을 입어야 합니다"라고 하였다.[32]

---

29) 도선비기(道詵秘記) : 한국의 풍수 창시자인 도선(道詵)이 지은 책. 통일신라 후기의 승려인 도선은 중국에서 발달한 참위설을 위주로 지리쇠왕설(地理衰旺說)·산천순역설(山川順逆說) 및 비보설(裨補說) 등을 주장했다. 고려의 성립과 고려 시대, 조선 시대에 이르기까지 많은 영향을 주었으며 고려 태조 왕건은 『훈요십조(訓要十條)』 중에서 도선선사가 지정하지 않는 곳에 함부로 절을 짓지 말라고 경계하고 있다. 원본은 전하지 않지만 『고려사(高麗史)』 등에 기록이 보인다.

30) 사천감(司天監) : 고려 예종 11년에 사천대(司天臺)를 고친 이름. '사천대'란 고려 때 천문(天文)에 관한 사무를 맡아보던 관아. 현종 14년에 태복감(太卜監)을 고친 이름인데, 예종 11년에 사천감(司天監)으로, 충렬왕 원년에 관후서(觀候署)로 고쳤다가, 34년에 태사국(太史局)을 합쳐 서운관(書雲觀)을 설립했다.

31) 우필흥(于必興) : 고려의 문신. 1357년(공민왕 6), 사천소감(司天少監) 때 『옥룡기(玉龍記)』의 글을 인용하여 문무백관의 의관은 흑의청립(黑衣青笠), 중은 흑건대관(黑巾大冠), 여자들은 검은 비단을 입게 하고 산에 소나무를 심어 무성하게 하며, 유기(鍮器)·동기(銅器)·와기(瓦器)를 사용함으로써 풍토에 순응하게 하라는 소를 올려 시행하게 했다.

32) 恭愍王**六年閏九月**, 司天**少**監于必興, 上**書**. **玉龍記云**, 我國**始于**白頭, 終**于**智異, **其勢**水根木幹之地, **以**黑爲**父**母, 以青爲身, **若風俗順土則昌**, **逆土則灾**. **風俗者**, **君臣百姓衣服冠盖**, **是也**. **今後文武百官黑衣青笠**, **僧服黑巾大冠**, **女服黑羅**, **以順土風**, **從之**.(『高麗史, 卷七十二, 志二十六, 輿服一, 冠服, 冠服通制』)→**麗史**, **道詵秘記云**, 我國**起於**白頭, 終**於**智異, 水根木幹之地, 以青爲身, 黑爲母, **故色尙青**. **忠烈王時**, **禁白衣**, 恭愍王**時**, 司天監于必興, 上言, **黑爲父母**, **青爲身**, **宜青衣**.(『松南雜識』)

『조선부(朝鮮賦)』[33]에서는 "옷은 모두가 흰데 베올은 대부분 거칠다"[34]라고 하였다.

성호(星湖) 이익(李瀷)이 말하였다.

> 기자(箕子)는 은(殷)나라 사람이다. 흰색을 숭상한 것은 은나라 제도로, 기자나 미자(微子)나 동등한 처지인데 미자가 진작에 흰말을 타고 주나라에 조회하였으니, 흰옷을 입는 풍속은 아름다운 것이지 추악한 것이 아니다.[35]

이민구(李敏求)[36]의 「감군(監軍) 황손무(黃孫茂)에게 화답하는 시[和監軍黃孫茂詩]」에,

의관은 아직도 은나라를 숭상하여 희고	衣冠尙效殷人白
초목은 여전히 태산 골짜기를 연하여 푸르다	草木猶連岱畎青

라고 하였다.

속설을 살펴본다면 동쪽은 의당 푸른색을 숭상해야하거늘 서방의 색

---

33) 조선부(朝鮮賦) : 명나라의 동월(董越)이 우리나라의 풍토를 부(賦)로 읊은 책. 저자가 조선 성종 19년(1488)에 우리나라에 사신으로 왔다가 돌아간 다음 명종 때에 간행했다. 1권.

34) 衣皆素白而布縷多麄.(『朝鮮賦』) → 衣皆素白**而**布縷多麤.(『松南雜識』)

35) 箕子殷人. 尙白, 殷制也. 箕與微等耳. 微旣白馬.(『星湖僿說, 卷三, 天地門, 水根木幹』) → 箕子殷人**也**. 尙白, 殷制, 箕與微等耳. 微旣白馬, **朝周**, **此俗可姱**, **不可惡也**.(『松南雜識』)

36) 이민구(李敏求) : 조선 후기의 문신(1589~1670). 본관 전주(全州). 자는 자시(子時). 호는 동주(東洲)·관해(觀海). 인조 1년(1623) 사가독서(賜暇讀書)한 후 이듬해 이괄의 난 때 장만(張晩)의 종사관(從事官)으로 난을 진압했다. 문장이 뛰어나고 특히 사부(詞賦)에 능했다. 저서에 『동주집(東洲集)』·『독사수필(讀史隨筆)』·『간언귀감(諫言龜鑑)』·『당률광선(唐律廣選)』 등이 있다.

인 흰색을 숭상하니 이는 목(木)이 금(金)에 제압당하는 형상이다. 그러므로 남명(南冥) 조식(曺植)은 상소에서 “소리가 쇠하고 흰옷을 입으니 형상이 이미 드러났습니다”라고 하였으며 순조 경인년(1830)에는 흰옷을 입지 못하게 하였다. 그러나 옷의 색에 대한 논의는 매양 옥난간의 꽃을 꺾으려 드는 짓이니 역시 이상한 일이다.

곤룡포와 면류관
袞冕

황제(黃帝)가 만들었는데 용의 머리는 부드럽다. 그렇기 때문에 ‘곤(袞)’이라고 한다. 천자의 곤룡포에는 두 마리의 용을 수놓는데, 한 마리는 올라가고 한 마리는 내려간다. 제후의 곤룡포에는 내려가는 용 한 마리만 수놓는다.[37)]

『수서(隋書)』에서 문제(文帝)가 신축년(581)에 처음으로 황색 곤룡포를 입었다고 하는데 이때문에 후세 임금의 복색은 황색이 되었다.

『후한서(後漢書), 여복지(輿服志)』에서 “상고 시대에는 동굴이나 들판에서 살고 짐승의 털로 옷을 해 입고 가죽으로 모자를 만들어 썼다. 그러다가 후세에는 성인이 짐승과 새에게 벼슬과 뿔, 수염과 턱 밑살[冠角髯胡]이 있는 것을 보고서 드디어 갓과 면류관, 갓끈을 만들었다”[38)]라고 하였다. 지금 중국에서는 관료에게 하사하는 솜옷을 ‘망포(蟒袍)’[39)]라고 한다. 또 우리나라의 면류관 제도는 은후(殷冔 : 은나라의 관 이름)를 모방하

---

37) 天子**之**龍, 一升一降, **上公但有**降龍, 以龍首卷然, 故**謂之**袞**也**.(『詩傳大全, 卷八』)→ **黃帝作之**. 以龍首卷然 故**名**袞, **而**天子**雙**龍, 一升一降, **諸侯只**降龍**矣**.(『松南雜識』)

38) 上古, 穴居**而**野處, 衣毛**而**冒皮, **未有制度**. 後世聖人, …… 見鳥獸, 有冠角頿 胡**之**制, 遂**作**冠冕纓**蕤**, **以爲首飾**.(『後漢書, 卷四十, 輿服志, 第三十, 輿服下』)→上古, 穴居野處, 衣毛冒皮. 後世聖人, 見鳥獸, 有冠角**髥**胡, 遂制冠冕纓**緌**.(『松南雜識』)

39) 망포(蟒袍) : 용의 무늬가 있는 명(明)·청(淸) 시대의 관복. 곤룡포에 있는 무늬보다 용의 사지의 손톱 수가 하나 적으며 또 용의 수도 관계(官階)에 따라 다름.

였다고 한다.

익선관
翼善冠

「장창전(張敞傳)」의 '주후혜문(柱後惠文)'[40]의 주석에서 "조(趙)나라 혜문왕(惠文王)이 만들었다"[41]라고 하였으니 진(秦)나라 관리들의 법관(法冠)[42]이다. 『진서(晉書), 여복지(輿服志)』에 "혜(惠)는 혜(蟪 : 매미)이니 그 무늬와 가볍고 가늘기가 매미 날개 같기에 혜문(惠文)이라고 한다"[43]라고 하였다.

세간에 다음과 같은 말이 전한다.

매미의 유충(幼蟲)을 '부육(復育)'이라고 하는데 날개가 나지 않은 것으로 서리(書吏)의 관을 형상하니 '승두(蠅頭 : 파리 대가리)'라고 한다. 날개가 나려고 하는 모양으로 백관(百官)의 관을 형상하니 바로 '사모(紗帽)'이다. 날개가 선 모양은 임금을 표상하니, 지금의 익선관(翼善冠)이다.

여기에서 '선(善)'자는 '선(蟬 : 매미)'자의 착오이다.

40) 『前漢書, 卷七十六, 趙尹韓張兩王列傳, 第四十六』.
41) 趙惠文王所造.(『佩文韻府, 增輕細』)
42) 법관(法冠) : 관의 한 가지. 원래 초나라 사람들이 쓰던 관으로 진한(秦漢) 때 법관(法官)이 썼으므로 '해치관(獬豸冠)'이라고도 한다.
43) 惠**者**, 蟪也. **其冠**文輕細如蟬翼, 故**名**惠文.(『晉書, 卷二十五, 志第十五, 輿服』)→ 惠, 蟪也. 文輕細如蟬翼, 故**曰**惠文.(『松南雜識』)

금관조복

金冠朝服[44]

『당서(唐書)』에서 "고구려의 왕은 오라관(烏羅冠)을 쓰고 금꽃으로 장식을 하였으며 신하들은 은꽃으로 관을 장식하였다"[45]라고 하였다. 『송사(宋史)』에는 "황제(黃帝) 때에 꽃같이 생긴 구름이 있었는데 그것을 따라 만들었다"[46]라고 한다. 지금의 금관조복(金冠朝服)도 역시 은나라의 제도이다.

다음과 같은 이야기가 전해온다.

건륭황제(乾隆皇帝)가 심양(瀋陽)[47]을 순수(巡狩)할 때 우리나라의 왕이 와서 조회하지 않음을 책망하는 한편, 대보단(大報壇)[48]에 제사지내는 일의 경위를 문책하였다. 우리나라의 왕은 갈 수가 없었다, 그래서 유척기(兪拓基)[49]를 사신으로 보내 빙문(聘問)하고 해명토록 하였는데, 이종성(李宗城)[50]이 그에게 다음과 같이 말하라고 가르쳐 주니 마치 전희(展喜)

---

44) 『松南雜識』에는 '金冠朝法'으로 오기되어 있음.

45) 高麗, …… 王服**大褎紫袍靑錦袴素皮帶烏革履**烏羅冠, 飾以金蘤, 羣臣**絳衣**飾冠以銀蘤.(『唐書, 卷二百二十, 列傳, 第一百四十五, 東夷』) → 高麗王服烏羅冠, 飾以金蘤, 羣臣飾冠以銀蘤.(『松南雜識』)

46) 黃帝時, 有雲氣爲花蘤之象, 因而作也.(『宋史, 卷一百四十八, 儀衛志第一百一, 儀衛六』)

47) 심양(瀋陽) : 중국 요녕성(遼寧省)의 성도(省都). 청나라가 일어나자 1625년 요양(遼陽)에서 이곳으로 수도를 옮기고 성경(盛京)이라 개칭했다.

48) 대보단(大報壇) : 임진왜란 때 원군을 보낸 명나라 신종(神宗)의 은의(恩義)를 기리기 위해 숙종 31년(1705) 창덕궁 금원(禁苑) 옆에 설치했다. 처음에는 신종의 위패만 존치하여 제사지냈으나, 영조 때에 명나라 태조와 명나라 마지막 임금인 의종까지 합사(合祠)했다.

49) 유척기(兪拓基) : 조선 후기의 문신(1691~1767). 본관은 기계(杞溪). 자는 전보(展甫). 호는 지수재(知守齋). 시호는 문익(文翼). 경종 때 왕세제(王世弟) 책봉 주청사의 서장관으로 청나라에 다녀왔다. 문집에 『지수재집(知守齋集)』 15권이 있다.

50) 이종성(李宗城) : 조선 후기의 문신(1692~1759). 본관은 경주(慶州). 자는 자고(子固). 호는 오천(梧川). 시호는 문충(文忠). 영조 12년(1736) 이조판서 때 영조의 탕평책을 반대하여 파직되었다가 재기용되어 경기도 관찰사 · 형조판서 등을 거쳐 1744년 재차 이조판서가 되었다. 이어 대사헌 · 개성부 유수(開城府留守) 등을 거쳐 1752년 영의정에

가 전금(展禽)에게 명을 받았던 일[51]과 같았다.

"우리 작은 나라는 본디 예의를 부르짖는데 천자께서 명당(明堂)에 계신다면 우리 왕이 어찌 감히 강물이 바닷물을 향하여 흘러가듯 한 정성을 그만두겠습니까? 그런데 지금 천자께서 심양(瀋陽)에 계십니다. 그렇다면 심양은 우리의 영토이기에 당(堂)을 내려가는[52] 혐의가 있습니다. 그러므로 우리 왕이 감히 오지 않았으니 이것은 '예(禮)'입니다.

또 대보단(大報壇)의 경우는 이렇습니다.

세간에서 하는 말에 '정조 있는 아낙은 남편이 죽고 추위와 굶주림에 몰려서 비록 다른 남자에게 개가를 하더라도 전남편의 은혜를 잊지 못하여 그가 죽은 날에 제사를 올린다'고 하니 이는 '의(義)'입니다. 지금 위대한 청나라가, 위대한 명나라가 그랬듯이, 우리 작은 나라를 진무(鎭撫)하여 준다면 어찌 훗날 위대한 청나라를 위한 보단(報壇)을 만들지 않겠습니까?"

그리고 이별할 때 붉은 공단(貢緞)으로 만든 조복(朝服) 일 습(襲)을 주니 유척기(兪拓基)는 그 이유를 알 수 없었다. 심양에 도착하자 천자가 크게 노하여 조선의 사신을 포박한 후에 뜰에 꿇어앉히고 죄를 추궁하였다. 이종성이 가르쳐 준대로 유척기가 대답을 하니 천자의 안색이 조금 누그러지면서 물었다.

"너희 나라는 본래 기자(箕子)의 옛 봉지(封地)인데 아직도 은나라의

올랐으나 사직했다. 성리학에 밝고 문장과 글씨에도 뛰어났다. 저서에 『오천집(梧川集)』이 있다.

51) 노나라 희공(僖公) 26년에 제나라가 노나라의 서쪽 외곽을 침략하자 희공이 전희(展喜)로 하여금 전금(展禽)의 조언을 받아서 제나라 군대를 달래는 사신으로 가게 했다. 전금은 전희에게, 주나라 성왕(成王)이 주공(周公)의 공을 기리어 그가 영지로 받은 노나라를 대대손손 침략하지 않도록 하겠다고 맹세하고 태사(太師)에게 그 일을 기록하게 하자 제나라의 환공(桓公)이 이 일 때문에 노나라를 침략하지 못했다는 일화를 가르쳐 주며 제나라 왕과의 담화 때 사용하게 했다. 전희가 제나라 왕을 만나 이 이야기를 하자 제나라 왕이 마침내 군사를 철수시키고 물러났다.

52) 하당(下堂) : 천자는 당을 내려와 제후를 만나지 않는다고 함.(『禮記, 郊特牲』)

예를 쓰고 있는가? 지금 만국(萬國)이 조회를 오는데, 나는 선왕(先王)의 문물(文物)과 복색(服色)을 보고자 하노라"

유척기가 이에 금관조복(金冠朝服)을 입고 하객(賀客)의 반열(班列)에 섰다. 이때 백만 명이 이마에 두건을 묶고(抹額) 모직물 갖옷(氈裘) 차림을 한 지역에서 유독 중화의 복식을 한 유일한 사람으로서 되돌아 왔다고 한다.

사모
紗帽

『당실록(唐實錄)』에서 "당나라 초기에 명주(縠)로 모자를 만들어 바람과 먼지를 막았다"[53]라고 하였다. 북제(北齊) 때 천자의 사모(紗帽)와 신하의 융모(戎帽)가 제정되었는데, 고귀언(高歸彦)[54]이 특전으로 사모를 하사 받았다.[55] 노동(盧仝)의 「다가(茶歌)」에 "사모(紗帽) 쓰고 손수 차를 끓여 마시네[紗帽籠頭自煎喫]"라는 시구가 있으니 지금의 사모(紗帽)는 여기에서 유래하였다.

모
帽

『설문해자(說文解字)』에서 "모(帽)는 어린아이와 오랑캐의 머리싸개이

---

53) 唐實錄, 唐初, 以縠爲帽, **以**隔風塵**也**.(『山堂肆考, 卷一百八十九, 衣服, 縠帽』) → 唐實錄**云**, 唐初, 以縠爲帽, 隔風塵.(『松南雜識』)

54) 고귀언(高歸彦) : 북제(北齊)의 인물, 평진왕(平秦王). 자는 인영(仁英). 신무(神武)의 족제(族弟).

55) 齊制, **宮內**, **唯**天子紗帽, 臣下**皆**戎帽, 特賜歸彦紗帽.(『北齊書, 卷十四, 列傳, 第六』) → **北**齊制, 天子紗帽, 臣下戎帽, 歸彦特賜紗帽.(『松南雜識』)

다"[56]라고 하였다. 서융(西戎)의 이른바 돌하(突何)가 그것으로 '관(冠)'자가 머리를 덮어씌운다는 의미를 취한 것과 같으니 본래는 머리싸개(纚)이다. 옛날에는 관(冠)만 있고 머리싸개(幘)는 없었다.[57] 관이나 머리싸개(纚)는 명주(繒)로 만들었고 어떤 경우에는 머리싸개(纚)를 마름질해서 모(帽)를 만들었다. 천자가 행행(行幸)할 때나 한가히 거처할 때로부터 작위(爵位)가 없는 서인들까지 썼다.

『명사(明史)』에서 "홍무(洪武)[58] 연간 초기에 칙령을 내려, 관리는 검은 모자[烏帽]에 검은 가죽신[黑靴], 둥근 옷깃[圓領]에 띠를 묶으며, 옷에는 노란 색과 검은 색을 사용하지 못하도록 하였다"라고 하였다.

산곡(山谷) 황정견(黃庭堅)의 시에서 "오동나무 모자와 종려나무 신이 늙은이에게 걸맞네"[59]라고 하였는데, 그 주석에서 "오동나무로 모(帽)를 만들고 옻칠을 하니 지금 시골 노인의 관(冠)이다"라고 하였다.

석모
蓆帽

송나라 초기의 선비들은 당나라의 풍속을 따라 모두 도포를 끌고 띠를 드리웠으며 외출할 때는 석모(蓆帽)를 직접 휴대하였다. 이손(李巽)[60]이 여러 번 과거를 보았지만 급제하지 못하니 고향 사람들이 "이수재(李巽)의 몸에서 언제나 석모(蓆帽)가 떠날지 모르겠네"라고 하였다. 이손이 급제하고 나서 고향으로 다음과 같은 시를 보냈다.

---

56) 小兒蠻夷頭衣**也**.(『說文解字, 冃』) → 小兒**及**蠻夷頭衣.(『松南雜識』)
57) 古者, **有**冠無幘, **其戴也**.(『後漢書, 卷四十, 輿服志第三十, 輿服下』) → 古者, 冠無幘.(『松南雜識』)
58) 홍무(洪武) : 명나라 태조(太祖)의 연호(1368~1398).
59) 桐帽棕鞋稱老**夫**.(『山谷內集詩注, 卷九, 次韻子瞻以紅帶寄王宣義』) → 桐帽棕鞋稱老**大**.(『松南雜識』)
60) 『松南雜識』에는 '李選'으로 오기되어 있음.

고향의 친척들에게 전해주오 爲報鄕閭親戚道
지금 석모(蓆帽)가 이미 이 몸 떠났다고 如今蓆帽已離身[61]

그런데 지금의 풍속은 도리어 처음 벼슬하는 사람들이 석모(蓆帽)를 쓰니 잘못된 일이다.

복두
幞頭

『주사(周史)』에서 "무제(武帝)가 폭건(幅巾)[62]으로 머리를 싸니 그것을 복두(幞頭)라고 한다"라고 하였다.

중봉(重峯) 조헌(趙憲)[63]이 말하였다.

중국의 복두(幞頭) 중에서 부드러운 비단을 사용하여 다리를 늘어뜨린 종류는 안시(鴈翅)라고 칭한다. 그것의 형태는 끝 부분을 구부려 가로로 꽂고 구부린 곳을 위로 향하게 하는데 깃촉을 들어 재빨리 나래치는 모양과 같다. 그래서 또 '전시(展翅 : 펼친 날개)'라고 한다.[64]

---

61) **吳旦生曰, 堯山堂外紀云**, 宋初, **猶**襲唐**制**, 士子, 皆曳袍**重戴**, 出則**席**帽自隨. 李**巽累**擧不第, 鄕人曰, 李秀才, 不知甚時**席**帽離身. 及第後, **乃**遺鄕**人**詩, 爲報鄕閭親戚道, 如今**席**帽已離身.(『歷代詩話, 卷五十五, 辛集上之上, 宋詩』)→宋初, 士子, 襲唐**俗**, 皆曳袍**垂帶**, 出則**蓆**帽自隨. 李選屢擧不第, 鄕人曰, 李秀才, 不知甚時席帽離身. 及第後, 遺鄕詩, 爲報鄕閭親戚道, 如今蓆帽已離身.(『松南雜識』)

62) 폭건(幅巾) : 머리를 뒤로 싸서 덮는 비단 두건.

63) 조헌(趙憲) : 조선 중기 의병장(1544~1592). 본관 백천(白川). 자는 여식(汝式). 호는 중봉(重峯)·도원(陶原)·후율(後栗). 시호는 문열(文烈). 이이(李珥)·성혼(成渾)의 문하생. 임진왜란이 일어나자 옥천(沃川)에서 의병을 일으켜 영규(靈圭) 등 승병과 합세하여 청주를 탈환했다. 이어 전라도로 향하는 왜군을 막기 위해 벌인 금산(錦山) 전투에서 700명의 의병과 함께 전사했다. 문집에 『중봉집』이 있고, 저서에 『동환봉사』 등이 있다.

64) 幞頭軟脚, 名日鴈翅, 其制勾曲其端, 橫揷之, 而曲處向上, **有**若擧翮奮迅之象, 故

지금 진사가 창방(唱榜)[65]할 때 쓰는 관이다.

살펴보건대, 운서(韻書)에서 "조(幧)"에 대한 주석으로 "머리띠(帕頭)이니 목에서부터 올라가 이마에서 엇갈려 상투를 두른다"라고 하였다.

지금은 수건(手巾)으로 머리를 싸니 복두(幞頭)와는 같으면서도 다르다.

감투
䰹頭

『옥편(玉篇)』에서 "䰹의 음은 감이다"라고 하였는데, 그 주석에 "머리쓰개이니 전건(氈巾)이라고도 한다"라고 하였다. 우리나라의 문서에는 '감투(甘套)'라고 쓴다. 곧 기자(箕子)가 우리나라로 올 때 쓰고 온 오두색건(烏頭色巾)이 이것으로 바로 오암건(烏匼巾)이다.

치포관
緇布冠

태고(太古) 시대의 관(冠)이다. 『시경』에서 "띠풀로 만든 갓에 치포관이로다"[66]라고 하였는데, 『논어』의 주석에서 이것에 대해서 상세하게 말하였다.[67] 크기가 작아서 겨우 상투를 움켜 묶을 수 있을 정도이니, 지금의 장추관(藏椎冠)이다.

又名展翅.(『重峯先生文集, 卷三, 疏, 質正官回還後先上八, 貴賤衣冠之制』) → **中朝** 幞頭軟脚, 名日鴈翅, 其制勾曲其端, 橫揷之, 而曲處向上, 若擧翮奮迅之象, 故又名展翅.(『松南雜識』)

65) 창방(唱榜) : 방목(榜目)에 적힌 과거 급제자의 이름을 부름.

66) 臺笠緇撮.(『詩經, 小雅, 都人士』)

67) '치포관(緇布冠)'에 대한 내용은 『논어(論語)』에 없고 『예기(禮記)』에 있음.

운장건
雲長巾

『개권일소(開卷一笑)』에서 말하였다.

이름을 도둑질하고 이단(異端)으로 출세하여 휘황찬란하게 금으로 장식을 하니 충정(忠靖)에 대해서는 무엇을 취할 것인가? 화(化)를 손상시키고 윤리를 더럽히면서 오륜(五倫)이라고 불리는 것이 어찌 의(義)이겠는가? 학문은 성명(性命)을 탐색하지 않고 풍기는 염락(濂洛)보다 떨어지면서 주돈이(周敦頤)와 정호(程顥)·정이(程頤)로 명명하니 어디에 거처할 것인가? 혀뿌리가 나무처럼 억센 것을 두보(杜甫)라고 명명한다.[68]

지금의 운장건(雲長巾)[69]·호연건(浩然巾)[70]·와룡관(臥龍冠)[71]·정자건(程子巾)·동파관(東坡冠)[72]은 모두 인물의 이름을 관의 이름으로 붙인 것이다.[73]

『예기(禮記)』의 "하늘을 아는 자는 술(述)을 머리에 쓰고 땅을 아는 자는 구(絇)를 신는다[知天者, 冠述, 知地者, 履絇]"[74]의 주석에 "'술(述)'은 통천관(通天冠)이다. 앞에는 산 모양이 있고 통(筩)을 펼친 것이 술(述)이다"[75]

---

68) 竊名字, 發身異途, 而煌煌金飾于忠靖, 奚取焉, 忠靖嘉靖, 傷化瀆倫, 而汝號五倫, 曷義焉, 學弗窺于性命, 風斯下于濂洛, 而汝命以周以程曷居焉, 舌本木强者. 輒名杜甫.(『山中一夕話, 巾帽相詈文, 談一貫』)

69) 운장건(雲長巾) : 삼국 시대 관우(關羽)의 건(巾).

70) 호연건(浩然巾) : 당나라 맹호연(孟浩然)의 건(巾).

71) 와룡관(臥龍冠) : 삼국 시대 제갈량(諸葛良)의 관(冠).

72) 동파관(東坡冠) : 송나라 소식(蘇軾)의 관(冠).

73) 운장(雲長)은 관우(關羽), 호연(浩然)은 맹호연(孟浩然), 와룡(臥龍)은 제갈량(諸葛良), 정자(程子)는 정호(程顥), 동파(東坡)는 소식(蘇軾)을 이름.

74) 『爾雅翼』·『後漢書, 輿服志』·『通典』 등에서 출전을 『禮記』라고 밝히고 있지만 『禮記』에 없는 문장임.

75) 記曰, 知天者冠述, 知地者履絇, 述, 通天冠也. 前有山, **喪庸**爲述.(『韻府羣玉, **冠述**』)

라고 하였다. 지금은 관(冠) 위가 뚫려 덮이지 않은 것을 통천관(通天冠)이라고 한다. 지금 종관(鬃冠)을 두관(斗冠)이라고 하니 아마도 정자관(程子冠)과 동파관(東坡冠)의 두 가지 형태에서 유래하여 만들어진 듯하다.

유건
儒巾

중봉(重峯) 조헌(趙憲)이 중국에 사신을 갔다가 귀국하여 다음과 같이 상소하였다.

"유건(儒巾)은 '민자건(民字巾)'이라고도 하니 모양이 '民' 자처럼 생겼기 때문이옵니다. 그 제조법은 대나무로 엮은 뒤에 검은 베(緇布)로 싸는 것이 있는가 하면, 종이에 풀을 먹여 만든 뒤에 옻을 바르는 것도 있습니다. 항상 머리에 쓰고 안개비 내리는 길을 다니더라도, 우리나라의 이슬만 맞아도 문득 아래로 늘어지는 사건(士巾)보다 낫습니다."[76]

절풍건
折風巾

『명일통지(明一統志)』[77]에서 "조선 사람들은 절풍건(折風巾)을 쓴다"[78]

→記曰, 知天者冠述, 知地者履絇. **註**, 述, 通天冠也. 前有山, **展篇**爲述.(『松南雜識』)

76) 儒巾**之名**. 或曰民字巾, **蓋**形如民字故也. 其制, 或竹結而裹以緇布, 或糊紙爲之而着**漆**. 雖常着而行于烟雨之**途**, 不如我國士巾之遇露輒垂.(『重峯先生文集, 卷三, 疏, 質正官回還後先上八, 貴賤衣冠之制』)→**趙重峯**, **奉使中國而還**, **上疏曰**, 儒巾, 或曰民字巾, 形如民字故也, 其制, 或竹結而裹以緇布, 或糊紙爲之而着漆. 雖常着而行于烟雨之**道**, 不如我國士巾之遇露輒垂.(『松南雜識』)

77) 명일통지(明一統志) : 명나라 이현(李賢) 편찬한 책. 총 90권. 지리류(地理類).

78) 朝鮮 …… 戴折風巾.(『明一統志, 卷八十九, 外夷, 朝鮮國』)

라고 하니 대개 지금의 갓[笠子] 종류로 고깔처럼 생겼다. 이백(李白)이 「고구려(高句麗)」에서 "금꽃 꽂은 절풍모"[79]라고 한 말이 이것이다. 『북사(北史)』에서 "소골다(蘇骨多)는 고구려의 관(冠) 이름이다"[80]라고 하였는데 지금은 그 모양을 알 수 없다.

망건
網巾

『한서(漢書), 향허전(向栩傳)』에서 "붉은 초두(綃頭)를 썼다"[81]라고 하였는데, 『석명(釋名)』에서 "초두(綃頭)의 '초(綃)'는 '초(鈔)'[82]이니 머리끝을 꼬아 위로 솟게 만든 것이다"[83]라고 하니 옛날에는 그 제도가 없었으니 머리를 빗질만 하였다. 『예기(禮記)』의 '사(縰 : 머리싸개)'의 주석에서 "검은 비단으로 머리를 싸는 것"[84]이라고 하니, 명나라 초기의 도사들로부터 시작되었는데, 고황제(高皇帝)가 "천하의 사람들은 신분의 고하를 막론하고 모두 머리를 싸고 다니라"라고 칙명을 반포하였다.

연암(燕巖) 박지원(朴趾源)은 "유구국(流球國)의 사람들은 조회할 때 그것을 쓰고 평상시에는 쓰지 않는다"[85]라고 하였다. 대개 중국은 오랑캐

---

79) 金花折風**帽**.(『李太白文集, 卷五, 歌詩三十三首, 樂府四, 高句驪』) → 金花折風**巾**.(『松南雜識』)
 * 원제목은 '高句麗'인데 『松南雜識』에는 '高麗詞'로 되어 있음.
80) 貴者, 其冠曰, 蘇骨多.(『北史, 卷九十四, 列傳, 第八十二, 高麗』) → 高麗冠**曰**蘇骨多. 北史.(『韻府羣玉, 蘇骨多』) → 北史**云**, 蘇骨多, 高麗冠**名**.(『松南雜識』)
81) 著絳綃頭.(『後漢書, 卷一百十一, 向栩傳』)
82) '초(鈔)'는 '소(捎)'의 가차(假借)로 '꼰다'는 의미이다.
83) 綃頭綃鈔也, 鈔髮使上**從也**.(『釋名, 釋首飾』) → 綃頭綃鈔也, 鈔髮使上**從也**.(『松南雜識』)
84) 縰, 黑繒韜髮者.(『禮記大全, 卷十二, 內則, 第十二』)
85) **余赴京時, 見諸國使臣, 唯琉**球人着**巾帽, 而其使臣, 問我國譯官曰, 貴國**常時**着網巾**否. **答以無貴賤常着云, 則使臣吐舌曰, 我國人則常時不着網巾云**. **以此觀之, 中朝外, 唯我國人着網巾, 他國則不然矣**.(『芝峯類說, 卷十九, 服用部, 冠巾』) → **燕岩曰**,

의 옷(胡服)을 백여 년 입는 동안에 한나라·당나라 때의 머리를 싸고 머리털을 모아 묶는 모양이 이미 사라졌기 때문인 듯하다.

복건·흉대
複巾胸帶

운서(韻書)에서 "통폭(全幅)으로 '건(巾)'을 만드니 은사가 썼다"[86]라고 하였다. 지금은 도덕군자가 이를 쓴다.

옛날에는 홑으로 만들었는데, 명재(明齋) 윤증(尹拯)[87]이 두풍(頭風)[88]을 괴로워하여 두터운 비단을 안에 덧댔다. 여기에서 복건(複巾)이 처음 생겨났다.

띠(帶)는 허리를 싸는 것이다. 농암(農巖) 김창협(金昌協)은 가슴에 도드라진 뼈(兀骨)가 있었다. 그래서 그 아래에 띠를 묶었지만 항상 느슨해질까 걱정을 했기 때문에 그 위에 묶었다. 여기에서부터 노론(老論)은 가슴에 허리띠를 묶었다[胸帶].

백하(白下) 윤순(尹淳[89])은 겹 띠를 매기(給帶) 좋아하였는데 병조판서

流球人**朝會**着**之**, 常時**則**否**云**.(『松南雜識』)

*『연암집』에서는 해당 내용이 없으며, 유사한 내용이 『지봉유설』에 있음.

86) **幅巾**, **謂**全幅爲巾, 隱士之服也.(『古今韻會擧要, 幅』) → 全幅爲巾, 隱士之服.(『松南雜識』)

87) 윤증(尹拯): 조선 후기의 학자(1629~1711). 자는 자인(子仁). 호는 명재(明齋)·유봉(酉峯). 예론(禮論)에 정통한 학자로 이름이 높았으며, 여러 차례 벼슬이 내려졌지만 모두 사양했다. 남인에 대한 입장이 달라 서인이 둘로 나뉜 후 소론의 영수로 추대되었다. 저서로 『명재유고(明齋遺稿)』가 있다.

88) 두풍(頭風): 머리 아픈 것이 오랫동안 치유되지 않고 수시로 발작하거나 멎는 증상.

89) 윤순(尹淳): 조선 후기의 문신·학자(1680~1741). 본관은 해평(海平). 자는 중화(仲和). 호는 백하(白下)·학음(鶴陰). 예조판서를 거쳐 경기도 관찰사를 지내고 평안도 관찰사 때 관하를 순찰하던 중 벽동(碧潼)에서 순직했다. 송나라 미남궁체(米南宮體)를 잘 쓰는 당대의 명필이었다. 문집에 『백하집』, 글씨에 『백하서첩(白下書帖)』·「영상홍서봉비(領相洪瑞鳳碑)」·「응교심유갈(應敎沈濡碣)」 등이 있다.

가 되어 밀부(密符)를 차니 배까지 흘러내렸다. 소론(少論)의 배띠(肚帶)는 여기에서 유래되었다. 한나라의 안, 종형제 간에도 두건(頭巾)과 허리띠가 다른 것이 곽임종(郭林宗[90])과 양호(羊祜[91])의 차이(林宗羊祜之異)가 있는 것과 같으니 역시 이상한 일이다.

소건
練巾

『설문해자』에서 "練의 음은 소이다"라고 하였고, 『유편(類篇)』[92]에는 "거친 갈포(綌)의 종류이다"[93]라고 하였다.

『계해우형지(桂海虞衡志)』[94]에서 말하였다.

거친 마직물(練子)은 강남(江南)과 강서(江西)의 산골짜기에서 나니 모시와 비슷하다. 무늬를 넣어 짠 것을 화소(花練)라고 한다.[95]

예형(禰衡)[96]이 "그것으로 건(巾)을 만들어 썼고 왕도(王導[97])가 그것을

---

90) 곽임종(郭林宗) : 동한(東漢) 시대의 학자. 곽태(郭太)의 아들. 품행과 학식으로 당시 사람들의 추앙을 받았다. 그가 길을 가던 중에 비를 만나 두건의 한쪽 뿔이 꺾였는데 사람들이 그것을 다투어 따라 했다는 고사가 있다.

91) 양호(羊祜) : 진(晉)나라 사람. 태산(泰山) 출신. 양속(羊續)의 손자. 자는 숙자(叔子). 무제가 즉위하자 상서우복야에 올랐다. 형주(荊州)의 제군사(諸軍事)를 감독할 때 군중(軍中)에서 늘 가벼운 옷차림에 허리띠를 느슨하게 한 채 갑옷도 입지 않았다고 한다.

92) 유편(類篇) : 송나라 사마광(司馬光)이 편찬한 책. 총 45권. 자전류.

93) 綌屬.(『類篇, 卷三十七, 練』)

94) 계해우형지(桂海虞衡志) : 송나라의 범성대(范成大)가 편찬한 책. 총 1권. 지리류(地理類).

95) 練子, 出兩江州峒, **大略**似苧布, 有花**紋者**, **謂之**花練.(『桂海虞衡志, 志器』) → 練子, 出兩江州峒, 似苧布, **職**有花**曰**花練.(『松南雜識』)

96) 예형(禰衡) : 후한 말기의 인물. 정평(正平). 모든 면에서 뛰어난 재능을 발휘하지만, 지나치게 오만하여 사람들에게 미움을 샀다. 공융(孔融)의 추천에 의해 조조를 섬기면서도 늘 조조에게 폭언을 퍼부어 그를 화나게 했다. 그렇지만 민심을 고려해서 그를

관으로 썼다”라고 하였다.

탕건
宕巾

‘탕(宕)’은 바로 ‘당(唐)’의 와자로 ‘당(㲥)’이다. 대개 털로 짠 것을 당(㲥)이라고 하니 지금의 망건(網巾)·변발(辮髮)·당이(㲥毦) 의 종류이다. 본래는 말갈기로 만든 감투로 사모(紗帽)에 붙여서 쓰는데, 지금은 조정의 관원이 평상시에 쓰고 다닌다.

갓
笠子

경산(瓊山) 구준(丘濬[98])이 “요즘에는 모자가 두 가지가 있다. 이른바 큰 모자(大帽)가 바로 갓(笠子)이니 비와 해를 가리는데 쓴다. 이른바 작은 모자(小帽)는 ‘사(紗[99])’나 ‘나(羅)’나 ‘단(緞[100])’으로 만든다”[101]라고

죽일 수가 없던 조조는 유표(劉表)를 회유할 사신으로 그를 보내어 유표에게 죽임을 당하게 하고자 했다. 이를 눈치 챈 유표가 폭언을 퍼붓는 예형을 성질이 급한 부하 황조(黃祖)에게 보내어 죽게 했다.

97) 왕도(王導) : 진(晉)나라 원제(元帝) 때의 명승상(名丞相)으로 중보(仲父)라고 일컬어졌다.

98) 구준(丘濬) : 명나라의 문신·학자. 자 중심(仲深). 호 경산(瓊山). 시호 문장(文莊). 사람됨이 충후정직(忠厚正直)하고 학문을 좋아했다. 저서에 『대학연의보(大學衍義補)』 등이 있다.

99) 사(紗) : 깁. 지극히 얇고 고와 가벼운 견직물.

100) 단(緞) : 비단의 한가지로 바탕이 곱고 광택이 있으며 두꺼움.

101) 邱**氏濬**曰 …… 今世**所戴**帽子有二等, **所謂大**帽**者**, 乃是笠子, 用**以**蔽雨日**之具**, **決不可用**, **惟**所謂小帽者, **以縐**紗, 或羅或**緞**爲之 (『五禮通考, 卷一百五十, 嘉禮, 二十三』) → **丘瓊山曰**, 今世帽子有二等, 所謂大帽, 乃是笠子, 用蔽雨日. 所謂小帽者, 或紗或羅或**段**, 爲之.(『松南雜識』)

하였다. 두 종류의 모자 이외에 다른 모자는 따로 없다. 옛날의 대립(臺笠) 역시 지금의 갓이다.

우리나라에서는 기자(箕子)가 시루갓[甑笠]을 만들어 오랑캐의 성정을 꺾었다고 한다. 명나라 초기에는 대(臺)가 낮고 챙[簷]이 좁은데, 망건편자(網巾編子)[102]를 매더니 지금은 대가 높고 챙이 넓은데 겨우 상투를 감출 정도이다.

조선의 헌종이 대(臺)는 넓고 챙[簷]을 좁게 만들도록 명하였는데, 그것을 '병곤모자(餠棍帽子)'라고 하였다. 즉 『오대사(五代史)』의 기록에 의하면 촉(蜀)의 왕 왕연(王衍[103])이 위뇌모(危腦帽)[104]라고 모자를 명명하는 것을 금지한 의미이다.[105] 금상(今上)께서 즉위하여 옛날의 모양을 그대로 따르게 하였다고 한다.

구양수(歐陽修)의 『귀전록(歸田錄)』에서 "'끝이 뾰족하고 챙 있는 모자 쓴 비천한 종과 짧은 버선에 짚신 신은 비천한 병사가 공(公)을 살렸다고 한다'라고 하였는데 말궐(末厥)이 무슨 뜻인지는 모르겠다"[106]라고 하였으니, 요즘 갓(笠子)이나 첨첨(尖簷) 역시 말궐(末厥)[107]로, 나도 무슨

102) 망건편자(網巾編子) : 망건을 졸라매는 띠.

103) 왕연(王衍) : 전촉(前蜀)의 개국자인 왕건(王建)의 아들. 왕건 사후 아들과 양자 사이에서 계승권 다툼이 일어나 최종적으로 왕건의 막내아들 왕연(王衍)이 뒤를 계승했다. 왕연은 촉의 경제력을 배경으로 사치에 몰두하고, 정치는 환관에게 일임하여 백성들을 수탈했다. 이로 인해 민심은 급속도로 이반하였고, 925년 후당에게 멸망당했다. 왕연은 장안으로 호송 도중 살해되었다.

104) 위뇌모(危腦帽) : 촉나라에서 정수리만 겨우 가리는 작은 모자가 유행하였는데 그것이 머리에서 쉽게 떨어졌다. 위연이 모자의 착용을 금지하니 머리에서 떨어지는 모양이 좋지 못하기 때문이었다.

105) 蜀人, 富而喜遨. 當王氏晩年, 俗競爲小帽, 僅覆其頂, 俛首卽墮, 謂之危腦帽, 衍以爲不祥, 禁之.(『五代史, 卷六十三, 前蜀世家, 第三』)

106) **陶尙書嘗曰**, 尖簷帽子卑凡廝, 短靿靴兒末厥**兵**, 末厥, **亦當時語**, **余天聖景祐間**, **已聞此句**, **時去陶公尙未遠**, **人皆莫曉其義**, **王原叔**, **博學多聞見**, **稱於世最爲多識前言者**, **亦云不知爲何說也**, **第記之**, **必有知者耳**.(『文忠集, 卷一百二十八, 詩話』)→尖簷帽子卑凡廝, 短袎鞋兒末厥, **生公云**, **不知末厥何謂也**.(『松南雜識』)

107) 말궐(末厥) : 송나라의 속어(俗語)로 비천(卑賤)의 의미.

의미인지 모르겠다. 지금은 입모(笠帽)를 '모조(帽罩)'라고 한다.

반계(磻溪) 유형원(柳馨遠)은 "갓을 없애고 관(冠)과 두건으로 대체해야 하는 것이 좋다"라고 하였다.[108]

나제립
羅濟笠

지봉(芝峯) 이수광(李睟光)이 "나제립(羅濟笠)은 유래를 알 수 없지만 신라와 백제 때에 나온 듯하다"[109]라고 하였다.

백방립
白方笠

『고려사』에서 "우왕(禑王)이 처음으로 서리들에게 백방립(白方笠)을 쓰게 하였다"[110]라고 하였다. 조선은 외방리(外方吏)[111]에게 쓰도록 하고 검은 색으로 만들었다가 임진왜란 후에 폐지하였는데 지금은 상주(喪主)의 삿갓이 되었다.

---

108) 去笠, 代以冠巾.(『磻溪隨錄, 卷之二十五, 續篇上, 衣冠』)

109) **羅濟笠**, 不知所始. **但以名觀之**, **疑出於**新羅百濟時也.(『芝峯類說, 卷十九, 服用部, 冠巾』) → **芝峯曰**, 不知所始, **似是**新羅百濟時**出**也.(『松南雜識』)

110) 辛禑**元年十二月丁亥**, 始令**各司**胥吏, 着白方笠, **道遇六曹佐郎以上**, **官馬前三拜**.(『高麗史, 六十八卷, 志二十二, 禮十, 嘉禮, 叅上叅外人吏掌固謁宰樞』) → 辛禑始令吏胥, 着白方笠.(『松南雜識』)

111) 외방리(外方吏) : 서울 밖 지방의 관리.

패랭이
平凉子

진시(晉詩)[112]에서,

지금 패랭이 쓴 사람이	今世䙓襶子
더위를 무릅쓰고 남의 집에 이르렀네	觸熱到人家[113]

라고 하였는데, 그 주석에서 "대(襶)는 양립(凉笠)으로 바로 패랭이[蔽陽笠]인데 범양립(范陽笠)이라고도 하니 범양(范陽)에게서 처음 나와서인 듯 하다"라고 하였다.

패영·좌반
貝纓左盤

『설문해자』의 '영(嬰)'의 주석에 "목장식(頸飾)이니 '女(여)'자와 '賏(영)'자로 구성되어 있다. '賏(영)'은 조개[貝]가 이어진 것이다"[114] 오랑캐들의 조개를 이어 목을 장식하는 물건을 '賏'이라고 하니 여자의 장신구이다.[115] 지금의 '패영(貝纓)'은 본래 오랑캐의 장신구이다. 또 『불경 관세음보문품경(觀世音普門品經)』[116]에서 "무진의보살(無盡意菩薩)이 목 아

112) 『松南雜識』에는 唐詩로 오기되어 있음.
113) 진(晉)나라 정효(程曉)의 「조열객(嘲熱客)」.
今世**褦**襶子, 觸熱到人家.(『藝文類聚, 卷五』) → 今世**䙓**襶子, 觸熱到人家.(『松南雜識』)
114) 頸飾也, 從女賏, 賏具連也.(『說文解字, 嬰』) → 嬰. **註**, 頸飾也, 從女**從**賏, 賏具連也.(『松南雜識』)
115) **嬰**, **於盈切**. 說文, 頸飾也. 從女賏, 賏具連也. 胡人, 連貝飾頸曰賏, 女子**之**飾也.(『韻府羣玉, 嬰』) → 說文, **嬰註**, 頸飾也, 從女**從**賏, 賏具連也. 胡人, 連貝飾頸曰賏, 女子飾也.(『松南雜識』)
116) 관세음보문품경(觀世音普門品經) : 『법화경(法華經)』 제25품.

래의 여러 구슬 목걸이를 풀었다"[117]라고 하였으니, 또한 지금 중의 염주(念珠)이다. 『삼례도(三禮圖)』[118]에서 "구슬 목걸이 비취 갓끈[珠纓翠緌]"이라고 하였고 『춘추좌전(春秋左傳)』에는 "구슬로 만든 고깔에 옥 갓끈"[119]이라는 말이 있다. 우리나라의 갓끈(笠纓)은 호박(琥珀)[120]·밀화(蜜花)[121]·대모(玳瑁)[122]등의 보석, 패물(貝物)로 만들어 턱 아래에서 묶어 늘어뜨린다. 조풍릉(趙豊陵)[123]은 간혹 수염에 갓끈이 걸려 말에 올라타는데 방해가 되어 말아서 왼쪽으로 돌리니, 이것이 갓끈의 한 양식이 되었다.

옥로부
玉鷺鳧

『위서(魏書)』에서 말하였다.

북위(北魏)가 제조(諸曹)의 사자(使者)를 '부압(鳧鴨)'이라고 하니 빠르

---

117) 普門品經, 無盡意菩薩, 解頸下衆寶珠瓔珞.(『藝林彙考, 服飾篇, 卷六, 佩帶類』)
118) 삼례도(三禮圖) : 삼례도집주(三禮圖集注). 송나라 섭숭의(聶崇義)가 편찬한 책. 총 20권. 예류(禮類).
119) 瓊弁玉纓.(『春秋左傳, 卷十五, 僖公二十八年』)
120) 호박(琥珀) : 지질 시대 나무의 진 따위가 땅속에 묻혀서 탄소, 수소, 산소 따위와 화합하여 굳어진 누런색 광물. 투명하거나 반투명하고 광택이 있으며, 불에 타기 쉽고 마찰하면 전기가 생긴다. 장식품이나 절연재 따위로 쓴다. ≒ 강주(江珠) 돈모(頓牟).
121) 밀화(蜜花) : 밀랍 같은 누런빛이 나고 젖송이 같은 무늬가 있는 호박(瑚珀).
122) 대모(玳瑁) : 대모갑(玳瑁甲). 바다거북과의 하나. 몸의 길이는 60cm 정도이며, 등딱지는 노란색에 구름 모양의 어두운 갈색 무늬가 있다. 네 다리는 편평하고 물고기, 조개 따위를 잡아먹는다. 열대, 아열대의 바다에 분포한다.
123) 조풍릉(趙豊陵) : 조문명(趙文命, 1680~1732)을 말한다. 조문명의 본관은 풍양(豊壤). 자는 숙장(叔章), 호는 학암(鶴巖), 시호 문충(文忠). 이인좌(李麟佐)의 난을 평정하여 세운 공으로 분무공신(奮武功臣) 2등에 책록 되고 풍릉부원군(豊陵府院君)에 책봉되었다. 관직에 있을 때 왕의 탕평책(蕩平策)에 적극 호응하여 불편부당(不偏不黨)한 인사관리를 했다. 문집으로 『학암집(鶴巖集)』이 있다.

기 때문이었다. 정찰하는 사람을 백로(白鷺)라고 하니 목을 길게 늘여서 멀리 바라본다는 의미를 취한 것이다. 대개 위(魏)나라는 새 이름으로 관직명을 기록하였다.[124]

지금 관찰사(觀察使)와 병사(兵使)를 옥로부(玉鷺鳧)라고 칭하는 말이 이것이다.

융복·호수
戎服虎鬚

조선의 태조가 융복(戎服)[125]을 입고 즉위하였기 때문에 즉위식의 복색(服色)이 되었다. 융복이란 바로 첩리(帖裡)[126]이니 민간에서는 철릭(天翼)이라고 한다. 본래 황제(黃帝)가 만든 상의(上衣)와 치마(裳)를 계승한 것이 지금의 단령(團領)이다. 비장(裨將), 수령(守令) 군문(軍門)의 집사(執事)[127]가 입는다. 청·홍 두 가지 색이 있는데 서울 각 관청의 하급 관리(下隷)들도 입으니 '방패철릭(方牌天翼)'이라고 한다. 임진왜란 후에 칼을 차도록 명하니 대개 복수(復讐)의 의지를 보인 것이다. 왜(倭)의 짚신에는 뒤축이 없으니 대개 진격이 있을 뿐 후퇴가 없다는 의미로 역시 임진왜란 때의 일이라고 한다.

우리나라의 숙종께서 동대문 밖의 들에 거동하셨을 때 보리를 보고 꺾어서 주립(朱笠)[128]에 꽂으셨다. 그래서 지금은 호수(虎鬚)[129]로 주립을

---

124) 諸曹**走**使, 謂**之鳧**鴨, **取飛之**迅**疾**. **以**伺察者, 爲**候官**, **謂之**白鷺, 取**其**延頸**遠**望.(『魏書, 卷一百一十三, 志, 第十九, 官氏九』)→**元魏**謂諸曹之使**爲**鳧鴨, **以**迅**速也**. **候望**伺察者, 爲白鷺, 取延頸**長**望.(『松南雜識』)

125) 융복(戎服) : 철릭과 주립으로 된 옛 군복.

126) 첩리(帖裡) : 철릭. 융복(戎服)의 한 가지. 직령(直領)이고 허리에 주름이 잡히고 큰 소매가 달려 있음. 당상관은 남색, 당하관은 홍색임.

127) 집사(執事) : 지휘자나 주인의 지시를 받아 일을 맡아보는 사람.

장식한다.

금옥관자
金玉貫子

『송서(宋書)』에 "금선옥초"[130]라는 말이 있고 『문선(文選)』에는 "선관(蟬冠)을 머리에 쓰고 담비꼬리 귀엣고리를 드리웠다"[131]라고 하니 대개 옛날에는 금(金)으로 선(蟬)[132]을 만들고 담비꼬리로 장식을 하였는데, 지금 망건(網巾)의 관자(貫子)이니 이초(珥貂)[133]와는 다르다. 탁오(卓吾) 이지(李贄)가 썼다는 두건은 요망스럽고 한심스럽다고 한다. 금(金)을 엮어서 얼굴 앞에서 맺는 것은 위(魏)나라 시중(侍中)의 금조(金蜩)[134]의 양식을 본뜬 것이고 옥병(玉瓶)을 양쪽 곁에 꿰는 것은 동한(東漢) 옥계(玉笄)의 형태를 본뜬 것이다. 운서(韻書)에서 "시신(侍臣)에게 초선관(貂蟬冠)을 쓰게 하니, 매미가 맑고 고고하게 이슬을 마시는 생태를 취한 것이다"[135]라고 하였다.

『사문류취(事文類聚)』에서 "진한(秦漢)의 중상시(中常侍)는 사인(士人)의 관(冠)을 참작하여 만들어 썼는데 모두 은으로 귀엣고리를 만들어 달고 담비꼬리는 왼쪽으로 달았다. 한나라 명제(明帝) 때에는 금으로 귀엣고

---

128) 주립(朱笠) : 융복(戎服)을 입을 때 쓰는 붉은 대갓. 자립(紫笠).

129) 호수(虎鬚) : 주립(朱笠)의 네 귀에 장식으로 꽂는 흰 빛깔의 새털.

130) 金蟬玉貂.(『明文海, 卷三十二, 賦三十二, 居處四』)
　* 『宋史』에 없는 내용으로, 오백홍(吳伯興)의 「등시부(燈市賦)」.

131) 戴蟬珥貂.(『文選, 卷五十六, 箴, 王仲宣 誄, 曹子建』)
　* 위(魏)나라 조식(曹植)의 왕중선뢰(王仲宣誄).

132) 선(蟬) : 관(冠)의 장식으로 매미 날개와 같이 생김.

133) 이초(珥貂) : 담비의 꼬리를 꽂아 장식한 관(冠)으로 한대(漢代)의 시중(侍中)이나 중상시(中常侍)가 썼다.

134) 금조(金蜩) : 금선(金蟬).

135) **侍臣加貂蟬冠**, 取其淸高飮露.(『韻府群玉, 貂蟬』) → 蟬, 取其淸高飮露.(『松南雜識』)

리를 만들어 달고 담비꼬리는 오른쪽으로 달았다. 양궁(兩宮)에서 모두 환관을 사용하였다"[136]라고 하였다. 그래서 환관을 '초당(貂璫)'이라고 부른다. 그러나 지금의 금과 옥으로 만든 관자(貫子)와 은이(銀耳)로 만든 갓끈은 여기에서 유래된 듯하다.

일월각
日月角

『신이경(神異經)』[137]에서 말하였다.

해치(獬豸)는 충직(忠直)하여 사람들의 싸움을 보면 옳지 않은 사람을 뿔로 떠받고 사람들의 말다툼을 보면 정직하지 않은 사람을 물기에, 일명 '임법수(任法獸)'라고 한다. 초나라 회왕(懷王)이 일찍이 해치를 잡아서 법을 집행하는 관리의 모자로 만들어 쓰게 하였으니 그것을 '법관(法冠)'이라고 한다. 장화(張華)[138]는 "지금의 어사관(御史冠)이다"[139]라고 하였다.

당나라의 후사지(侯思止)[140]가 "해치(獬豸)는 언제 글자를 알아서 사악

---

136) 秦漢**加官**, **有**中常侍, 參用士人, 皆銀璫左貂. …… 明帝**以後**, 改**以**金璫右貂, **和熹太后稱制**, **乃以閹人爲常侍**, **小黃門通命**, **兩宮自此**悉用閹人.(『古今事文類聚新集, 卷十九, 諸院部, 內侍局』) → 秦漢中常侍, 參用士人冠, 皆銀璫左貂. 明帝, 改金璫右貂, 悉用閹人. 事類.(『韻府羣玉, **銀璫**』) → 事類**曰**, 秦漢中常侍, 參用士人冠, 皆銀璫左貂. **漢**明帝, 改金璫右貂, 悉用閹人.(『松南雜識』)

137) 신이경(神異經) : 한나라의 동방삭(東方朔)이 편찬한 책. 총 1권.

138) 장화(張華) : 진(晉)나라의 학자. 방성(方城) 사람. 자는 무선(武先). 학문이 매우 깊어, 천문·지리·방기(方技)의 서적을 안 본 것이 없었다. 『박물지(博物志)』를 지었다.

139) 獬豸忠直, 見人鬥, **則**觸不直, 聞人論, 則咋不正, 一名任法獸. 張華曰, 今御史**法**冠**曰**獬豸. 神**記**經.(『古今事文類聚後集, 卷三十六, 毛蟲部, 能觸邪枉』) → 神**異**經**曰**, 獬豸忠直, 見人鬥, 觸不直, 聞人論, 則咋不正, 一名任法獸. **楚懷王**, **嘗獲之**, **爲執法者**, **服之**, **故名法冠**. 張華曰, 今御史冠.(『松南雜識』)

한 사람을 떠받습니까?"[141]라고 한 말이 해치에 대한 언급이다.

지금 사간원(司諫院)의 일월각(日月角)은 바로 그것의 형상이다. 또 당나라의 어장(御仗)[142]은 들소(犦)를 형상하였으니 들소는 모든 짐승을 뿔로 떠받기 때문이다. 금오(金吾)[143]의 의장(儀仗) 중에 창머리에 들소(犦牛)를 새기고 '천우위(天牛衛)'라고 하니 금오조(金吾鳥)의 형상으로 집금오(執金吾)의 관직을 명명하는 것과 같다.

납언

納言[144]

『후한서(漢書), 여복지(輿服志)』에서 말하였다.

책(幘 : 머릿수건)은 색(賾)이다. 상서(尙書)의 머릿수건(幘收)은 사방 세치로 '납언(納言)'이라고 명명하는데, 충정(忠正)으로 현달(顯達)하고 천자와 가까운 직책임을 나타낸 것이다.[145]

---

140) 후사지(侯思止) : 당나라의 혹리(酷吏). 무식하여 쌍스런 말을 쓰며 죄인을 다룬 것으로 유명하다. 그는 죄인을 고문하다 수많은 사람들을 죽였다. 그가 태후에게 어사로 임명케 해달라고 청원하자 태후가 글자도 모르는 주제에 어떻게 어사가 될 수 있냐고 퉁박을 주었다. 그러자 후사지가 "해치가 언제 글자를 알아서 사악한 사람을 떠받습니까?"라고 대꾸했다고 한다.

141) 思止**求爲御史**. **太后曰**, **卿不識字**, **豈堪御史**. **對曰**, 獬豸, 何嘗識字. **但能**觸邪**耳**.(『資治通鑑, 卷二百四, 唐紀二十, 則天順聖皇后上之下』) → **侯**思止言, 獬豸, 何嘗識字, **而**觸邪.(『松南雜識』)

142) 어장(御仗) : 임금의 의장(儀仗)을 이르던 말. 임금이 나들이 할 때에 그 둘레를 호위하는 병정을 이르던 말.

143) 금오(金吾) : 한(漢)나라 때 대궐문을 지켜 비상사(非常事)를 막는 일을 맡아보던 벼슬. 집금오(執金烏)라고도 한다.

144) 납언(納言) : 상서(尙書) 등 근신이 머리에 쓰는 머릿수건.

145) 幘者賾也 …… 尙書賾收, 方三寸, 名曰納言, 示以忠**正**顯近職也.(『後漢書, 卷四十, 輿服志第三十, 輿服下』) → 幘者賾也, 尙書賾收, 方三寸, 名曰納言, 示以忠**直**顯近職也.(『松南雜識』)

이엄
耳掩

호광(胡廣)[146]이 말하였다.

조(趙)나라 무령왕(武寧王)의 호복(胡服)은 금사슬[金鐺]로 앞을 장식하고 앞에 담비꼬리가 흔들리게 하여 고귀한 직분임을 나타내었다. 북방은 몹시 추워 담비 꼬리로 머리를 따뜻하게 하였다. 후대에는 그것을 본떠 만들었으니 '혜문(惠文)'[147]이라고 하고 한나라 때에는 무변(武弁)이라고 하니 무관의 관이다. 시중(侍中)[148]과 중상시(中常侍)는 금사슬[金鐺]을 더하고 선(蟬)[149]을 덧붙여 꾸미고 담비꼬리로 장식하였다.

『고금주(古今注)』에서 말하였다.

담비는 문채(文采)가 나면서도 화려하게 빛나지 않는 속성을 취한 것이고 매미[蟬]는 청허(淸虛)하고 변화를 아는 속성을 취한 것이다.[150]

한(漢)나라 때 벼슬아치의 의전복(儀典服)을 준의관(鵔鸃冠), 맥복(貂服)이라고 명명하니 이러한 종류이다.

지봉(芝峰) 이수광(李睟光)이 "옛날에는 '피견(披肩)'이라고 하였고 중국에서는 난이(煖耳)라고 한다"[151]라고 하였다.

---

146) 호광(胡廣) : 명나라의 학자. 자는 광대(光大), 호는 조암(晁庵), 시호는 문목(文穆).

147) 혜문(惠文) : 「익선관(翼善冠)」 條 참조.

148) 시중(侍中) : 한(漢)나라 때의 벼슬. 천자의 좌우에서 여러 가지 일을 받들고 고문(顧問)에 응했다. 중국 후위(後魏) 이후 문하성의 으뜸 벼슬.

149) 선(蟬) : 「금옥관자(金玉貫子)」 條 참조.

150) **貂蟬**, **胡服也**. 貂者, 取其**有**文采而不炳煥, **外柔易**, **而內剛勁也**. **蟬**取其淸虛, 識變也.(『古今注, 卷上, 輿服第一』) → 貂者, 取其文采而不炳煥. 蟬**者**, 取其淸虛, 識變也.(『松南雜識』)

151) 舊稱披肩. **按征討錄**, **成廟朝**, **命造披肩二千**, **分賜士卒**, **是也**. 中朝則謂之暖子.(『芝

생각건대 액엄의 '액(額)'자는 중국 음으로 '의(議)'이니 본래는 '엄액(掩額)'이었는데 우리나라 음으로는 애(厓)이기에 이엄(耳掩)이라고 부른다. 당상관은 담비 가죽으로 만들고 당하관은 쥐 가죽으로 만드니 담비는 쥐 종류이다. 담비가죽이 안쪽은 질기고 바깥쪽은 따뜻하고 윤이 나는 속성을 취한 것이다.

두보(杜甫)의 시에서 "총융(摠戎)[152]이 모두 시중(侍中)의 담비를 꽂고 있다"[153]라고 한 말이 이것이다. '액엄(額掩)'이라고 이르니 모양은 말액(抹額)과 비슷하고 남녀・노소・귀천을 가리지 않고 모두 그것을 쓴다. 헌종(憲宗) 갑진년(1844) 겨울에 삼선건(三仙巾)을 담비에 붙여 액엄(額掩)을 대신하였다가 기유년(1849)에는 옛 모양대로 복원하였다. 그러나 본래는 호복(胡服)에서 나온 것이지만 중국의 의복에서 최상의 장식이 되었다.

말액
抹額

『이의실록(二儀實錄)』[154]에서 "우(禹)가 도산(塗山)[155]에게 장가들던 날 저녁에 큰 바람과 우레가 일어나 갑옷을 입지 않은 보졸(步卒) 천여 명이 붉은 비단 머리쓰개로 이마[額]를 묶었다[抹]. 이것이 뒤에 군인 복장의 훌륭한 장식이 되었다"[156]라고 하였는데, 그 주석에서 "이마를 묶는

峯類說, 卷十九, 服用部, 冠巾』) → 舊稱披肩, 中朝則謂之暖耳.(『松南雜識』)

152) 총융(摠戎) : 전군(全軍)의 지휘관.

153) 摠戎皆插侍中貂.(『全唐詩, 卷二百三十, 杜甫, 諸將 五首』)

154) 『松南雜識』에는 '二儀寶錄'으로 오기되어 있음.

155) 도산(塗山) : 우임금의 아내 이름.

156) 二儀**實**錄曰, 禹**娶**塗山**之夕**, 大風雷**電**, **中有甲**卒千人, **其**不被甲者, **以**紅綃**帕**, 抹其**頭**額. **雲海神來朝, 禹問之, 對曰, 此武士之首服也. 秦始皇至海上, 有神朝, 皆抹額緋衫大口袴, 侍衛自此抹額, 遂爲**軍容**之服**.(『事物紀原, 卷九, 農業陶漁部四十五, 抹額』) → 二儀**寶**錄曰, 禹**會**塗山, **有**大風雷, **步**卒千**餘**人, 不被甲者, 紅綃**帊**, 抹其額,

장식으로 말(抹)과 같다"[157]라고 하였다.

『당사(唐史)』의 "누사덕(婁思德)[158]이 붉은 말액(抹額)을 쓰고 용맹한 무사를 모집하여 토번(吐蕃)[159]을 토벌하였다"[160]라는 기록이 이것이다.

『열자』에서 "양웅(揚雄)의 『방언(方言)』에 '말건(輵巾)은 세상 사람들의 머릿수건(帕頭)이다'라고 한 말이 이것이다"[161]라고 하였다.

『열자(列子)』에서 "북쪽 나라 사람들은 말건(輵巾)을 쓰고 갖옷을 입었으며, 머리를 깍은 사람들은 이마를 싸매어(覆額) 추위를 막는다"[162]라고 하였다. 그러므로 북쪽 오랑캐의 관(冠)인데 지금은 비구니가 쓰는 송낙(松絡)[163]과 비슷하다. 지금 군대의 용자건(勇字巾)도 그것에서 유래된 듯하다.

풍령
風領

한문으로 번역한 말로는 '풍차(風遮)'이니 지금의 휘항(揮項)이다. 우리나라에서는 어른 앞에서는 쓰지 못하게 하지만 만선두리(漫船杜裡)[164]를

因爲軍容**盛飾**.(『松南雜識』)

157) **抹額**, 束額飾, 如抹也.(『康熙字典, 抹』)→束額飾, 如抹也.(『松南雜識』)

158) 루사덕(婁師德): 당나라의 인물. 자는 종인(宗仁), 정주(鄭州) 원무(原武) 출신. 진사에 급제하여, 조강도위(調江都尉)·양주장사(揚州長史) 등을 역임했다.

159) 토번(吐蕃): 7세기 초에서 9세기 중엽까지 활동한 티베트 왕국 및 티베트인에 대한 당·송나라 때의 호칭.

160) 婁師德, …… **後募猛士**, 討吐蕃, **乃自奮**戴紅抹額.(『唐書, 卷一百八, 列傳第三十三』)→婁師德, 戴紅抹額, **應**募討吐蕃.(『松南雜識』)

161) 方言, 俗人帕頭, 是也.(『列子, 湯問』 北國之人輵의 주석』)→**揚子**方言, **輵巾**, 俗人帕頭, 是也.(『松南雜識』)

162) 北國之人, 輵巾而裘.(『列子, 湯問』)→北國之人, 輵巾而裘, **薙髮之人**, **覆額禦寒**.(『松南雜識』)

163) 송낙: 예전에 여승이 주로 쓰던, 송라를 우산 모양으로 엮어 만든 모자. ≒ 송라립(松蘿笠).

164) 만선두리(漫船杜裡): 벼슬아치가 겨울에 예복을 입을 때 머리에 쓰는 방한구.

쓰는 것은 금하지 않는다. 또 액엄(額掩)은 옛날에는 만선두리 안에 썼는데, 조정철(趙貞喆)[165]이 처음으로 하나만 썼다. 그래서 민간에서는 액엄을 '조군두(趙君頭)'라고 한다.

남자의 머리는 뿔처럼, 여자의 머리는 굴레처럼
男角女羈

『예기(禮記)』에서 "앞머리를 깎아 황새머리[鬌][166]를 만듦에 남자는 뿔(角)처럼 만들고 여자는 굴레[羈]처럼 만든다"[167]라고 하였는데, 그 주석에서 "숫구멍[顖] 양 쪽에 만드는 것을 '각(角)'이라고 하니 '쌍상투'이다. '오달(午達)[168]'을 '기(羈)'라고 하니 '세상투'이다"[169]라고 하였다.

지금 아이가 태어나면 남녀를 막론하고 '기(羈)'를 만들어 붙인다. 비록 숫구멍(顖門)을 막는 것이지만 실제로는 여기에서 유래하였다. 지금 남녀 어린이들은 '각(角)'과 '기(羈)'를 만들지 않고 머리를 땋으니 오랑캐 풍습에서 유래한 듯하다. 탁발(拓拔)[170]이 머리를 묶었기에 삭두부(索頭部)[171]라고 부르는 것이 그 예이다.

---

165) 조정철(趙貞喆) : 조선 후기의 문신(1751~1831). 본관은 양주(楊州), 자는 성경(成卿)·태성(台城), 호는 정헌(靜軒)·대릉(大陵). 정조 1년(1777) 정조 시해사건에 연루되어 죄가 참형(斬刑)에 해당했지만 우의정 조태채(趙泰采)의 증손임이 참작되어 제주에 유배되었다가 1810년에 풀려났다. 1816년에 이조참의, 형조판서 등을 거쳐 1831년에 중추부지사가 되었다. 저서에 『정헌영해처감록(靜軒瀛海處坎錄)』이 있다.

166) 황새머리 : 타(鬌). 어린아이의 머리를 깎을 때 조금 남겨 놓는 머리.

167) 翦髮爲鬌, 男角女羈.(『禮記注疏, 卷二十八, 內則』)

168) 오달(午達) : 공영달(孔穎達)의 소(疏)에 "하나는 횡으로, 하나는 종으로 하는 것을 '오(午)'라고 한다. 지금 여자가 머리를 깎고 위에 머리털을 남겨 두는데 종횡으로 각각 하나씩을 서로 교차시켜 통하여 이르게 하기에 오달(午達)이라고 한다"라고 했다.

169) **鬌, 所遺髮也**. 夾**囟**曰角, 午達曰羈也.(『禮記注疏, 卷二十八, 內則』)→**註**, 夾**顖**曰角, **雙髻也**. 午達曰羈, 三**髻**也.(『松南雜識』)

170) 척발(拓拔) : 북위(北魏) 황족(皇族)의 성(姓). 후에 원(元)으로 바꾸었다.

171) 삭두부(索頭部) : 삭두(索頭)는 변발(辮髮)한 사람을 지칭하는 말. 남북조 시대에 남조(南朝)에서 북조(北朝)를 멸시하여 부르던 말. 삭두로(索頭虜).

댕기
毦毦

운서(韻書)에는 "계(罽)이니, 새의 깃을 짜서 만든 옷이다. 또 투구 위의 장식이다"[172]라고 하였으니, 지금 말액(抹額) 전립(氈笠) 위의 털이다. 또 깃대나 창 자루에 단다.

남제(南齊) 경릉왕(竟陵王)[173]의 태몽에서 어떤 이가 "네 머리털을 가져다가 창댕기를 달려고 한다"[174]라고 하였는데, 깨어보니 머리털이 없어져 있었다. 양나라 원제(元帝)[175]의 왕자 소방제(蕭方諸)가 오색의 깃 장식으로 포천(鮑泉)[176]의 수염을 땋았다.[177] 지금 부녀자와 아이들은 비단으로 머리를 땋는데, 아직도 댕기(毦毦)라고 부르는 것은 여기에서 유래하였다.

비포
緋袍

운서(韻書)에서 "비(緋)는 붉은 색, 또는 붉은 비단이다"[178]라고 하였

---

172) 罽也. 績羽爲衣. **一曰**兜鍪上飾.(『韻府羣玉, **毦**』) → 罽也. 績羽爲衣. **又**兜鍪上飾.(『松南雜識』)

173) 경릉왕(竟陵王) : 남제의 제2대 황제. 무제(武帝)의 둘째 아들 소자량(蕭子良). 당시 제나라 문화의 중심 역할을 하였음.

174) **續異記曰**, 竟陵王**誕在廣陵**, **左右侍直眠中**, 夢**人告之曰**, **官**須髮爲矟毦, **覺則已失髮矣**.(『太平御覽, 卷三百四十一, 兵部七十二, 毦』) → **宋**竟陵王, 夢須髮爲矟毦.(『松南雜識』)

175) 원제(元帝) : 양나라의 제 4대 황제. 이름은 소역(蕭繹). 재위 기간은 552년 ~ 554년.

176) 포천(鮑泉) : 양나라의 문신. 자는 윤악(潤岳). 동해인(東海人). 박식하고 문필이 뛰어나 원제에게 신임을 받았다.

177) **增韻府羣玉曰**, 梁元帝子方諸, **鎭江**, **夏侯景**, **遣將宋子仙**, **襲之入城**. **方諸尙**以五色毦, 辮鮑泉**鬚**, **被執**.(『淵鑑類函, 武功部二十二, 卷二百二十七, 毦二』) → 梁元帝子方諸, 以五色毦, 辮鮑泉**髮**.(『松南雜識』)

178) 絳色, **一曰**赤練.(『類篇, 緋』) → 絳色, **又**赤練.(『松南雜識』)

다. 본래 당나라의 제도로 붉은 비단을 하사 받은 연후에 그것을 옷으로 만들어 입는다. 심전기(沈佺期[179])가 귀양을 갔다가 복관(復官)되었는데 붉은 옷은 돌려받지 못하였다. 그래서 궁중의 연회 때

명예는 이미 명부에 수록되었지만	身名已蒙齒錄
붉은 조복(朝服)과 상아 홀(笏)을 하사 받지 못했다네	袍笏未賜牙緋[180]

라는 구절의 「회파사(回波詞)」를 노래하였다. 지금 대신(大臣)의 '자주포(紫紬袍)'는 여기에서 유래하였다. 백제의 관제(官制)에 16품(品)은 푸른 옷을 입는다. 지금 9품은 검은색 단령(團領)을 입는다.

단령·목화
團領木韡

지봉 이수광이 말하였다.

단령(團領)과 장화(靴子)는 오랑캐의 복식에서 나왔다. 왕세정(王世貞[181])은 "장화는 경전에 보이지 않는데 조(趙)나라 무령왕(武靈王)이 신(履)을 장화(靴)로 개조하였다"라고 하였다.[182]

---

179) 심전기(沈佺期) : 당나라의 시인(656~714). 자는 운경(雲卿). 송지문과 함께 칠언 율시의 정형을 창시했다.

180) 身名已蒙齒錄, 袍笏未**復**牙緋.(『全唐詩, 卷九十七, 回波詞』) → 身名已蒙齒錄, 袍笏未**賜**牙緋.(『松南雜識』)

181) 왕세정(王世貞) : 명나라의 문신·문인(1526~1590). 자는 원미(元美). 호는 엄주산인(弇州山人). 의고(擬古)를 주장했다. 저서에 『예원치언(藝苑卮言)』이 있다.

182) 團領及靴子, 出於胡服, **而以其簡便, 故天下尙之. 在昔則着履, 如帶劒履上殿, 是也. 噫, 至此而三代衣裳之制, 殆不復見矣. 按**王世貞**言, 古無靴, 故**靴**字**不見於經. **至**趙武靈王, **作胡服** 變履爲靴**云**.(『芝峯類說, 卷十九, 服用部, 冠巾』) → **芝峯曰**, 團領及靴子, 出於胡服. 王世貞**云**, 靴**子**不見於經, 趙武靈王, 變履爲靴.(『松南雜識』)

운서(韻書)의 '옹(鞱)'의 주석에 가죽장화(靴鞠)이다'라고 하였다. 『설문해자』에서 "오랑캐의 가죽신은 정강이까지 올라오는데, '낙제(絡鞮)'이니 바로 장화(靴)이다"[183]라고 하였다.

옛날에는 대체로 옷깃이 모났다. 그래서 "화완포(火浣布)[184] 홑옷 수가 놓이고 옷깃이 모났네.(火浣單衣繡方領)"[185]라고 노래한 당시(唐詩)가 그 예이다. 요즘 옷은 모두 옷깃이 둥그니 몽고의 풍습에 물든 것이 고쳐지지 않은 듯하다.

흉배
胸褙

『후한서(後漢書), 양진전(楊震傳)』에서 "황새가 삼전어(三鱣魚)[186]를 물고 날아드니 도강(都講)이 올리면서 '뱀과 전어는 경(卿)과 대부(大夫)의 옷에 형상을 그리는 동물입니다'라고 말하였다"[187]라고 하였으니 한나라 때의 장복(章服)[188]에 전어를 그렸음을 알 수 있다.

운서(韻書)의 '양당(裲襠)'[189]의 주석에서 "옷이 가슴과 등 부분만 있기 때문에 흉배(胸褙)를 양당각(裲襠角)이라고도 한다"라고 하였다.

『서경잡기(西京雜記)』에서 "조비연(趙飛燕)의 여동생이 비연에게 금박(金箔)과 수(繡)로 장식한 배자를 보냈다"[190]라고 하였다.

---

183) **今**胡人履連脛, **謂之**絡鞮, (『說文繫傳, 鞆』) → 胡人**革**履連脛**曰**絡鞮, **卽靴也**.(『松南雜識』)

184) 화완포(火浣布) : 「화완포(火浣布)」 조(條) 참조.

185) 이기(李頎)의 행로난(行路難).

186) 삼전어(三鱣魚) : 전어의 별칭. 세 자가 채 못 되기에 그런 이름이 붙었음.

187) **後有冠雀**銜三鱣**魚**, **飛集講堂前**, 都講**取魚**進曰, 蛇鱣**者**, 卿大夫服之**象也**.(『後漢書, 卷八十四, 楊震列傳, 第四十四, 楊震傳』) → **鸛**銜三鱣, 都講進曰, 蛇鱣卿大夫, 服之.(『松南雜識』)

188) 장복(章服) : 다른 옷과 구별하기 쉽도록 기호나 무늬를 수놓은 옷.

189) 양당(裲襠) : 저고리 위에 덧입는 옷으로 소매가 없다. 배자.

『남사(南史), 제화제기(齊和帝紀)』에서 "백성과 조정의 선비들이 모난 비단을 가슴에 붙이니 '가양(假兩)'이라고 한다"[191]라고 하였다.

고시(古詩)에서,

진나라 때 동릉(東陵)의 천호후(千戶侯)	秦時東陵千戶侯
꿩 그려진 옷 입고 허리엔 푸른 옥 찼네	華蟲被體腰蒼璆[192]

라고 하였으니 진(秦)나라의 장복에 꿩을 그렸음을 알 수 있다.

명나라 성조(成祖)가 흉배의 그림으로 문무 관원의 직품(職品)을 구별하도록 하니 문장(文章)으로 귀천을 표시한 것이다. 우리 조선도 명나라의 제도를 따라 문관은 학(鶴)을 그려서 직관(職官)을 표시하고 무변(武弁)은 범을 그려 위무(威武)를 상징하였다. 지금 청나라도 하의의 끝자락에 새를 그리는데 새의 숫자로 품계의 고하를 나타낸다. 그러나 오히려 염소(羔)·기러기(雁)·꿩(雉)에서 의미를 취한 것에는 못 미친다. 또 지금 왕자와 부마는 순금 흉배(胸褙)로 일반 벼슬아치와 구별하는데, 이것이 언제부터 시작되었는지 알 수 없다.

배자
褙子

『주자어록(朱子語錄)』에서 말하였다.

---

190) 趙飛鷰, 爲皇后, 其女弟, 在昭陽殿, 飛鷰書曰, 今日嘉辰, 貿姊懋膺洪, 謹上襚三十五條, 以陳踴躍之心. …… 金錔繡襠.(『西京雜記, 卷三』) → 西京雜記曰, 趙飛**鷰爲皇后**, **其**弟**上**遺金錯繡**帷**.(『太平御覽, 卷七百, 服用部二』) → 西京雜記曰, 趙飛**燕女**弟, 遺**飛燕**金錯繡**襠**.(『松南雜識』)

191) 百姓及朝士, **皆**以方帛塡胸, 名曰假兩.(『南史, 卷五, 齊本紀下, 第五』) → 百姓及朝士, 以方帛塡胸, 名曰假兩.(『松南雜識』)

192) 양만리(楊萬里)의 「행로난(行路難)」.

『호덕휘잡지(胡德輝雜志)』에서 "배자(褙子)는 본래 비첩(婢妾)의 옷이다. 비첩은 주모(主母)의 등을 지키는 일을 하기 때문에 그 옷을 배자(背子)라고 이름 하였다. 후대의 풍속에는 마침내 남자나 여자의 귀천을 분별하는 옷이 되었다"라고 하였다. 또 임금이 편전(便殿)에 납실 때 사모(紗帽)와 배자를 입으셨으니 개국 초기에 이미 있었던 듯하다.[193)]

『옥편(玉篇)』의 '피(帔)'자의 주석에 "치마의 종류(裙)이니 배자(褙子)이다"라고 하였다. 대개 진(秦)나라 때 조복(朝服)에 배자(背子)를 덧입었고 한(漢)나라 관리들도 입었다.

『자곡자(炙轂子)』[194)]에 이르기를 "수(隋)나라 대업(大業)[195)] 연간에 내관(內官)들이 반제(半除)[196)]를 많이 입으니 바로 긴소매 옷에서 소매를 없앤 것이다. 당나라의 고조(高祖)가 소매를 줄여 반비(半臂)[197)]로 만든 내관의 옷은 척봉(脊縫)[198)]이 없다"[199)]라고 하였다. 송나라 때에는 황후의 어의(御衣)와 사부가(士夫家)의 사람들이 모두 붉은 비단으로 만든 배자를 입었고 지금은 개성의 성인이나 어린아이들이 즐겨 입는다.

---

193) 胡德輝雜志云, 背子, 本婢妾之服, 以其行直主母之背, 故名背子. 後**來**習俗**相承**, 遂爲男女辨貴賤之服. **曰然**. **然嘗見前輩**, **雜說中載**. 上御便殿, 著紗帽**背子**, 則國初已有背子矣.(『朱子語類, 卷九十一, 禮八, 雜儀』) → 胡德輝雜志云, 背子, 本婢妾之服, 以其行直主母之背, 故名背子. 後習俗, 遂爲男女辨貴賤之服. **又**上御便殿, 著紗帽背子, 則國初已有矣.(『松南雜識』)

194) 자곡자(炙轂子) : 당나라의 왕예(王叡)가 편찬한 책. 30권. 육경(六經)의 득실과 역사서의 오류를 바로잡는다는 취지로 썼다.

195) 대업(大業) : 수(隋)나라 양제(煬帝)의 연호(605~616).

196) 반제(半除) : 소매가 팔꿈치까지 내려오는 옷.

197) 반비(半臂) : 소매가 없는 옷.

198) 척봉(脊縫) : 등판의 꿰맨 곳.

199) 隋大業中, 內官多服半除, 卽**今之**長褏**也**. **漢官**, **亦服之**. 唐高祖, 減爲半臂, 內官服者, 無脊縫. **今爲禮服**. 炙轂子.(『古今事文類聚續集, 卷十九, 朝服部, 半臂』) → 炙轂子**曰**, 隋大業中, 內官多服半除, 卽長褏. 唐高祖, 減**袖**爲半臂, 內官服者, 無脊縫.(『松南雜識』)

명시(明詩)[200]에서,

새로 만든 고려 양식의 궁중 옷은	宮衣新製高麗樣
방령(方領)이 허리 아래까지 내려오고	方領過腰半臂除[201]
반팔이거나 민소매라네	

라고 한 말이 이것이다.

수굴
繡裾

『후한서(後漢書), 광무제기(光武帝紀上)』에서 "제우(諸于)[202]에 수굴을 입었다[諸衧繡䙅]"라고 하였는데, '䙅'의 음은 굴이다. 곽박(郭璞)은 주석에서 "제우(諸于) 위에 수굴을 덧입은 것이니 지금의 '반비'와 같다"라고 하였다.[203] 『광기(廣記)』에서 "한(韓)나라 진공(晉公)이 홑으로 누인 굴의(䙅衣)[204]입은 소년을 보았다"[205]라고 하였다.

---

200) 『松南雜識』에는 '唐詩'로 오기되어 있음.

201) 명나라 장욱(張昱)의 「궁중사(宮中詞)」.

202) 제우(諸于) : 고대 부녀자들이 입던 넓고 큰 상의. 제우(諸衧).

203) 郭**璞注云**, **俗名**䘿**掖據**, **此卽是**諸于上加繡**䘿**, 如今之半臂也.(『後漢書, 卷一上, 光武帝紀, 第一上』) → 郭**註**, 諸于上加**以**繡**䙅**, 如今之半臂也.(『松南雜識』)

204) 굴의(䙅衣) : 반비(半臂).

205) **按**廣記**載**, 韓晉公, 見少年單練䙅.(『通雅, 卷三十六, 衣服』) → 廣記, 韓晉公, 見少年單練䙅.(『松南雜識』)

종군

鬷裙

지봉(芝峯) 이수광(李睟光)이 말하였다.

종군(鬷裙)은 바로 마미군(馬尾裙)[206]이니 패사(稗史)에서 "조선에서 유래하였는데 성화(成化) 연간에 조정의 관원들이 그것을 입으니 이 옷은 요망스러운 것이다. 홍치(弘治)[207] 연간 초기에 금지시켰다"라고 하였다.[208]

창의

氅衣[209]

『통감강목집람(通鑑綱目集覽)』에서 말하였다.

마주(馬周)[210]가 "청컨대 사인의 예복을 내리닫이 옷에 소매가 있고 소매 끝에는 가선을 두르게 하십시오"라고 건의하였다. 사타구니가 트인 것을 '결과삼(缺胯衫)'이라고 하는데 서인(庶人)들이 그것을 입으니 바로 '사계삼(四䙆衫)'이다.[211]

---

206) 마미군(馬尾裙) : 말총으로 짜서 바지 모양으로 만든 예전의 여자 옷.

207) 홍치(弘治) : 명나라 효종(孝宗)의 연호(1488~1505).

208) **稗史曰**, 馬尾裙, 始於朝鮮, **流入京師**, **無貴賤**, **服者日盛**, 成化**年**間, 朝官**皆**服之, 此服妖也, 弘治初, **始**有禁**例云**.(『芝峯類說, 卷十九, 服用部, 衣服』) → **卽**馬尾裙**也**, **稗史云**, 始於朝鮮, 成化間, 朝官服之, 此服妖也, 弘治初, 有禁.(『松南雜識』)

209) 창의(氅衣) : 벼슬아치가 평소에 입던 옷. 소매가 없고 뒤 솔기가 없음. '뒤트기'라고도 함. 대창의.

210) 마주(馬周) : 당 태종(太宗)의 문신. 학문을 좋아했고, 『시경(詩經)』과 『춘추(春秋)』에 밝았다. 벼슬은 중서시랑(中書侍郎)에 이르렀다.

211) **集覽**, 〈**䙆衫**, **車服志**, 馬周上議, **三代深衣**, 請襴袖褾襈, 爲士人上服, 開胯者, 名缺胯衫, 庶人服之, 卽今之四䙆衫, **史炤**.〉(『資治通鑑綱目, 卷五十二』) → **綱目集覽曰**,

지금의 창의(氅衣)로 장복(章服)의 속옷이다. 본래는 도포(道袍) 위에 장복(章服)을 덧입었는데 임진왜란 이후로 도포의 뒷폭을 없앴다. 우리나라에서는 창의(氅衣)라고 하는데, 식견이 있는 이는 북쪽이 터진 것을 근심거리로 생각하더니 사십 년 뒤에 병자호란이 났다.

심의
深衣

연암(燕巖) 박지원(朴趾源)은 "우리나라는 마포(麻布)로 만들고 면포(綿布)로 만들지 않으니 잘못된 일이다"[212]라고 하였고 윤광심(尹光心)의 「심의도(深衣圖)」에서는 "그 요점은 '구거속임(鉤袪續衽)'에 있다"라고 하였다. 내가 옛날의 심의(深衣) 그림을 보니 모두 방령(方領)이니 지금의 원령(圓領)은 잘못된 것이다.

『예기(禮記)』에서 "심의(深衣)는 굽은 깃을 곡자처럼 해서 모난 것에 응하게 했다"[213]라고 하였다.

운서(韻書)에는 "겹(袷)은 교령(交領)[214]이다"[215]라고 하였다.

반계(磻溪) 유형원(柳馨遠)이 말하였다.

옛날에는 공복(公服) 안에 철릭[貼裡]을 입고 넓은 띠를 매니 속칭

馬周上議, 請襴袖褾襈, 爲士人上服, 開骻者, 名**缺**骻衫, 庶人服之, 卽四䙆衫.(『松南雜識』)

212) 我國**深衣之**必以麻布, 而不以綿布者, 非也.(『燕巖集, 卷之十四, 別集, 熱河日記, 口外異聞』) → 我國必以麻布, 而不以綿布者, 非也.(『松南雜識』)

213) 禮, 深衣曲袷如矩, 以應方.(『康熙字典, 咽』)

214) 교령(交領) : 가슴 앞에서 교차하는 옷깃.

215) **制十有二幅**, **以應十有二月**, **袂圜以應規**, 曲袷**如矩**以應方, **負繩及踝**, **以應直下齊**, **如權衡以應平**.(『禮記義疏, 卷七十二, 深衣第三十九』) → 袷, 交領也. 記深衣, 曲袷以應方, **視不上於袷**.(『韻府羣玉, 袷』) → 深衣, 曲袷以應方**也**, **韻書**, 袷, 交領也.(『松南雜識』)

고도(固道)[216]철릭(貼裡)으로 바로 융복(戎服)인 셈이다. 당시에 혹여 연거푸 북을 치거나 종을 칠 때[217] 모든 관원은 자신의 자리에서 줄지어 있다가도 공복을 벗기만 하면 옷을 갈아입을 필요 없이 바로 융복(戎服)이 되니 대개 편안할 때라도 위급함을 잊지 말라는 취지이다. 지금은 이러한 제도도 폐지되었다. 살펴보건대 공복(公服) 안에는 심의(深衣)가 더욱 좋다.[218]

옷고름 · 단추
衿船端鈕

두보(杜甫)의 시에서 "천자께서 부르시니 옷고름 맬 새가 없네"[219]라고 하였는데, 그 주석에서 옷고름을 '선(船)'이라고 하니, 한편 옷깃이라고도 한다"라고 하였다.[220]

『강희자전』에 "촉인(蜀人)은 저고리를 매여 묶는 띠를 천(穿)이라고 한다. 민간에서는 그것을 따라 '천(穿)'을 고쳐 '선(船)'이라고 한다"라고 하였다.[221]

---

216) 고도(固道) : 궁중에서 흰 겹저고리를 이르던 말.

217) 전쟁이 발발함을 의미함.

218) **公服者**, **公服之裡**, **必貼裡廣帶**, 〈舊公服裡, **若**着貼裡, 俗**稱**固道**貼裡**, 乃戎服也, 時或疊皷疊鍾, 則百官, 卽列信地, 脫公服, 則不待更着, 而便是戎服也, 蓋安不忘危之意也, 今則此制亦廢**矣**, **今**按公服, 裡着深衣, 尤好.〉(『磻溪隨錄, 卷二十五, 續篇, 衣冠』) → **舊**公服裡, 着貼裡**廣帶**, 俗固道, 乃戎服也, 時或疊皷疊鍾, 則百官, 卽列信地, 脫公服, 則不待更着, 而便是戎服也, 蓋安不忘危之意也, 今則此制亦廢, 按公服, 裡着深衣, 尤好.(『松南雜識』)

219) 天子呼來不上船.(『補注杜詩, 卷二, 飮中八仙歌』)

220) **不上船**, 天子呼來不上船, **杜**, **注**, 衿紐曰船, 又**曰**衣領.(『韻府羣玉, 不上船』) → 杜**詩**, 天子呼來不上船, **註**, 衿紐曰船, 又衣領.(『松南雜識』)

221) 杜詩, 天子呼來不上船, **或言衣襟爲船**, **誤**. **按**蜀人呼衣繫帶爲穿, 俗因改穿作船.(『康熙字典, 衿』) → 杜詩, 天子呼來不上船, **註**, **衿紐曰船**, **又衣領**. **字典曰**, 蜀人呼衣繫帶爲穿, 俗因改穿作船.(『松南雜識』)

또 '단추(端錘)'를 '유자(鈕子)'라고 한다.

도포
道袍

『후한서(後漢書), 여복지(輿服志)』에서 "주공(周公)이 성왕(成王)을 안고 평소 거처하였기에 포(袍 : 솜옷)를 입는다"222)라고 하였다. 뒤에는 도사의 옷이 되었기 때문에 '도복(道服)'이라고 한다.

또 도삼(道杉)과 삿갓(笠)은 명나라의 복색(服色)이니, 지금의 직령(直領)223)이 도포(道袍)같은데 겨드랑이 옷깃(腋衽)이 밖으로 나오는 차이로 구별한다. 무반(武班)의 상의(上衣)와 행의(行衣)224)로 대개 심의가 변형된 것이다. 포(袍)는 대개 오래된 옷으로 「진풍(秦風)」에서 "그대와 포(袍)를 같이 입으리"225)라고 하였고, 『논어(論語)』에 자로(子路)가 솜옷을 입었다는 기록이 있다.226) 당나라 때부터 비로소 붉은 색, 자주 색, 녹색의 내리닫이 옷(襴)을 덧입으니 모두 그 색으로 품계를 표시한 것이다. 서인(庶人)은 흰색을 사용하고 천자는 황색을 사용한다. 그러므로 "황색 옷을 입은 자는 성인이다"227)가 그것에 대한 기록이다. 지금 심의(深衣)와 난삼(襴衫)은 명주로 만들고 옷고름을 덧붙이니 그것들의 원류는 모두 도포이다.

---

222) 袍者, **或曰**, 周公抱成王宴居, 故施袍.(『後漢書, 卷四十, 輿服志第三十, 輿服下』)
→袍者, 周公抱成王宴居, 故施袍.(『松南雜識』)

223) 직령(直領) : 조선 시대에 무관이 입던 웃옷. 깃이 곧고 빳빳하며 소매가 넓다.

224) 행의(行衣) : 유생(儒生)의 웃옷. 소매가 넓은 두루마기로 검은 천으로 가장자리를 꾸밈.

225) 與子同袍.(『詩經, 秦風, 無衣』)

226) 공자께서 "헤진 솜옷을 입고서 여우나 담비 가죽으로 만든 갖옷을 입은 자와 같이 서 있으면서도 부끄러워하지 않는 사람은 아마 자로이리라"라고 하셨다[子曰, 衣敝縕袍, 與衣狐貉者立, 而不恥者, 其由也與].(『論語, 子罕』)

227) 衣黃者聖人.(『資治通鑑, 卷二百十八, 唐紀三十四』)

한삼
汗衫

『사문류취(事文類聚)』에서 "한삼(汗衫)은 초나라와 한나라가 형양(滎陽)에서 싸울 때 광무군(廣武君) 이좌거(李左車)[228]가 땀을 뿌린 일에서부터 유래되었다"라고 하였다.

속석(束晳)의 「근유부(近游賦)」에서 "한삼 입고 더위를 견뎌낸(脅汗衫以當熱)다"라고 하였다.

중단
中單

『주례(周禮)』의 "내사복(內司服) 소사(素沙)"[229]의 주석에서 "소사(素沙)[230]는 지금의 백박(白縛)이니 백박으로 안을 만들어 문채가 드러나게 하는 것이다. 지금의 사각(紗縠)[231]이라는 명칭은 여기에서 유래하였다"[232]라고 하였다.

『당서(唐書), 거복지(車服志)』에서 "하늘에 제사를 지낼 때에는 모두 흰 비단으로 만든 중단(中單)[233]을 입는다"[234]라고 하였다.

---

228) 이좌거(李左車) : 조(趙)나라 장수. 처음에 조(趙)나라에 벼슬하여 광무군(廣武君)이 되었다. 한신(韓信)이 조나라를 치자 진여(陳餘)가 좌거의 계책을 쓰지 않아서 패하였고, 한신이 좌거를 얻어 스승으로 모시고 그의 계책을 써서 연(燕)·제(齊)의 여러 성을 항복받았다.

229) 內司服**掌王后之六服**, **褘衣**, **揄狄**, **闕狄**, **鞠衣**, **展衣**, **緣衣**, 素沙.(『周禮注疏, 卷八』) → 內司服素沙.(『松南雜識』)

230) 소사(素沙) : 백색 크레이프(crape). 크레이프(crape)란, 강연사(强撚絲)를 씨실로 짠 오글쪼글한 직물.

231) 사각(紗縠) : 조직(組織)이 촘촘하고 가벼운 직물.

232) 周禮**天官**, 內司服, 素沙, 註, 素沙, 今之白縛也, 以白縛爲裏, 使之章顯. 今世, 有紗縠**者**, 名出**于**此.(『康熙字典, 沙』) → 周禮, 內司服, 素沙, 註, 素沙, 今之白縛也, 以白縛爲裏, 使之章顯. 今世, 有紗縠, 名出此.(『松南雜識』)

233) 중단(中單) : 고대 조복(朝服), 제복(祭服) 안에 입는 옷. 中襌.

성재(誠齋) 양만리(楊萬里)[235]의 시에서 "소용(昭容)[236]이 자줏빛 소매에 중선을 속에 입었네"[237]라고 하였는데, 주석에서 "백사한삼(白紗汗衫)이니 '비단옷 입고 그 위에 홑옷을 입었도다'[238]는 말과 비슷하다"라고 하였다. 지금의 중단한삼(中襌汗衫)은 다른 옷이다.

『한서(漢書), 만석군전(萬石君傳)』에 "속고의와 측투[中裙廁牏]"라는 말이 있는데, 그 주석에서 "측투(廁牏)는 지금의 한삼(汗衫)과 같다"[239]라고 하였다.

불
巿

『설문해자(說文解字)』에서 말하였다.

巿은 필(韠 : 蔽膝)이니 음은 불이다. 상고(上古) 시대에는 옷으로 앞을 가릴 따름이었으니, '巿'자로 그것을 형상하였다. 천자는 자줏빛 폐슬이고 제후는 붉은 빛 폐슬이며 대부는 푸른 빛 옥형(玉衡)이다. 건(巾 : 수건)자로 구성되는데, '一'은 연결된 띠의 모양을 상형한 것이다.[240]

---

234) 祀**之服也**, …… 白紗中單.(『唐書, 卷二十四, 志第十四, 車服志』) → 祀**天地**, **皆**白紗中單.(『松南雜識』)

235) 양만리(楊萬里) : 남송의 학자・시인(1124~1206). 자는 정수(廷秀). 호는 성재(誠齋). 남송 사대가(四大家)의 한 사람으로 경쾌하고 자유롭고 활달한 시체(詩體)가 특징이다. 저서에 『강호집(江湖集)』・『퇴휴집(退休集)』・『성재역전(誠齋易傳)』이 있다.

236) 소용(昭容) : 고대 여인의 관직명.

237) 昭容紫袖襯中**襌**.(『誠齊集, 卷四十一, 詩, 退休集, 瑞香盛開呈益國公 二首』) → 昭容紫袖襯中**單**.(『松南雜識』)

238) 衣錦尙絅.(『中庸』)

239) 中裙廁牏. 〈廁牏**者**, **近身之小衫**, 若今汗衫**也**.〉(『前漢書, 卷四十六, 萬石衛直周張傳 第十六』) → 中裙廁牏. **註**, 廁牏, 若今汗衫.(『松南雜識』)

240) 韠也, 上古衣蔽前而已, **巿**以象之, 天子朱**巿**, 諸侯赤**巿**, 大夫葱**衡**, 從巾, 象連帶之

지금 조복(朝服)의 폐슬이 이것이다.

멱건
幂巾

『옥편(玉篇)』에서 "물건을 덮는 수건을 말한다"241)라고 하였다.

『주례(周禮)』에는 "제사에는 성근 베수건으로 여덟 개의 술동이를 덮고 그림 그려진 베 수건으로 여섯 개의 술그릇(彝)을 덮는다"242)라고 하였다.243)

『맹자전(孟子傳)』에서 이른바 "술과 장을 덮는다"244)는 말이 이것이다. 지금 모든 음식물은 덮지 않으면 모기와 파리가 들어갈 뿐만 아니라 맛도 없어진다.

휘건
揮巾

운서(韻書)에서 말하였다.

폐슬이란 고대에 땅에 자리를 깔고 앉아 제사를 지낼 때 착용하여 옷이 젖는 일에 대비한 것이다. 『시경(詩經)』의 주석에 "불(韍)·겁(韐)·

形.(『說文解字, 市』)→韠也, **音弗**, 上古衣蔽前而已, 以象之, 天子朱**芾**, 諸侯赤**芾**, 大夫葱**珩**, 從巾, 象連帶之形.(『松南雜識』)

241) **冂**, …… 以巾覆物.(『玉篇, 卷十四』)→以巾覆物**之謂也**.(『松南雜識』)

242) 祭祀, 以疏布巾, 幂八尊, 以畫布巾, 幂六彝.(『周禮注疏, 卷六』)

243) 玉篇, 以巾覆物 …… 周禮 …… **冪**, 祭祀以疏布巾冪八尊, 以畫布巾冪六彝.(『康熙字典, **冪**』)→玉篇**曰**, 以巾覆物**之謂也**. 周禮**云**, 祭祀以疏布巾冪八尊, 以畫布巾冪六彝.(『松南雜識』)

244) 冪酒漿.(『古列女傳, 卷一, 鄒孟軻母』)

필(韠)은 모두 폐슬에 있는 것이다"라고 하였다.[245]

지금 식사에 사용하는 '휘건(揮巾)'은 대개 고대부터 있던 것이다.

수갑

袖甲

『한서(漢書)』[246]에서 "동언(董偃)이 푸른 토시(青韝)를 끼고 녹색 머릿수건(綠幘)을 썼다"[247]라고 하였다. 대개 가죽으로 소매를 씌우는 것으로 음식물에 소매가 더럽혀질까 염려해서 착용하니 지금의 '수갑(袖甲)'이다.

첨유

襜襦

우리나라에서 '쾌자(夬子)'[248]라고 하는 것이다. 지금 군복(軍服)의 일종이다. 소매가 없는 것은 군복 중에서도 천한 옷이니 그 위에 병부(兵符)를 차는 것은 잘못이다.

---

245) 蔽膝者, 古者, **席**地而坐, 以臨俎豆, 設韠以備濡漬. 詩注云, 韍韐韠, 俱有蔽膝者.(『韻府群玉, 韠)』→蔽膝者, 古者, **廣**地而坐, 以臨俎豆, 設韠以備濡漬. 詩注云, 韍韐韠, 俱有蔽膝者.(『松南雜識』)

246) 『松南雜識』에는 '史記'로 오기되어 있음.

247) 董**君**, 綠幘**傅**韝.(『前漢書, 卷六十五, 東方朔傳 第三十五』)→**史記**, 董**偃青**韝綠幘.(『松南雜識』)

248) 쾌자(夬子) : 快子. 전투복의 하나. 양 옆 솔기의 끝과 등솔의 허리 아래가 터지고 소매는 없음.

수의
裋衣

운서(韻書)의 주석에서 "긴 저고리(長襦)로, 어린아이들이 입는 옷인데 거친 모포(毛布)로 짠다. 대개 북방은 춥기 때문에 수갈(裋褐)[249]로 추위를 막는다"라고 하였다.

지금은 그것이 와전되어 '두루마기'[250]라고 한다. 이 옷을 입고 액엄(額掩)을 머리에 쓰면 영락없는 되놈이다.

상의
上衣

옛날에는 동의(同衣) 위에 도포(道袍)를 입었다. 선조 때에 김기종(金起宗)[251]의 딸이 빈(嬪)이 되었는데 바느질을 잘하여 도포의 양쪽 넓은 부분과 동의의 두 소매를 없앤 형태의 옷을 만드니 창의(氅衣)라고 하는 것이다. 지금 남자의 상의(上衣)이다.

---

249) 수갈(裋褐) : 거칠고 남루한 베옷.

250) 두루마기 : 우리나라 고유의 웃옷으로 주로 외출할 때 입는 옷. 옷자락이 무릎 아래까지 내려옴. 주의(周衣), 주차의(周遮衣).

251) 김기종(金起宗) : 조선 후기의 문신(1585~1635). 자는 중윤(仲胤). 호는 청하(聽荷). 시호는 충정(忠定). 서울 출생. 광해군 10년(1618) 증광문과에 장원급제하여 정자(正字)로 발탁되었다. 이듬해 사은사(謝恩使)의 서장관(書狀官)으로 명나라에 다녀왔다. 인조 2년(1624) 이괄(李适)의 난 때 도원수 장만(張晚)의 종사관으로 공을 세워 진무공신(振武功臣) 2등에 책록되고 영해군(瀛海君)에 봉해졌고, 뒤에 호조판서가 되었다. 편저에 『서정록(西征錄)』이 있다.

한림동의

翰林同衣

옛날의 동의(同衣)는 명주 안에 솜을 덧댔으니 '고습(股褶)'이라고 한다. 어떤 한림(翰林)[252]이 활동하는데 불편하여 홑옷으로 만들어 입은 것에서 '한림동의(翰林同衣)'가 유래하였다.

납의

衲衣

『법원주림(法苑珠林)』[253]에서 "중의 옷에는 네 종류가 있다. 첫 번째는 분소의(糞掃衣)[254]이고 두 번째는 취의(毳衣)이고 세 번째는 납(衲)이고 네 번째는 삼의(三衣)이다"[255]라고 하였다.

『계림지(鷄林志)』에서 "고려의 중 가운데 마납(磨衲)[256]을 입은 자가 선법사(禪法師)이다"[257]라고 하였다. 비벼 빨은 납의(衲衣)를 '마세(磨洗)'라고 한다. 소식(蘇軾)의 시에서 "갓 빨은 운납(雲衲)[258] 입고 산수(山水)에서 나온다"[259]라고 한 말이 이것이다. 지금 납의 입기를 좋아하는 것은

252) 한림(翰林) : 조선 시대에 예문관의 검열(檢閱)을 달리 이르던 말.

253) 법원주림(法苑珠林) : 당나라 고종(高宗) 총장(總章) 원년(668)에 서명사(西明寺)의 중 도세(道世)가 불경(佛經)의 고실(故實)을 밝혀 120권으로 분류·편찬한 책이다.

254) 분소의(糞掃衣) : 세상 사람들이 버린 옷이나 헌옷을 깨끗이 빨고 기워 만든 옷.
*『松南雜識』에는 '糞埽衣'로 오기되어 있음.

255) **衣中**四**者**, 一糞**掃**衣, 二毳衣, 三納**衣**, 四三衣.(『法苑珠林, 卷一百, 六度篇第八十五之五, 禪定部』) → **僧服有**四, 一糞**埽**衣, 二毳衣, 三納, 四三衣.(『松南雜識』)

256) 마납(磨衲) : 법복(法服)의 한 가지로, 고려의 특산품이다. 마(磨)는 자마(紫磨)로서 비단을 말하며, 마납(磨衲)은 승려들이 걸치는 비단으로 된 법복을 말한다.(『海東繹史, 食貨志』)

257) 高麗僧衣磨納者, 爲禪**法**師.(『雞林志, 僧衲』) → 高麗僧衣磨納者, 爲禪師.(『松南雜識』)

258) 운납(雲衲) : 중의 납의(衲衣)를 이르는 말. 납의가 구름처럼 뒤쳐지는 모양에서 붙은 명칭.

259) 雲衲新磨山水出.(『東坡詩集註, 卷十九, 次韻僧潛見贈』)

중의 습속에서 나온 것이다.[260]

가는 실오라기를 '납(衲)'이라고 하고 또 '행탕(行盪)'이라고도 하는데, 중국에 없는 것이다. 우리나라 사람이 납의를 입은 것을 보고 '기이한 수(奇繡)'라고 하니 중국 어디에도 바느질로 주름을 잡을 수 있는 사람이 없기 때문이다.

운서(韻書)에서 '질(紩)'의 주석에 "꿰맴[縫]"[261]이라고 하였고, "납(納=衲)은 바느질한 누더기"의 주석에 "꿰맨 옷[紩衣]"이라고 하였다.

『이아(爾雅)』에서 "黹의 음은 치이다"라고 하였는데, 그 주석에서 "지금 사람들은 옷 꿰매는 것을 '치(黹)'라고 한다"라고 하였다.[262]

두보(杜甫)의 시에서 "바느질에 꿰맨 흔적 하나 없네"[263]라고 한 말이 이것이니 대개 고대에도 그것이 있었지만 우리나라처럼 솜씨가 좋지는 못하였다. 근래에도 허누비(虛褸緋)·면누비(麵褸緋)가 있지만 결국 기수(奇繡)만은 못하다.

동정
東政

『노씨세보(魯氏世譜)』에서 말하였다.

노중련(魯仲連)[264]의 손자 노계(魯啓)가 진(秦)나라를 피해 위만(衛滿)

---

260) **雞**林志言, 高麗僧, 衣磨衲者爲禪師, 衲**甚精好云**, 磨謂磨洗也. **東**坡詩**日**, 雲衲新磨山水出, 今**我國人**喜穿衲**衣**, **蓋初**出於僧**家爾**.(『芝峯類說, 卷十九, 服用部, 衣服』) →**鷄**林志**云**, 高麗僧, 衣磨衲者爲禪師, 衲**而**磨謂磨洗也. 坡詩, 雲衲新磨山水出, **是也**, 今喜穿衲出於僧**俗也**.(『松南雜識』)

261) 紩, 縫也.(『集韻, 紩』)→紩, **註**, 縫也.(『松南雜識』)

262) 黹**紩**也. **注**. 今人, 呼縫紩衣爲黹.(『爾雅注疏, 卷二』)→**爾雅**黹**音**撥. 註. 今人, 呼縫紩衣爲黹.(『松南雜識』)

* 퇴계 이황은 '黹'를 '디'로 읽어야 한다라고 했다.(『退溪集, 答李剛而問目』)

263) 裁縫滅盡針線迹.(『補注杜詩, 卷一, 白絲行』)

을 따라 동쪽으로 왔다가 그대로 금마군(金馬郡)으로 들어가 기준(箕準)의 승상(丞相)이 되었다. 그가 선정(善政)을 베풀다가 죽자 우리나라 백성들이 노계(魯啓)를 애도하여 상복을 입었는데 남녀가 흰 베로 옷깃의 가선을 두르고 그것을 '동정(東政)'[265]이라고 불렀다. 마포(麻布) 옷만은 유독 동정이 없다.

삼수
罯首

『노사(路史)』[266]에서 "진방씨(辰放氏) 때에 음습한 바람이 많이 불어 백성들에게 털을 꼬아 머리에 쓰게 하여 비를 막게 하니 사람들이 그것을 따라 하였다"[267]라고 하였다. 이 설에 의거하면 '삼수(罯首)'는 바로 지금의 우립(雨笠=갈삿갓)으로 머리에 쓰는 것이다.

『광운(廣韻)』에서 "罯의 음은 삼이니 머리덮개이다"라고 하였다.[268]

---

264) 노중련(魯仲連): 전국 시대 제(齊)나라의 고사(高士). 진(秦)나라를 황제의 나라로 섬길 바에는 차라리 동해에 빠져 죽겠다고 한 말로 유명하다.

265) 동정(東政): 한복의 저고리 깃 위에 조붓하게 덧대어 꾸미는 하얀 헝겊 오리.

266) 노사(路史): 송나라 나필(羅泌)이 편찬한 책으로 47권. 전기(前紀) 9권은 삼황(三皇)과 음강(陰康), 무회씨(無懷氏)에 대한 기록이고, 후기 14권은 태호(太昊)에서 하(夏)나라에 이르기까지의 일에 대한 기록이며, 국명기(國名紀) 8권은 상고 시대에서 양한(兩漢) 말기까지 여러 나라의 성씨와 지리에 대한 기록이며, 발휘(發揮)와 여론(餘論) 16권은 변론과 고증을 주로 다루었다.

267) **次民氏沒**, 辰放氏**作**, 時多陰風, **乃**教民**搴木茹皮**, **以禦風霜**, 絢髮罯首, **以**去靈雨, 而人從之.(『路史, 卷四, 前紀四, 因提紀, 辰放氏』) → 辰放氏, 時多陰風, 教民絢髮罯首, 去靈雨, 而人從之.(『松南雜識』)

268) 廣韻, **蘓紺切**, 音倸, 覆蓋也, **正字通**, **按**路史**三皇紀**, **次民氏歿**, 辰放氏**作**, 時多陰風, 教民絢髮罯首, 去靈雨, 而人從之, 據此說, 罯首者, 卽今雨笠, 所以覆冒其首也.(『康熙字典, 罯』) → 路史, 辰放氏, 時多陰風, 教民絢髮罯首, 去靈雨, 而人從之, 據此說, 罯首者, 卽今雨笠, 所以覆冒其首也, 廣韻, **罯**音倸, 覆蓋也.(『松南雜識』)

우의
雨衣

『춘추좌전(春秋左傳)』에서 "초나라 임금이 진(秦)나라에서 보낸 비옷을 입었다"[269]라고 하였는데, 그 주석에서 "진복도(秦復陶)는 진나라에서 보낸 우의(雨衣)이다"[270]라고 하였으니, 지금의 유삼(油衫)이다.

『육도(六韜)』[271]에서 "도롱이(蓑薛)·우산(簦)·삿갓(笠)"이라고 하였고,[272] 운서(韻書)에서 "사설(蓑薛)은 풀이름이다"라고 하였다. 사(莎)[273]로 우의(雨衣)를 만드니 사(莎)는 바로 부수(夫須)[274]이다. 지금은 사립(莎笠)이라고 한다.

황정견(黃庭堅)[275]의 시에,

푸른 부들 삿갓에 초록 도롱이 입은 저녁　　青蒻笠綠簑衣晚

---

269) 『春秋左傳, 昭公, 十二年, 冬十月』의 "楚子狩于州來, 次于潁尾. 使蕩侯·潘子·司馬督·囂尹午·陵尹喜, 帥師圍徐, 以懼吳. 楚子次于乾谿, 以爲之援. 雨雪, 王皮冠·秦復陶·翠被·豹舃·執鞭以出, 僕析父從."
* 초나라 임금이 주래에서 사냥을 하다가 영미에서 군사를 머물게 하고 탕후(蕩侯)·반자(潘子)·사마독(司馬督)·효윤오(囂尹午)·능윤희(陵尹喜)에게 군사를 이끌게 하고 서(徐)나라를 포위한 후 오나라를 위협했다. 그리고 자신은 건계(乾谿)로 군사를 거느리고 가서 이들을 엄호했다. 마침 눈이 내려 임금은 가죽 관을 쓰고 진(秦)나라에서 보낸 갖옷과 비취 깃을 섞어 짠 외투를 입고 표범 가죽 구두를 신고 나와 섰는데 복석보(僕析父)가 뒤따르고 있었다는 내용이 축약·인용되었음.

270) 楚子 …… 秦復陶. **注**. 秦所遺**羽**衣**也**.(『春秋左傳, 昭公, 十二年, 冬十月』) → 楚子秦復陶. **註**. 秦所遺**雨**衣.(『松南雜識』)

271) 육도(六韜) : 주(周)나라 태공망이 지은 병법서(兵法書). 무경칠서(武經七書)의 하나로 문도(文韜)·무도(武韜)·용도(龍韜)·호도(虎韜)·견도(犬韜)·표도(豹韜)의 6장으로 되어 있다. 6권 60편.

272) 蓑**簁**簦笠, **其甲冑干櫓也**.(『六韜, 卷三, 龍韜, 農器第三十』) → **六韜**, 蓑**薛**簦笠.(『洪武正韻, 卷十五』) → **蘘薛**簦笠, 六韜, **上如草切**, 草名, **謂**以莎**草**爲雨衣.(『韻府羣玉, 蘘薛』) → **六韜**, 蓑**薛**簦笠, **韻書云**, **蓑薛**, 草名, 以莎爲雨衣, **莎卽夫須也**.(『松南雜識』)

273) 사(莎) : 사초. 방동사니과에 속하는 다년초. 바닷가의 모래땅에 나는데 그 괴근(塊根)을 향부자(香附子)라 하여 약재로 씀.

274) 부수(夫須) : 대초(薹草 : 삿갓사초). 잎을 말려 삿갓을 엮음.

275) 『松南雜識』에는 장지화(張志和)의 작품으로 오기되어 있음.

비껴 부는 바람 가랑비에도 돌아가지 못하네　　斜風細雨不須歸[276]

라고 하였다.

정초부(鄭樵夫)의 시에,

어깨에 도롱이 걸치고 머리에 삿갓 쓰니　　肩荷簑衣頭戴笠
하늘에 비바람 가득하건만 이 몸엔 물 한 방울 묻지 않네　　滿天風雨一身晴

라고 한 말이 이것이다.

발석

襏襫

『관자(管子)』에서 "머리에는 모시와 부들로 엮은 삿갓 쓰고 몸에는 도롱이 입었다"[277]라고 하였으니 이런 사람을 농부라고 한다.

『해동제국기(海東諸國記)』[278]에서 "일본인은 부들이나 대나무 혹은 삼나무(椙木)로 삿갓을 만든다"라고 하였는데, 그 주석에서 "남자나 여자나 출행할 때 쓴다"[279]라고 하였다. 우리나라의 비천한 남녀에게도 이러한 풍속이 있다.

---

276) 「자고천(鷓鴣天)」.

277) 首戴**苧**蒲, 身服襏襫.(『管子, 卷八, 小匡第二十, 內言三』) → 首戴**茅**蒲, 身服襏襫, 此之謂農**笠也**, 管子.(『韻府羣玉, 戴茅蒲』) → 管子**曰**, 首戴**茅**蒲, 身服襏襫, 此之謂農.(『松南雜識』)

278) 해동제국기(海東諸國記) : 조선 성종 2년(1471)에 신숙주가 왕명에 따라 쓴 일본에 관한 책. 해동제국이란 일본의 혼슈(本州), 규슈(九州), 이키(壹岐) 섬, 쓰시마(對馬) 섬, 류큐(琉球) 제도 등을 이르는데, 이들 지역의 지세 · 국정 · 국교 등에 관하여 자세히 기록했다. 조선 전기의 한일 관계사와 일본의 역사 · 지리를 아는 데 중요한 자료가 된다. 1권 1책의 인본(印本).

279) **笠**用蒲, 或竹或椙木. 〈男女出行則着.〉(『海東諸國記, 申高靈海東諸國記, 日本國紀, 國俗』) → **日本人**用, 蒲或竹或椙木**爲笠**, 男女出行則着.(『松南雜識』)

포복
抱腹[280]

『석명(釋名)』에서 "위아래로 띠가 있어 배를 감아 싸는데, 포복 위에는 잠뱅이를 입지 않는다"[281]라고 하였다.

독비곤
犢鼻褌

운서(韻書)에서 "바지 등속이니 잠방이이다"[282]라고 하였고, 『석명(釋名)』에서는 "두 다리를 꿰어 위로 허리 가운데를 맨다"[283]라고 하였다. 사마상여(司馬相如)가 몸소 독비곤(犢鼻褌)을 입고 품팔이들과 섞여 일을 하였다.[284]

아구피
兒狗皮

『주례(周禮), 사구(司裘)』의 주석에서 "대사례(大射禮)의 개는 쉰 마리의 개다[大謝干, 五十干]. 간(干)은 간(犴)과 같으니 바로 개(狗)이다"[285]라고 하였다.

---

280) 포복(抱腹) : 어린아이의 배와 아랫도리를 둘러서 가리는 치마와 같이 만든 옷. 배두렁이.

281) 抱腹, 上下有帶, 抱裹其腹, 上無襠者也.(『釋名, 卷五, 釋衣服』)

282) 袴屬, …… 褌襠.(『韻府羣玉, 襠』)

283) 貫兩脚, 上繫**要**中**也**.(『釋名, 卷五, 釋衣服』)

284) 相如身**自**著犢鼻褌, 與保庸雜作.(『史記集解, 卷一百十七, 司馬相如列傳, 第五十七』) →**司馬**相如身着犢鼻褌, 與庸保雜作.(『松南雜識』)

285) 周禮, 司裘. **注**, 太射干五十. **大射**, **禮注**, 干**讀曰**犴, **胡犬也**.(『洪武正韻, 干』)→周禮, 司裘. **註**. 大射干五十干, 干**與**犴**同**, **卽狗**也.(『松南雜識』)

성호(星湖) 이익(李瀷)이 "지금 서울에서는 함경도의 강아지 가죽을 진귀한 물건으로 취급한다"[286]라고 하였다. 또 북도 사람들은 솜이 없는 까닭에 개를 길러 그 가죽으로 옷을 만들어 입는다고 한다.

모직 갖옷을 뒤집어 입다
反衣氈裘

「광형전(匡衡傳)」에서 "일신이 부귀해도 명망 있는 선비는 명예로 여기지 않으니 이는 호백구(狐白裘)가 있어도 뒤집어 입는 격이다"[287]라고 하였다.

산곡(山谷) 황정견(黃庭堅)의 시에서,

땔감을 지고 양 가죽옷을 뒤집어 입으니	負薪反羊裘
거죽을 아끼려다 속감만 상하게 하였네	愛表只傷裏[288]

라고 하였다.

지금 함경북도의 사람들이 개가죽으로 모자·바지·저고리를 만들며 털이 모두 밖으로 나오게 하니 보는 사람들이 '사람처럼 선 개[人立之狗]'라고 조롱한다. 일 만들기 좋아하는 사람(好事者)이 「모관전(毛冠傳)」을 지었는데 지금 중국도 그러해서 멀리서 바라보면 마치 짐승과 같다. 우리나라는 그것을 뒤집어 입는데 오로지 귀마개(耳掩)만은 그렇지 않으

---

286) 地寒, 多畜犬衣皮, 其雛犬之裘, 亦京貴所重也.(『星湖僿說, 第八卷, 人事門, 生財』) →今京城, 以北道兒狗皮爲珍.(『松南雜識』)

287) 富貴在身, 而列士不譽, 是有狐白之裘, 而反衣之也.(『前漢書, 卷八十一, 匡張孔馬傳, 第五十一』)

288)『山谷外集, 卷五, 庭堅得邑, 太和六舅按節出, 同安邂逅, 于徂公, 溪口風雨, 阻留十日, 對榻夜語因詠, 誰知風雨夜, 復此對床眠, 別後覺斯言可念, 列置十字, 字爲八句, 寄呈十首』.

니 무슨 까닭인가?

모대
毛帶

『유양잡조(酉陽雜俎)』에서 "등(氃)은 털실로 짠 띠(毛帶)이다. 진(晉)나라의 서경(徐景)이 선양문(宣陽門) 밖에서 비단사향주머니를 얻었다"[289]라는 말이 이것이다.

곤대
緄帶

『석명(釋名)』에서 "대(帶)는 체(蔕)이니 옷에 붙은 것이 마치 물건에 꼭지(蔕)가 달린 것 같다"[290]라고 하였다.

『예기(禮記)』에서 "남자는 가죽띠를 매고 여자는 실띠를 맨다"[291]라고 하였다.

『장자(莊子)』에서 "소가죽 허리띠를 매고"[292]라는 말이 있으니 지금의 혁대(革帶)는 오래전부터 있었던 것이다.

『한서(漢書), 남흉노전(南匈奴傳)』에서 "황제가 사신을 보내 패도(佩刀)와 곤대(緄帶)[293]를 내려주었다"라고 하였는데, 그 주석에서 "실을 짜서

---

289) **麝氃**, 晉**時**, **有**徐景, **於**宣陽門外, 得一錦麝氃, **至家開視**, **有蟲如蟬五色後兩足各綴一五銖錢**.(『酉陽雜俎, 卷十, 物異』) → 毛帶也, 酉陽雜俎, 晉**時**, **有**徐景, 于宣陽門外, 得一錦麝氃.(『康熙字典, 氃』) → 酉陽雜俎**曰**, 氃毛帶也, 晉, 徐景, 于宣陽門外, 得一錦麝氃.(『松南雜識』)

290) 帶, 蔕也, 著於衣, 如物之繫蔕也.(『釋名, 卷五, 釋衣服』)

291) 南鞶革女鞶絲.(『禮記注疏, 卷二十八, 內則』)

292) 帶死牛之脅.(『莊子, 盜跖』)

293) 곤대(緄帶) : 색실로 짠 허리띠.

띠를 만든니, 또한 남자의 띠이다"[294]라고 하였다. 지금 실을 자아서 혜초대(蕙草帶)·서미대(鼠尾帶) 등을 만든다.

『시경(詩經)』에서 "드리운 띠가 늘어져 있도다"[295]라고 하였으니 지금의 대수(帶穗 : 띳술)이다.

성제대
聖帝帶

신라 진평왕(眞平王) 원년(579)에 선인(仙人)이 대궐 뜰에 내려와 왕에게 "상제께서 옥대(玉帶)를 전해주라고 나에게 명하였소"라고 하니 왕이 꿇어앉아 받았다. 왕이 모든 교묘(郊廟)의 큰 제사를 지낼 때 그것을 착용하니 이것을 성제대(聖帝帶)라고 한다.[296] 김부(金傅)[297]가 고려 태조에게 바치며 "진평왕의 허리가 사십 아름인데 이것을 띠고 나라를 진어(鎭禦)하는 보물로 삼았습니다"라고 하였다.

---

294) 帝遣使**者**, …… 遣**冠幘絳單衣三襲童子**佩刀緄帶**各一**. 〈**童子刀**, **謂小刀也**. **說文曰**, **緄**, 織成帶也.〉(『後漢書, 卷一百十九, 南匈奴傳, 第七十九』)→帝遣使, 遺佩刀緄帶. **註** 織成帶, **則亦爲男帶也**.(『松南雜識』)

295) 垂帶悸兮.(『詩經, 衛風, 芄蘭』)

296) **第二十六**, **白淨王**, **諡**眞平**大**王, …… **卽位**元年, 有**天使**降於殿庭, 謂王曰, 上**皇**命我傳賜玉帶, 王**親奉**跪受, **然後其使上天**, 凡郊廟大祀, **皆**服之.(『三國遺事, 王曆第一, 天賜玉帶』)→眞平王元年, 有**仙人**降於殿庭, 謂王曰, 上**帝**命我傳賜玉帶, 王跪受, 凡郊廟大祀服之, **是謂聖帝帶**.(『松南雜識』)

297) 김부(金傅) : 신라 제56대 왕인 경순왕(敬順王)의 이름. 문성왕의 후손이다. 마의태자(麻衣太子)는 그의 장자. 927년 경애왕이 견훤의 습격을 받아 시해된 후에 견훤에 의해 옹립되었다.

자금대
紫金帶

후고구려가 당나라에게 "우리나라가 이 보물을 잃은 뒤로 비바람이 조화롭지 못하여 백성들이 떠돌며 군대는 약해졌습니다"라고 하니 현종(玄宗)[298]이 되돌려 주었다.[299]

서대
犀帶

『전국책(戰國策)』에서 "조(趙)나라 무령왕(武靈王)이 주소(周紹)를 왕자의 사부로 삼고 호복(胡服)의 의관(衣冠)과 패대(貝帶)와 황금(黃金)과 사비(師比)를 하사하였다"[300]라고 하였는데, 그 주석에서 "안사고(顔師古)가 말하기를 '패대(貝帶)는 준의관(鵔鸃冠)이고 황금(黃金)은 서대(犀帶)이고 사(師)는 호대(胡帶)의 대구(帶鉤)이다'라고 말하였다"라고 하니, 지금의 서대(犀帶)와 패대(貝帶)는 본래 오랑캐의 복식이다.

당나라 동창공(同昌公)이 서대(犀帶)를 차고 분노를 없앴고 헌종(憲宗)이 배도(裵度)[301]에게 통천서대(通天犀帶)[302]를 하사하였기에 대신의 띠

---

298) 현종(玄宗) : 당나라의 제6대 황제(685~762). 성은 이(李). 이름은 융기(隆基). 시호는 명황(明皇)·무황(武皇). 초년에 정사(政事)를 바로잡아 '개원(開元)의 치(治)'라고 불리는 성당(盛唐) 시대를 이루었지만 만년에 양귀비를 총애하고 간신에게 정치를 맡겨 안녹산의 난을 초래했다.

299) 後高麗**知此寶**, **歸我**. **乃上**言, 本國**因**失此寶, 風雨愆時, 民離兵弱, **朕尋以爲得此**, **不足爲貴**, **乃命**還**其紫金帶**.(『說郛, 卷一百十一下, 楊太眞外傳卷下』)→後高麗言**于唐曰**, 本國**自**失此寶, 風雨愆時, 民離兵弱, **玄宗**還**之**.(『松南雜識』)

300) **遂賜**周紹胡服衣冠貝帶黃金師比, **以傅王子也**.(『戰國策, 卷十九, 趙二』)→**趙武靈王**, **以周紹爲子傅**, **賜**胡服衣冠貝帶黃金師比.(『松南雜識』)

301) 배도(裵度) : 당나라의 재상(765~839). 자는 중립(中立), 시호는 문충(文忠). 산서성(山西省) 출신. 815년에 살해된 재상 무원형(武元衡)을 대신하여 중서시랑·동중서문하평장사가 된 뒤 절도사를 억압하고, 환관(宦官)에 대해서도 강경책을 취하여 헌종(憲宗)·목종(穆宗)·경종(敬宗)·문종(文宗)의 4조(朝)에 걸쳐 활약했다. 백낙천(白樂

가 되었는데, 세간에서 전하는 이야기로 홍낙성(洪樂性)[303]이 배도의 띠를 사왔다고 한다.

『초사(楚辭)』에서 "가는 허리 빼어난 목 선비(鮮卑) 같네"[304]라고 하였는데, 그 주석에서 "선비는 띠의 이름이니 곤룡포 띠의 머리[袞帶頭]이다"[305]라고 하였다. 또 산의 이름이니 동호(東胡)가 그 산의 이름을 따라 부족명을 '선비(鮮卑)'라고 하였다.[306]아마도 그 산의 모양이 띠 같을 것이니 두무산(兜鍪山)과 돌궐(突厥)의 관계와 같으리라.

학정금대
鶴頂金帶

지봉(芝峯) 이수광(李睟光)이 말하였다.

학어(鶴魚)는 남쪽 나라의 바다 속에서 나는데 이마 중앙의 뇌골(腦骨)이 학(鶴)처럼 붉기 때문에 그런 이름이 붙었다. 그 뇌골로 만든 빗의 이름이 '학정소(鶴頂梳)'이다. 지금의 이른바 학정금대(鶴頂金帶)[307]는 가짜일 뿐이다.[308]

天)과 자기의 별장인 녹야당(綠野堂)에서 함께 풍류를 즐겼다.

302) 통천서대(通天犀帶) : 통천서각(通天犀角)으로 만든 띠. 통천서각은 위아래가 뚫린 물소 뿔.

303) 홍낙성(洪樂性) : 조선 후기의 문신(1718~1798). 본관은 풍산(豊山). 자는 자안(子安). 호는 항재(恒齋). 시호는 효안(孝安).

304) 小腰秀**頸**若鮮卑只.(『楚辭集注, 卷七, 大招, 第十』) → 小腰秀**領**若鮮卑只.(『松南雜識』)

305) 鮮卑, 袞帶頭也.(『楚辭集注, 卷七, 招魂第九』) → **鮮卑帶名**, 袞帶頭也.(『松南雜識』)

306) 小腰秀**頸**若鮮卑只.(『楚辭集注, 卷七, 大招, 第十』) → **鮮卑**, 東胡依**鮮卑山爲**號, **又**鮮卑帶名. 小腰秀**領**若鮮卑只. 楚辭**注**, 袞帶頭也, (『韻府羣玉, 鮮卑』) → **楚辭曰**, 小腰秀**領**, 若鮮卑只. **註**, **鮮卑帶名**, 袞帶頭也. **又山名也** 東胡依爲號焉.(『松南雜識』)

307) 학정금대(鶴頂金帶) : 조선 시대 품대(品帶)의 하나. 가장자리는 황금으로 장식하고 중앙에는 붉은 장식물을 붙인 띠로 종 2품의 벼슬아치가 착용한다.

홍정대

紅鞓帶[309]

고려의 제도에 사품관(四品官)은 홍정(紅鞓)을 착용하였으니 지금 당상관의 도홍대(桃紅帶)가 이것이다. 충렬왕(忠烈王) 때 왕이 별감 임정기(林貞杞)[310]에게 홍정(紅鞓)을 하사하여 총애하니 당시에 "지금 고을 원이 맨 붉은 인끈은 모두가 백성들의 피로 물들인 것이라네"라는 말이 있었다.

소식(蘇軾)의 시에서 "흰 수염에 붉은 띠 매니 늙어도 파리하지 않네"[311]라고 하였으니 송나라 때에도 홍대(紅帶)가 있었던 듯하다.

어대

魚帒

『당서(唐書), 여복지(輿服志)』에서 말하였다.

옛날의 산대(算帒)[312]인데 위(魏) 문제(文帝)가 구대(龜帒)로 바꾸었고 당나라는 어대(魚帒)[313]로 고쳐 귀천(貴賤)을 명확하게 하였다. 소명(召

308) 南蕃**大**海中**有魚**, 頂中鱿紅如**血**, 故名**鶴魚**, **用**其鱿爲梳, 名鶴頂梳. …… 今所謂鶴頂金帶, 乃假造**者**耳.(『芝峯類說, 卷二十, 禽蟲部, 鱗介』) → **鶴魚**, **出**南蕃海中, 頂中鱿紅如**鶴**, 故名**之**, 其鱿爲梳, 名鶴頂梳, 今所謂鶴頂金帶, 乃假造耳.(『松南雜識』)

309) 홍정대(紅鞓帶) : 붉은 빛의 가죽띠.

310) 임정기(林貞杞) : 고려의 간신(?~1288). 원종 때 문과에 급제하여 충렬왕 때 정랑(正郎)・감찰어사(監察御史)에 발령을 받았으나 좌사간(左司諫) 이행검(李行儉), 감찰시사(監察侍史) 김홍미(金弘美) 등이 발령장에 서명하지 않자 응방(鷹房)에 아부하여 왕명으로 서명을 독촉, 이에 불복하는 김홍미 등을 유배시켰다. 그 후 전라도 왕지사용별감(王旨使用別監)으로 안렴사를 겸직하면서 백성을 가혹하게 수탈했으나 뇌물을 바쳐 왕의 총애를 받았다.

311) 白髯紅帶老不癯.(『東坡全集, 卷十七, 慶源宣義王丈, 以累擧得官, 爲洪雅主簿, 雅州戶掾, 遇吏民如家人, 人安樂之, 旣謝事, 居眉之靑神瑞草橋, 放懷自得, 有書來求紅帶, 旣以遺之, 且作詩爲戲, 請黃魯直秦少游, 各爲賦一首, 爲老人光華』)

312) 산대(算帒) : 산대(算袋)라고도 함. 옛날 관리들이 붓이나 벼루 등을 넣어 두던 자루.

命)에 응하는 자는 모두 어부(魚符)[314]를 어대(魚帒)에 담았다. 삼품(三品)은 금으로 장식하고 오품(五品)은 은으로 장식한다. 그래서 금색과 자주색, 은색과 청색으로 관직의 차례를 나타내고 금어자비(金魚紫緋)·은어청포(銀魚青袍)로 명명한다.[315]

우리나라에는 이것이 없고 각패(角佩)[316]에 성명을 쓸 뿐이다.

삼등대인
三登帶印

「항우본기(項羽本紀)」에서 "인끈(印綬)을 찼다"[317]라고 하였는데, 그 주석에서 "옛날에는 벼슬을 받으면 항상 몸에 관인(官印)을 차고 다니다가 해임되면 내어놓는다. 당나라 때에 이르러 직인(職印)을 쓰기 시작하여 직책을 맡는 자가 전해가며 사용하는데 상자에 보관하고 담당관은 침실 안에서도 수직(守直)을 한다"[318]라고 하였다.

---

313) 어대(魚帒): 당나라 때 관리들이 신분을 나타내는 어부(魚符)를 넣어두던 자루.

314) 어부(魚符): 어계(魚契). 수(隋)·당(唐) 때, 조정에서 발급하던 신표. 나무를 새기거나 구리를 주조하여 물고기 모양을 만들어 좌우를 나누고 한 쪽은 궁에 보관해 두고 다른 한 쪽은 관리들이 몸에 지니고 다니며 관리들이 궁궐을 출입할 때 맞춰 보는 신분을 증명하는 표식.

315) 古之筭袋, 魏文易以龜袋, 唐改魚袋, **自一品至六品**, **皆服之**. **魚袋**以明貴賤, 應召命者, 皆盛以魚袋, 三品**以上**, 飾**以**金, 五品**以上**, 飾**以**銀. 唐輿服志.(『韻府羣玉, 袋魚袋』) → **唐輿服志曰**, 古之筭袋, 魏文**帝**, 易以龜袋, 唐改魚袋, 以明貴賤, 應召命者, 皆盛以魚袋, 三品飾金, 五品飾銀, **故金紫銀青爲秩**, **名以金魚紫緋**, **銀魚青袍也**.(『松南雜識』)

316) 각패(角佩): 뿔을 새겨 만든 띠 장식.

317) 佩**其**印綬.(『史記, 卷七, 項羽本紀, 第七』) → 佩印綬.(『松南雜識』)

318) 古者, 授官**賜印綬**, 常佩**之**於身, **至**解官, **則**解印**綬**. 至唐, 始**置**職印, 任其職者, 傳**而**用之, **其印盛之**以匣, 當官者, **寘之**臥.(『資治通鑑, 卷二百五十六, 唐紀七十二, 註』) → 古者, 授官, 常佩於身, 解官解印. 至唐, 始職印, 任其職者, 傳用之. **藏**以匣, 當官者, **置之於**臥**內**.(『松南雜識』)

우리나라의 관례에 고을 수령의 도장은 뒤에 찍고 감히 상관의 자리에 찍을 수 없었다. 그런데 삼등현(三登縣)의 현령 김용겸(金用謙[319])이 각대(角帶[320])에 도장을 차고 들어가자 감사(監司) 민백상(閔百祥[321])이 괴이쩍어 하였다. 김용겸이 대답하기를 "제가 관원임을 증명하는 것이 이 도장이고 상관(上官)께서 하관을 책망하시는 근거도 이 도장에 있습니다. 만약 이 도장을 잃는다면 저나 감사나 모두 관직이 없는 것입니다"라고 하였다. 이런 이유로 상관 앞에 하관(下官)이 도장을 찍는 것은 오직 삼등현뿐이다.

상홀
象笏

'홀(笏)'은 신하가 임금에게 명령을 받거나 계달(啓達[322])할 내용이 있으면 써서, 잊어버릴 경우에 대비한 것이기에 그런 이름이 붙었다. 진한(秦漢) 이래로는 '수판(手板)'으로 바꾸었다. 지금은 손에 쥐거나 띠에 꽂기만 하니, 안타깝도다. 홀(笏)이여!

---

319) 김용겸(金用謙) : 조선 후기의 학자·문신(1702~1789). 본관은 안동. 자는 제대(濟大). 호는 교교재(嘐嘐齋). 영의정 김수항(金壽恒)의 손자. 자헌대부, 공조 판서를 지냈다. 박학다식하고 언행이 정직하며 덕망이 높아, 정조의 신임이 두터웠다.

320) 각대(角帶) : 벼슬아치가 예복에 두르던 띠의 총칭.

321) 민백상(閔百祥) : 조선 후기의 학자·문신(1711~1761). 자는 이지(履之). 신임사화 때 화를 입은 아버지의 신원(伸寃)과 화를 가한 소론(少論)에 대한 중벌을 주장하다가 유배되었다. 그 후 풀려나와 대사헌, 이조 판서, 우의정을 역임했다.

322) 계달(啓達) : 신하가 글로 임금에게 아뢰던 일.

너울

羅兀

자곡자(炙轂子) 왕예(王叡)가 말하였다.

석모(席帽)는 원래 강족(羌族)의 머리에 쓰는 것이니 양털로 만든다. 진한(秦漢)에는 오래된 자리로 엮었기 때문에 그런 이름이 붙었다. 여자도 이것을 쓴다. 네 가장자리에 망사를 드리우고 구슬과 비취 깃으로 장식한 것을 위모(韋帽)라고 한다.[323]

『격치총서(格致叢書)』에는 '전모(氈帽)'라고 하였다.

지봉(芝峯) 이수광(李睟光)이 "지금의 너울이다"[324]라고 하였다. 우리나라의 부녀자들이 출입할 때 쓰개가 없었는데 복재(服齋) 기건(奇虔)[325]이 처음으로 만들어서 건의하여 사용하게 하였다. 지금 나인들의 너울이 그것이다.

건괵

巾幗

운서(韻書)에서 "부인의 관(冠)이니 제갈량(諸葛良)이 사마의(司馬懿)[326]

323) 席帽, 本羌服, 以羊毛爲之, 秦漢輓以故席, 女人亦**戴**之, 四緣垂網子, 飾以珠翠, 謂之**席**帽.(『類說, 卷二十五, 炙轂子, 席帽』) → **灸**轂子曰, 席帽, 本羌**人首**服, 以羊毛爲之, 秦漢輓以故席, **故名之**, 女人亦**服**之, 四緣垂網子, 飾以珠翠, 謂之**韋**帽.(『松南雜識』)

324) 今**俗婦人所着**羅兀.(『芝峯類說, 卷十九, 服用部, 冠巾』) → 今羅兀**也**.(『松南雜識』)

325) 기건(奇虔) : 조선 전기의 문신(?~1460). 본관은 행주(幸州), 호는 청파(青坡), 시호는 정무(貞武). 포의(布衣)에서 발탁되어 세종 24년(1442)에 지평이 되고 병조·형조·이조의 참의를 역임했다. 1448년 전라도 도관찰사로 전주부윤을 겸직하여 선정을 베풀었다. 수양대군이 단종을 폐위시키고 왕위에 오르자 벼슬을 버리고 낙향하여 끝까지 절개를 지켰다. 전남 장성의 추산서원(秋山書院)에 배향되었다.

에게 보낸 것이다"[327]라고 하였다.

지금의 화관(花冠)이니 늘어진 모양이 귁(幗)[328]과 같은데, 칠보족두리는 아마도 화승(華勝)[329]과 보요(步搖)[330]에서 나온 듯하다. 그러나 그 형태는 당나라 때의 옛 모양은 아닌 듯하다.

화관
花冠

중봉(重峯) 조헌(趙憲)이 말하였다.

북쪽 사람들은 머리털을 철사(鐵絲)로 묶고 남쪽 사람들은 대나무로 그것을 만드는데, 모두 비단으로 싼다. 또 비단을 말아서 머릿수건을 만든 것을 '역자(鈠子)'라고 한다. 겨울에는 모피로 그것을 만드는데 '난액(煖額)'이라고 한다. 이마에서부터 쪽을 둘러서 정수리 뒤에서 묶고 위에 비녀를 가로지른다. 부인이 일이 있어 외출할 때 무늬 있는 비단으로 역자(鈠子)를 장식하고, 신부(新婦)가 친영(親迎)할 때에 이것을 머리에 쓸 뿐이며 칠보(七寶)로 꾸미기도 하니 우리나라에서 이른바 '화관(花冠)'이다.[331]

---

326) 사마의(司馬懿) : 중국 삼국 시대 위(魏)나라의 명장 · 정치가(179~251). 자는 중달(仲達). 촉한(蜀漢) 제갈공명의 도전에 잘 대처하는 등 큰 공을 세워, 그의 손자 사마염이 위(魏)에 이어 진(晉)을 세우는 데 기초를 세웠다.

327) **巾幗遺. 晉書, 諸葛亮**遺**司馬懿, 巾幗**婦人**之飾, 懿怒, 表請決戰**.(『韻府羣玉, 巾幗遺』)→婦人**冠也, 孔明**遺**仲達者**.(『松南雜識』)

328) 귁(幗) : 머리장식. 부인의 머리를 장식하는데 쓰는 헝겊.

329) 화승(華勝) : 중국에서 정월 7일 인일(人日)에 채단(綵緞)을 오려서 머리에 장식하던 부인의 머리 장신구의 일종. 『형초세시기(荊楚歲時記)』에 의하면 서왕모(西王母)가 머리에 꽂고 있던 대승(戴勝)의 모양을 본떠서 만든 것으로, 장수(長壽)와 행복을 비는 뜻이 담겨 있다.

330) 보요(步搖) : 부인들이 머리에 꽂는 장식품의 하나로 걸으면 장식에 매달린 구슬이 흔들리기에 이렇게 이름 붙였다.

반계(磻溪) 유형원(柳馨遠)은 "부인의 복식은 족두리를 없애고 역자(鈠子)로 대신해야 한다"[332]라고 하였다.

당의
唐衣

운서(韻書)의 '촉(襡)'의 주석에 "단의(短衣)이다. 긴 저고리로 허리와 연결된다"라고 하였고, 『진서(晉書), 하통(夏統)』에서 "가충(賈充[333])이 기녀에게 규촉(袿襡)을 입게 하였다"[334]라고 하였다.[335]

지금 내의녀(內醫女)가 입는 당의(唐衣)는 여기에서 나왔다. 그리고 당의(唐衣)는 아마도 단의(短衣)의 와음인 듯하다. 남자의 동의(同衣)와 유사하니 바로 장삼(長衫)의 속옷이다. 또 장의(長衣)는 좁은 소매 두루마기와 유사하니 지금 여염가(閭閻家) 부녀자들의 상의(上衣)이다.

---

331) **其制**北人結以鐵絲, 南人用竹爲之, 俱裹以絹. 又捲絹爲首帕, 名曰鈠子, 冬月則或以毛皮爲之, 名曰煖額, 自額繞髻, 結于頂後, 而上横以笄. 婦人因事出外, **則**飾鈠子以文絹, **或加皮金**, 新婦親迎之際, **亦**止戴此, **而**或施七寶粧嚴, 俗所謂花冠**也**.(『重峯先生東還封事, 先上八條疏, 貴賤衣冠』) → 北人結**髮**以鐵絲, 南人用竹爲之, 俱裹以絹. 又捲絹爲首帕, 名曰鈠子, 冬月則或以毛皮爲之, 名曰煖額. 自額繞髻, 結于頂後, 而上横以笄**也**. 婦人因事出外, 飾鈠子以文絹, 新婦親迎之際, 止戴此, 或施七寶粧嚴, 俗所謂花冠.(『松南雜識』)

332) 婦人服, 去足頭里, 代以鈠子.(『磻溪隨錄, 卷二十五, 續篇, 衣冠』)

333) 가충(賈充) : 진(晉)의 인물. 자는 공려(公閭). 평양(平陽) 양릉인(襄陵人).

334) 使妓女**之徒**, 服袿襡.(『晉書卷, 九十四, 列傳, 第六十四, 隱逸』) → **賈充**, 使妓女, 服袿襡.(『松南雜識』)

335) 襡, 短衣, 長襦連腰. 晉夏統傳, 賈充使妓女服袿襡.(『韻府羣玉, 襡』) → 襡, **註**短衣. 長襦連腰, 晉夏統傳, 賈充使妓女服袿襡.(『松南雜識』)

규의

袿衣

『한서(漢書), 원후전(元后傳)』에서 “홀로 붉은 가선 두른 제우(諸于)를 입었다[獨衣絳緣諸于]”라고 하였는데 그 주석에서 “제우(諸于)는 규의(袿衣)이니 부인의 예복(禮服)이다”336)라고 하였다.

왕검(王儉)337)의 시에서 “비단 규의 천천히 돌아가니 붉은 소매 날리네[羅袿徐轉紅袖揚]”338)라고 한 말이 이것이다. 지금의 홍장삼(紅長衫), 원삼(圓衫)의 종류이다.

전군

靛裙

『승이기(乘異記)』339)에서 “이후주(李後主)의 궁인(宮人)이 푸른 옷을 다투어 입고 청대꽃(靛花)을 가져다 맑은 빗물에 담궈 물을 들이고 ‘천수벽(天水碧)’이라고 명명하였다”340)라고 하였다. 지금 부녀자의 전군(靛裙)은 여기에서 나왔다.

백거이(白居易)의 시에서,

누가 호사(湖寺) 서남쪽 길을 열었나　　誰開湖寺西南路

---

336) **諸于**, **大掖衣**, **卽**袿衣**之類**也.(『前漢書, 卷九十八, 元后傳 第六十八』) → 袿衣也, **婦人上服**.(『松南雜識』)

337) 왕검(王儉) : 남제(南齊)의 인물. 자는 중보(仲寶). 낭야(琅琊) 임기인(臨沂人).

338) 「백저사 오수(白紵辭五首)」.
*『松南雜識』에는 장화(張華)의 작품으로 오기되어 있음.

339) 승이기(乘異記) : 송나라 장군방(張君房)이 편찬한 책. 총 3권.
*『松南雜識』에는 ‘乖異記’로 오기되어 있음.

340) 李後主**末年**, 宮人, 競服碧衣, 取靛花, 盛天雨**水澄**, **而**染之, 號天水碧.(『類說, 卷八, 乘異記』) → **乖異記曰**, 李後主, 宮人, 競服碧衣, 取靛花, 盛天雨**澄水**, 染之, 號天水碧.(『松南雜識』)

초록빛 군요(裙腰)같은[341] 하나의 길 비꼈네　　草綠裙腰一道斜[342]

라고 하였으니 대개 옛날에도 군요(裙腰)는 염색하지 않은 듯하다.

벽적
襞積

「자허부(子虛賦)」[343]에서,

주름져서 쪼글쪼글　　襞積褰縐
구비지고 꼬부라져　　紆徐委曲
계곡처럼 골이 졌네　　鬱撓谿谷[344]

라고 하였는데, 그 주석에서 "지금의 치마 주름이다. 주름의 무늬와 결이 몸에 따라 붙는 것이나 혹 주름의 굴곡이 마치 계곡과 같다"[345]라고 하였다.

『순자(荀子)』의 주석에서 "소적(素積)[346]으로 치마를 만든다. 십오 승(升)[347]의 베(十五升布)로 만드는데, 허리 가운데 부분을 쪼그라들게 만들기 때문에 '소적(素積)'이라고 한다"[348]라고 하였다. 지금 부인의 군요추

341) 군요(裙腰) : 치마 상단의 허리를 묶는 부분. 여기에서는 좁고 긴 소로(小路)를 비유함.
342) 「항주춘망(杭州春望)」.
343) 자허부(子虛賦) : 사마상여(司馬相如)의 부 작품.
344) 『松南雜識』에는 '紆徐委曲' 한 구가 누락되어 있음.
345) 師古曰, …… 襞積, **卽**今之裙襵, …… 言襞積文理, 隨身所著, 或褰縐**委**屈, 如谿谷**也**.(『前漢書, 卷五十七上, 司馬相如傳, 第二十七上』 안사고(顔師古)의 주석) → 今之裙襵, 言襞積文理, 隨身所著, 或褰縐屈曲如谿谷.(『韻府羣玉, 襞積』) → 今之裙襵. 言襞積文理, 隨身所著, 或褰縐屈曲如谿谷**也**.(『松南雜識』)
346) 소적(素積) : 허리 부분에 주름이 있는 흰색 치마.
347) 승(升) : 직물의 여든 올을 승이라고 함.
348) 素積爲裳, 用十五升布爲之, **積猶辟也**, **辟**蹙其腰中, 故**謂之**素積**也**.(『荀子, 富國篇』

(裙腰緵)가 그것이다.

부인의 치마는 닷 폭
婦裙五幅

『당서(唐書), 여복지(輿服志)』에서 "부인의 치마는 다섯 폭을 넘지 않고 땅에 끌리는 것은 세 치를 넘지 않는다"[349]라고 하였다.

지금의 치마폭은 어떤 것은 아홉 폭, 어떤 것은 일곱 폭이나 되니 우리나라의 무명은 폭이 좁기 때문이다. 양목(洋木)[350]은 세 폭이면 치마를 만들 수 있다고 한다.

호군(扈裙)을 우리나라에서는 '행주치마(行廚裙)'라고 한다.

당고
唐袴

운서(韻書)에서 "제(齊)나라와 노(魯)나라에서는 '농(襱)'이라고 하고 관서(關西) 지방에서는 '고(袴)'라고 한다"라고 하였다. 『급취편(急就篇)』의 주석에서 "큰 것은 도돈(倒頓)이라고 하고 작은 것은 교료(校衦)라고 한다"[351]라고 하였다. 양웅(揚雄)의 『방언(方言)』에서 "박고(雹袴)라고 하였는데 지금은 거성(去聲)으로 읽는다"[352]라고 하였다.[353]

士皮弁服의 당나라 양경(楊倞)의 주석)→素積爲裳, 用十五升布爲之, 蹙其腰中, 故**日**素積.(『松南雜識』)

349) 婦人裙, 不過五幅, 曳地不過三寸.(『唐書, 卷二十四, 志第十四, 車服志』)

350) 양목(洋木) : 서양의 무명.

351) 大者, 謂之倒頓, 小者, 謂之校衦.(『急就篇, 卷二』 襜褕袷複褶袴褌의 주석)→大者, 謂之倒頓, 小者, 謂之校衦 .(『松南雜識』)

352) 大袴, 謂之倒頓. 今雹袴也. 小袴, 謂之校衦. 〈今雹袴也, 皎了兩音.〉(『方言, 四』)→揚子方言, 謂雹袴, 今讀去聲.(『松南雜識』)

우리나라에서는 옛날에 남녀가 모두 넓은 바지를 입었는데, 지금은 남자는 폭이 좁은 바지를 입는다. 선조(宣祖) 때에 당나라 제도를 배워서 변하였기 때문에 남자의 고의(股衣)를 당고(唐股)라고 한다. 여자의 고쟁이는 여전히 여진족의 복식을 바꾸지 못한 것이라고 한다. 중의 경우는 남녀가 바지를 똑같이 입으니 음란(淫亂)한 일을 방지하기 위함이다. 왜(倭)는 남자나 여자나 바지가 없으니 자손을 번식시키기 위함이다. 퍅개국(愎介國)의 풍속은 남녀가 똑같은 옷을 입기에 수염으로 남녀를 구별한다고 한다.

『한서(漢書), 남월왕(南粵王), 조타전(趙佗傳)』에서 "두터운 솜옷 쉰 벌, 중간 정도의 솜옷 서른 벌, 얇은 솜옷 스무 벌"354)이라고 하였는데, 그 주석에서 "솜의 두께에 차이가 있다"355)라고 하였다.

궁고

窮袴

『한서(漢書), 외척전(外戚傳)』에서 "곽후(霍后)가 궁녀들에게 궁고(窮袴)를 입고 띠를 많이 매게 하였다"356)라고 하였는데, 그 주석에서 "잠방이를 입고 단단하게 잡아 매어 서로 통하지 못하게 한 것이다"357)라고

---

353) 急就篇, 註, 脛衣也. 釋名, 袴跨兩股各跨別也. 揚子方言, 大袴, 謂之倒頓. 郭註, 今雹袴也. 小袴, 謂之校衵, 郭註, 今雹袴也. 又齊魯之閒, 謂之襱, 或謂之襱, 關西謂之袴.(『康熙字典, 袴』) → 齊魯謂襱, 關西謂袴. 急就篇註, 大者謂倒頓, 小者謂校衵. 揚子方言, 謂雹袴, 今讀去聲.(『松南雜識』)

354) 上褚五十衣, 中褚三十衣, 下褚二十衣.(『前漢書, 卷九十五, 西南夷兩粵朝鮮傳, 第六十五』)

355) 師古曰, 以綿裝衣曰褚, 上中下者, 綿之多少薄厚之差也.(『前漢書, 卷九十五, 西南夷兩粵朝鮮傳, 第六十五』) → 註. 綿有厚薄之差.(『松南雜識』)

356) 言宜禁內, 雖宮人使令, 皆爲窮絝, 多其帶.(『前漢書, 卷九十七上, 外戚列傳, 第六十七上』) → 霍后令宮女, 窮袴, 多其帶.(『松南雜識』)

357) 服虔曰, 窮絝有前後襠, 不得交通也.(『前漢書, 卷九十七上, 外戚列傳, 第六十七上』) → 註. 前後有襠, 不得交通.(『松南雜識』)

하였다.

진(晉)나라 악사(樂詞)에서,

> 애석하구나. 궁고를 덧입혀 愛惜加窮袴
> 한가함을 막고 깊은 궁궐에 의탁케 하였네 防閑託深宮[358]

라고 하였다.

반
襻

『유편(類編)』에 "반(襻)은 옷끈이다"[359]라고 하였다.

한유(韓愈)의 시에서 "아내가 야위어 허리끈이 헐렁하다"[360]라고 하였다.

『설문해자(說文解字)』의 '전(帴)'의 주석에서 "부인의 협의(脅衣)[361]이다"[362]라고 하였으니, 바로 지금의 요습(腰褶)이다.

준의
繜衣

『설문해자(說文解字)』에서 "예맥(濊貊)[363]의 여자들은 바지가 없고 비단으로 다리가 들어갈 공간을 만들고 솜으로 안을 누비니 '준의(繜衣)'라

---

358) 작자 미상의 진(晉) 악부(樂府)

359) 衣系**曰**襻, **或作䙓**.(『類篇, 襻』)→襻衣系**也**.(『松南雜識』)

360) 妻瘦剩腰襻.(『東雅堂昌黎集註, 卷四, 崔十六少府攝伊陽以詩及書見投因酬三十韻』)

361) 협의(脅衣) : 지금의 브래지어(brassiere)와 같은 여성 의류.

362) **裙也, 一曰帗也, 一曰**婦人脅衣.(『說文解字, 帴』)→**帴**. **註**, 婦人脅衣.(『松南雜識』)

363) 예맥(濊貊) : 고대 종족의 일종. 지금 요녕성(遼寧省) 봉성현(鳳城縣) 동쪽과 한국의 강원도 일대의 지역.

고 한다. 모양은 첨유(襜褕 : 앞치마) 같다"[364]라고 하였다.

『급취편(急就篇)』에서 "선의(禪衣)[365], 폐슬(蔽膝), 포모준(布母縛)"[366]이라고 하였는데, 그 주석에서 "강동(江東)에서는 뱁새(鳲鳩)를 포모(布母)라고 한다. 포모준(布母縛)은 소의(小衣)[367]이니 독비(犢鼻)[368]와 같다"[369]라고 하였다.[370] 지금은 중의(中衣)[371]로 와전되었다.

행전
行纏

『시경(詩經)』에서 "행전은 그 아래 있도다"[372]라고 하였고 『예기(禮記)』에서 "행전 치고 신 신고 신코에 장식을 한다"[373]라고 하였는데, 그 주석에서 "핍(偪)은 행등(行縢)이다"라고 하였으니 지금의 '투고(套褲)'이다. 대개 옛사람들은 출행(出行)할 때 반드시 정강이 부분을 감싸서(纏) 보행에 편리하게 하였다. 그래서 '행전(行纏)'이라고 이름 한다.

소식(蘇軾)의 시에서 "벌써 베버선에 푸른 행전 마련했다오"[374]라고

364) 葳貉中, 女子無絝, 以帛爲脛室, 用絮補核, 名曰縛衣, 狀如襜褕.(『說文解字, 縛』) → 葳貉中, 女子無絝, 以帛爲脛窒, 用絮補核, 名曰縛衣, 狀如襜褕.(『松南雜識』)

365) 선의(禪衣) : 중의 옷.

366) 禪衣・蔽膝・布母縛.(『急就篇, 卷二』)

367) 소의(小衣) : 속고쟁이.

368) 독비(犢鼻) : '독비곤(犢鼻褌)' 조항 참조.

369) 江東, 謂鳲鳩, 爲布母, 布母縛, 小衣也, 猶犢鼻**耳**.(『急就篇, 卷二』) → 江東, 謂鳲鳩, 爲布母, 布母縛, **縛**小衣也, 猶犢鼻.(『松南雜識』)

370) 說文, 葳貉中, 女子無袴, 以帛爲脛**室**, 用絮補核, 名曰縛衣, 狀如襜褕. 急就篇, 禪衣蔽膝布母縛, 〈**黃氏曰**, 江東謂鳲鳩, 爲布母. 布母縛, 縛小衣也, 猶犢鼻.〉(『康熙字典, 縛』) → 說文**曰**, 葳貉中, 女子無袴, 以帛爲脛**窒**, 用絮補核, 名曰縛衣, 狀如襜褕. 急就篇, 禪衣蔽膝布母縛. 註, 江東, 謂鳲鳩, 爲布母, 布母縛, 縛小衣也, 猶犢鼻.(『松南雜識』)

371) 중의(中衣) : 고대에 제복이나 조복 안에 입는 내의.

372) 邪幅在下.(『詩經, 小雅, 魚藻』)

373) 偪屨着綦.(『禮記, 內則』)

한 말이 이것이다. 지금 귀행전(耳行纏)[375]은 오직 부마(駙馬)와 말을 기르는 자들만이 착용하니, 아마도 고삐를 잡은 자들이 말을 끌고 제어하는데 편리하게 한 것인 듯하다.

각말

角襪

『설문해자(說文解字)』에서 "족의(足衣)이다"[376]라고 하였다. 우리나라에서는 '버선(袜跣)'이라고 하니 맨발을 포대기로 싼다는 의미이다. 삼대(三代)부터 있었다.

『육도(六韜)』에서 "무왕(武王)이 상(商)을 정벌할 때 묶었던 버선이 풀어졌는데, 저사(褚師)가 버선을 묶게 하여 자리로 올라왔다"[377]라고 한 말이 이것이다.

『자곡자(炙轂子)』에서 "각말(角襪)이라고 하니 앞 짝과 뒤 짝으로 이루어지며 중간에서 띠를 맨다. 위(魏)나라 때 이르러 오비(吳妃)가 처음 비단으로 만들었다"[378]라고 하였고 당시(唐詩)에서 "밤이 깊어 비단버선 젖는구나[夜久侵羅襪]"[379]라고 한 말이 이것이다. 지금 중국에서는 양털을 짜서 전대 모양으로 만드는데, 큰 발이나 작은 발이나 가릴 것 없이 신으면

---

374) 已辦布襪青行纏.(『東坡詩集註, 卷十, 寄吳德仁兼簡陳季常』)

375) 귀행전[耳行纏] : 행전의 일종. 정강이에 꿰어 무릎 아래로 매게 되어 있으며 두 귀가 내밀어져 있고 좁음.

376) 足衣也.(『說文解字, 韤』)

377) 武王**罷朝而**襪系絶, **顧左右**, **無可使結者**. **衛**褚師**呼聲子**, **結**襪而登席.(『古今事文類聚續集, 卷二十』)→武王**征商**, 襪係解, 褚師襪而登席.(『松南雜識』)

378) 自三代有之, 謂之角襪, 前後兩隻相成中心繫帶, 魏**文帝**吳妃, **乃裁縫**以綾羅**紬絹**爲之. **炙轂子**.(『古今事文類聚續集, 卷二十, 冠履部, 襪有繫帶』)→自三代有之, **六韜**, **武王征商**, **襪係解**, **褚師襪而登席**, **是也**. **炙轂子曰**, 謂之角襪, 前後兩隻相成中心繫帶, **至**魏吳妃, **始**以綾羅爲之.(『松南雜識』)

379) 「옥계원(玉階怨)」.

절로 버선 형태가 된다. 그래서 그것을 '무대소(無大小)'라고 한다.

운서(韻書)의 '요(袎)'의 주석에 '버선목(襪頸)'[380]이라고 하였고, '⿰衤邕'의 주석에 '버선목(襪靿)'[381]이라고 하였다.

능파말

凌波襪

「낙신부(洛神賦)」[382]에서,

미인의 아리땁고 가벼운 걸음	凌波微步
비단 버선에 먼지 인다	羅襪生塵

라고 하였는데, 그 주석에서 "몸이 가벼운 것이다"라고 하였다.

『포박자(抱朴子)』에서 "단어(丹魚[383])의 피를 발에 바르면 물 위를 걸어가도 빠지지 않는다고 한다"[384]라고 하였다.

근래에 듣자 하니 서양 사람들은 수전(水戰)에 능파말(凌波襪)을 신고 황하(黃河)를 걸어서 건넌다고 한다. 그들은 단어(丹魚)의 피를 발에 바른 것인가?

---

380) 廣韻, 襪袎. 類篇, 韈頸也. 篇海, 亦作絿㘃.(『康熙字典, 袎』) → 袎. 註, 襪頸也.(『松南雜識』)

381) 集韻, 於容切, 音邕. 類篇, 襪袎也. 吳俗語. 又於用切, 讀去聲. 義同. 或作⿰衤邕.(『康熙字典, ⿰衤雍』) → ⿰衤邕, 註, 襪㘃也.(『松南雜識』)
*『康熙字典』의 ⿰衤邕 조에서 ⿰衤雍 조를 참고하라고 되어있음.

382) 「낙신부(洛神賦)」: 위(魏)나라 조식(曹植 : 192~232)이 조정에 갔다가 자신의 땅으로 돌아가는 도중에 낙수(洛水)를 지나가면서 낙신(洛神)의 일을 생각하고 지은 산문부(散文賦).

383) 단어(丹魚) : 단수(丹水)에서 나온다는 전설상의 붉은색 물고기.

384) 其中, 皆有丹魚, 常先夏至十日夜, 伺之丹魚, 必浮於水側, 赤光上照赫然如火也, 網而取之, 可得之. 得之雖多, 勿盡取也. 割其血, 塗足下, 則可步行水上, 長居淵中矣.(『抱朴子, 內篇, 卷一, 神丹』) → 丹魚血塗足, 則步行水上, 不沒云.(『松南雜識』)

한족 여인의 가죽 버선
漢女革襪

지금 중국의 풍속은 한족(漢族)이 딸을 낳으면 가죽 버선으로 두 발을 쳐 매어 두기에, 장성해도 발이 작아서 잘 걷지 못한다. 세상에 전하는 말로는 청나라 황제가 중원으로 들어가자 한족 여인들이 모두 달아났기에 청나라 황제가 노하여 전족(纏足)을 하게 하였고, 이로 인하여 풍속이 되었다. 그러나 청나라 연인들은 전족을 하지 않는다고 한다.

낭포
囊包

『주역(周易)』에서 "주머니의 주둥이를 묶으면(括囊)"[385]이라고 하였고, 『시경(詩經)』에 "자루에(于囊)[386]"라고 하였으니 '주머니(囊)'라는 이름은 오래전부터 있었다.

운서(韻書)의 '등(縢)'의 주석에서 "허리에 떨 수 있는 주머니이다"[387] 라고 하니 지금의 '하포(荷包)'이다. 또 견대(牽帒)를 '탑포(搭包)'[388]라고 하니 바로 '륵(勒)'이다. 구양수(歐陽修)가 과거를 주관할 때 생긴 '홍륵백(紅勒帛)'이란 고사는 대개 차용된 의미이다.[389]

---

385) 『周易, 坤』.

386) 『詩經, 大雅, 公劉』.

387) 縢, 囊, 可帶者.(『韻府羣玉, 縢』) → 縢. **註**, 囊, 可帶者.(『松南雜識』)

388) 탑포(搭包) : 길고 넓은 허리띠로 안에는 돈이나 물건을 담을 수 있다.

389) 『몽계필담(夢溪筆談), 인사(人事)』에 의하면, 유기(劉幾)가 국학(國學)에서 여러 번 장원을 하였는데, 그는 언제나 괴이하고 난삽한 말을 만들어 냈다. 유기의 영향력은 대단하여 그의 창작 경향은 당대의 습속이 될 지경이었다. 구양수는 그러한 경향을 몹시 싫어하던 차에 마침 시험을 주관하게 되었다. 그는 유기의 답안지로 보이는 괴이한 내용의 글을 보고 처음부터 끝까지 붉은 줄을 그어 삭제하고 "대단히 잘못된 글"이라고 공시했다. 여기에서 붉은 색으로 글자를 지우는 것을 '홍륵백(紅勒帛)'이라는 말이 나왔으니 붉은 줄이 붉은 색 띠와 같기 때문이다.

요자혜
鞦子鞋

황제(黃帝)의 신하 오칙(於則)이 신발을 만들었는데 뒤에 그것을 보완해서 신발을 만들었다. 지금의 '요자혜(鞦子鞋)'이니 우리나라에서는 '대분투(大分套)'[390]라고 하는데, 호조(戶曹) 뒷방에 있다.

운서(韻書)에서 "신발 속의 밑창을 '체(屜)'라고 한다"라고 하였다. 가의(賈誼)[391]의 상소에서 "갓이 비록 낡았다고 한들 신발 밑창을 만들지 않습니다"[392]라고 한 말이 이것이다.

『자휘(字彙)』에서 "신발 밑창을 '鞭'이라고 하니 음은 '변'이다. '치(緻)'를 변(鞭)이라고 한다"라고 하였다.

석으로 진흙이 묻지 않게 함
舄以禦泥

운서(韻書)에서 "석(舄)[393]은 나무를 신 아래에 붙여 진흙길 가기를 꺼려하지 않게 만든 것이다"[394]라고 하였다. 지금은 그러한 신이 없으니 나막신의 종류인 듯하고 유혜(油鞋)[395]나 수혜(水鞋)는 모두 석(舄)의 종류로서 진흙이 묻지 않게 막아준다. 대분투(大分套)는 오히려 나무로 만

390) 대분투(大分套) : 큰 가죽신의 속명(俗名)으로 신을 보호하기 위하여 겉에 신는 덧신이다.

391) 가의(賈誼) : 전한(前漢) 문제(文帝) 때의 학자 · 정치가(B.C. 200~B.C. 168). 문제를 섬기며 유학과 오행설에 기초를 한 새로운 제도의 시행을 주장했다. 저서에 『좌씨전훈고(左氏傳訓詁)』 · 『신서(新書)』 등이 있다.

392) 冠雖弊, 不以苴履.(『前漢書, 卷四十八, 賈誼傳, 第十八』)

393) 석(舄) : 바닥이 겹으로 된 신.

394) 舄, **履也**. **崔豹古今注云**, 以木置履下**乾腊**, 不畏泥濕, **故曰舄**.(『原本廣韻, 舄』) → **舄者**, 以木置履下, 不畏泥**塗**.(『松南雜識』)

395) 유혜(油鞋) : 진신. 형태는 혜(鞋)와 같으나 가죽에 기름을 먹여 결어서 만들고 바닥에는 징을 쭉 둘러 박았기 때문에 '징신'이라고 했다. 상류계급의 부녀자들이 신었다.

들지 않지만 가죽신에 붙여서 신는다.

운혜
雲鞋

향산(香山) 백거이(白居易)가 만든 비운리(飛雲履)[396]에서 유래되었다.

『운옥(韻玉)』의 궁혜(弓鞋)[397]・봉혜(鳳鞋)[398]・수혜(綉鞋)[399]는 지금 모두 부녀자의 신발 모양인데, 당나라에서 왔기에 '당혜(唐鞋)'[400]라고 한다.

마혜
麻鞋

운서(韻書)에서 "나무로 만든 신은 나막신(屐)이고 삼(麻)으로 만든 신은 미투리(屩)이다", "우경(虞卿)이 미투리 신고 우산을 매었다"[401]라고 하였다.

『촉지(蜀志)』에서 "떨어진 미투리를 버리고 주옥을 얻었다"[402]라고 하였다.

---

396) 비운리(飛雲履) : 신발 이름. 검은 비단 바탕에 사면에 흰 비단으로 둘러 구름 떨기를 만들어 달고 사선향(四選香)으로 염색(染色)하여 신을 신고 가면 마치 연무(煙霧)가 이는 듯하다.

397) 궁혜(弓鞋) : 부녀의 전족(纏足)에 쓰는 가죽신.

398) 봉혜(鳳鞋) : 봉황새를 수놓아 꾸민 부인의 신.

399) 수혜(綉鞋) : 수를 놓은 신.

400) 당혜(唐鞋) : 통일신라 시대에 당나라에서 전해진 뒤 조선 말엽까지 신었다. 안에는 푹신한 감을 대고 겉은 비단으로 가죽을 싸서 만들었으며 코와 뒤꿈치에 당초문을 놓았다. 형태는 지금의 고무신과 비슷하며 오른쪽 왼쪽 구별이 없어 오랜 시간 동안 걷기는 불편하다.

401) **增韻**, 木曰屐, 麻曰屩, **史記范雎傳**, 虞卿躡屩擔簦.(『康熙字典, 屩』)→木曰屐, 麻曰屩, 虞卿躡屩擔簦.(『松南雜識』)

402) 棄弊蹻而獲珠玉.(『蜀志, 卷九』)

두보(杜甫)의 시 "미투리 신고 천자를 알현한다"[403]와 『시경(詩經)』의 '칡신(葛屨)'[404]이라는 말이 이것이니, 바로 '불차(不借)'[405]이다.

우리나라에서는 '미투리(免土履)'라고 한다. 또 '망혜(芒鞋)'는 짚신(草鞋)이다. 불경(佛經)에서 "'제일 먼저 무슨 기구(機具)를 만들려는가?'라고 물으니, 와룡선사(臥龍禪師)가 '촘촘히 엮은 짚신(草鞋)이다'[406]라고 대답하였다"라고 한 말이 이것이다. 또 운서(韻書)에서 "누(鞻)는 짚신(屝)의 종류이니 사방 오랑캐의 춤을 추는 자의 짚신이다"라고 하였다. 지금 평양 기생의 수실로 만든 망혜(芒鞋)는 아마도 여기에서 유래한 듯하다. '麤'는 『설문해자(說文解字)』에서 음을 '치'[407]라고 하였으니 또한 거칠게 짠 짚신이다.

앙각
鞅角

양웅(揚雄)의 『방언(方言)』에서 "나막신에 굽이 달린 것으로 조선의 열수(洌水)[408] 사이에서는 '앙각(鞅角)'이라고 한다. 서(徐)[409] 지역과 비탁(邳坼) 사이에서는 대단히 거친 신을 앙각이라고 한다"[410]라고 하였는데,

---

403) 麻鞋見天子.(『杜詩詳註, 卷五, 述懷』)
404) 『詩經, 魏風, 葛屨』.
405) 불차(不借) : 짚신의 별명. 너무 값이 싸고 흔해서 누구나 갖고 있는 물건이기에, 굳이 남에게 빌릴 필요가 없다는 데서 생긴 이름.
406) 雲門問臥龍, 作麼生是第一機, 龍曰, 峭緊草鞋.(『淵鑑類函, 卷三百七十五, 服飾部六』) → 作麼生是第一機, 臥龍師曰, 峭緊草鞋.(『松南雜識』)
407) 麤, 艸履也. 從艸麤, 聲倉胡切.(『說文解字, 麤』) → 音縒.(『松南雜識』)
408) 열수(洌水) : 고조선 때에, '대동강'을 이르던 말. 조선 시대에, '한강'을 이르던 말.
409) 서(徐) : 중국 강소성(江蘇省) 북서부에 있는 도시.
410) 褌者, 謂之鞮, 絲作之者, 謂之履, 麻作之者, 謂之不借, 麤者, 謂之屨, 東北朝鮮洌水之間, 謂之鞅角, 南楚江沔之間, 總謂之麤, 西南梁益之間, 或謂之屩, 或謂之扉, 履其通語也. 徐土邳圻之間, 大麤謂之鞅角.(『方言, 四』) → 木屨有足, 朝鮮洌水之間, 謂之鞅角, 徐土邳圻之間, 大麄謂鞅角.(『松南雜識』)

그 주석에서 "지금의 옻칠한 나막신에 굽(齒)이 있는 것이다"[411]라고 하였다.[412]

목침

木枕

『오월사(吳越史)』에서 "전류(錢鏐[413])가 군영에 있으면서 둥근 나무로 베개를 만들었는데 잠이 들면 기울어졌다"[414]라고 하니 목침(木枕)의 시원이다.

주필대(周必大)[415]의 사(詞)에서 "한 가닥 붉은 베개 자국 났다네[枕痕一線紅生肉]"[416]라고 하였다. 『두양잡편(杜陽雜編)』[417]에서는 "대진국(大秦國)이 중명침(重明枕)을 공물로 바치니 수정처럼 깨끗하였다. 안에는 누대(樓臺)의 모양이 들어 있는데 열 명의 도사(道士)가 향(香)과 죽간(竹簡)을 들고 끊임없이 빙빙 돈다고 하더라"[418]라고 하였으니, 유선침(游仙

---

411) 今漆**履**有齒者.(『方言, 四』) → 今漆**屐**有齒者.(『松南雜識』)

412) 木屩有足. **揚子方言**, **複履**, **東北**朝鮮洌水之間, 謂之鞠角, 徐土邳圻之間, 大麤, 謂**之**鞠角, 註, 今漆屐有齒者.(『康熙字典, 鞠』) → **揚子方言曰**, 木屩有足, 朝鮮洌水之間, 謂之鞠角, 徐土邳圻之間, 大麤謂鞠角, 註, 今漆屐有齒者.(『松南雜識』)

413) 전류(錢鏐) : 오대(五代) 시대 때 오월(吳越)을 개국한 임금. 임안(臨安) 출신. 자는 구미(具美). 시호는 무숙(武肅). 후당(後唐) 건부(乾符) 연간에 진해군 절도사(鎭海軍節度使)에 제수되었고, 천복(天復) 연간에 월왕(越王)에 봉해졌으며, 천우(天祐) 초에 오왕(吳王)에 봉해졌고, 양(梁)나라 태조(太祖)가 즉위하자 오월왕(吳越王)에 봉해졌으며, 얼마 뒤에는 스스로 오월국왕(吳越國王)이라 칭했다. 그 뒤 41년간 재위했다.

414) 吳越**備**史曰, **武肅王**錢鏐在軍**中**, **未嘗安寢**, 用圓木作枕, 睡**熟**則欹.(『淵鑑類函, 卷三百七十八, 服飾部九』) → 吳越史曰, 錢鏐在軍, 用圓木作枕, 睡則欹.(『松南雜識』)

415) 주필대(周必大) : 남송(南宋)의 문신. 여릉(廬陵) 사람. 벼슬은 좌승상(左丞相)에 이르고 익국공(益國公)에 봉해졌음.

416) 「만강홍(滿江紅)」.

417) 두양잡편(杜陽雜編) : 당나라의 소악(蘇鶚)이 편찬한 전기집(傳奇集). 3권. 당나라 대종(代宗) 광덕(廣德) 원년(763)부터 의종(懿宗) 함통(咸通) 14년(873)까지의 진기한 이야기를 기록했다.

418) **八年**, 大**軫**國, 貢重明枕, **神錦衾碧麥紫米云**. **其國在海東南三萬里**, **當軫宿之位**,

枕)[419] · 한단침(邯鄲枕)[420]과 함께 모두 기이한 베개이다.

육안침
六安枕

한(漢)나라 최인(崔駰)의 「육안침명(六安枕銘)」에서,

베개에도 규구(規矩)[421]가 있으니	枕有規矩
그 덕을 공경하고 전일하게 하라	恭一其德
원(元)을 받들고 몸을 편안히 하여	承元寧躬
처음부터 끝까지 잘못하지 말라	終始不忒

라고 하였는데, 그 주석에서 "육면(六面)이 편안하다"[422]라고 하였다. 또 당나라 양성(陽城)은 목침을 저당 잡혔으며[423] 송나라 온공(溫公) 사마광(司馬光)[424]은 베개를 경계(警戒)하며 책을 읽었으니[425] 목침도 오래전부

故曰大軫國. 經合丘禺槀之山, 重明枕, 長一尺二寸, 高六寸, 潔白**逾於**水**精**, 中有樓臺之狀, **四方**有十道士, 持香執簡, 循環**無**已.(『杜陽雜編, 卷中』) → **杜陽編曰**, 大**秦**國, 貢重明枕, 潔白**如**水**晶**, 中有樓臺之狀, 有十道士, 持香執簡, 循環**不**已**云**.(『松南雜識』)

419) 유선침(游仙枕) : 구자국(龜茲國)에서 진상한 마노(瑪瑙)로 만든 베개. 이것을 베고 자면 십삼주(十洲) · 삼도(三島)의 선계(仙界)에 이른다고 한다.(『韻府羣玉, 游仙枕』)

420) 한단침(邯鄲枕) : 당나라 개원(開元) 연간에 노생(盧生)이 한단(邯鄲)의 한 여관에서 도사(道士) 여옹(呂翁)으로부터 받았다고 하는 신기한 베개.(『韻府羣玉, 邯鄲枕』)

421) 규구(規矩) : 원을 그리는 그림쇠와 방형을 그리는 곱자라는 뜻으로 법칙, 규칙, 법도를 의미함.

422) 六安, 枕銘. **言六面皆安也**. 枕有規矩, 恭一其德, 承元寧躬, 終始不忒.(『漢魏六朝百三家集, 卷十二, 漢崔駰集, 賦, 六安枕銘』) → **漢崔駰**, **有**六安枕銘**曰**, 枕有規矩, 恭一其德, 承元寧躬, 終始不忒, **註**, 六面安也.(『松南雜識』)

423) **衾枕質錢**. **陽城爲諫議大夫**, **以木**枕**布衾**, 質錢. **人重其賢**, **爭售之**.(『古今事文類聚續集, 卷二十一』) → 唐陽城之木枕質錢.(『松南雜識』)

424) 사마광(司馬光) : 북송 때의 학자 · 정치가(1019~1086). 자는 군실(君實). 호는 우부(迂夫) · 우수(迂叟). 사마온공(司馬溫公)이라고도 한다. 신종 초에 왕안석의 신법(新法)

터 있었던 물건인 듯하다.

아자침
亞字枕

『습유기(拾遺記)』[426]에서 "한(漢)나라의 양기(梁冀)[427]가 가지고 있던 옥으로 된 호두침(虎頭枕)의 호랑이 턱 아래쪽에 전서(篆書)로 '황제 신(辛)[428]이 달기(妲己)와 함께 베던 베개'라고 쓰여 있었다"[429]라고 하였다.

지금의 아자침(亞字枕)은 고려 말의 신돈(辛旽)[430]이 만든 것이다.

에 반대하여 은퇴하고 철종 때에 재상이 되자, 신법을 폐하고 구법(舊法)으로 통치했다. 저서에 『자치통감』·『사마문정공집(司馬文正公集)』 등이 있다.

425) **圓木警枕**. **司馬**溫公, **以圓木爲**警枕, **少睡則枕轉而覺**, **乃起**讀書.(『古今事文類聚續集, 卷二十一』) → 宋溫公**之**警枕, 讀書.(『松南雜識』)
* 사마광이 베개를 둥글게 만들어 '경침(警枕)'이라고 하였는데 조금 잠들면 베개가 굴러서 잠이 깨었기에 바로 일어나서 책을 읽었다고 한다.

426) 습유기(拾遺記) : 후진(後晉) 시대의 왕가(王嘉)가 중국의 전설을 모은 지괴서(志怪書). 10권. 삼황오제(三皇五帝)부터 서진(西晉) 말, 석호(石虎)의 이야기까지를 수록했다. 원본은 없어졌고 현재 『한위총서(漢魏叢書)』 등에 수록되어 있는 것은 양(梁)나라 소기(蕭綺)가 재편한 것이다. 문장은 깨끗하지만, 내용은 기괴·음란한 것이 많으며, 모두 사실이 아니라 한다.

427) 양기(梁冀) : 후한 순제(順帝) 때 양황후(梁皇后)의 오라비로 자는 백거(伯車). 아버지 양상(梁商)을 대신하여 대장군이 되고 권력을 남용하여 축재(蓄財)를 하였으며, 절제(節帝)를 옹립하였으나 자신의 권력 남용을 비판했다는 이유로 독살하고 환제(桓帝)를 다시 옹립했다. 그 후 중상시(中常侍) 단초(單超)에 의하여 실각, 구속되자, 자결했다.

428) 신(辛) : 은(殷)의 마지막 왕인 주(紂)의 이름.

429) 漢**誅**梁冀, **得一**玉虎頭枕**云**, **單池國所獻檢**, **其**額下**有**篆**書字**云, **是**帝辛**之枕**, **嘗**與妲己同枕**之**. **是殷時遺寶也**.(『拾遺記, 卷七』) → **拾遺記云**, 漢梁冀, 玉虎頭枕, **頷**下篆云, 帝辛與妲己同枕.(『松南雜識』)

430) 신돈(辛旽) : 고려 말기의 중(?~1371). 자는 요공(耀空). 호는 청한거사(清閑居士). 공민왕에게 등용되어 국정을 장악하고, 전제개혁(田制改革), 노비 해방 등의 개혁 정책을 폈다. 그러나 급진적 개혁이 상층계급의 반감을 사고, 왕의 신임을 기화로 점차 오만해져서 방탕과 음란을 일삼았으므로 점점 배척을 당하게 되었다. 후에 왕의 시해를 음모하다 발각되어 처형되었다.

종이이불
紙被

『후한서(後漢書)』에 양속(羊續)[431]이 태수(太守)가 되어서도 오로지 베 이불에 누웠는데 헤지면 종이를 발랐다고 하는 기록이 있다.[432] 송나라의 유자휘(劉子翬)[433]와 육유(陸游)[434]에게도 종이 이불이 있었으니,

종이 이불 몸에 두르고 눈 오는 날을 보내니	紙被圍身度雪天
여우겨드랑이털보다 희고 솜보다 부드럽네	白於狐腋軟於綿[435]

라고 한 말이 이것이다.[436]

431) 양속(羊續) : 후한(後漢)의 태산(太山) 평양인(平陽人). 자는 흥조(興祖). 집안 대대로 훈공이 있어 낭중(郎中)에 임명되었다. 여강태수(廬江太守)로 있을 적에 황건적이 공격해 오자 성의 장정들을 규합하여 물리쳤다. 남양태수(南陽太守)로 있으면서 매우 검소하게 생활하고 선정(善政)을 베풀었는데, 고을의 부승(府丞)이 생선을 갖다 바치자 양속이 그것을 받아 뜰에 걸어놓았다가 뒤에 부승이 또 생선을 바치자 이전에 받은 생선을 가져다가 부승에게 보이며 다시는 그런 짓을 못하게 하는 등 청렴·충직한 관리로 유명하다.(『後漢書, 郭杜孔張廉王蘇羊賈陸列傳』)

432) 羊續, **字興祖**, **太山人**. 爲**南陽**太守, **以清率下**, **半月一炊**. 惟臥**一幅**布, 裀敗, 糊紙**補之**.(『後漢書補逸, 卷十』) → **漢史**, 羊續爲太守, 惟臥布, **裀**敗, **則**糊紙.(『松南雜識』)

433) 유자휘(劉子翬) : 남송의 학자. 무이산 오부리(五夫里)에 있는 병산서원(屛山書院)에 은거하여 병산선생(屛山先生)이라 불렸다. 그가 주자를 데리고 수렴동에 와서 학문을 가르쳤기에, 주자가 소년기에 가장 많은 것을 배운 스승이라고 칭송한 바 있다.

434) 육유(陸游) : 남송(南宋)의 시인(1125~1209). 자는 무관(務觀). 호는 방옹(放翁). 남송 제일의 시인으로, 나라의 상황을 개탄한 시나 전원의 한적한 생활을 주제로 한 시가 많다. 글씨도 뛰어났다. 시집 『검남시고(劍南詩稿)』와 기행문 「입촉기(入蜀記)」, 사서(史書) 『남당서(南唐書)』 따위가 있다.

435) 「사주원회기지피(謝朱元晦寄紙被)」.

436) 羊續爲太守, 惟臥布, 裀敗則糊紙, **史**, 劉子翬**謝呂居仁惠建昌**紙被詩, **又**陸放翁**謝朱制寄紙被**.(『韻府羣玉, 紙被』) → **漢**史, 羊續爲太守, 惟臥布, 裀敗則糊紙, **宋**劉子翬陸放翁**有**紙被詩.(『松南雜識』)

피지
被池

부현(傅玄)[437]은 「피명(被銘)」에서,

이불이 아무리 따뜻해도	被雖溫
사람의 추위를 잊게는 못한다	無忘人之寒
자신에게 후하게 말고	無厚於已
남에게 박하게 말라	無薄於人[438]

라고 하였다.

지봉(芝峯) 이수광(李睟光)이 말하였다.

고시(古詩)에서 "옷과 이불에 모두 중지(重池)[439]를 둘렀네(衣被皆重池)"[440]라고 하였고 「후청록(侯鯖錄)」에서 "지금 사람들은 이불 머리에 따로 비단으로 가선 두르는 것을 피지(被池)라고 한다"라고 하였다.[441]

우리나라에서는 '금령(衾領)'이라고 하니 마치 옷깃의 동정과 같다. 양

---

437) 부현(傅玄) : 서진(西晉)의 문신·학자(217~278). 자는 휴혁(休奕). 북지니양(北地泥陽 : 산서성 요현) 출신. 어려서 고아가 되어 가난했으나 학문을 좋아했다. 조위(曹魏) 때 주(州)의 수재(秀才)로 낭중(郎中)에 임명되어 『위서(魏書)』 편찬에 참가했다. 일생 동안 저술에 힘써 『부자(傅子)』를 편찬했다. 서진 초기에 완성된 이 책에서 당시 유행했던 청담(淸談)사상과는 다른 유학사상의 필요성을 강조하고 있다.

438) 被雖溫, 無忘人之寒, 無厚**於**已, 無薄**於**人.(『漢魏六朝百三家集, 卷三十九, 傅玄集, 被銘』) → 被雖溫 無忘人之寒, 無厚**于**己, 無薄**于**人.(『松南雜識』)

439) 중지(重池) : 옷이나 이불에 가선을 많이 둘러서, 가운데가 마치 못과 같은 것을 말한다.

440) 진(晉)나라 좌사(左思)의 「교녀(嬌女)」.

441) **左太沖嬌女**詩**曰**, 衣被皆重池. **宋子京詩曰**, **曉日侵簾壓**, **春寒到被池**. **按**侯鯖錄**以爲**今人被頭別施帛爲緣者, **爲**被池.(『芝峯類說, 卷十, 文章部, 三, 古詩』) → **古**詩**云**, 衣被皆重池. 侯鯖錄**云**, 今人, 被頭別施帛爲緣者, **謂**被池.(『松南雜識』)

신(楊愼)[442]은 "옛날에 책이나 두루마리를 장정(裝幀)할 때 앞장과 뒷장을 늘려 비단을 종이에 붙이니 이것을 '담(贉)'이라고 한다. 당나라 사람들은 그것을 '옥지(玉池)'라고 한다"[443]라고 하였다.

황주피
黃紬被

송나라 태조(太祖)가 수령들에게 경계하기를 "결코 누런 명주 이불 속에서 퇴청(退廳)해서는 아니 된다"라고 하였다.

노국공(潞國公) 문언박(文彦博)[444]의 「제아고시(題衙鼓詩)」[445]에서

망루를 향해 한 쪽을 두드리니	置向譙樓一面撾
많이 두드리건 조금 두드리건 모른다오	撾多撾小不知它
누런 이불 속에서 깊이 새벽잠 자다가	黃紬被裏曉眠熟
더듬어 머리 꺼내 보니, 하는 말 "퇴청(退廳)하십시오"	探出來頭道放衙[446]

442) 양신(楊愼) : 명나라 중기의 학자·문학자(1488~1559). 자는 용수(用修). 호는 승암(升菴). 사천성(四川省) 신도(新都) 출생. 1511년 과거에 장원급제하여 한림원수찬(修撰)으로 제수되었다. 경학(經學)과 시문이 탁월하였으며 박학하기로 이름이 높았다. 저서에 『단연총록(丹鉛總錄)』, 『승암집(升菴集)』 등이 있다.

443) 古裝裱卷軸, 引首後以綾**帖楮**曰贉. 唐人謂之玉池.(『升菴集, 卷七十二』) → 古裝裱卷軸, 引首後以綾**黏者**曰贉. 唐人謂之玉池.(『松南雜識』)

444) 문언박(文彦博) : 송나라의 문신·학자(1006~1097). 개휴(介休) 출신. 자는 관부(寬夫), 시호는 문충(文忠). 인종(仁宗) 때 진사(進士)를 역임했다. 경력(慶曆) 말기에 노국공(潞國公)에 봉해졌다. 희령(熙寧) 연간에 왕안석(王安石)에게 미움을 사서 사공(司空), 절도하동(節度河東)이 되었다. 얼마 뒤 태사(太師)로 벼슬을 그만두고 낙양에 거주하며 부필(富弼)·사마광(司馬光) 등과 낙양기영회(洛陽耆英會)를 결성했다. 저서에 『노공집(潞公集)』이 있다.

445) 원제는 「제유차현고루(題榆次縣鼓樓)」.

446) **世傳**太祖**皇帝謂一縣**令曰, **謹**勿於黃紬被**內**放衙**厚**. 文潞公**爲榆次縣令**, **嘗**題**詩縣樓**鼓云, 置向譙樓一**任**撾, 撾多撾少不知**他**, **如今幸有**黃紬被, **努**出頭來放**早**衙. **蓋用本朝故事云**.(『東坡詩集註, 卷十八』) → **宋**太祖**戒守**令曰, **切**勿於黃紬被**裏**放衙. 文潞公題**衙**鼓**詩**云, 置向譙樓一**面**撾, 撾多撾少不知**它**, 黃紬被**裏曉眠熟**, **探**出頭來**道**放

라고 하였다.

지금은 수령의 이불을 '황주피(黃紬被)'라고 하며 '츤의(襯衣)'라고 한다. 지금 '襯'을 '천'으로 발음하는 것은 틀린 것이다.

말건

瀎巾

양웅(揚雄)의 『방언(方言)』에서 "깨끗이 하는 수건을 말건(瀎巾)이라 한다"라고 하였고 『설문해자(說文解字)』에는 "닦아 없애는 모양이다"[447]라고 하였으니, '도(塗)'라고도 한다.[448]

수달의 가죽으로 목의 때를 없앰

獺辟領垢

『운부군옥(韻府羣玉)』에서 "서융(西戎)은 수달의 가죽으로 모피옷의 옷깃과 소매를 장식하여 때가 끼지 않게 한다고 한다"[449]라고 하였다.

석새 삼베

三升[450]

운서(韻書)의 '계(罽)'의 주석에서 "털로 짜서 만든 모포(毛布)이다"[451]

衙.(『松南雜識』)

447) 拭滅貌.(『說文解字, 瀎』)

448) 說文, 拭滅貌, 一曰塗也. 揚子方言, 淨巾謂之瀎布.(『康熙字典, 瀎』)→揚子方言**曰**, 淨巾謂之瀎布. 說文**曰**, 拭滅貌, 一曰塗也.(『松南雜識』)

449) 西戎, 以獺皮飾毳服領袖, 垢不着.(『韻府羣玉, 獺』)

450) 석새 삼베[三升]: 굵은 베.

라고 하였다. 『당서(唐書), 설등전(薛登傳)』에서 "흉노(匈奴)들은 궁려(穹廬)[452]가 성곽(城郭)보다 견고하고 전계(氈罽)[453]가 장불(章紱)[454]보다 아름답다고 생각한다"[455]라고 하였다.

산곡(山谷) 황정견(黃庭堅)의 시에서,

주리면 청기반(青飢飯)[456]을 내리시고	飢蒙青籾飯
추우면 자타니(紫駝尼)[457]을 주시네	寒贈紫駝尼[458]

라고 하였는데, 주석에서 "타니(駝尼)[459]는 번갈(蕃褐)이다"라고 하였으니 지금의 몽전(蒙氈)과 같다.

『한서(漢書), 공우전(貢禹傳)』에서 "수갈(裋褐)[460]이 온전치 못하다"라고 하였는데 그 주석에서 "갈(褐)은 모포옷이다"[461]라고 하였다. 그 넓이가 불과 삼승(三升)이기 때문에 '석새삼베'라고 이름 한다. 근래에는 목면(木棉)으로 짜기에 '목삼승(木三升)'이라고 한다.

---

451) 罽**者**, 織毛爲**之**.(『康熙字典, 罽』) → 罽, **註**, 織毛爲**布**.(『松南雜識』)

452) 궁려(穹廬) : 흉노족이 기거하는 천막.

453) 전계(氈罽) : 모전(毛氈)으로 짠 융단.

454) 장불(章紱) : 품관(品官)을 나타내는 색과 문양으로 장식이 된 인끈과 띠.

455) 匈奴**卒不入中國者**, **以其生長磧漠**, **謂**穹廬**賢**於城郭, 氈罽美於章紱, **旣安所習**, **是以無窺中國**, **心不樂漢故也**.(『唐書, 卷一百十二, 列傳, 第三十七, 王員韓蘇薛柳馮蔣』) → 匈奴, 穹廬 **固**於城郭, 氈罽美於章紱.(『松南雜識』)

456) 청기반(青飢飯) : 『山谷內集詩注』의 주석에서 '청신반(青籾飯)'은 '청기반(青飢飯)'의 오기라고 했다. 도가(道家)에서 양동(楊桐)으로 밥을 물들여 빛이 파랗게 되면, 이것을 청기반(青飢飯)이라 했고 먹으면 양기(陽氣)에 좋다라고 했다.
*『松南雜識』에는 '青精飯'으로 되어 있음.

457) 자타니(紫駝尼) : 자줏빛 낙타털 모직물.

458) 『山谷內集詩注, 卷十八, 陳榮緒惠示之字韻詩推奬過實非所敢當輒次高韻』.

459) 타니(駝尼) : 낙타털로 짠 모직물.

460) 수갈(裋褐) : 조악한 모직 옷. 고대의 빈천한 자들의 의복.

461) **師古曰**, **裋者**, **謂僮豎**所**著布長襦也**. **褐**, 毛布**之**衣也.(『前漢書, 卷七十二, 王貢兩龔鮑傳, 第四十二』) → **註**, 毛布衣也.(『松南雜識』)

모단

毪段

『자휘(字彙)』에서 "毪의 음은 모이니 모직물이다"라고 하였다.

『철경록(輟耕錄)』[462]에서 "무릇 복식(服飾)의 색을 조합(調合)할 때는 모자(毪子)[463]에, 분토(粉土), 황단(黃檀)[464]의 씨에 먹물 한 방울을 넣어서 섞은 것을 사용한다. 또 모릉(毪綾)은 자주빛 꽃의 자주색 가루를 사용하여 꽃 문양을 박아 넣는다"[465]라고 하였다.[466]

방로

氆氇

『후한서(後漢書), 오환전(烏桓傳)』에서 "부인들은 가죽에 바느질로 수를 놓아 무늬를 만들고 누갈(氀毼)[467]을 짤 줄 안다"[468]라고 하였다.

『정자통(正字通)』에서 "천축국(天竺國)의 가는 베와 품질 좋은 탑등(毾㲪)[469]이다"라고 하였으니, 지금은 '방로(氆氇)'라고 한다.[470]

---

462) 철경록(輟耕錄) : 명나라 도종의(陶宗儀)가 편찬한 책. 원대(元代)의 법제 및 훈고(訓詁)・서화(書畫) 등에 관해 고증 자료임.

463) 모자(毪子) : 양각(陽刻)으로 문양을 낸 모직물.

464) 황단(黃檀) : 낙엽교목(落葉喬木). 엷은 자주빛, 또는 황백색의 꽃이 피며 목재의 색은 노랗다. 단단하여 강한 충격을 견뎌야 하는 도구를 만드는데 사용한다.

465) 凡調合服飾**器用**顏色**者**, 毪子, 用粉土黃檀子, 入墨一點合, …… 毪綾, 用紫花底紫粉, 搭花樣.(『輟耕錄, 卷十一, 寫像秘訣』)→凡調合服飾顏色, 毪子, 用粉土黃檀子, 入墨一點合. **又**毪綾, 用紫花底紫粉, 搭花樣.(『松南雜識』)

466) 毪. 字彙, **莫胡切**, 音模, 毛段也. **又**輟耕錄, 凡調合服飾顏色, 毪子用粉土黃檀子, **又**墨一點合. 又毪綾, 用紫花底紫粉, 搭花樣.(『康熙字典, 毪』)→字彙, 毪音模, 毛段也. 輟耕錄**曰**, 凡調合服飾顏色, 毪子用粉土黃檀子, **入**墨一點合. 又毪綾, 用紫花底紫粉, 搭花樣.(『松南雜識』)

467) 누갈(氀毼) : 모직물의 한 가지.

468) 婦人能刺韋作文繡, 織氀毼.(『後漢書, 卷一百二十, 烏桓鮮卑列傳, 第八十』)

469) 탑등(毾㲪) : 모직 담요.

470) **後漢西域傳**, 天竺國, **有**細布好毾㲪.…… 正字**通**, **中天竺有毾㲪**. 今曰氆氇.(『康熙

운서(韻書)에는 "서번(西蕃)에서는 거세한 양의 털(羯毛)로 짜서 만든다"[471]라고 하였다.

곰가죽 요
羆褥

『습유기(拾遺記)』에서 "주(周)나라 영왕(靈王)이 곤소대(昆昭臺)를 쌓고 여우 겨드랑이 털로 만든 흰 갖옷과 자줏빛 곰가죽으로 만든 큰 요를 깔았는데 한 사람이 손가락으로 자리를 퉁기기만 해도 따스한 바람이 방으로 들어왔다"[472]라고 하였다.

『춘추좌전(春秋左傳)』의 '좌추욕(左追蓐)'[473]의 주석에서 "군대가 이동할 때 왼쪽에 있는 수레는 좇아가면서 풀요(草蓐)를 구하여 누워 쉴 수 있는 준비를 한다"[474]라고 하였으니 대개 거적(薦席)을 '욕(褥)'이라고 한다.

당시(唐詩)에서 "짜서 만든 벽의(壁衣)[475] 꽃 담요라네[織成壁衣花氍毹]"[476]라고 하였는데, 그 주석에서 "구유(氍毹)는 털요(毛褥)이다"라고 하였다.

字典, 毴』) → 正字曰, 天竺國細布好毴毿. 今曰氆氌.(『松南雜識』)

471) **氆氌**, 西蕃織羖**也**.(『康熙字典, 氆』) → 西蕃織羖**毛爲之**.(『松南雜識』)

472) **二十三年**, 起昆昭之臺, **亦名宣昭**. …… **又**設狐腋素裘紫羆大褥, **羆褥是西域所獻也. 施於臺上**, **坐者**, **皆溫**. **又有**一人**唱能**, **使卽席爲炎**. **乃**以指彈席上, 而暄風入室.(『拾遺記, 卷三』) → **周靈王**, 起昆昭之臺, 設狐腋素裘紫羆大褥, 一人, 以指彈席, 而暄風入室.(『松南雜識』)

473) 左追蓐.(『春秋左傳, 宣公, 十二年 夏 六月』)

474) 軍行**右轅**左追蓐. **注**, **在車之右者**, **挾轅爲戰備**, **在**左者, 追求草蓐, 爲宿備.(『春秋左傳注疏, 宣公, 十二年 夏 六月』) → 左追蓐. 注**疏云**, 臥止之**草**.(『古今韻會擧要, 卷二十五』) → 左追蓐. **註**. 軍行, **車**左者, **追求**草蓐, **爲**臥止之備.(『松南雜識』)

475) 벽의(壁衣) : 벽을 장식하는 장막.

476) 당나라 잠삼(岑參)의 「옥문관개장군가(玉門關盖將軍歌)」.
*『松南雜識』에는 '壁衣織成花氍毹'으로 오기되어 있음.

답등
毾㲪

운서(韻書)에 "털자리(毛席)이니 큰 침상 앞의 작은 걸상 위에 깔아서 밟고 침상으로 올라가도록 한 것이다"[477]라고 하였으니 지금 교의(交椅) 앞의 털방석(毛方席)이 이것이다.

포단
蒲團

『전등록(傳燈錄)』에서 말하였다.

임제(臨濟)가 "내게 포단을 건네 주게"라고 말하였다.[478]

왕안석(王安石)의 시에 "홀로 단포에 앉아 기대 있네[獨坐隱團蒲]"[479]라고 하였다.

포단(蒲團)은 대개 풍습(風濕)[480]을 제거하기 때문에 앉는 도구로 삼는다. 지금의 '욕탁자(褥托子)'이니 겉은 털로 만들고, 쑥이나 국화로 속을 채우기도 한다.

---

477) **㲪**. **毾㲪**, 毛席. 大牀前, 小榻以上**牀**者.(『韻府羣玉, 㲪』)→毛席. 大牀前, 小榻以上**床**者.(『松南雜識』)

478) 臨濟**曰**, 與我過蒲團來. **師過蒲團**. **臨濟接得蒲團便打**. 傳燈錄.(『古今合璧事類備要, 前集卷四十八』)→傳燈錄曰, 臨濟**云**, 與我過蒲團來.(『松南雜識』)

479) 「요행(聊行)」.

480) 풍습(風濕) : 풍사(風邪)와 습사(濕邪)가 겹친 것.

한보재
翰寶齋

『회남자(淮南子)』에 "바늘이 우선 갖추어지고 실이 나중에 있어야 장막을 만들 수 있다"[481]라고 하였다.

지금은 한보재(翰寶齋) 바늘이 훌륭하게 여겨진다. '한보(翰寶)'란 서양이다. 중국은 서양과의 관계에 있어서 바늘이 되고 우리나라는 중국과의 관계에 있어서 실이 되니 중국이 서양과 통하지 않고 우리나라가 중국과 통하지 않으면 장차 통 베와 비단을 몸에 두르고 살게 될 것이다. 솜씨 좋은 장인이 수련을 정밀하게 한다면 또한 우리나라의 한보재(翰寶齋)이다.

기절 · 침절
機絶針絶

『습유기(拾遺記)』에서 말하였다.

오(吳)나라의 조부인(趙夫人)이 손가락 사이로 비단을 짜니 '기절(機絶)'이라고 불렀다. 사방 한 치의 비단 위에 오악(五岳)과 사해(四海)를 수(繡) 놓으니 '침절(針絶)'이라고 하였다. 신비한 아교로 머리털을 이어 붙여 천을 짜고 그것을 마름질하여 장막을 만들었는데, 한 올의 머리털을 쪼개서 몇 개의 올로 만드는 것을 '사절(絲絶)'이라고 하였다.[482]

---

481) 先針後縷, 可以成帷.(『淮南子, 說山訓』)

482) 吳主趙夫人, 丞相達之妹, 善畫巧妙無雙, 能於指間以綵絲織雲霞龍蛇之錦, 大則盈尺, 小則方寸, 宮中謂之機絶.…… 於方帛之上, 寫以五岳河海城邑行陣之形, 旣成, 乃進於吳主, 時人謂之鍼絶.…… 夫人, 乃析髮, 以神膠續之, ……乃織爲羅縠, 累月而成, 裁之爲幔, 內外視之, 飄飄如煙氣輕動, 而房內自涼, 時權常在軍旅, 每以此幔自

지금 옷 중에 혹 불로 구멍이 난 것을 손가락 사이로 짜서 기우는 것은 여기에서 나왔다.

지금 침화(針畫)를 '침찰(針札)'이라고 하고 침철(針綴)을 '침잠(針簪)'이라 하고 골무(骨冒)를 '정침(頂鍼)'이라고 하고 다림질을 '락(烙)'이라 하고 다듬질(搗衣)을 '전광(碾光)'이라고 하고 내등(內登)을 '제리(綈裏)'라고 하고 단벽(端襞)을 '교변(繑邊)'이라고 한다.

가위
剪刀

당시(唐詩)에서 "날씨 추우니 가위 싸늘하다[天寒剪刀冷]"483)라고 하였다. 우리나라 여인의 시에,

생각이 있어 두 허리 합해지고	有意雙腰合
정이 많아 두 다리 벌린다	多情兩脚開
움직이는 것은 오직 나에게 달렸고	動搖惟我在
깊고 얕은 것은 그대의 재량에 맡기오	淺深任君裁

라고 하였다. 또 「무의곡(舞衣曲)」에 "잘라 떨구는 가위, 구름도 불어 끊는다(翦落交刀吹斷雲)"484)라고 하였다.

隨, 以爲征幪, 舒之則廣縱數丈, 卷之則可內於枕中, 時人謂之絲絶.(『拾遺記, 卷八』) → 吳趙夫人, 指間織綿, 號機絶. 方寸帛上, 繡五岳四海, 號針絶. 神膠續髮, 織裁爲幔, 仍**以**髮析爲數縷, 號絲絶. 拾遺記.(『韻府羣玉, **髮幔**』) → 拾遺記**云**, 吳趙夫人, 指間織綿, 號機絶. 方寸帛上, 繡五岳四海, 號針絶. 神膠續髮, 織裁爲**縵**, 仍一髮析爲數縷, 號絲絶.(『松南雜識』)

483) 장호(張祜)의 「장두화 이수(牆頭花二首)」.

484) 당나라 온정균(溫庭筠)의 작품.

백월
白越

『후한서(後漢書)』의 '백월(白越)'의 주석에서 "백월(白越)은 월포(越布)이다"[485]라고 하였으니 지금의 갈포(葛布)이다. 대개 월(越)나라의 구천(句踐)[486]이 칡(葛)을 캤기 때문에 그렇게 이름 한다.

『서경(書經), 우공(禹貢)』의 '훼복(卉服)'의 주석에서 "초복(草服)이니 갈월(葛越)이다"[487]라고 하였다.

갈(葛)은 바로 유월(藟越)이니, 초저(蕉苧) · 황저(黃苧) 등속이다. 우사포(藕絲布)도 월(越)나라 여인들이 연뿌리에서 섬유를 채취하여 짜서 만드는 것이다. 당시(唐詩) 「무의곡(舞衣曲)」에서 "연뿌리 속의 가는 실 이른 봄에 뽑아낸다(藕腸纖縷抽輕春)"[488]라고 한 말이 이것이다. 지금 중국에서 수입하여 여름철의 한의(汗衣[489])를 만든다.

통포
筒布

운서(韻書)에서 "동(絧)은 베이름이다"[490]라고 하였으니, 바로 "유조(劉肇)가 왕융(王戎)[491]에게 통중세포(筒中細布)[492]를 뇌물로 바쳤다"[493]라는

485) 〈白越, 越布.〉(『後漢書, 卷十上, 后紀, 第十上, 明德馬皇后』)

486) 『松南雜識』에는 '句賤'으로 오기되어 있음.

487) 卉服, **是**草服, 葛越也.(『書經, 夏書, 禹貢』) → 卉服, **註**, 草服, 葛越也.(『松南雜識』)

488) 온정균(溫庭均)의 「무의곡(舞衣曲)」.

489) 한의(汗衣) : 땀받이.

490) 絧, 布**名**.(『韻府羣玉, 絧』) → 絧, 布**也**.(『松南雜識』)

491) 왕융(王戎) : 진(晉)나라 인물. 자는 준중(濬仲), 시호는 원(元). 죽림칠현(竹林七賢) 중의 1인. 혜제(惠帝) 때에 가후(賈后)에게 신임을 받아 사도(司徒)가 되었으나 한 일이 없었고, 욕심이 많아 전원(田園)을 각 주(州)에 두고서 직접 주판을 놓아 밤낮 회계를 맞추었다. 또 집에 좋은 오얏나무가 있었는데 누가 종자를 받아갈까 염려하여 씨에다 송곳질을 했다고 한다.

말이 이것이다. 지금의 육진포(六鎭布)[494]이다.

화완포
火浣布

「서남이전(西南夷傳)」에서 "종가화취[賨㠎火毳]"[495]라고 하였다. 또 남해(南海)의 화산(火山)에 불에 타지 않는 나무가 있는데, 그 껍데기로 베를 만든다. 또 불쥐(火鼠)는 불에 들어가도 타지 않는데 털의 길이가 한 길 남짓하여 베를 만들 수 있으니,[496] 모두 화완포(火浣布)이다. 객(客)이 양기(梁冀)[497]의 옷을 더럽히자 화가 나서 불에 태웠다는 다는 것이 화완포이다.

백월(白越) 『신이경(神異經)』에서 "북방(北方)의 쥐는 얼음을 먹으니 털의 길이가 백 자로, 베를 만들 수 있다"[498]라고 하였다.

---

492) 통중세포(筒中細布) : 대나무통 속에 한 필이 들어갈 정도의 가는 베.

493) 南郡太守劉肇, 賂戎筒中細布五十端, 爲司隸.(『晉書, 卷四十三』) → 劉肇, 賂王戎筒中細布.(『松南雜識』)

494) 육진포(六鎭布) : 함경북도의 육진이 있던 곳에서 나던 삼베.

495) 종가(賨㠎) : 진한(秦漢) 때 중국 서남부의 종족(賨族)이 공물로 바치던 베[㠎]의 이름.
* 『松南雜識』에는 '賨幪'으로 오기되어 있음.
화취(火毳) : '화완포(火浣布)'를 이름.
『後漢書, 卷一百十六, 南蠻西南夷傳, 第七十六』.

496) 神異經曰, 南荒之外, 有火山, 晝夜火燃. 火中有鼠, 重百斤, 毛長二尺餘, 細如絲, 可以作布. 恒居火中, 時時出外而毛白. 以水逐而沃之, 乃死. 取其毛, 緝織以爲布.(『格致鏡原, 卷二十七, 布, 火浣布』) → 火鼠, 入火不焚, 毛長丈許, 可爲布.(『松南雜識』)

497) 「아자침(亞字枕)」조(條)의 주석 참조.

498) 北方層氷萬里, 厚百丈. 有磎鼠, 在氷下土中焉. 形如鼠, 食草木, 肉重千斤, 可以作脯食之 已熱. 其毛八尺, 可以爲褥, 臥之却寒.(『神異經』) → 東方朔神異記, 北方氷厚百尺, 有鼠在氷上食. 其鼠毛, 長八尺, 可爲布.(『山堂肆考, 卷二十三』) → 神異記云, 北方鼠, 食氷. 毛長八尺, 可爲布.(『松南雜識』)

서양포
西洋布

지봉(芝峯) 이수광(李睟光)이 "서양(西洋)의 프랑스의 베는 가볍고 가늘기가 매미 날개 같다고 한다"[499]라고 하였다.

요즘 종루(鐘樓)[500]에 서양포(西洋布)와 채단(綵緞)을 판매하는 상점이 있는데 철성목인(鐵筬木人)이 기계를 만들어 직조하기 때문에 가볍고 올이 가늘며 천의 폭이 넓다고 한다.

『자휘보(字彙補)』에서 "緤의 음은 첩이다"라고 하였으니 서양의 베 이름이다.

황저포
黃苧布

운서(韻書)에서 "촉(蜀)에 황윤포(黃潤布)가 있다"[501]라고 하였으니 지금의 황저(黃苧)이다. 우리나라에서는 '계출이(罽出伊)'[502]라고 하는데 영남에서는 유독 영천(永川)과 근방의 몇 개 읍에서만 생산된다. 비록 다른 읍의 삼 씨라도 그곳에 심으면 황저(黃苧)가 되지만 영천의 모시 씨를 다른 지역에 심으면 도리어 삼이 된다고 한다. 황저는 백저(白苧)와 함께 공안(貢案)[503]에 실려 있다.

---

499) 佛浪機國, **在暹羅西南海中**, **乃西洋大國也**. **其火器**, **號佛浪機**, **今兵家用之**. **又西洋**布, **極**輕細如蟬翼**焉**.(『芝峯類說, 卷二, 諸國部, 外國』) → **西洋**佛浪機國, **其**布, 輕細如蟬翼**云**.(『松南雜識』)

500) 종루(鐘樓) : 조선 시대 지금의 종로에 있던 사상(私商)들의 시장.

501) 蜀都賦, 黃潤比筒. 注, 黃潤, 謂筒中細布也.(『佩文韻府, 比筒』) → 蜀有黃潤布.(『松南雜識』)

502) 계출이(罽出伊) : 삼베의 한 가지. 제추리(濟秋里)라고도 함.

503) 공안(貢案) : 조선 시대에, 공물(貢物)의 품목과 수량을 기록하던 문부(文簿).

백저포
白苧布

『계림유사(鷄林類事)』에서 "저(苧 : 모시)를 '모저(毛苧)'라고 하고 '포(布 : 베)'를 '모시베(毛施背)'라고 한다"[504]라고 하였다.

『설문해자(說文解字)』에서 "어저귀(檾)[505] 등속이니, 올이 가는 것이 '전(絟)'이고 굵은 것이 '저(紵)'이다"[506]라고 하였다. 『후한서(後漢書)』에서 "좋은 모시로 만든 큰 도포"[507]라고 한 말이 이것이다. 오(吳) 지역에서 생산되는데 우리나라에서는 임천(林川)[508]과 한산(韓山)[509]에서 생산된다.

백첩포
白氎布

『후한서(後漢書), 서남이전(西南夷傳)』의 "애뢰인(哀牢人)들은 채색으로 물들이고 수놓아 무늬를 만들 줄 아니, 계탈(罽毲)과 백첩(白疊[510])이다"라고 하였는데, 그 주석에서 "제박국(諸薄國)의 여자는 백첩포(白疊布)를 짠다"라고 하였다. 고창국(高昌國)에 어떤 풀이 있는데, 열매는 누에고치 같다. 그 속의 실은 가는 베오라기 같으니 백첩(白疊)이라고 한다. 안자국(安子國)의 사람들은 그것을 취하여 베를 만드는데, 부드럽고 흰 것은

---

504) 苧曰毛, 苧布曰毛施背.(『說郛, 卷五十五, 雞林類事』) → **又高麗方言**, **謂**苧曰毛, 苧布曰毛施背. **見雞林類事**.(『康熙字典, 毛』) → 雞林類事, 謂苧曰毛, 苧布曰毛施背.(『松南雜識』)

505) 어저귀 : 아욱과의 한 해 살이 풀. 경마(苘痲), 백마(白痲).

506) 檾屬, 細者爲絟, 粗者爲紵.(『說文解字, 紵』)

507) 都紵大袍.(『後漢書, 卷十四, 禮儀志上, 禮儀上』)

508) 임천(林川) : 충청남도 부여군 남부에 있는 면.

509) 한산(韓山) : 충청남도 서천군 남동부에 있는 면.

510) 백첩(白疊) : 면화(棉花), 또는 면화로 만든 천. '白氎'이라고 하기도 함.

백첩(白氎)을 만든다.[511]

어저귀베
苘布

의서(醫書)에서 "경(苘)은 대마(大麻), 백마(白麻)다"[512]라고 하였다. 우리나라에서는 '가모시(假牡枲)'라고 하니 마(麻)가 아니지만 마와 같고 모시(苧) 같지만 모시가 아니다.

지포
紙布

『당서(唐書), 회흘전(廻紇傳)』[513]에서 "회흘(回紇)[514]이 동경(東京=洛陽)으로 들어와 제멋대로 노략질하고 분탕질을 해가서 선비와 백성들이 모두 종이로 옷을 만들어 입었다"[515]라고 하였다.

육기(陸璣)[516]의 『시소(詩疏)』[517]에서 "강남 사람들은 닥나무껍질을 길

511) 知染采文繡罽毲〈罽, **解見李恂傳**, **毲**, **未詳**. 帛疊.〉〈**外國傳曰**, 諸薄國女子, 織作白疊**花**布.〉(『後漢書, 卷一百十六, 南蠻西南夷傳第七十六, 哀牢夷』)→**後**漢南蠻傳, **哀牢夷**, 知染采文繡罽毲**白**疊. **又南史夷貊傳**, 高昌國, 有草, 實如繭, **繭**中絲, **如**細纑, 名曰白疊, 子國人, 取織**爲**布, 甚軟白, 交市用焉.(『康熙字典, 氎』)→漢南蠻傳, 知染采文繡罽毲**帛疊**. **註**, 諸薄國女子, 織作白疊布. 高昌國有草, 實如繭, 中絲**爲**細纑, 名曰白疊. **安**子國人, 取**以**爲布, 甚軟**而**白, **亦作白氎**.(『松南雜識』)

512) **唐本草作莔**, **莔麻**, **一名**白麻.(『康熙字典, 苘』)→**醫書曰**, **大麻也**. **又**白麻.(『松南雜識』)

513) 『松南雜識』에는 '唐玄宗紀'로 되어 있음.

514) 회흘(回紇) : 위구르.

515) 與廻紇, 縱掠, 坊市及汝鄭等州, 比屋蕩盡, 人悉以紙爲衣.(『舊唐書, 卷一百九十五, 列傳, 第一百四十五, 廻紇』)→回紇入東京, 肆掠蕩盡, 士民皆衣紙. 唐玄宗紀.(『韻府羣玉, 衣紙』)→唐玄宗紀云, 回紇入東京, 肆掠蕩盡, 士民皆衣紙.(『松南雜識』)

516) 육기(陸璣) : 삼국 시대 오(吳)나라의 학자. 자는 원각(元恪).

쌈질 하여 베를 만든다. 지금 얇은 종이를 가늘게 잘라서 옷감을 만드니 대단히 따뜻하다. 면화 농사가 흉년일 때 그렇게 한다"[518]라고 하였다.

난간포
蘭干布[519]

「서남이전(西南夷傳)」의 '난간세포(蘭干細布)'[520]의 주석에서 "모시를 의미하는 요(獠)족의 말이다"[521]라고 하였으니 지금의 '춘포(春布)'[522]와 비슷하다.

반포
斑布

『설문해자(說文解字)』에서 "침(綅)은 꿰매는 실이다"[523]라고 하였다. 『집운(集韻)』에서 "침(綅)은 흰 날(經)과 검은 씨(緯)로 짠 것이다"[524]라고 하였으

---

*『松南雜識』에는 '陸機'로 오기되어 있음.

517)『모시초목충어소(毛詩草木蟲魚疏)』를 이름. 육기(陸璣)가 편찬한 책. 총 2권.『모시(毛詩)』에 나오는 물명(物名)을 고증한 것이다.

518) **今**江南人, 績其皮, 以爲布.(『毛詩草木鳥獸蟲魚疏卷上, 其下維穀』)→江南人, 績**楮**皮, 以爲布.(『松南雜識』)

519)『松南雜識』 원문에는 '蘭'이 '闌'으로 오기되어 있음.

520)『後漢書, 卷一百十六, 南蠻西南夷傳第七十六, 哀牢夷』.

521) 蘭干, 獠言紵.(『後漢書, 卷一百十六, 南蠻西南夷傳第七十六, 哀牢夷』)

522) 춘포(春布) : 비교적 굵은 면사(綿絲)를 날실로 하고 굵은 모시실을 씨실로 하여 짠 천. 빳빳하고 두꺼우며 질겨서 봄철 옷감으로 쓴다.

523) 綅, 縫線.(『說文解字篆韻譜, 卷二』)
*'綘'은 '꿰매다[縫]'의 의미임.

524) **繒名**. 白經黑緯, **一曰線也**. **或作綅**.(『集韻, 綅』)→集韻曰, 綅, 白經黑緯.(『康熙字典, 綅』)→集韻曰, 綅, 白經黑緯.(『松南雜識』)

니 지금의 '반포(斑布)'와 비슷하다.

홍담
紅毯

운서(韻書)에서 "교지(交阯)의 서쪽 나라에서는 성성이의 피를 취하여 융단(罽)을 염색한다. 성성이를 찔러 피를 내면서 '나에게 얼마나 피를 주겠니?'라고 묻는다. 채찍질을 하면 때리는 만큼 한 말까지 얻을 수 있다"[525]라고 하였으니 지금 중국의 물건인 홍전(紅旃)이 이것이다.

『진서(晉書), 장궤전(張軌傳)』에서 "담포(毯布)[526]와 털자리(毛席)를 오색으로 짠다"[527]라고 하였다.

향산(香山) 백거이(白居易)의 「홍금담가(紅錦毯歌)」에,

실을 가려 붉은 색 남색으로 물을 들여	揀絲練線紅藍染[528]
피향전(披香殿)[529]위에 깔 융단을 만든다.	織作披香殿上毯

라고 하였으니 또한 실로 만드는 듯하다. 지금의 '홍담(紅毯)'이 이것이다. 또 '홍방로(紅氆氌)'라고도 한다.

---

525) **永昌郡**, **有**猩猩, **能言**, **其**血**可**染**朱**罽, **色鮮不黯**. **或曰**, **若**刺其血, 問之, **爾**與我幾許? **猩猩曰**, **二升**, **果足其數**. 若加**之**鞭箠**而問之**, 則隨所加, **而**得至於一斗.(『雲南通志, 猩猩』)→**韻書曰**, **交阯西國**, **取**猩猩血, 染罽, 刺其血, 問之, 與我幾許? 若加鞭箠, 則隨所加, 得至於一斗.(『松南雜識』)

526) 담포(毯布) : 부드러운 털로 짠 모포.

527) 毹布三萬匹.(『晉書, 卷八十六, 張軌』)→晉張軌傳, 毯布**三萬疋**毛席, 織五采.(『韻府羣玉, 毯』)→晉張軌, 毹布**及**毛席織五采.(『松南雜識』)

528) 揀絲**練**線紅藍染.(『白香山詩集, 卷四, 紅線毯 憂蠶桑之費也』)→揀絲**揀**線紅藍染(『松南雜識』)

529) 피향전(披香殿) : 한(漢)나라의 궁전 이름.

단출
丹秫

「동관(冬官)」에서 "종씨(鍾氏)가 새의 깃털을 붉게 물들일 때, 붉은 차조에 석 달 간 담구어 두었다가 불을 땐다"[530]라고 하였는데, 그 주석에서 "담(湛)은 적시는 것이다. '단출(丹秫)'은 붉은 차조(赤粟)이다. '새깃털(羽)'은 깃발을 장식하는 데 쓴다"[531]라고 하였다. 지금 깊은 골짜기에서 나는 사탕수수의 껍질로 붉게 물을 들이는 것이 그와 같다.

『설문해자(說文解字)』에서 "비단(帛)은 여초(戾草)로 염색한다"[532]라고 하였다.

『급취편(急就篇)』의 주석에서 "려(綟)는 푸른 쑥색이다. 동해(東海)에서 려(莀)라고 하는 풀이 난다. 그것으로 염색을 하기 때문에 '려(綟)'라고 한다"[533]라고 하였다.

또 『석명(釋名)』에서 "녹려(綠綟)·자려(紫綟)는 채색 비단(綵)이다"[534]라고 하였다.

홍람
紅藍[535]

운서(韻書)에서 "홍람(紅藍)은 풀이름으로 모수(茅蒐)[536]이니 붉은 색을

530) 鍾氏, 染羽以朱, 湛丹秫三月, 而熾之.(『周禮注疏, 卷四十, 冬官』)

531) **鄭司農云**, 湛, 漬也. 丹秫, 赤粟. **玄謂湛讀如漸車帷裳之漸**. **熾, 炊也**. 羽, **所**以**飾**旌旗**及王后之車**.(『周禮注疏, 卷四十』) → **註**, 湛, 漬也. 丹秫, 赤粟**也**. 羽, 以**飾**旌旗.(『松南雜識』)

532) 帛, 戾艸, 染色.(『說文解字, 綟』)

533) 綟, 蒼艾色**也**. 東海有**艸**, 其名曰莀, 以染**此**色, 因名綟**云**.(『急就篇』) → 綟, 蒼艾色. 東海有**草**, 其名曰莀, 以染色, 因名綟.(『松南雜識』)

534) 急就篇註, 綟, 蒼艾色. 東海有草, 其名曰莀, 以染此色, 因名綟云. …… 釋名, 綠綟·紫綟, 綵也.(『康熙字典, 綟』) → 釋名, 綠綟·紫綟, 綵也.(『松南雜識』)

535) 홍람(紅藍) : 꼭두서니.

물들일 수 있다"[537]라고 하였으니 바로 '꼭두서니[茹藘]'로 '천(蒨)'이라고도 한다. 또 '홍화(紅花)'는 연지(臙脂)를 만드는 것이다.

우리나라에서는 '잇(利市)'이라고 하니 시장에서 팔기에 이롭다는 의미이다. 의서(醫書)에서는 보혈(補血)[538] · 파혈(破血)[539]의 효능이 있다고 한다.

호장
虎杖

『이아석(爾雅釋)』에서 "도(蒤)는 호장(虎杖)이다"[540]라고 하였는데, 그 주석에서 "홍초(紅草)와 비슷하지만 대략 그보다 크고 가는 가시가 있으며 붉은 색을 물들일 수 있다. '蒤'의 음은 '도'로 천(茜 : 꼭두서니)이니 일명 고장(苦杖)이다. 또 반장(斑杖) · 대충장(大蟲杖)이다"[541]라고 하였다. 우리나라에서는 '꼭두서니(曲塗仙里)'라고 한다.

청대
靑黛

운서(韻書)에서 "공청(空靑)[542]과 비슷한데, 그보다 색이 진하다"[543]라

536) 모수(茅蒐) : 꼭두서니.

537) 草名. **說文**, 茅蒐 · **茹藘**, **人血所生**, 可**以**染絳.(『集韻, 蒐』) → **韻書曰**, 草名. 茅蒐, 可染絳, **卽茹藘**.(『松南雜識』)

538) 보혈(補血) : 약을 먹거나 몸 안에 주입하여 조혈(造血) 작용을 돕는 것.

539) 파혈(破血) : 몸 안에 뭉쳐 있는 나쁜 피를 약을 써서 없어지게 하는 것.

540) 蒤, 虎杖.(『爾雅注疏, 卷八, 釋草』)

541) **注**, 似紅草而**麤**大, 有細刺, 可以染赤.(『爾雅注疏, 卷八, 釋草』) → 註, 似紅草而粗大, 有細刺. **本草**, 一名苦杖, 又**名**斑杖 · **酸杖** · 大蟲杖.(『康熙字典, 蒤』) → **註**, 似紅草而粗大, 有細刺, 可以染赤**也**. 蒤, **音塗**, **卽茜也**. 一名苦杖, 又斑杖 · 大蟲杖.(『松南雜識』)

고 하였다. 또 검푸른 빛으로 눈썹을 그릴 수 있다라고 하였다. 그러므로 한유(韓愈)의 시에서 "복숭아나무와 오얏나무, 새벽에 검푸른 빛으로 단장하였네(桃李晨粧艶)"[544]라고 한 말이 이것이다.

지금 '청대초(青黛草)'는 아청색(鴉青色)을 물들이는 것이다. 또 지금은 팥배나무(豆梨樹)[545] 껍질로 황색을 물들이는데 황백(黃柏)[546]이나 치자(梔子)[547]보다 낫다고 한다.

신라염
新羅染

「소진열전(蘇秦列傳)」에서 "제나라에서 자주색 천은 본래 조악한 흰색 명주를 염색한 것이지만 가격은 다른 나라보다 열 배나 비싸다"[548]라고 하였다.

『계림지(鷄林志)』에서 "자주색은 중국보다 우수하고 조선의 토산품으로 기재되어 있다"라고 하였다. 지금 대구(大邱)의 자주명주(紫紬)가 그것

---

542) 공청(空青): 양매청(楊梅青). 아연과 알루미늄을 함유한 산화 광물. 짙은 녹색이나 회색을 띠고 경도가 높으며 유리 광택이 난다.

543) 青黛, 似空青而色深.(『韻府群玉, 黛』)

544) 「동도우춘(東都遇春)」.

545) 팥배나무: 장미과의 낙엽 활엽 교목. 높이는 10미터 정도이며, 잎은 어긋나고 달걀 모양 또는 타원형이다. 4~5월에 흰 꽃이 방상(房狀) 꽃차례로 피고 열매는 타원형의 이과(梨果)로 10월에 익는다.

546) 황백(黃柏): 황벽(黃蘗) 나무. 운향과의 낙엽 활엽 교목. 높이는 10~15미터이며, 잎은 마주나고 달걀 모양의 긴 타원형이다. 6월에 노란색의 단성화(單性花)가 원추(圓錐) 꽃차례로 피고 열매는 공 모양의 핵과(核果)로 9~10월에 익는다. 나무껍질은 코르크를 만들거나 열매와 함께 약용한다. 깊은 산의 비옥한 땅에 자라는데 전남을 제외한 한국 각지와 일본, 중국 북부 등지에 분포한다.

547) 치자(梔子): 치자나무의 열매. 열을 내리는 작용이 있어 여러 가지 출혈증과 황달, 오줌양이 적으면서 잘 나오지 않는 증세에 쓴다.

548) 齊紫, 敗素**也**, 而價十倍.(『史記, 卷六十九, 蘓秦列傳』) → 齊紫, 敗素, 而價十倍.(『松南雜識』)

이다.

벽금사
碧金絲

『두양잡편(杜陽雜編)』에서 "당 대종(代宗) 때에 미라국(彌羅國)[549]에서 벽금사(碧金絲)를 공물로 바쳤다. 그 나라의 뽕나무는 십 수 이랑을 연할 만큼 크다. 누에의 길이는 네 치이고 빛깔은 금색이며 그것에서 뽑아낸 실은 푸른색인데 안팎이 투명하고 빛난다"[550]라고 하였다.

지금의 누에고치 중에도 푸른 것이 있다. 어떤 사람의 말로는 "중국에서는 해마다 뽕나무를 심는데 초면(草綿)[551]과 비슷하며 그 누에의 크기는 소만하여 지붕 위를 뚫고 사육하며 누에고치는 항아리만 하다"라고 한다.

누에치는 여인이 누에고치가 되다
蠶女成繭

『도경(圖經)』에서 말하였다.

고신(高辛) 때에 촉(蜀)나라의 누에치는 여인(蠶女)의 아버지가 납치

549) 미라국(彌羅國) : 중국의 동해에 있는 작은 나라.
550) **永泰元年**, **東海**彌羅國**所**貢云. 其國**有**桑, **枝幹盤屈覆地而生**, **大者**, 連延十數頃, **小者**, **蔭百畝**. **其上有蠶**, **可**長四寸, 其色金, 其絲碧, **亦謂之金碧絲**, **縱之一尺**, **引之一丈**, **撚而爲鞘**, 表裏通瑩**如貫**.(『杜陽雜編, 卷上』)→唐代宗時, 彌羅國, 貢碧金絲. 其國桑大者, 連十數頃, 蠶長四寸, 其色金, 其絲碧, 表裏通瑩. 杜陽編.(『韻府羣玉, 碧金絲』)→杜陽編曰, 唐代宗時, 彌羅國, 貢碧金絲. 其國桑大者, 連十數頃, 蠶長四寸, 其色金, 其絲碧, 表裏通瑩.(『松南雜識』)
551) 초면(草綿) : 목화(木花).

당하고 그가 탔던 말만이 남아있었다. 그녀의 어머니가 맹세하였다.

"아버지를 찾아오는 사람에게 딸을 시집보내겠다."

말이 펄쩍 뛰어 나간 지 며칠 만에 아버지를 태우고 돌아왔다. 말이 울기를 그치지 않으니 아버지가 "사람이 동물과 혼인할 수 있겠는가?"라고 하였다. 그리고 말을 죽여 가죽을 햇볕에 말렸는데 그 가죽이 딸을 싸서 날아가 버렸다. 열흘 뒤에 다시 뽕나무 위에 깃들였는데 딸은 누에로 변하여 잎을 먹고 실을 토해내더니 누에고치가 되었다. 촉나라 사람들이 딸의 형상을 흙으로 빚어 만들고 말가죽을 입히고는 '마두낭(馬頭娘)'이라고 부르며 기도하였다.[552]

『순자(荀子)』에서 "세 번 자고 세 번 일어나니 대저 누에의 도리라고 한다"[553]라고 하였다. 고시(古詩)에서 "세 잠 잔 누에 늙었다[三眠蠶正熟]"[554]라고 한 말이 이것이다.

『회남자(淮南子)』에서 "누에나 나비애벌레나 생김새는 서로 비슷하건만 그에 대한 사랑과 증오가 다르다"[555]라고 하였다.

『설문해자(說文解字)』에서 "해바라기 속의 누에를 촉(蠋)이라고 한다"[556]라고 하였다.

---

552) 高辛時, 蜀蠶女父被掠, 惟所乘馬在. 母誓曰, 得父者, 以女嫁之. 馬**驚**躍**而**去, 數日, 父乘**馬**歸, 馬嘶**鳴**不已. 父曰, 人而偶非類乎. 殺馬, 曝皮**於庭**, 皮卷女飛去. 旬日, **皮**復棲**葉**上, 女化**爲**蠶, 食葉吐繭成絲. 蜀人塑女像, 被馬皮, 謂之馬頭娘, 以祈**蠶**焉. 圖經.(『韻府羣玉, 卷二, 卷女馬皮』) → 圖經**曰**, 高辛時, 蜀蠶女父被掠, 惟所乘馬在. 母誓曰, 得父者, 以女嫁之. 馬躍去, 數日, 父乘**而**歸, 馬嘶不已. 父曰, 人而偶非類乎. 殺馬, 曝皮, 皮卷女飛去. 旬日, 復棲**桑**上, 女化蠶, 食葉吐繭成絲. 蜀人塑女像, 被馬皮, 謂之馬頭娘, 以祈焉.(『松南雜識』)

553) 三俯三起, **事乃大已**. **夫**是之謂蠶理.(『荀子, 成相篇』) → 三俯三起, **天**是之謂蠶理.(『松南雜識』)

554) 이백(李白)의 「기동로이치자(寄東魯二稚子)」.

555) 蠶**之**與蠋, **狀**相類, 而愛憎異.(『淮南子, 說林訓』) → 蠶與蠋, 相類, 而愛憎異.(『松南雜識』)

556) 蠋. 葵中蠶**也**.(『說文解字, 蠋』) → 葵中蠶, **謂蠋**.(『松南雜識』)

『거가필용(居家必用)』에서 "경술일은 누에치는 여인(蠶姑)[557]이 죽었기 때문에 기일이라고 한다"[558]라고 하였다.

원잠

螈蠶[559]

『예기(禮記)』에서 '중잠(重蠶)'이라고 하였고,[560] 「오도부(吳都賦)」[561]에서 "지방에서 팔월의 누에로 만든 비단을 공물로 바친다[鄕貢八蠶之綿]"라고 한 말이 이것이다. 『회남자(淮南子)』에서는 "원잠은 일 년에 두 번 거둬들이는 일이니 이롭지 않은 것은 아니다. 그러나 국법으로 금하는 이유는 그러한 일이 뽕나무를 손상시키기 때문이다"[562]라고 하였다.

금잠

金蠶

『본초(本草)』[563]에서 "영남에 비단을 먹는 벌레가 있는데 반지처럼 구부리고서 오래 묵고 붉은 비단을 마치 누에가 잎을 먹듯이 한다"[564]라

557) 잠고(蠶姑) : 마두낭(馬頭娘)을 지칭함.

558) 庚戌日, 蠶姑死, 忌之.(『居家必用事類全集, 戊集, 農桑類, 養蠶吉日』) → 庚戌日, 蠶姑死, **故**忌之.(『松南雜識』)

559) 원잠(螈蠶) : 두 번째 부화시킨 누에. 원잠(原蠶).

560) 『松南雜識』의 기록과는 달리 『예기』에 '중잠(重蠶)'이라는 말은 없다. 『춘추좌전, 양공(襄公) 21년』의 '중견(重繭)'과 혼동한 듯하다.

561) 서진(西晉) 좌사(左思)의 부 작품.

562) **蠶**一歲再收, 非不利也. 然而王法禁之者, 爲其殘桑也.(『淮南子, 泰族訓』) → 一歲再收, 非不利也. 然而王法禁之者, 爲其殘桑也.(『松南雜識』)

563) 본초(本草) : 송나라 당신미(唐愼微)가 편찬한 책. 총 30권. 의가류(醫家類).

564) **嶺南有食錦蟲**, 屈如指環, 食故緋帛錦, 如蠶之食葉.(『證類本草』) → **本草曰**, 屈如指環, 食故緋帛錦, 如蠶之食葉**也**.(『松南雜識』)

고 하였다.

『유양잡조(酉陽雜俎)』에서 "누에가 뽕잎에서 이십칠일 동안 충분히 세 번 자고 세 번 일어나서 늙으면 붉어진다. 그래서 '홍잠(紅蠶)'이라고 한다"[565]라고 하였다.

빙잠
氷蠶

『습유기(拾遺記)』[566]에서 말하였다.

> 원교산(員嶠山)에 있는 빙잠(氷蠶)은 길이가 일곱 치인데, 검은 색으로 비늘과 뿔이 있다. 서리와 눈을 덮어 쓰고 누에고치가 되는데 길이는 한 자이다. 그것으로 무늬 있는 비단을 짠다. 이 비단은 물에 들어가도 적지 않고 불에 넣어도 타지 않는다.[567]

야견
野繭

『후한서(後漢書), 광무기(光武記)』에서 "들누에(野繭)가 누에고치가 됨에, 사람들이 그 이로움을 거두어 들인다"[568]라고 하였으니 지금의 야견사

---

565) **紅蠶**, 蠶足於葉, 三俯三起, 二十七日而蠶已老則紅, 故謂之紅蠶.(『康熙字典, 蠶』) →**雜俎曰**, 蠶足於葉, 三俯三起, 二十七日而蠶已老則紅, 故謂之紅蠶.(『松南雜識』)

566) 습유기(拾遺記) : 진(秦)나라 왕가(王嘉)가 편찬한 책. 총 10권. 소설가류(說家類).

567) 員嶠山, …… **有**氷蠶, 長七寸, 黑色, 有角**有**鱗, 以霜雪覆之, **然後**作繭, 長一尺, **其色五彩**, 織爲文錦, 入水不濡, **以之投**火**經宿**不燎.(『拾遺記, 卷十』) → 員嶠山氷蠶, 長七寸, 黑色, 有鱗角, 以霜雪覆之, 作繭. 長一尺, 織爲文錦, 入水不濡, **入**火不燎.(『韻府群玉, 氷蠶』) → 員嶠山冰蠶, 長七寸, 黑色, 有鱗角, 以霜雪覆之, 作繭. 織爲文錦, 入水不濡, 入火不燎.(『松南雜識』)

(野繭絲)가 그것이다. 우리나라에서는 참죽나무[眞僧木]라고 한다. 절로 나고 절로 먹고 자라 누에고치가 되는 것이다.

도해주
陶海紬

지금은 누에고치를 질그릇의 바닷물에 가라앉혔다가 실을 켠다. 가볍고 가늘기가 마치 매미의 날개와 같다. 토화주(吐花紬)도 따스해서 털 가죽옷 보다 낫다고 한다.

연암(燕巖) 박지원(朴趾源)은 "중국에서는 누에고치를 따면 약간 볶은 뒤에 다시 따뜻한 온돌에서 건조시키면 나방이 되지 못하므로 비록 겨울을 나더라도 실을 켤 수가 있다"[569]라고 하였다.

등성을 승이라고 한다
登成爲升

『논어(論語)』의 '치포관(緇布冠)'의 주석에서 "여든 올이 일 승(升)이니 서로 북(杼)을 올리고 내려 씨줄을 만들기에 등성(登成)을 승(升)이라고 한다"[570]라고 하였다.

---

568) 野蠶成繭, **被于山阜**, 人收其利焉.(『後漢書, 卷一上, 光武帝紀, 第一上』) → 野蠶成繭, 人收其利焉.(『松南雜識』)

569) 微炒**則不蛾**, 溫炕焙, 乾則不蛾**不蟲**, 雖冬可繅**也**.(『燕巖集, 卷十二, 熱河日記, 馹汛隨筆』) → **中國**, **摘繭**, **卽**微炒, **且**溫炕焙, 乾則不蛾, 雖**經**冬可繅.(『松南雜識』)

570) **鄭**註, 八十縷爲升, 升**字當爲登**, 登成**也**.(『論語, 子罕』의 주석) → 八十縷爲一升, **互爲**升**降**, **杼以緯之**, 登成, **謂**升.(『松南雜識』)

한 필은 마흔 자
一匹四十尺

『주역(周易), 비괘(賁卦)』의 '속백(束帛)'의 주석에서 "다섯 필(匹)이 속(束)이다"[571]라고 하였다.

『예기(禮記)』에서 "납폐(納幣) 일 속(束)이니, 속(束)은 다섯 양(兩)이고 양(兩)은 다섯 심(尋)이다"[572]라고 하였는데, 그 주석에서 "일 속(束)이 십 권(卷)이고 여덟 자(尺)가 심(尋)이고 다섯 심(尋)이 필(匹)이니 필은 마흔 자이다. 두 끝으로부터 가운데에 이르면 매 권(卷)이 스무 자이고 합하면 마흔 자이다. 다섯 자가 다섯 개의 양(兩)과 권(卷)인 까닭에 '속(束)이 다섯 양(兩)'이라고 하지만 사실은 다섯 필이다. 필(匹)은 짝과 같다. 옛사람들은 필마다 두 개의 두루마리로 만들었다"[573]라고 하였다.

『남사(南史)』에서 심경지(沈慶之)[574]가 나이 여든에 두 필(匹)의 비단 꿈을 꾸고서는 "올해 죽음을 면하지 못하겠구나!"라고 한 말이 이것이다.

목면
木棉

『광운(廣韻)』에서 "목면(木棉)이다"라고 하였다.

『영환지략(瀛環志略)』[575]에서 "중국은 옛날에는 솜이 없었는데 원(元)

571) 五匹爲束.(『周易注疏, 賁卦』의 주석)

572) 納幣一束, 束五兩, 兩五尋.(『禮記, 雜記下』)

573) 『예기』의 주석을 상당한 정도로 변형 인용하였음.

574) 심경지(沈慶之) : 남조(南朝) 송(宋)나라의 무신(386~465). 오흥(吳興)의 무강(武康) 사람. 자는 홍선(弘先). 문맹이었지만 지략이 있고 용병에 능했다.

575) 영환지략(瀛環志略) : 청나라의 관료이자 지리학자인 서계여(徐繼畬)가 복건성(福建省) 순무(巡撫)로 있을 때 서양인들과 사귀면서 지도를 수집하여 그것을 기초로 저술한 서적. '영해지략(瀛海志略)'이라고도 한다. 총 10권.

세조(世祖)가 인도(印度), 즉 천축국(天竺國)을 정벌하고 면화씨를 얻었다" 라고 하였다.

『고려사』에도 "우리나라는 옛날에는 없었는데 공민왕(恭愍王) 십 육년 병오년(1367)에 강성군(江城君) 문익점(文益漸)이 처음으로 초면(草綿) 씨앗 세 개를 중국에서 얻어 왔다"[576]라고 하였다. 본래 집이 의성(義城)이었는데, 그 집의 섬돌 아래 입하(立夏)·곡우(穀雨)·하지(夏至)에 하나씩 심었더니 곡우(穀雨)에 심은 씨앗만 싹이 터서 온 나라가 옷을 만들어 입게 되었다. 대개 이전에는 오로지 갈포만 있었다고 한다.

양신(楊愼)이 말하였다.

> 면(綿)에는 세 가지가 있다. 첫째는 사면(絲綿)이니 누에실을 길쌈한 것이다. 둘째는 목면(木棉)이니 교지(交趾)와 광동(廣東)에서 생산되며 일명은 반지화(斑枝花)로 나무의 크기는 한 아름이다. 꽃은 붉어서 산다(山茶)[577]와 같고 열매는 술잔 같다. 당시(唐詩)에서 "강서(江西)에는 비단 같은 목면화(木棉花) 피었다네(木綿花發錦江西)"[578]라고 한 말이 이것이다. 셋째는 초면(草綿)이니 강남에 있다. 이삼 월에 파종하여 노란 꽃이 피고 열매를 맺는데, 지금의 면화이니, 속칭 화도화(花桃花)가 이것이다. 경산(瓊山) 구준(丘濬)[579]은 "원나라 때 처음 중국에 들어왔다"라고 하였다.[580]

---

576) 『高麗史, 一百十一卷, 列傳, 文益漸』.

577) 산다(山茶) : 동백나무.

578) 장적(張籍)의 『송촉객(送蜀客)』.

*『승암집』에는 없는 구절로 『松南雜識』의 전사 과정에서 추가되었음.

579) 구준(丘濬) : 명나라의 유학자·정치가(1420~1495). 광동성(廣東城) 경산현(瓊山顯) 출생. 1454년 진사가 되었다. 서길사(庶吉士)에서 차차 벼슬이 올라 효종(孝宗) 때 예부상서(禮部尙書)가 되고 문연각대학사(文淵閣大學士)를 겸하여 정무에 참여했다. 세상을 경영할 재주를 가지고 시폐(時弊)를 직언하여 황제를 잘 보필하였으며, 주자학에 정통하고 전고(典故)에도 밝았다. 저서에 『대학연의보(大學衍義補)』가 있다.

580) 綿有三. 一曰絲綿, 出**于**蠶緝. 一曰木綿, 出**于**交廣, 名班枝花. 三曰草綿, …… 丘**文莊謂**, **綿花**, 元始入中國, **殆未考史炤之說也**. **木綿 唐李商隱詩**, **木綿花發鷓鴣飛**. **又**

'양무제가 목면(木棉)으로 검은 장막을 만들었다'는 기록이 역사[581]에 처음 보인다.

당시(唐詩)에서,

유룡(游龍)[582]이 거꾸러져 죽으니 붉은 자루 마르고	游龍倒死乾紅柄
길패(吉貝)[583] 둥그니 푸른 다래 어둡다	吉貝團圓暗碧萄

라고 하였으니 그 열매가 다래(獼猴萄)와 같음을 말한 것이다.

길패
吉貝

『서경(書經), 우공(禹貢)』에서 "그 광주리에 담아 바치는 물건은 무늬 있는 비단"[584]이라고 하였는데, 그 주석에서 "직패(織貝)는 길패(吉貝)이다"[585]라고 하였다.

우리나라에서는 '고패(古貝)' 또는 '고종(古綜)'이라고 하니 지금의 '좌우사(左右絲)'이다. 또 지금 중국에는 오색(五色)의 면화(綿花)가 있다고 한다.

王叡詩, 紙錢飛出木綿花, 南中木綿樹, 大盈抱, 花紅似山茶, 而蕋黃, 花片極厚, 非江南所藝者. 張勃吳錄云, 交趾安定縣有木綿樹, 實如酒杯, 口有綿, 可作布.(『升菴集, 卷七十九, 綿花之始, 木綿』)→綿有三. 一曰絲綿, 出於蠶緝. 二曰木綿, 出於交廣, 名班枝花. 樹大盈抱, 花紅似山茶, 實如酒盃. 唐詩, 木綿花發錦江, 是也. 三曰草綿, 江南有之, 二三月下種, 黃花結實. 今綿花, 俗謂花桃花, 是也. 丘瓊山濬曰, 元始入中國云.(『松南雜識』)

581) 『資治通鑑, 卷百五十九, 梁紀』.

582) 유룡(游龍) : 홍초(葒草 : 개여뀌)의 별명.

583) 길패(吉貝) : 범어(梵語) karpasa 혹은 말레이시아어 kapas의 음역. 면화(棉花)와 목면(木棉)의 겸칭.

584) 厥篚織貝.(『書經, 夏書, 禹貢』)→厥篚織文.(『松南雜識』)

585) 厥篚織貝. 織貝, 錦名, 織爲貝文. 詩曰, 貝錦, 是也. 今南夷木綿之精好者, 亦謂之吉貝.(『書經集傳』)→禹貢, 厥篚織貝. 註謂吉貝.(『松南雜識』)

『연번로(演繁露)』[586]에서 "「당환왕전(唐環王傳)」에 고패(古貝)가 나온다. 고패(古貝)는 풀이니 그 꽃을 길쌈하여 천을 만든다. 올이 거친 것을 '패(貝)'라 하고 올이 고운 것을 '첩(氎)'이라고 한다"[587]라고 하였다. 『본초강목(本草綱目)』에서는 "목면(木棉)에는 두 종이 있다"[588]라고 하였다.[589]

성호(星湖) 이익(李瀷)은 "황주(黃州)[590]와 봉산(鳳山)[591] 사이에서 생산되는 목면은 씨가 잘고 솜이 많은데, 남방산(南方產)과 비교하면 더 우수하다"[592]라고 하였다. 민간에서는 '황목(黃木)'이라고 하니, 색도 노랗다. 그러므로 삼 년에 한 번 남쪽의 종자와 바꾼다고 한다. 요즘에는 그 씨로 기름을 짜기 때문에 풍족하지 않다. 또 중국에 들어가면 '목삼승(木三升)'이 되기 때문에 더욱 귀하다고 한다.

문래와 문영
文萊文英

『강성집(江城集)』에서 말하였다.

문공(文公)[593]의 큰아들의 이름이 '래(萊)'인데 소거(繅車)[594]를 만들

586) 연번로(演繁露) : 송나라의 정태창(程大昌)이 편찬한 책으로 『춘추번로(春秋繁露)』가 불완전한 것을 보고 그중에 잘못된 것을 분변했다. 총 16권.

587) **唐環王傳**, **出古貝**. 古貝, 草也. 緝其花, 爲布. 粗曰貝, 精曰氎.(『演繁露, 卷十, 古貝』) →古貝, 草也. 緝其花, 爲布, 麤曰貝, 精曰氎.(『松南雜識』)

588) 木綿, 有**草木**二種.(『本草綱目, 木綿』)→木棉, 有二種.(『松南雜識』)

589) 演繁露唐環王傳, 古貝, 草也. 緝其花, 爲布, 麤曰貝, 精曰氎. …… **按**本草, 木棉, 有**草木**二種.(『康熙字典, 棉』)→演繁露唐環王傳**曰**, 古貝, 草也. 緝其花, 爲布, 麤曰貝, 精曰氎. **本草**, 木棉有二種.(『松南雜識』)

590) 황주(黃州) : 황해도 황주군 가운데에 있는 읍.

591) 봉산(鳳山) : 황해도 봉산군 사리원 동쪽에 있는 옛 읍.

592) 黃州鳳山之間, **以**木綿**名**, 實細毳繁, 比南產爲優.(『星湖僿說, 第八卷, 人事門, 生財』)→黃州鳳山之間, 木綿實細毳繁, 比南產爲優.(『松南雜識』)

593) 문공(文公) : 문익점(文益漸)을 이름.

었기 때문에 '물레(文萊)'라고 한다. 둘째 아들의 이름은 '영(英)'인데 처음으로 필(疋)[595]을 만들었기 때문에 '무명(文英)'이라고 한다.

『고려사』에서 "취자거(取子車)[596]와 소사거(繅絲車)[597]는 강성군(江城君) 문익점(文益漸)[598]의 장인인 정천익(鄭天益)[599]이 만들었다"[600]라고 하였다. 지금은 '초(草)'라고 말하지 않고 '목(木)'이라고 하는데 이른바 '보병목(保兵木)'[601] · '대동목(大同木)'[602]이니 하는 말은 중국말을 본뜬 것이다.

면궁
綿弓

『명사(明史)』에 유길(劉吉)이 탄핵(彈劾)을 당하면 당할수록 잘 견뎌내

---

594) 소거(繅車) : 고치에서 실을 켜는 물레. 소사거(繅絲車).

595) 필(疋) : 일정한 길이로 짠 피륙을 셀 때 쓰는 단위.

596) 취자거(取子車) : 씨아.

597) 소사거(繅絲車) : 물레. 소거(繅車).

598) 문익점(文益漸) : 고려 시대의 학자 · 문신(1329~1398). 본관은 남평(南平). 자는 일신(日新). 호는 삼우당(三憂堂). 시호는 충선(忠宣). 초명은 익첨(益瞻). 강성현(江城縣 : 경남 산청) 출생. 공민왕 말기에 서장관으로 원나라에 갔다가 돌아오면서 붓대 속에 목화씨를 감추어 가져와 장인 정천익과 함께 재배에 성공했다. 공양왕 때 이성계(李成桂) 일파에 의하여 추진된 전제개혁(田制改革)에 반대했다가 조준(趙浚)의 탄핵으로 밀려났다. 세종 22년(1440) 영의정이 추증되고 강성군(江城君)으로 추봉되었으며 세조 때에 사당이 세워졌다.

599) 정천익(鄭天益) : 고려 말의 독농가(篤農家). 본관은 진주(晉州). 호는 퇴헌(退軒). 생몰년이나 출생지에 대해서는 알려진 것이 없다. 공민왕 11년(1362) 승보시(陞補試)에 합격하였지만 관직에 나가지 않았다. 1363년 사위 문익점(文益漸)이 원나라에서 귀국하면서 목화씨를 가지고 오자 문익점과 함께 심었는데, 문익점이 심은 목화는 모두 죽고 정천익이 심은 목화씨 하나에서만 싹이 나왔다. 이후 정천익은 우연히 자신의 집에 머문 원나라의 승려 홍원(弘願)을 통해 직조법을 익혀 목화 직조의 길을 열었다.

600) 其取子車, 繅絲車, **皆**天益創**之**.(『高麗史, 文益漸』) → 其取子車, 繅絲車, **江城君之舅**天益創**云**.(『松南雜識』)

601) 보병목(保兵木) : 보병의 옷감으로 백성이 바치던 올이 굵고 거칠게 짠 무명.

602) 대동목(大同木) : 조선 시대에, 대동법에 따라 쌀 대신 거두던 무명.

고 일어나기 때문에 '유면화(劉綿花)'라고 하였다는 기록이 있다.[603] 지금 활로 퉁기는 것은 중국에서부터 배워 왔다. 또 '정(筳)'[604]을 우리나라에서는 '가락(加絡)'이라고 한다.

『설문해자(說文解字)』에 "실을 자을 때 쓰는 꾸릿대"[605]라고 하였으니 옛날에는 대나무를 사용하였는데 지금은 쇠를 사용한다.

"원(楥)[606]·확(籰)"의 주석에 "실을 감는 것이니 속칭 '탄죽(彈竹)'이다"[607]라고 하였다.

또 "증자(曾子)의 어머니가 북[杼]을 내던지고 베틀[機]에서 내려왔다"[608]라고 하였고, 『사기(史記), 소진열전(蘇秦列傳)』에는 "아내가 베틀에서 내려오지 않았다[妻不下機]"[609]라고 하였으니 '베틀[機]'이라는 명칭도 오래되었다.

'성(筬)'[610]은 운서(韻書)의 주석에서 "천을 짜는 도구"[611]라고 하였으

---

603) **初**吉**屢被彈章**, **仍進秩**, **人呼爲**劉綿花, 謂**其**愈彈愈起**也**.(『明史紀事本末, 卷四十二』) →**明史**, **劉**吉**以**愈彈愈起, **故**謂**之**劉綿花.(『松南雜識』)

604) 정(筳) : 꾸릿대, 실을 감는 대오리.

605) 繀絲莞.(『說文解字, 筳』)

606) 『松南雜識』에는 '援'으로 오기되어 있음.

607) 籰. 廣韻集韻, 從王縛切, 音矡, 收絲器也. 廣雅, 楥謂之篗. 揚子方言, 篗, 楥也. 兗·豫·河·濟之間, 謂之楥. 郭註, 所以絡絲者也, 同籰.(『康熙字典, 篗』)→援·篗註, 絡絲者.(『松南雜識』)

608) 昔曾參之處費, 魯人有與曾參同姓名者, 殺人. 人告其母曰, 曾參殺人, 其母織自若也. 頃之, 一人又告之曰, 曾參殺人, 其母尙織自若也. 頃, 又一人告之曰, 曾參殺人, 其母投杼下機, 踰墻而走.(『史記, 樗里子甘茂列傳』)→曾子母, 投杼下機.(『松南雜識』)
* 공자의 제자인 증삼이 살던 마을에 이름이 같은 사람이 살고 있었는데 이가 살인을 저질렀다. 어떤 사람이 잘못 알고 증삼의 어머니에게 증삼이 살인했다고 말해 주었다. 그러나 그의 어머니는 태연자약하게 베를 짜고 동요하지 않았다. 얼마 후에 어떤 사람이 같은 이야기를 했지만 역시 들은 척도 하지 않았다. 그러나 다시 한 사람이 와서 같은 이야기를 하자 증삼의 어머니는 짜고 있던 베의 북을 내던지고 베틀에서 일어나 담을 뛰어 넘어 달려갔다고 한다.

609) 『史記, 蘇秦列傳』에는 없는 내용이며 『韻府群玉, 嫂不炊』 등에서 "蘇秦, 憔悴而歸, 妻不下機, 嫂不爲炊."라고 하였음.

610) 성(筬) : 바디, 베틀이나 자리틀 따위에 딸린 기구의 한 가지. 날을 고르며 씨를 치는 구실을 함.

611) 筬, 筐織具.(『廣韻, 筬』)→筬, 韻書註, 織具.(『松南雜識』)

니 날줄을지지(支持)하는 것이다'라고 하였고, '사(梭)'[612]는 "씨실을 왔다갔다 하게 하는 도구"[613]라고 하였다.

『유편(類編)』에는 "'柋(누에시렁)'의 음은 대이니 오(吳)나라 풍속에 '잠추(蠶槌)'라고 한다"[614]라고 하였으니 지금의 탄대(彈柋)이다.

부싯돌로 불을 피워 음식을 익히다
臯樹火食

『고사고(古史考)』[615]에서 말하였다.

옛날에는 털 채 먹고 피를 마셨는데 수인(燧人)[616]이 불을 피우자 사람들이 비로소 고기를 싸서 지지먹으니 '포(炮)'라고 한다. 신농(神農) 때에 사람들이 바야흐로 곡물을 먹었는데 달군 돌 위에 쌀을 얹어서 익혀 먹었다. 황제(黃帝) 때에 비로소 솥과 시루로 음식을 익혀 먹는 방법이 생겨났다. 수황(燧皇=燧人)이 부도수(臯桃樹)[617]를 뚫어 불을 피워서 백성들에게 익혀먹는 법을 가르쳤다.[618]

---

612) 사(梭) : 베를 짤 때 씨실[緯絲]의 꾸리를 넣고 북바늘로 고정하여 날실[經絲]의 틈으로 왔다갔다 하게하며 씨실을 풀어 주는 구실을 하는 배(舟)처럼 생긴 나무통.

613) 織具, 所以行緯**也**.(『康熙字典, 篓』) → **梭**, 織具, 所以行緯**者**.(『松南雜識』)

614) **待戴切**. 吳俗謂蠶槌曰柋.(『類篇, 柋』) → **柋音代**, 吳俗謂蠶槌曰柋.(『松南雜識』)

615) 고사고(古史考) : 촉한(蜀漢)의 초주(譙周)가 편찬한 책.

616) 수인(燧人) : 복희씨(伏羲氏) · 신농씨(神農氏)와 함께 삼황(三皇)의 한 사람으로 화식(火食)하는 것을 발견했다고 전해진다.

617) 부도수(臯桃樹) : 쌍떡잎식물 너도밤나무목 자작나무과의 낙엽교목. 흔히 오리목이라고 부른다. 높이는 20m에 달하고 나무껍질은 자갈색이며 겨울눈은 달걀을 거꾸로 세운 모양의 긴 타원형으로 3개의 능선이 있으며 자루가 있다.

618) 古史考, 古者, 茹毛飮血, 燧人**氏**鑽火, 茹毛飮血之**曰炮**. 神農時食穀, 加米**於**燒石之上而食之, 黃帝**時**, 有釜甑. **飮**食之道, **始備**.(『格致鏡原, 飮食類』) → 古史考**曰**, 古者, 茹毛飮血, 燧人鑽火, **而人**始裹肉而燔之**炮**. **及**神農時, **人方**食穀, 加米**于**燒石之上而食之, **及**黃帝, **始**有釜甑, **火**食之道矣.(『松南雜識』)

그래서 지금 화철(火鐵)[619]을 부수(㷉樹=부시)라고 하고 화석(火石)[620]을 개석(磕石)이라고 하며 부시깃(茸)을 승화융(承火戎)이라고 한다. 『집운(集韻)』에서 "弅의 음은 찬이니 불씨(火種)이다"[621]라고 하였다.

제반

祭飯

『예기(禮記)』에서 "술잔을 들면 꿇어앉아 제사지낸다"[622]라고 하였으니, 대개 옛날사람들이 모든 음식을 마시고 먹을 때에 조금씩 내어서 상 사이의 땅에 두고 선대(先代)에 처음으로 음식을 만든 사람에게 제사지냈다. 지금의 제반(祭飯)이 이것이니, 바로 "나물국이라도 반드시 제사하셨다"[623]고 한 것이다.

오신반

烏飿飯

소송(蘇頌)[624]이 "도홍경(陶弘景)[625]의 『등진은결(登眞隱訣)』[626]에 '청정

619) 화철(火鐵) : 부싯돌을 쳐서 불똥이 일어나게 하는 쇳조각. 수금(燧金). 화도(火刀).

620) 화석(火石) : 수석(燧石)·화석(火石)이라고도 한다. 회색·갈색·흑색 등 여러 가지 빛깔이 있으며 반투명 또는 불투명하다. 강철로 된 부시로 치면 섬화(閃火)가 잘 일어나므로 그 위에 부싯깃을 놓고, 부시로 쳐서 불을 일으키는 데 사용한다.

621) 弅, 火種也.(『五音集韻, 弅』) → **弅**, **五音集韻**, **士戀切**, 音饌, 火種也.(『康熙字典, 弅』) → **集韻**, 弅, 音饌, 火種也.(『松南雜識』)

622) 擧爵坐祭.(『禮記, 少儀』)

623) 菜羹瓜祭.(『論語, 鄕黨』)

624) 소송(蘇頌) : 송나라 사람. 남안(南安) 출신. 자는 자용(子容). 평생 학문을 즐겨 서계(書契) 이래의 경사(經史)·구류(九流)·백가(百家)의 학설에서 도위(圖緯)·음양오행(陰陽五行)·율려(律呂)·본초(本草)에 이르기까지 통달하지 않은 것이 없었다. 그가 죽었을 때 나라에서 위국공(魏國公)의 칭호를 하사했다. 『소위공문집(蘇魏公文集)』 72권이 있다.

신반법(青精餻飯法)'이 있다"[627]라고 하였다.

진장기(陳藏器)[628]가 "남천촉(南天燭)의 잎과 줄기를 따다가 찧어서 낸 즙에 찹쌀을 담갔다가 아홉 번 찌고 아홉 번 말리면 쌀알이 구슬같이 되는데, 그것을 주머니에 담으면 먼 곳까지 가지고 갈 수 있다"라고 하였다. 지금은 중들이 사월초파일에 그것을 만들어서 부처에게 공양을 드리는데 감잎과 양동(楊桐) 잎을 넣어서 색이 나게 한다. 남천촉(南天燭)은 바로 남촉목(南燭木)이니 요즘 사람들은 정원에 심는데 잎이 멀구슬나무(楝)와 같고 가을의 열매는 붉어서 마치 단지(丹智)와 같다. 바로 천죽(天竹)이니 오반수(烏飯樹)[629]이다.[630]

---

625) 도홍경(陶弘景) : 양나라의 은사(隱士). 자호는 화양은거(華陽隱居). 제 고제(齊高帝) 때에 제왕시독(諸王侍讀)을 지냈고 뒤에 구곡산(句曲山)에 은거했다. 그는 음양(陰陽)·오행(五行)·선술(仙術)·의술(醫術) 등에 뛰어났는데, 양 무제(梁武帝) 때에는 모든 국가의 대사(大事)를 반드시 그에게 자문하였으므로 당시 산중재상(山中宰相)이라는 칭호가 있었다.

626) 등진은결(登眞隱訣) : 도홍경(陶弘景)이 지은 책, 총 60권.

627) 蘇頌曰, 陶隱居登眞隱訣, **有**青餻飯.(『別雅』) → 蘇頌曰, 陶隱居登眞隱訣, 青**精**餻飯**法**.(『松南雜識』)

628) 진장기(陳藏器) : 당나라 사람. 의술에 정통했다 함. 저서에 『본초습유(本草拾遺)』가 있다.

629) 오반수(烏飯樹) : 가마귀밥여름나무·가마귀밥나무·까마귀밥여름나무라고도 한다. 산지 계곡의 나무 밑에서 자란다. 높이 1~1.5m이다. 가지에 가시가 없으며 나무껍질은 검은 홍자색 또는 녹색이다. 잎은 어긋나고 둥글며 길이 5~10cm로 3~5개로 갈라지고 뭉툭한 톱니가 있다. 잎 앞면에는 털이 없으나 뒷면과 잎자루에는 털이 난다

630) 蘇頌曰, 陶隱居登眞隱訣, 青精餻法, **謂以藥草密溲曝之也**. 陳藏器曰, **烏飯法**, 取南天燭莖葉, 擣汁浸糯米, 九烝九曝, 米粒**緊小**如珠, 囊之, 可適遠方. **李時珍曰**, **此道家服食法**. 今釋氏四月八日, 造以供佛, 入柿葉楊桐葉助色. **詳本草綱目**. **通雅曰**, **沈存中云**, **本草**, **南燭草**, **乃木也**, **名**南天燭. 今人植庭**側**, 葉似楝, 秋實赤如丹智, **按此**, **俗所謂**天竹**也**, **卽**烏飯樹, **今更有烏飯草**.(『康熙字典, 餻』) → 蘇頌曰, 陶隱居登眞隱訣, 青精餻**飯**法. 陳藏器曰, 取南天燭莖葉, 擣汁浸糯米, 九烝九曝, 米粒如珠, 囊之, 可適遠方. 今釋氏四月八日, 造以供佛, 入柿葉楊桐葉, 助色**也**. 南天燭, **卽南燭木**, 今人植庭, 葉似楝, 秋實赤如丹智, **卽**天竹, **乃**烏飯樹**也**.(『松南雜識』)

일숙주
一宿酒

『아희원람(兒戲原覽)』에서 "옛날에는 단술이 있었으니 우(禹)임금 때에 의적(儀狄)이 술을 만들고 두강(杜康)이 발전시켰다"[631]라고 하였다.

강통(江統)[632]은 "술이 생겨난 것은 상황(上皇)에서부터이고 완성시킨 이는 제녀(帝女)인데, 두강(杜康)이라고도 한다"[633]라고 하였다.

운서(韻書)에서 "포(醭)와 고(酤)는 모두 '하룻밤 사이에 익은 술(一宿酒)'이다"[634]이라고 하였다.

지봉(芝峯) 이수광(李睟光)이 "'진랍국(眞臘國)의 일숙주(一宿酒)는 여러 사람들이 밤에 앉아 한 입씩 쌀을 씹어서 술을 만드는데, 하룻밤이 지나면 천하의 훌륭한 맛이 된다"[635]라고 하였으니, 백일씩이나 묵혀 청주(淸酒)를 만들 필요가 없다.

「예악지(禮樂志)」에서 "백 가지 꽃가루 넣어 만든 맛난 술에서 좋은 향 퍼진다"[636]라고 하였는데, 그 주석에서 "백 가지 풀의 꽃가루를 술에 섞어 만들었기에 향기가 좋다"[637]라고 하였다.

---

631) 古有醴酪, 禹時, 儀狄作酒. **後**杜康**酒**色**亡**.(『兒戲原覽, 創始, 酒』) → 古有醴酪, 禹時, 儀狄作酒. 杜康**潤**色**之**.(『松南雜識』)

632) 강통(江統) : 서진(西晉)의 문신. 자는 응원(應元).
*『松南雜識』에는 '江純'으로 오기되어 있음.

633) 酒之所興, 肇自上皇, **五帝不過**, **上遡三王**, **或云儀狄**, 一曰杜康.(『西晉文紀, 卷十九, 酒誥』) **江純酒誥**, 酒之所興, 肇自上皇, 成之帝女, 一曰杜康.(『康熙字典, 酒』) → 江純**曰**, 酒之所興, 肇自上皇, 成之帝女, 一曰杜康.(『松南雜識』)

634) 一宿酒**也**.(『五音集韻, 醭』), 一宿酒.(『五音集韻, 酤』) → **韻書曰**, **醭·酤**, **註**, **皆**一宿酒.(『松南雜識』)

635) **又**眞臘**美人酒**, **美人口中含而造之**. 一宿**而成**.(『芝峯類說, 卷十六, 語言部, 方言』) → 眞臘**國**, 一宿**酒**, **衆人夜坐**, **一口爵米爲酒**, **一夜**, **爲天下美味云**.(『松南雜識』)

636) 百末旨酒布蘭生.(『前漢書, 卷二十二, 禮樂志, 第二』)

637) 以百草華末, 雜酒故, 香**且**美**也**.(『前漢書, 卷二十二, 禮樂志, 第二』) → 以百草華末, 雜酒故, 香美.(『松南雜識』)

소주
燒酒

『주례(周禮)』의 '여주(女酒)'의 주석에서 "여종으로 술을 만들 줄 아는 사람(女奴曉酒者)"[638]이라고 하였다.

「장양부(長楊賦)」[639]의 "명려(煤𩱦)[640]를 태우다(燒煤𩱦)"의 주석에서 "소락(燒酪)이다"[641]라고 하였으니 '소주(燒酒)'의 시초인 듯하다.

『아희원람(兒戲原覽)』에서 "원나라 때에 처음 만들었다"[642]라고 하였다.

『고려사』에 "김진(金縝)[643]이 왜구(倭寇)를 방어할 때 군무(軍務)를 살피지 않고 오로지 소주(燒酒)만을 마셨기에 '소주도(燒酒徒)'라는 별호가 붙었다"[644]라는 기록이 있다. 소주는 장기(瘴氣)를 물리치기 때문에 바닷가 마을 사람들이 많이 마신다.

지봉(芝峯) 이수광(李睟光)이 "요즘 사람들은 소주에 겨자를 섞어 마시다 죽는 이가 많으며 파는 사람은 고추를 섞어 더 독하게 만든다"[645]라고 하였다.

---

638) 女酒, 女奴**曉**酒者.(『周禮注疏, 天官冢宰』)→女酒, 女奴**燒**酒者.(『松南雜識』)
*『松南雜識』에는 '曉'가 '燒'로 오기되어 있다. 따라서 논거로서 기능할 수 없는 인용문이다.

639) 장양부(長楊賦) : 양웅(揚雄)의 부 작품.

640) 명려(煤𩱦) : 마른 타락(駝酪)으로 낙모(酪母)를 만든다.

641) 煤𩱦, 乾酪, **毋燒之壞**, **其養生之具也**.(『文選, 長楊賦』)→長楊賦, 燒煤𩱦. **注**, 燒酪也.(『韻府群玉, 𩱦』)→長楊賦**云**, 燒煤𩱦. **註**, 燒酪也.(『松南雜識』)

642) 燒酒, 元時始製.(『兒戲原覽, 創始』)

643)『松南雜識』에는 '金縝'이 '金鎭'으로 오기되어 있다.

644) **先是**, 金縝**爲慶尙道元帥**, 大集一道名妓與麾下士, 晝夜酣飮. 縝嗜燒酒, **軍中**號**曰**, 燒酒徒.(『高麗史, 崔瑩』)→金縝**禦倭**, **不恤軍務**, **惟**燒酒**是飮**, 號燒酒徒.(『松南雜識』)

645) 古俗謂倭芥子, 今往往種之酒家, 利其猛烈, 或和燒酒以市之, 飮者多死.(『芝峯類說, 卷二十, 卉木部, 木』)→今人和芥子飮, 多死, 而賣子, 和苦椒助毒.(『松南雜識』)

약주
藥酒

약봉(藥峯) 서성(徐渻[646])이 술을 좋아하여 특별히 거듭 빚은 술을 만들었기에 '약주(藥酒)'라고 불렀으니 약주(藥酒)는 약봉가(藥峯家)에서 시작된 것으로 금으로 장식한 술독(金罍)에 넣고 약(藥)을 섞은 술과는 다르다.

운서(韻書)에서 "술밑(酒本[647])을 매(酶)라고 한다"[648]라고 하였는데, 밥을 더한 것을 '공림(涳淋)'이라고 한다.

산곡(山谷) 황정견(黃庭堅)의 시에,

희푸르게 둥둥 뜬 옥구더기 술잔 속에서 매끄러운데	浮蛆翁翁盃裏滑
정현(鄭玄)의 범앙론(泛盎論[649])을 생각한다	坐想康成論泛盎[650]

이라고 하였다. 진후주(陳後主)의 「망강남사(望江南詞)」에서 "거르지 않은 술의 향기로운 쌀 옥구더기 차다(醅浮香米玉蛆寒)"라고 하였으니 지금 청

646) 서성(徐渻) : 조선 중기의 문신(1558~1631). 본관은 달성(達城). 자는 현기(玄紀). 호는 약봉(藥峯). 시호는 충숙(忠肅). 이이(李珥)·송익필(宋翼弼)의 문인. 대구 구암서원(龜巖書院)에 제향되었다. 문집에 『약봉집(藥峯集)』이 있다.

647) 술밑[酒本] : 누룩을 섞어 버무린 지에밥. 술을 만드는 원료임. 주모(酒母).

648) 酒本曰酶.(『古今通韻, 酶』) → **韻書曰**, 酒本曰酶.(『松南雜識』)

649) 정현(鄭玄)의 범앙론(泛盎論) : 정현이 『예기(禮記), 예운(禮運)』의 주소에서 술을 5종류로 나누어 설명하였는데, 그중에 범제(泛齊)와 앙제(盎齊)가 있다. 범제(泛齊)는 의성료(宜城醪), 예제(醴齊)는 염주(恬酒), 앙제(盎齊)는 찬백(酇白), 제제(緹齊)는 하주(下酒), 침제(沉齊)는 조청(造淸)이라고 한다. 술이 다 되어서 찌끼가 위로 뜨는 것이 '의성료(宜城醪)'이니, 부의(浮蟻)라는 술이다. 찌꺼기를 거르지 않고 그대로 먹는 것이 염주(恬酒)이니, 하룻밤만 지나면 빚어지는 술이다. 술이 제대로 다 되어서 하얀 빛깔이 나는 술이 찬백(酇白)이니 맑아지기 전에 체로 거른 것이다. 술이 맛든 후에 불그스름한 빛이 나는 술이 하주(下酒)이니 빚은 기간이 조금 오래 되어서 빛이 짙어진 것이다. 술이 다 된 후에 찌꺼기가 가라앉은 술이 조청(造淸)이니, 위에 뜬 찌꺼기가 다 가라앉은 것인데, 대개 맛이 싱거워서 취기가 약하다.

650) 浮蛆翁翁杯底滑, 坐想康成論泛盎.(「山谷集, 卷四, 便糴王丞送碧香酒用子瞻韻戲贈鄭彦能」) → 浮蛆翁翁杯底滑, 坐想康成論泛盎.(「松南雜識」)

주(淸酒)의 찌꺼기가 뜨는 것을 '구더기'라고 하는 말이 그것이다.

탁주
濁酒

정승 구인후(具仁垕)[651]가 술을 좋아하여 정해진 양이 없었다. 그의 어머니가 하루는 개의 창자 세 가닥을 가져다가 그중 하나는 약주(藥酒)를 담고 다른 하나는 소주(燒酒)를 담고 또 다른 하나에는 탁주(濁酒)를 담아서 대들보에 매달아두니 마치 '동천성주(洞天聖酒)를 담은 사슴창자'[652]와 같았다. 소주를 담은 창자는 바로 터지고 약주를 담은 창자는 하루 만에 터지고 탁주를 담은 창자만이 며칠 동안 끊어지지 않았으니 이것으로 경계를 삼았다. 그래서 오로지 탁주만을 마셨으니 세상에서는 그때문에 호(號)로 삼았다.

『당사(唐史)』에서 "등(藤)을 담근 술을 먹으고서 갑자기 죽는(暴死) 경우가 많다"[653]라고 하였다. 대개 등(藤)은 칡(葛)의 종류인데 칡은 해독(解毒)을 하지만 등(藤)은 죽게 만든다.

---

651) 구인후(具仁垕) : 조선 중기의 무신(1578~1658). 본관은 능성(綾城). 자는 중재(仲載). 호는 유포(柳浦). 시호는 충무(忠武). 인조반정에 참여하였으며, 심기원의 난을 진압했다. 벼슬은 병조 판서, 좌의정 등을 지냈다.

652) 『운선잡기(運仙雜記)』에 의하면, 괵(虢)나라의 부인이 대들보 위에 사슴창자를 매달아 두고 연회 때면 그 속에 술을 붇고 그 끝을 묶었다가 술을 마시려면 풀어서 술잔에 따르게 만들었다. 이후로 '동천성주장군(洞天聖酒將軍)'은 술의 별칭으로 사용되었다. 동천(洞天)은 신선이 산다는 명산의 이름이다.

653) **民間**, 以**酒漬**藤, **飮者**, 多暴死, **乃止**.(『新唐書, 卷二百四, 列傳第一百二十九, 方技』) →以藤**漬酒**, 多暴死.(『松南雜識』)

술나무

酒樹

『습유기(拾遺記)』에서 “서역(西域)의 고봉국(顧逢國)[654]에 석류(石榴)처럼 생긴 나무가 있는데 그 꽃을 따서 항아리에 담아두면 저절로 술이 되니 술나무(酒樹)라고 한다”[655]라고 하였다.

『집운(集韻)』에서 “진목(榗木)의 진(汁)은 술을 만들 수 있다”[656]라고 하였으니 『남사(南史), 유묘전(劉杳傳)』에서 “사람들이 임방(任昉)에게 진주(榗酒)를 대접하였다”[657]라고 한 말이 이것이다. ‘榗’의 음은 ‘진’이다.

『유편(類編)』에서 “야자나무 껍질 속에 진물(漿)이 들어 있는데 술처럼 달다”고 하였으며, 송나라의 이강(李綱)[658]가 「야자주부(椰子酒賦)」를 지었었다. 은요번(殷堯藩)[659]의 시에 “야자나무 꽃은 술 만들기에 좋다[椰花好爲酒]”[660]라고 하였다. 『정자통(正字通)』에는 “그 껍질에는 얼룩무늬(斑纈)와 점무늬(點文)가 있는데 가로로 쪼개서 술그릇[酒器]을 만드는데 독이 들어가면 술이 끓어 일어난다”[661]라고 하였다.

---

654) 『남사(南史)』, 『태평어람(太平御覽)』등에는 돈손국(頓遜國)으로 되어 있음.

655) 扶南・頓遜之東界, 通交州諸賈人, …… 又有酒樹, 似安石榴, 采其花汁, 停甕中數日, 成酒.(『南史, 卷七十八, 列傳第六十八, 夷貊上』) → **頓遜**國, 有**酒**樹, **如安**石榴, **華汁停盃中**, **數日**成酒.(『太平廣記, 酒樹』) → **拾遺記**, **西域顧逢**國, 有樹, **似**石榴, **採其花**, **注甕**, **自**成酒, **名酒樹**.(『松南雜識』)

656) 木名. 汁可爲酒, 或作榗.(『集韻, 榗』) → 榗木汁可爲酒.(『松南雜識』)

657) **又在**任昉**坐**, **有**人**餉**昉榗酒**而作榧**.(『南史, 卷四十九, 劉懷珍』) → **南史**, 人**餽**任昉榗酒.(『松南雜識』)

658) 이강(李綱) : 송나라의 문신. 자는 백기(伯起). 정강(靖康) 초에 병부시랑(兵部侍郎)으로 금(金)나라와의 결전을 주장하다가 유배되었고, 고종 초에 재상에 등용되어 내치와 국방에 공이 많아 중망(重望)이 있었다. 시호는 충정(忠定).

659) 은요번(殷堯藩) : 당나라의 시인. 소주(蘇州) 가흥인(嘉興人)

660) 「취증류십이(醉贈劉十二)」.

661) 交趾高數十丈, 葉在其末, 或從邪從耶. 枒又牛加切.(『類篇, 枒梛椰』) → 類篇, 木**高數十丈**, **葉在其末**, 膚裏有漿, 甘如酒. 宋李綱, 有椰子酒**賦**. **又齊東野語**, **椰子花**, **亦可釀酒**. 殷堯封, **寄嶺南張明府**詩, 椰花好爲酒, **誰伴醉如泥**. **又**正字通, 其殼, 有斑纈點文, 橫破之, 爲酒器. 遇毒則酒沸起.(『康熙字典, 椰』) → 類篇, **椰木**膚裏有漿, 甘如酒. 宋李綱, 有椰子酒. 殷堯封詩, 椰花好爲酒. 正字通曰, 其殼有斑纈點文, 橫破之,

『명일통지(明一統志)』에서 “경주(瓊州)[662]에 엄나무(嚴樹)[663]가 있으니 껍질과 잎을 찧어서 물에 가라앉혔다가 섞어 빚으면 몇 일 만에 술이 되어 사람을 취하게 할 수 있다라고 하였다”[664]라고 하였다.

제호
醍醐

『본초강목(本草綱目)』에서 “타락 위에 한 겹 엉긴 물질이 ‘수(酥)’이고 수(酥) 위의 기름 같은 물질이 ‘제호’(醍醐)이니 매우 달고 맛이 좋다”[665]라고 하였다.

불경에서 “제호(醍醐)의 가르침을 불성(佛性)에 비유하니 우유에서 타락(駝酪)이 나오고 타락(駝酪)에서 수(酥)가 나오고 생수(生酥)에서 숙수(熟酥)가 나오고 숙수(熟酥)에서 제호(醍醐)가 나온다”[666]라고 하였다.

두보(杜甫)는 시에서 “제호가 혜성(慧性)·정성(定性)을 장구히 밝힌다[醍醐長發性]”[667]라고 하였다. 대개 수(酥)의 정액(精液)이 성(性)을 길러 사

爲酒罌. 遇毒則酒沸起.(『松南雜識』)

662) 경주(瓊州) : 중국 해남성(海南省) 해남도(海南島)의 북동쪽 남도강(南渡江) 하류에 위치한 도시.

663) 엄수(嚴樹) : 음나무 또는 엄목(嚴木)이라고 한다. 높이가 25m에 달하며, 가지는 굵으며 크고 밑이 퍼진 가시가 있다. 잎은 어긋나고 둥글며 가장자리가 5~9개로 깊게 갈라진다. 갈래조각에 톱니가 있으며 잎자루는 잎보다 길다. 꽃은 7~8월에 피고 황록색이다.

664) **寰宇記**, 有**木曰**嚴樹, 擣**其**皮葉, 浸**以清**水, **以粳釀和之**, **或取石榴花葉**, 和釀**醞之**, 數日成酒, 能醉人.(『明一統志, 瓊州府, 醞酒不用麴櫱』)→一統志云, 瓊州, 有嚴樹, 擣皮葉浸水, 和**以**釀, 數日成酒, 能醉人.(『松南雜識』)

665) **作**酪**時**, 上一重凝者, 爲酥, 酥上如油者, 爲醍醐, **熬之卽出**, **不可多得**, **極**甘美.(『本草綱目, 卷五十下, 牛, 醍醐』)→酪上一重凝者, 爲酥, 酥上如油者, 爲醍醐, **甚**甘美.(『松南雜識』)

666) **佛**書, 以醍醐**之教**, 喩**於**佛性. 從乳出酪, 從酪出酥, 從生酥出熟酥, 從熟酥出醍醐也.(『譚苑醍醐, 卷四, 精鑿醍醐』)→**梵**書, 以醍醐, 喩佛性. 從乳出酪, 從酪出酥, 從生酥出熟酥, 從熟酥出醍醐也.(『松南雜識』)

람에게 시기하는 마음이 없게 하니 지금의 제호탕(醍醐湯)이다.

금알주
金㵎酒

『집운(集韻)』에서 "금(金)나라에 금알수(金㵎水)가 있다"라고 하였고 송나라 주천(周煇)의 『북원록(北轅錄)』에서 "금나라 사람들이 대접한 술맛이 대단히 진하니 '금알주(金㵎酒)'라고 하는데 '금알수(金㵎水)로 술을 빚었다'는 의미이다"[668]라고 하였다.

메벼로 빚은 술
秔米醞酒

지봉(芝峯) 이수광(李睟光)이 "메벼로 술을 빚는 것은 오로지 우리나라만이 그렇게 한다"라고 하였다.

살펴보건대 『한서(漢書), 평당전(平當傳)』에서 "벼 한 말로 한 말 술을 빚은 것이 최고의 술(上樽)이고 기장(稷) 한 말로 한 말 술을 빚은 것이 중급의 술(中樽)이고 조(粟) 한 말로 한 말 술을 빚은 것이 하급의 술(下樽)이다"[669]라고 하였다.

『취향일월기(醉鄕日月記)』에는 "여름철 큰 우레가 칠 때 받은 물로 한주먹의 쌀밥을 지어 빚은 술을 '벽력주(霹靂酒)'라고 한다"[670]라고 하였다.

---

667) 「대운사찬공방(大雲寺贊公房)」.

668) 金國, 有金㵎水. 宋周煇北轅錄, **三十日就館**, **宴天使燕山酒**, **固佳**. **是日**所餉, 極醇厚, 名金㵎, 言**用金**㵎水, **以**釀之**也**.(『康熙字典, 㵎』) → **集韻曰**, 金國, 有金㵎水. 宋周煇北轅錄, **金人**, 所餉**酒**, 極醇厚, 名金㵎**酒**, 言以**是**水釀之.(『松南雜識』)

669) 稻**米一斗**, **得酒一斗**, 爲上尊, 稷**米一斗**, **得酒一斗**, 爲中**尊**, 粟**米一斗**, **得酒一斗**, 爲下**尊**.(『前漢書, 卷七十一, 平當傳』) → 稻爲上尊, 稷爲中, 粟爲下.(『松南雜識』)

우리나라에는 삭주주(朔州酒)와 평양의 감흑로(甘黑露)와 여산(礪山)[671]의 약산춘(藥山春)·호산춘(壺山春), 청주(淸州)의 청명주(淸明酒)가 있다.

밑술
母酒

『설문해자(說文解字)』에서 "누룩(麯)이 술밑(酒母)이다"[672]라고 하였고 『집운(集韻)』에는 "술찌꺼기를 '낙모(酪母)'라고 한다"[673]라고 하였다.

지금은 술 찌꺼기를 술밑(母酒)이라고 하니 바로 '재강(滓糠)'이다.

해정술
解酲酒

『후한서(後漢書)』에서 제오륜(第五倫)이 "숙취(宿醉)를 술로 푼다"[674]라고 하였으니 대개 옛날에도 술로 숙취를 풀었던가보다.

두보(杜甫)의 시에서 "부엌의 금주발 안에 들어 있는 찬 사탕물 같다[蔗漿歸廚金盌凍]"[675]라고 하였는데, 그 주석에서 "단 사탕수수 즙이 숙취를 풀 수 있다"라고 하였다. 지금의 사탕(沙糖)이니 바로 '감로수(甘露水)'이다.

『취향일월기(醉鄕日月記)』에서 "술을 마시고 눈을 흘기는 사람을 '광

---

670) 暑月**候**大雷**霆**時, 收雨水, **掬米**炊飯釀**酒**, **名**霹靂酎.(『醉鄕日月記』)→暑月大雷時, 收雨水, **淘以**炊飯釀**之**, **謂**霹靂酎.(『松南雜識』)

671) 여산(礪山) : 전라북도 익산시(益山市) 여산면.

672) 酒母也.(『說文解字, 麯』)

673) **醠**, 酒滓, **一曰**酪母.(『集韻, 醠』)→**集韻曰**, 酒滓, **謂**酪母.(『松南雜識』)

674) 解酲, **當**以酒**也**.(『後漢書, 卷七十一, 烈傳第三十一, 第五倫』)→**第五倫**, **謂**解酲以酒.(『松南雜識』)

675) 「입주행증서산검찰사두시어(入奏行贈西山檢察使竇侍御)」.

화(狂花 : 미친 꽃)'라고 하고 잠을 자는 사람은 '병엽(病葉 : 병든 잎)'이라고 한다"[676]라고 하였다.

또 "찬 술을 '광관(曠官 : 공연히 자리만 차지함)'이라고 하고 더운 술을 '가정(苛政 : 가혹한 정치)'이라고 한다"[677]라고 하였다.

술창자
酒腸

민왕(閩王) 희(曦)가 "주유악(周維岳)이 몸은 매우 작은데 어쩌면 그리도 많이 마시는가?"라고 물었다.

근신(近臣)이 "술이 들어가는 창자는 따로 있기에 꼭 몸집이 클 필요가 없습니다"[678]라고 대답하였다.

지금 '식사량(食量) 외에 따로 주량(酒量)이 있다'라는 말은 여기에서 유래하였다.

벌주에는 안주가 없다
罰酒無肴

『주례(周禮)』에서 "여서(閭胥)는 모든 일에서 견주어 보고 벌주를 먹이

---

676) 飮流謂睚眦者, 爲狂花, 睡者, 爲病葉. 醉鄕記.(『韻府群玉, 狂花病葉』)

677) **酒懦爲**曠官, **謂冷也**, **酒猛爲**苛政, **謂熱也**. **出醉鄕日月**.(『韻府群玉, 酒懦』) → **冷酒**, **謂**曠官, **熱酒**, **謂**苛政.(『松南雜識』)

678) 閩主曦言, 周維岳身甚小, 何飮**酒**多. 左右曰, 酒有別腸, 不必長大.(『韻府群玉, 酒有別腸』) → 閩主曦言, 周維岳身甚小, 何飮**之**多. 左右曰, 酒有別腸, 不必長大.(『松南雜識』)

* 체구가 작아도 술을 먹는 창자가 따로 있다는 말은 들은 민왕 희가 그의 배를 갈라서 보려고 하자 주위에서 "그를 죽이면 술을 마실 때 모실 사람이 없다"라고 만류했다고 한다.

고 매질하여 처벌하는 일을 관장한다"[679]라고 하였다.

『한시외전(韓詩外傳)』에서 "제환공(齊桓公)의 주령(酒令)에 '늦게 오는 사람은 한 병의 술을 먹이리라'라고 하였다"[680]라고 한 말이 이것이다.

대개 옛 사람들은 상과 벌에 모두 술을 먹였는데 벌주(罰酒)만은 안주가 없다.

안주
按酒

『석명(釋名)』에서 "술을 마신 자는 찡그린다. 술을 입에 넣고 삼키면 누구나 얼굴을 찡그린다"[681]라고 하였다.

지금 술을 마주하고 웃지 않는 사람이 없고 술을 마신 뒤에 찡그리지 않는 사람이 없는 다는 말이 이것이다.

안주를 『이아(爾雅)』에서는 '하주(下酒)'[682]라고 하고 『유설(類說)』에서는 '음저(飮儲)'[683]라고 하였으며 매요신(梅堯臣)[684]의 시에서도 그 말을 사용하였다.

이화(李華)[685]의 글에 "한 그릇 말린 고기로 반찬을 한다(一器腒鱐佐

---

679) 閭胥, …… **凡事**掌其比觵, 撻罰之事.(『周禮, 地官司徒』) → 閭胥, 掌其比觵, 撻罰之事.(『松南雜識』)

680) 齊桓公**置**酒, 令**諸侯大夫**曰, 後**者**, 飮一經程.(『韓詩外傳, 卷十』) → 齊桓公酒令曰, 後**來罰**飮一經程.(『松南雜識』)

681) 酒, **酉也. 釀之米麴酉澤, 久而味美也, 亦言**踧也. **能否, 皆强相踧, 待飮之也. 又**入口咽之, 皆踧其面也.(『釋名, 釋飮食』) → **釋名曰**, 酒**者**, 踧也. 入口咽之, 皆踧其面也.(『松南雜識』)

682) 『爾雅, 醍』.

683) 下酒物色, 謂之飮儲.(『類說, 飮儲』)

684) 매요신(梅堯臣) : 송나라의 시인(1002~1060). 자는 성유(聖俞). 호는 완릉(宛陵). 당시(唐詩)의 섬세하고 교묘한 폐풍을 버리고 송시(宋詩)의 새로운 형식을 개척하여, 두보 이후 최대의 시인으로 꼽힌다. 저서에 『완릉집(宛陵集)』 60권이 있다.

685) 이화(李華) : 당나라의 문인. 자는 하숙(遐叔). 조주(趙州) 찬황인(贊皇人). 『이하숙문

飯)"[686]라고 하였고 『주례(周禮)』의 주석에서 "거(腒)는 말린 꿩고기이고 수(鱐)는 말린 생선"[687]이라고 하였으니, 지금 말린 생선을 '좌반(佐飯)'이라고 하는 말은 여기에서 유래하였다.

『남사(南史)』에서 "공정(孔靖)이 송나라 고조(高祖)에게 술을 먹였는데 말린 고기(𦞦)가 없어서 부화하려는 달걀을 가져다 안주로 만들었다"라고 하였는데, 그 주석에서 "𦞦의 음은 해"[688]라고 하였다.

지금 "계란이 밥상에 올라오면 반찬이 없다는 것을 알 수 있다"라는 말은 여기에서 유래하였다.

한유(韓愈)의 시에서,

장안의 부자집 아이들	長安衆富兒
밥상엔 노린내, 양념 냄새나는 반찬(盤饌) 가득하다	盤饌羅羶葷[689]

라고 하였으니 지금 '반찬(盤饌)'이라는 말은 여기에서 유래하였다.

술은 주인이 먼저 마신다
酌先主人

지봉(芝峯) 이수광(李睟光)이 말하였다.

집(李遐叔文集)』 4권이 있다.

686) 「언의(言醫)」.

687) 腒**謂**乾雉, 鱐**謂**乾魚.(『周禮, 天官, 庖人』의 주석) → 腒**謂**乾雉, 鱐**謂**乾魚.(『松南雜識』)

688) 是時, 城中圍逼旣久, 𦞦味頓絶, 簡文上廚, 僅有一肉之膳, 軍士, 煮弩燻鼠捕雀, 食之.(『南史, 卷八十, 侯景』) → 孔靖飮宋高祖酒, 無𦞦, 取伏雞卵爲肴. 南史, 𦞦音鞋, 亦肴也.(『韻府羣玉, 伏雞卵』) → 南史, 孔靖飮宋高祖酒, 無𦞦, 取伏雞卵爲肴. 註, 𦞦音鞋.(『松南雜識』)

689) 「취증장비서(醉贈張秘書)」.

악부(樂府)에서,

술을 마실 때 술을 가져다 손님에게 드리니　　酌酒持與客
손님이 하는 말 "주인께서 드시지요"　　客言主人持
문득 대략 두 번 절을 하고서 꿇어 앉아　　却略再拜跪
술 한 잔을 마신다　　然後持一杯[690]

라고 하였다. 그러니 지금 술자리에서 주인이 먼저 마시는 일은 오래되었다.[691]

속담에 "주인은 술, 손님은 밥을 먼저 먹는다(主酒客飯)"라고 하였으니 술에 독이 들었을까 의심하기 때문이다.

향기로운 음식을 먹으면 살에서 향기가 난다
啗香肌香

『여정집(麗情集)』[692]에서 "설요영(薛瑤英)의 어머니 조연(趙娟)이 향을 설요영이 어릴 때부터 먹이니 피부와 살에서 향기가 났다"[693]라고 하였다.

지금 산골짜기의 사람들은 조를 먹는 까닭에 피부가 검고 단단하며 들녘사람들은 벼를 먹는 까닭에 피부가 부드럽고 희다.

맹자(孟子)가 "거주하는 환경이 기운을 바꾸며 섭양하는 것이 몸을 바

---

690) 무명씨(無名氏)의 「농서행(隴西行)」.

691) 酌酒持與客, 客言主人持, 却略再拜跪, 然後持一杯, **以此觀之**, 今**俗**飲酒, 先酌主人, **蓋亦**古矣.(『芝峯類說, 卷十, 文章部三, 古樂府』)→酌酒持與客, 客言主人持, 却略再拜跪, 然後持一杯, **則**今飮酒, 先酌主人, 古矣.(『松南雜識』)

692) 여정집(麗情集) : 송나라의 장군방(張君房)이 편찬한 책. 20권. 고금(古今)의 정감(情感)에 대한 일을 기록했다.

693) 薛瑤英母趙娟, 幼以香啗英, 故肌肉悉香.(『香譜, 啗香』)

꿔놓는다[居移氣, 養移體]"[694]라고 한 말이 이것이다.

홍릉담
紅綾餤

『육서고(六書故)』에서 "지금 얇은 떡에 고기를 싸서 썰어서 올리는 음식을 '담(餤)'이라고 한다"라고 하였다. 『정자통(正字通)』에서 "당나라에서 진사에게 하사하는 물건으로 '홍릉담(紅綾餤)'이 있었고 남당(南唐)[695]에서는 영롱담(玲瓏餤)·타제담(駝蹄餤)·노사담(鷺鷥餤)이 있었으니, 모두 떡이다"라고 하였다.[696]

지금 인수병(人獸餠)은 누가 처음 만들었는지 모르겠다.

청애병
青艾餠

동월(董越)의 「조선부(朝鮮賦)」[697]에서 "송기떡[698], 산삼떡[松膚之餌, 山蔘之餻]"이라고 하였는데, 그 주석에서 "삼 월 삼 일에 연한 쑥 잎을 뜯어

---

694) 『孟子, 盡心上』.

695) 남당(南唐) : 중국 5대10국(五代十國) 때 오국(吳國)에 사사(仕事)한 이변(李昪)이 예제(睿帝)를 몰아내고 금릉(金陵 : 南京)에 나라를 세우고 국호를 당(唐)이라고도 했다.(937~975). 영역은 양자강(揚子江) 하류에서 강서(江西)·호남(湖南)·복건(福建)에 걸친 지역으로, 점차 화남(華南)을 통일하는 형세로 발전했다.

696) 六書故, 今以薄餠卷肉, 切而薦之曰餤. 正字通, 唐賜進士, 有紅綾餤. 南唐有玲瓏餤·駝蹄餤·鷺鷥餤, 皆餠也.(『康熙字典, 餤』)

697) 조선부(朝鮮賦) : 명나라의 동월(董越)이 1488년(성종 19) 조선에 사신으로 왔다가 조선 풍토(風土)를 부(賦)로 읊은 내용을 엮은 책. 자신이 주를 달았다. 활자본. 1책. 이 책은 조선 명종 때 중국에서 간행되었으며, 조선에서는 1697년(숙종 23) 간행했다.

698) 송기떡 : 송기병(松肌餠)·송지병(松脂餠)이라고도 한다. 소나무의 속껍질인 송기를 잿물로 삶아 우려낸 다음, 절구에 넣고 곱게 찧어 멥쌀가루에 섞어 반죽을 하고 이것을 다시 솥에 넣고 쪄서 식기 전에 떡메로 쳐서 여러 가지 모양의 떡을 만든다.

서 멥쌀[粳米]과 섞어 만드는데 쑥떡[艾餻]이라고 한다"[699]라고 하였다.

지금은 송기떡을 '엽발(葉餑)', 또는 '승소(僧笑)'라고 한다. 또 '잡과떡[雜果餠]'을 맛있는 음식으로 꼽는다.

기교병
起膠餠

『정자통(正字通)』에서 "부추(餢飳)는 기면(起麵)이다.[700] 발효(醱酵)시켜 밀가루가 가볍고 높게 부풀어 오르면 익혀서 떡을 만든다. 가공언(賈公彦)[701]이 '멀건 죽으로 기교병(起膠餠)을 만든다'라고 하였으니 교(膠)는 발효(醱酵)이다. 지금의 취병(炊餠)이다"[702]라고 하였으니 지금의 찐 떡(蒸餠)과 비슷하다.

『남제서(南齊書)』에 "태묘(太廟)에 사 철 기면병(起麵餠)을 올린다"[703]라고 하였고 『요원지(遼元志)』에서 "효과(酵課)라는 것이 있다"[704]라고 하였으니 바로 이것이다.

---

699) 松膚之餌, 山參之糕. 〈三月三日, 取嫩艾葉, 雜**秔**米, **粉蒸**爲**糕**, 謂之艾糕.〉(『朝鮮賦』) → 松膚之餌, 山參之糕. 註. 三月三日, 取嫩艾葉, 雜**粳**米, 爲**之**, 謂之艾糕.(『松南雜識』)

700) 부추(餢飳), 기면(起麵)은 모두 밀가루를 발효시킨 것이라는 의미.

701) 가공언(賈公彦) : 당나라의 학자. 하북성(河北城) 영년(永年) 출생. 고종(高宗 : 650~665) 연간에 태학박사・홍문관학사를 지냈고 예학(禮學)에 정통하여 공영달(孔穎達) 등과 『예기정의(禮記正義)』 편찬에 참여했다. 그가 간행한 『주례소(周禮疏)』와 『의례소(儀禮疏)』는 십삼경주소(十三經注疏)에 들어가며, 『주례소』는 주자(朱子)가 "오경소(五經疏) 중 가장 좋은 것"이라고 평가했다.

702) 正字通, 餢飳, 起**麪**也. 發酵, 使**麪**輕高浮起, 炊之, 爲餠. 賈公彦, 以酏 食爲起膠餠, 膠卽酵也. **涪翁說起膠餠**, 今之炊餠也. **齊民要術有餢飳篇**.(『康熙字典, 餢』) → 正字通, 餢飳, 起**麵**也. 發酵, 使**起麵**輕高浮起, 炊之, 爲餠. 賈公彦, 以酏 食爲起膠餠, 膠卽酵也. 今之炊餠也.(『松南雜識』)

703) **詔太廟**四時**祭**, 薦**宣皇帝**麵起餠.(『南齊書, 卷九』) → **齊書**, 四時薦起麵餠.(『松南雜識』)

704) 遼元志, 有酵課.(『通雅, 卷三十九, 飮食』) → 遼元志, 有酵課**者**.(『松南雜識』)

수인병
水引餠[705]

『남제서(南齊書)』에서 "태조(太祖)가 수인병(水引餠)을 좋아하니 하집(何戢)[706]이 부녀자들을 시키고 자신이 몸소 일을 주관하여 진상하였다"[707]라고 하였다.

『정자통(正字通)』에서 "지금의 수면(水麵)이다"[708]라고 하였다.

갈병
蝎餠

『석명(釋名)』에 '갈병(蝎餠)'[709]이라는 말이 있으니, 지금의 녹두가루 전병이다.

호떡
胡餠

당사(唐史)에 "현종(玄宗)이 호떡(胡餠)을 사먹었다"라고 하였다. 지금의 '살고(撒餻)'이니 대개 호인(胡人)들은 떡을 쪄서 먹기 때문에 그런 이름이 붙었다. 또 호마(胡麻)[710]를 집어 넣기 때문에 '마병(麻餠)'이라고도 한다.

---

705) 수인병(水引餠) : 국수의 별칭. 水引. 水引麪.

706) 하집(何戢) : 남제(南齊)의 인물. 자는 혜경(慧景).

707) 太祖爲領軍, 與戢來往, 數置歡讌. 上好水引麩, 戢令婦女, 躬自執事, 以設上焉.(『南齊書, 卷三十二, 列傳第十三, 何戢』) → 水引餠. 齊書何戢傳, 太祖好水引餠, 戢令婦女, 躬執事, 以進.(『康熙字典, 餠』) → 齊書, 何戢傳曰, 太祖好水引餠, 戢令婦女, 躬執事, 以進.(『松南雜識』)

708) 正字通, 卽今之水麪也.(『康熙字典, 餠』)

709) 『釋名, 卷四, 釋飮食』.

710) 호마(胡麻) : 참깨와 검은깨를 통틀어 이르는 말. 지마(芝麻).

진(晉)의 하증(何曾)[711]은 십자(十字)로 터지지 않으면 먹지 않으니 대개 터진 뒤에라야 농익어서 맛이 있다. 이병(餌餠)을 '타고(打餻)'라고 하고 흰떡(白餠)을 자(餈 : 인절미)라고 하고 도장모양으로 누른 떡을 인자병(印子餠) · 인절병(引絶餠)이라고 하니 전병(煎餠) 종류도 많다.

고명
糕銘

『세시기(歲時記)』에서 말하였다.

구 월 구 일에 작은 사슴을 떡 위에 만들어 올리고 '식록고(食祿餻)'[712]라고 한다."[713]

지금 고명(糕銘)은 '수(壽)', '록(祿)'자를 찍는다.

한구
寒具

『제민요술(齊民要術)』에서 "거여(粔粎)를 고리떡(環餠)[714]이라고 하니, 팔찌 모양을 본뜬 것이다"[715]라고 하였다.

---

711) 하증(何曾) : 자는 영고(穎考). 진국(陳國) 양하인(陽夏人).

712) 『松南雜識』에는 '食祿高'로 되어 있음.

713) 歲時記, **民間**九日, **以粉麵蒸**餻上, 置小鹿**數枚**, 號食祿**餻**.(『佩文韻府, 食祿餻』) → 歲時記, **九月**九日, 餻上, 置小鹿, 號食祿**高**.(『松南雜識』)

714) 환병(環餠) : 오색으로 만든 둥근 떡과 송기나 푸른 쑥을 넣어 만든 둥근 떡을 통틀어 이르는 말.

715) 膏環. 一名粔粎. …… 環餠. 一名寒具.(『齊民要術, 卷九』) → 齊民要術, 粔粎, 名環餠, 象**環**釧形.(『康熙字典, 粔』) → 齊民要術**曰**, 粔粎, 名環餠, 象釧形.(『松南雜識』)

손님이 잘못해서 한구(寒具)로 환현(桓玄)의 그림을 더럽혔다. 그래서 소식(蘇軾)의 시에 "위에는 환현의 한구(寒具) 기름이 있다"[716]라고 하였다.

『광아(廣雅)』에서는 '부(粰)·류(梳)'[717]라고 하였는데 지금은 '산자(饊子)'라고 통칭한다. 오(吳)나라에서는 '고환(膏環)'이라고 하며 '한구(寒具)'라고도 한다. 송옥(宋玉)의 「초혼부(招魂賦)」에서 "약과와 꿀떡에 설탕이 들었다"[718]라고 하였다.

『호중췌록(壺中贅錄)』에서는 "구월 구일에 찐떡(糙)·중배끼(籹)·꿀떡(蜜餌)을 만든다"[719]라고 하였다.

운서(韻書)에서 '饊'의 주석에 "쌀을 볶아 만든 고리기름떡"[720]이라고 하였으니 지금의 '산자반(饊子飯)'이다. 두보(杜甫)의 시에서 "거여(粔籹)가 인정을 만든다(粔籹作人情)"[721]라고 하였다.[722]

소식(蘇軾[723])의 시에서,

섬섬옥수로 몇 심(尋)[724]의 옥을 빚어서	纖手搓來玉數尋
푸른 기름으로 살짝 튀기니 부드럽고 샛노랗다	碧油輕蘸嫩黃深
밤사이 봄잠은 술보다 더 취하니	夜來春睡濃於酒
미인의 팔찌로 눌러 만들었나	壓褊佳人纏臂金[725]

---

716) 上有桓玄**寒具**油.(『東坡詩集註, 次韻米黻二王書跋尾二首 其一』)→上有桓玄油**鐶餅**.(『松南雜識』)

717) 粰梳**糈**, **饊也**.(『廣雅, 釋器』)→廣雅, **謂之**粰梳.(『松南雜識』)

718) 粔籹蜜餌, 有**餦餭**些.(『文選, 招魂』)→粔籹蜜餌, 有**粻粻**些.(『松南雜識』)

719) 壺中贅錄, 重九作糙籹蜜餌.(『佩文韻府, 糙籹』)

720) 熬稻, 粻粻也.(『康熙字典, 饊』)

721) 「희작배해체견민(戲作俳諧體遣悶)」.

722) 廣雅, 謂之粰梳. 今通名饊子. 楚辭招魂, 粔籹蜜餌, 有**餦餭**些. 吳謂之膏環, 亦曰寒具. 杜甫詩, 粔籹作人情.(『康熙字典, 粔』)→廣雅, 謂之粰梳. 今通名饊子. 吳謂之膏環, 亦曰寒具. **宋玉招魂賦云**, **粔籹蜜餌**, 有**粻粻**些. **壺中贅錄云**, **重九作糙籹蜜餌**. **韻書**, **饊**, **註**, **熬稻粻粻**, **今饊子飯**, 杜詩, 粔籹作人情.(『松南雜識』)

723) 『松南雜識』에는 유우석(劉禹錫)의 작품으로 오기되어 있음.

724) 심(尋) : 8척(尺)이 1심(尋)임.

725) 纖手搓**來**玉數尋, 碧油**輕蘸**嫩黃深. 夜來春睡**濃於酒**, 壓**褊**佳人纏臂金.(『東坡全集, 寒具 〈乃捻頭出劉禹錫嘉話〉』)→纖手搓**成**玉數尋, 碧油**熬出**嫩黃深, 夜來春睡**無輕**

라고 하였다. 또 '임두(飳頭)'라고도 하니 이일신(李日新)의 시에 "묵어 시꺼먼 산자와 오래된 고리떡"[726]이라고 하였다.

조란
棗卵

『주례(周禮)』에서 "쌀가루로 만든 떡[糗餌粉餈]"[727]이라고 하였는데, 주석에 "방언으로 '이(餌 : 떡)'를 '고(餻 : 떡)'라고 한다"[728]라고 하였다.

『예원자황(藝苑雌黃)』[729]에서 "한식(寒食)에 밀가루로 찐 떡을 만들고 둥근 대추를 붙이는 것을 '조고(棗餻)'라고 이름 한다"라고 하였다.[730]

지금 대추 과육(果肉)으로 만들면 '조란(棗卵)'이라고 하고 밤으로 만들면 '율란(栗卵)'이라고 하는 말이 이것이다.

유우석(劉禹錫)[731]은 오경(五經)에는 '고(糕)'자가 없다는 것으로 끝내 인정하지 않았다.

송기(宋祁)[732]는 시에서,

重, 壓**纏**佳人纒臂金.(『松南雜識』)

726) 陳**鶡**餢鑼古飳頭.(『全唐詩, 題仙娥驛』) → 陳**黯**餢鑼古飳頭.(『松南雜識』)

727) 『周禮, 天官, 冢宰, 籩人』.

728) 周禮, 糗餌粉餈. **注**, 方言餌曰餻.(『韻府羣玉, 餻』) → 周禮**曰**, 糗餌粉餈. **註**, 方言餌曰餻.(『松南雜識』)

729) 예원자황(藝苑雌黃) : 송나라 엄유익(嚴有翼)이 편찬한 책. 총 10권. 시문비평서.

730) 藝苑雌黃, 寒食, 以麵**爲**蒸**餠**樣, 團**棗**附之, 名曰棗糕.(『月令輯要, 棗餻』) → 藝苑雌黃**曰**, 寒食, 以麵**若**蒸**餻**樣, 團附之, 名曰棗糕.(『松南雜識』)

731) 유우석(劉禹錫) : 당나라의 시인(772~842). 하북성(河北省)출신. 일설에는 강소성(江蘇省) 출신이라고도 한다. 자는 몽득(夢得). 795년 박학굉사과(博學宏詞科)에 급제하여 회남절도사(淮南節度使) 두우(杜佑)의 막료가 되었다. 지방관으로 있으면서 농민의 생활 감정을 노래한 『죽지사(竹枝詞)』를 펴냈으며, 만년에는 백낙천(白樂天)과 교유하면서 시문(詩文) 창작에 정진했다. 시문집으로 『유몽득문집(劉夢得文集)』 30권, 『외집(外集)』 10권이 있다.

732) 송기(宋祁) : 송나라 인종(仁宗) 때의 명신(998~1061). 용도각학사(龍圖閣學士)를 거쳐 사관 수찬(史館修撰)이 되어 구양수(歐陽脩)와 함께 『당서(唐書)』를 편찬했다.

유랑(劉郎 : 유우석)은 감히 '고(餻)'자를 쓰지 않고	劉郎不敢題餻字
헛되이 시가(詩家)의 일대(一代) 호걸로 자부했네	虛負詩家一代豪[733]

라고 하였으니, 대개 후세에는 방언을 본(本) 글자로 여겼던 것이다. 『연감유함(淵鑑類函)』[734]에서 "동짓날에 기장떡을 쪘다"[735]라고 하였으니 후세(後世)의 시식(時食)[736]이다.

고려율고
高麗栗餻

『거가필용(居家必用)』에서 말하였다.

밤알을 수량에 상관없이 응달에서 건조시켜 껍질을 벗기고 찧어서 가루로 만든다. 삼분의 이 비율로 찹쌀과 쌀가루를 섞어 고루 반죽을 하고 꿀물을 섞어 촉촉하게 반죽을 한 후 쪄서 먹는다. 여진(女眞)의 고미(糕糜)[737]와 회회(回回)의 고미(糕糜)가 같고 발해(渤海)의 아욱국(葵羹)과 여진의 아욱국이 같으니 여기에서는 더 이상 나열하지 않는다.[738]

---

733) 劉郎不敢題**餻**字, **虛**負詩**家一代**豪.(『景文集, 九日食糕』) → 劉郎不敢題**糕**字, **空**負詩**中一世**豪.(『松南雜識』)

734) 연감유함(淵鑑類函) : 청나라 강희제(康熙帝)의 칙명에 따라 편찬된 유서(類書). 450권. 사항에 따라 내용을 분류해서 편집한 장르 백과사전과 같은 것으로, 장영(張英) 등 4명이 총재가 되어 132명이 분담 편수(編修)하여 1710년에 완성했다.

735) 冬至**之**日, **爲**黍糕.(『淵鑑類函, 黍糕』) → 冬至日, **薦**黍糕.(『松南雜識』)

736) 시식(時食) : 철에 따라 나는 식품으로 특별히 만들어 먹는 음식.

737) 고미(糕糜) : 쌀가루로 만든 떡.

738) 栗子不拘多少, 陰乾去殼, 擣爲粉, 三分之二, 加糯米粉拌勻, 蜜水拌潤, 蒸熟食之. 女眞糕糜, 與回回糕糜同, 渤海葵羹, 與女眞葵羹同, 玆不重復.(『居家必用, 庚集, 高麗栗餻』)

시고
柿餻

『거가필용(居家必用)』에서 말하였다.

찹쌀 한 말에 굵은 곶감 쉰 개를 함께 빻아 가루로 만들고 말려 볶은 대추 액을 넣어 반죽한 뒤에 말총체로 걸러서 시루에 올려 찐다. 그리고 잣·호도 등을 넣어 다시 절구에 찧어 둥글게 만들고 꿀에 묻혀 먹는다.[739]

취루면
翠縷麵

『거가필용(居家必用)』에서 말하였다.

여진(女眞)의 음식이다. 홰나무 잎 순을 따 천연의 즙을 짜서 일반적인 방법으로 반죽을 하고 밀방망이로 얇게 밀어 편 후 아주 가늘게 썬다. 그것을 끓는 물에 넣어 익기를 기다렸다가 물에 넣었다가 건져내 국물과 양념, 채소를 넣고 기호에 따라 참깨나 버섯 등을 얹으면 더욱 절묘하게 맛이 있다. 비취색이 나니 홰나무잎 냉면(槐葉冷淘)이다. 또 수활면(水滑麪) 삭면(索麪)은 지금의 수교(水餃 : 물만두)와 유사하다.[740]

---

739) 糯米一斗, 大乾柿五十**個**, 同擣爲粉, 加乾煮棗泥拌擣, 馬尾羅羅過, 上甑蒸熟, 入松仁胡桃仁, 再杵成團, 蜜澆食.(『居家必用, 庚集, 柿餻』)→糯米一斗, 大乾柿五十**箇**, 同擣爲粉, 加乾煮棗泥汁拌擣, 馬尾羅羅過, 上甑蒸熟, 入松仁胡桃仁, 再杵成團, 蜜澆食.(『松南雜識』)

740) **采**槐葉嫩者, 研自然汁, 依常法, 搜和捍, 切極細, 滾湯下, 候熟過水, 供汁葷素, 任意加蘑菇, 尤妙味甘. 色翠, 卽槐葉冷淘也. 又水滑麪索麵, 似今水餃也.(『居家必用, 庚集, 翠縷麪』)→**女眞食品也**. **採**槐葉嫩者, 研自然汁, 依常法, 搜和捍, 切極細, 滾湯下, 候熟過水, 供汁葷素, 任意加蘑菇, 尤妙味甘. 色翠, 卽槐葉冷淘也. 又水滑麪索

채함
菜餡

『거가필용(居家必用)』에서 “절인 채소를 으깨 썰고 팥과 피산약(皮山藥) 편(片)에 밤을 더하면 더욱 좋다. 다섯 가지 맛을 반죽하여 소가 들은 만두를 빚는다”[741]라고 하였으니 지금의 ‘채소’(菜蔬)이다.

수대구
壽帶龜

『거가필용(居家必用)』에서 “평좌소만두(平坐小饅頭), 와만두(臥饅頭)는 생소(生餡)를 쓰고 구연만두(龜蓮饅頭)와 수대구(壽帶龜)는 모두 익힌 소를 써서 수연(壽筵)[742]에 올리는 음식으로 만든다. 규화만두(葵花饅頭)는 희연(喜筵)과 여름에 올리는 음식으로 만든다. 또 춘견(春繭)은 봄에 올리고 하화만두(荷花饅頭)도 여름에 올린다”[743]라고 하니, 만두(饅頭)의 종류는 많기도 하다.

麪, 似今水餃也.(『松南雜識』)

741) 黃虀碎切, 紅豆粉皮山藥片, 加栗黃, 尤佳. 五味拌打, 拌搦餡包.(『居家必用, 庚集, 菜餡』)

742) 수연(壽宴) : 일반적으로 환갑잔치를 의미함.

743) 平坐小饅頭生餡, 臥饅頭生餡, 春前供, 壽帶龜熟餡, 壽筵供. 春繭熟餡, 春前供, 葵花饅頭, 喜筵夏供. ……龜蓮饅頭同上, 荷花饅頭熟餡夏供.(『居家必用, 庚集, 壽帶龜』)→ 平坐小饅頭臥饅頭, 皆生餡, 而龜蓮饅頭壽帶龜, 皆熟餡, 而爲壽筵供. 葵花饅頭, 爲喜筵夏供. 又春繭者, 春供, 荷花饅頭, 亦夏供云.(『松南雜識』)

가어회
假魚膾

『거가필용(居家必用)』에서 말하였다.

익힌 밀가루 한 근을 얇게 밀어 고운 가루를 칠한 뒤에 붉은 가루로 물들이고 거죽을 실오라기처럼 썬 뒤 춘반(春盤) 모양으로 꾸며서 회(膾)와 초(醋)를 넣는다.[744]

해라시
海螺廝

『거가필용(居家必用)』에서 말하였다.

양고기 두 근을 가늘게 썰고 파줄기 열 개를 찧어 향유(香油)[745]로 볶아 조자(燥子)[746]를 만들고 양고기를 잘게 썰고 계란을 넣어 고루 섞은 후에 술과 초로 지져 익힌다.[747]

744) 薄批熟**麵斤**, 用薄粉, …… 染紅粉, **皮**縷切, ……**裝**如春盤樣, 用**膾**醋澆.(『居家必用, 庚集, 假魚膾』) → 薄批熟**麪觔**, 用薄粉, 染紅粉, 縷切, 如春盤樣, 用**鱠**醋澆.(『松南雜識』)

745) 향유(香油) : 참기름.

746) 조자(燥子) : 가늘게 썬 고기.

747) **鷄卵二十個**, **打破攪勻**, **以**羊肉**二斤**細切, **入細料物半兩**, **碎**葱**十**莖, 香油炒, 作燥子, **攪**入鷄卵汁**令勻**, **用醋一盞 · 酒半盞 · 豆粉二兩調糊**, **同鷄子汁**, **燥肉**, **再攪勻**, **傾入酒瓶內**, **箬扎口入**, **滾湯內**煮熟.(『居家必用, 庚集, 海螺廝』) → 葱莖香油炒, 作燥子, 細切羊肉, 入鷄卵汁, 酒醋煮熟.(『松南雜識』)

밀과
密果

중국에서는 '고려병(高麗餠)'이라고 하고 우리나라에서는 '약과(藥果)'라고 하니 민간에서 꿀(密)을 약으로 쓰기 때문이다. 지금은 일반적인 제사에 꿀을 사용하지만, 중국에서는 비록 잔치에서라도 쓰지 않는다고 한다. 편조(扁條)·다식(茶食)·교(餃)·약과(藥果)·니빈(泥蘋)·사과(沙果) 등의 이름도 많다.

정두
飣餖

『개원천보유사(開元天寶遺事)』에서 "서울에서 상원일(上元日)에 '밀가루 고치[麵繭]'를 만들고 관위(官位)[748]의 첩자(帖子)를 그 속에 넣어 고하(高下)를 서로 겨루는 것으로 재미있는 놀이로 삼는다"[749]라고 하였다.

지금은 '과일고치[果繭]'를 만드니 '강정(絳飣)'이라고 부르는 것의 시초이다. 혹은 '감사좌상(監司坐床)'이라고 한다. 또 촉(蜀)의 풍속에 신임 관리를 환영하는 잔치를 '오두상(遨頭床)'이라고 하니 지금의 망상(望床)[750]과 같다.

---

748) 관위(官位) : 벼슬자리 또는 직위를 이르는 말. 관계(官階).

749) 都中, 每至正月十五日, 造麵璽, 以官位帖子, 卜官位高下, 或賭筵宴, 以爲戲笑.(『開元天寶遺事, 探官』)→都下上元日, 造麵繭, 以官位帖子, 置其中, 以高下相勝爲戲笑. 開元遺事.(『古今事文類聚前集, 造麵繭』)→開元遺事曰, 都下上元日, 造麵繭, 以官位帖子, 置其中, 以高下相勝爲戲笑.(『松南雜識』)

750) 망상(望床) : 큰 잔치 때, 많은 음식을 높게 괴어 볼품으로 차린 상.

가시꿀
刺蜜

지봉(芝峯) 이수광(李睟光)이 말하였다.

잠삼(岑參)[751]의 시에서 "무성(武城)의 가시꿀[剌蜜]을 먹을 수 없다"[752]라고 하였는데, 그 주석에서 "剌는 곧 가시[刺]이다"라고 하였다. 교하(交河)의 백사장에 어떤 풀이 나는데 이 풀 머리에는 가시가 있고 가시 위에는 털이 있으며 털 속에서 꿀이 생산되니 일명 초밀(草蜜)이라고도 한다.[753]

또 '파라밀(波羅蜜)'은 석란산국(錫蘭山國) 남해(南海)에서 생산되는데 동과(東瓜)처럼 생겼다고 한다. 지금 산골짜기 고을에서 많이 생산되는데 애밀(崖蜜)은 바로 석청(石淸)이다.

『본초강목(本草綱目)』에서 "벌이 황연화(黃連花)에서 채집하여 만드니 맛이 쓰다"라고 하였다. 소식(蘇軾)의 시에서 "벌이 황연(黃連)에서 소란스럽게 꽃에서 꿀을 따네[蜂鬧黃連採蜜花]"[754]라고 하였다.[755]

『이아(爾雅)』에서는 "땅벌[土蜂]은 큰데, 땅 속에 있으면서 벌집을 만

---

751) 잠삼(岑參) : 당나라의 시인(715~770). 호북성(湖北省) 강릉(江陵) 출생. 안서(安西) 절도사의 서기관으로 2번에 걸쳐 북서 변경 요새의 사막지대에 종군한 일이 있는데, 그 체험을 살려서 쓴 새외시(塞外詩)는 풍부한 상상력과 이국정서를 생생하게 그려 당시(唐詩) 가운데서는 독자적인 지위를 차지한다. 저서에 『잠가주집(岑嘉州集)』이 있다.

752) 武城**剌**蜜**未**可餐.(『全唐詩, 與獨孤漸道別長句兼呈嚴八侍御』) → 武**陵剌**蜜**亦**可餐.(『松南雜識』)

753) 岑參詩**曰**, 武**城刺**蜜**未**可餐. **按刺卽刺字**. **本草曰**, 刺蜜生交河沙中, 草頭有刺, 刺上有毛, 毛中生蜜, 一名草蜜.(『芝峯類說, 卷十一, 文章部四, 唐詩』) → 岑參詩, 武**陵** **剌**蜜**亦**可餐. 註. **剌**, **卽**刺蜜生交河沙中, 草頭有刺, 刺上有毛, 毛中生蜜, 一名草蜜.(『松南雜識』)

754) 「송교시주(送喬施州)」.

755) 本草, **有苦蜜**, 蜂採黃連花爲之, 蜂鬧黃連採蜜花. 坡.(『韻府羣玉, 苦蜜』) → 本草曰, 蜂採黃連花爲之, **味苦云**. 坡**詩**, 蜂鬧黃連採蜜花.(『松南雜識』)

드니 먹을 수 있다. 나무벌[木蜂]은 작은데 나무에 있으면서 벌집을 만든다"[756]라고 하였다.

『본초강목(本草綱目)』에서 "벌이 꿀을 만듦에 모두 사람의 소변으로 여러 꽃을 발효시켜야 숙성시킬 수가 있으니, 엿기름이 있어야 엿을 만들 수 있는 것과 같다"[757]라고 하였다.

밀랍

蜜蠟

『유원(類苑)』에서 말하였다.

이시진(李時珍)[758]이 "밀랍나무(蠟樹)가 있어서 사철 시들지 않으며 오월에 흰 꽃이 피는데 벌이 그 나무진을 채집하여 벌집을 만드니 곧 밀랍이다"[759]라고 말하였다.

『박물지(博物志)』에서 "밀랍 반 근을 먹으면 열흘간 굶주려도 버틸 수 있다"[760]라고 하였다. 또 밀랍을 먹으면 추위를 타지 않는다고 한다. 우

---

756) 土蠭. 注. 今江東大蠭, 在地中作房者, 爲土蠭, 啖其子, 卽馬蠭. 今荊巴間, 呼爲蟺. 木蠭. 注. 似土蠭而小, 在樹上作房.(『爾雅注疏』) → 土蜂大, 在土中作房, 子可啖. 木蜂小, 在樹上作房.(『松南雜識』)

757) 蜂作蜜, 皆須人小便, 以釀諸花, 乃得成熟, 狀似作飴, 須蘗也. 本草.(『古今事文類聚, 後集, 卷四十八. 蟲豸類, 蜜蜂』)

758) 이시진(李時珍) : 명나라의 의학자. 호북성(湖北省) 출신. 민간에 있으면서 의업(醫業)에 종사하는 한편 35세에 약물의 기준서를 집대성하는 일에 착수하여 생전에 탈고하였지만, 간행된 것은 그가 죽은 후인 1596년이었다. 이것이 『본초강목(本草綱目)』(전52권)이며, 도판 2권에 1871종의 약품에 대하여 명칭의 유래와 형태 · 수치(修治) · 약효 · 약리(藥理)를 해설하고 처방을 부록으로 달아놓았다.

759) 李時珍曰, 蠟樹, 四時不凋, 五月開白花, 成叢結實, 其蟲大如蟣蝨 延緣樹枝, 食汁吐涎, 剝取其渣, 煉化成蠟.(『康熙字典, 蠟』) → 類苑曰, 李時珍云, 有蠟樹, 四時不凋, 五月有白花, 蜂採其樹液, 爲房, 卽蠟也.(『松南雜識』)

리나라에서는 '납(蠟)'을 '밀랍(蜜蠟)'이라고 훈석한다.

『운회(韻會)』에서 "밀랍은 꿀의 신바닥[蹠]"[761]이라고 하였다.

『위지(魏志)』에서 "촉(蜀)나라 사람들은 음식을 만들 때 엿이나 꿀로 끓이는 것을 좋아한다"[762]라고 하였다.

토밀

土蜜

『이아익(爾雅翼)』에서 말하였다.

> 북방은 땅이 건조하여 벌집이 땅속에 많이 있기 때문에 '토밀(土蜜)'이 많다. 또 남방은 땅이 습하여 벌집이 나무속에 많이 있기 때문에 '목밀(木蜜)'이 많다.[763]

『서경기(西京記)』에서 "남월왕(南越王)이 고제(高帝)에게 석밀(石蜜) 다섯 휘(斛)를 헌상하였다"[764]라고 하였으니 아마도 요즘 산골짜기 마을의 석청(石淸)인 듯하다.

---

760) 食蠟半**斤**, 輒支十日, 不飢.(『博物志, 逸文』) → 博物志, 食蠟半**觔**, 可支十日飢.(『佩文韻府, 支飢』) → 博物志**曰**, 食蠟半**斤**, 可支十日飢.(『松南雜識』)

761) 蠟者, 蜜之蹠也.(『古今韻會擧要, 蠟』)

762) 蜀人作食, 喜煮飴蜜.(『蜀中廣記, 食饌』) → 魏畧**云**, …… 蜀人作食, 喜**煮**飴蜜.(『定淵鑑類函, 蜀人著蜜助味』) → 魏**志**, 蜀人作食, 喜**著**飴蜜.(『松南雜識』)

763) 北方地燥, 多在土中, 故多土蜜, 南方地濕, 多在木中, 故多木蜜.(『爾雅翼, 蜜蠭』) → 北方地燥, 多在土中, 故曰土蜜, 又木蜜, 南方地濕, 多在木中, 故曰木蜜.(『松南雜識』)

764) 南越王, 獻高帝石蜜五斛.(『西京雜記, 卷四』)

조청

造淸

민간에 전하는 말에 "노란 기장으로 감주(甘酒)를 만들어 흰 항아리에 담고 단단히 밀봉하여 땅 속에 묻는데, 가을부터 이듬해 봄까지 묻어 두었다가 파서 맛을 보면 진짜 꿀과 다름이 없다"라고 한다. 해변이나 들녘 고을의 관청에서 사용하는 꿀은 모두 기장으로 만든 조청이라고 한다. 단만 약(藥)으로 사용하기에는 적합하지 않다.

이당

飴糖

운서(韻書)에서 "飴는 엿(餳)이니, 쌀누룩으로 차조를 볶아 마른 엿(糖)을 만든다. 또 '이(飴)'라고도 쓴다"765)라고 하였다.

소식의 시에서,

작은 떡을 먹으니 달을 씹는 듯	小餠如嚼月
그 속에 연유와 엿이 있었네	中有酥與飴766)

라고 하였다.

또 범성대(范成大)767)는 "새까만 때 같지만 맛난 엿(烏膩美飴餳)"이라고

---

765) **玉篇**, 餳也. **六書故**, 以米蘗煎秫, **爲目飴也**. **釋名**, **飴**, **小弱于餳**, **形怡怡然也**. **本草**, **膠飴**, 乾**枯者**, **曰餳**.(『康熙字典, 飴』) → 餳也. 以米蘗煎秫, 成乾**糖**, **亦作粭**.(『松南雜識』)

766) 「유별염수(留別廉守)」.

767) 범성대(范成大) : 남송의 정치가 · 시인(1126~1193). 남송 4대가의 한 사람. 자는 치능(致能). 호는 석호거사(石湖居士). 오현(吳縣 : 蘇州) 출생. 금나라에 사절로 갔을 때 부당한 요구에 굴하지 않고 소신을 관철하여, 사가(史家)들의 찬양을 받았다. 청신(淸新)한 시풍으로 전원의 풍경을 읊은 시가 유명하다. 저서에 『석호거사시집』(34권), 『석

하였는데, 그 주석에서 "엿이 기름때를 없앨 수 있기 때문에 엿을 오니(烏膩)라고 한다"[768]라고 하였다.

『회남자(淮南子)』에서는 "유하혜(柳下惠)가 엿을 보면 '노인을 봉양할 수 있겠구나'라고 하지만, 도척(盜跖)은 엿을 보면 '열쇠에 바르면 좋겠구나'라고 한다"[769]라고 하였다. 대개 옛날에는 차조(秫)와 옥수수(薥)로 엿을 만들었기에 지금은 엿이 '출촉(秫薥)'으로 와전되었다.

지금의 '유병(橘餠)'은 중국에서 전래되었는데, 사탕수수와 같아서 물을 짜서 말리면 마치 납작 곶감(蹲柹)같다고 한다. 오화당(五花糖)과 설탕(雪糖)은 모두 사탕수수(蔗)이다.

필라
饆饠

『옥편(玉篇)』에서 "필라(饆饠)는 떡 종류이니 밀가루로 만들며 안에는 소가 들어 있다"[770]라고 하였다. 『자가집(資暇集)』[771]에서 "번국(蕃國)의 필씨(畢氏)와 나씨(羅氏)가 이 음식의 맛을 좋아하였기 때문에 그런 이름이 붙었다"[772]라고 하였다.

호사』(1권)가 있다.

*『松南雜識』에는 범성대의 자가 '至能'으로 오기되어 있다.

768) 烏膩糖, 卽白餳, 俗言能去烏膩.(『石湖詩集, 卷二十三, 上元紀吳中節物俳諧體三十二韻』) → 糖能去烏膩, 故名焉.(『松南雜識』)

769) 柳下惠見**飴曰**, 可以養老, 盜跖見**飴曰**, 可以黏牡.(『淮南子, 說林訓』) → 柳惠見**之**, 可以養老, 盜跖見**之**, 可以黏牡.(『松南雜識』)

770) 饆.〈卑吉切, 饆饠.〉
饠.〈洛河切, 饆饠.〉(『玉篇, 饆・饠』) → 玉篇曰, 餠屬, 用麪爲之, 中有餡.(『松南雜識』)

771) 자가집(資暇集) : 당나라 이광예(李匡乂)가 지은 책. 총 3권.
*『松南雜識』에는 '資暇錄'으로 오기되어 있음.

772) **畢羅者**, 蕃中畢氏羅氏, 好食此味, **今字從食**, **非也**.(『資暇集, 卷下, 畢羅』) → 資暇**錄**, 蕃中畢氏羅氏, 好食此味, **故因名焉**.(『松南雜識』)

『유양잡조(酉陽雜俎)』에서 "어떤 사람이 필라 파는 가게로 들어가는 꿈을 꾸었다. 잠에서 깨어보니 가게 주인이 '젊은이께서 손님과 필라(畢羅) 두 근을 드셔놓고 어째서 값을 치르지 않고 가셨소?'라고 하였다"773)라고 하였다.774)

단자
糰子

『집운(集韻)』에 "糰의 음은 '단'이니 쌀가루로 만든 떡이다[粉餌]"775)라고 하였다. 『무림구사(武林舊事)』776)에 "원석절(元夕節)777)에 훌륭하게 여기는 음식은 의리소(宜利少)·징사단자(澄沙糰子)778)이다"779)라고 하였다.780)

---

773) **柳璟知擧年, 有國子監明經失姓名. 晝寢, 夢徙倚於監門.** 有一人**負衣囊, 衣黃, 訪明經姓氏, 明經語之, 其人笑曰, 君來春及第. 明經因訪隣房鄉曲五六人, 或言得者, 明經遂邀入長興里**畢羅店**常所過處, 店外有犬競, 驚曰蹉矣. 遽呼隣房數人語其夢. 忽見長興**店子**入門**曰, 郎君與客食畢羅**計**二斤, 何不計直而去**也**.(『酉陽雜俎, 續集, 卷一』) → 有人夢入畢羅店, 及醒, 店子曰, 郎君與客, 食畢羅二斤, 何不計直而去.(『松南雜識』)

774) 玉篇, **饆饠**餠屬, 用麪爲之, 中有餡. 資暇**集**, 蕃中畢氏羅氏好食此味, 因名**畢羅**, **後人加食旁, 爲饆饠. 按**酉陽**雜俎**, 有人夢入畢羅店, 及醒, 店子曰, 郎君與客, 食畢羅二斤, 何不計直而去.(『康熙字典, 饆』) → 玉篇**曰**, 餠屬, 用麪爲之, 中有餡. 資暇**錄**, 蕃中畢氏羅氏好食此味, **故**因名**焉**. 酉陽**曰**, 有人夢入畢羅店, 及醒, 店子曰, 郎君與客, 食畢羅二斤, 何不計直而去.(『松南雜識』)

775) 粉餌. **或從團從耑**.(『集韻, 糐糰糒』) → **音團**, 粉餌.(『松南雜識』)

776) 무림구사(武林舊事) : 송나라 주밀(周密)이 편찬한 책.

777) 원석절(元夕節) : 음력 정월 대보름.
* 『松南雜識』에는 '元夕前'으로 되어 있음.

778) 의리소(宜利少)·징사단자(澄沙糰子) : 모두 과자(果子)의 일종임.

779) 元夕**節物** …… **節**食所尙, **則乳糖團子鎚飳科斗粉豉湯水晶膾韭餠及南北珍果幷皂兒糕**宜利少澄沙糰子.(『武林舊事, 卷二, 元夕』) → 元夕**前**食所尙, 宜利少澄沙糰子.(『松南雜識』)

780) 集韻, **徒官切**, 音團, 粉餌. 武林舊事, 元夕前食所尙, 宜利少澄沙糰子.(『康熙字典, 糰』) → 集韻, 音團, 粉餌. 武林舊事, 元夕前食所尙, 宜利少澄沙糰子.(『松南雜識』)

함미
餡味

소식(蘇軾)의 시에서,

연하(煙霞)를 띤 말은 예부터 많지 않았고	語帶煙霞從古少
소순(蔬筍)을 머금은 기운 그대에게 이르러 없어졌네	氣含蔬筍到君無[781]

라고 하였는데, 그 주석에서 "소순(蔬筍)은 곧 교함(餃餡)이다"라고 하였다. 『옥편(玉篇)』에서 "떡 속에 맛난 것을 채운 것"이라고 하였으니 지금의 병소(餠蔬)이다. '餡'의 음은 '함'이다.

『자치통감강목(資治通鑑綱目)』의 '병담(餠餤)'의 주석에 "채소와 고기를 밀가루에 싸서 만든다"[782]라고 하였다.

수교
水餃

『정자통(正字通)』에서 "쌀가루에 엿을 섞어서 만든다. 마르고, 젖고, 작고, 크고, 일정하지 않다"라고 하였다. 단성식(段成式)은 "탕 속의 뇌구(牢九)"[783]라고 하였다.[784] 혹은 '분각(粉角)'이라고도 하는데 '교아(餃兒)'로 와전되었다.

---

781) 「증시승도통(贈詩僧道通)」.

782) **餤**, **杜覽反**. 餠, 餤也. 麵裹肉爲之.(『資治通鑑綱目, 卷四十一下, 中宗皇帝嗣聖九年, 夏五月』)→餠, 餤也. **註**, 麵裹**菜**肉爲之.(『松南雜識』)

783) 뇌구(牢九) : 牢丸. 찐떡.

784) 湯中牢**丸**.(『酉陽雜俎, 酒食』)→**食品**, 湯中牢**九**.(『松南雜識』)

파전

葱煮

진사도(陳師道)[785]의 시에 "떡을 굽고 기름에 살짝 파를 지진다(煮餠燒油葱)"[786]라고 하였으니 지금의 파적(葱炙)이다. 후사지(侯思止)[787]는 파란 파를 먹을 때 반드시 파를 묶고 고기를 얹었다.

뇌구

牢九

『강희자전(康熙字典)』의 주석에서 "쌀가루를 탄환(彈丸)처럼 빚어서 지지거나 쪄먹는 것을 뇌환(牢丸)이라고 한다. 민간에서는 '환(丸)'이 '구(九)'로 와전되어 쓰인다"[788]라고 하였다.

만두

饅頭

운서(韻書)에 饅은 만두(饅餖)라고 되어 있으니, 음은 '두'이다.

『정자통(正字通)』에서 "만두 중에서 머리가 열려 있는 것을 '탁타제(橐駝臍 : 낙타배꼽)'라고 한다. 오하(吳下)[789] 지역에서는 '치시(餾䭓)'라고 한다. 긴 것을 '견(繭 : 누에고치)'이라고 하고 비스듬한 것을 '도(桃 : 복숭아)'

785) 진사도(陳師道) : 송나라의 문인(1053~1102). 자는 이상(履常), 호는 후산거사(后山居士). 강서시파(江西詩派)의 주요 작가.

786) 煮餠燒油葱.(『後山集, 招黃魏二生』) → 煮餠澆油葱.(松南雜識)

787) 후사지(侯思止) : 당나라의 혹리(酷吏).

788) 屑米麪, 摶如彈**凡**, 煮烝噉之, **曰**牢**凡**. 俗譌作丸.(『康熙字典, 凡』) → 屑米麵, 摶如彈**丸**, 煮烝噉之, **謂**牢**丸**, 俗譌作九.(『松南雜識』)

789) 오하(吳下) : 지금의 소주(蘇州) 일대.

라고 한다"[790]라고 하였다.

『사물기원(事物起原)』에서 말하였다.

제갈량(諸葛良)이 노수(瀘水)를 건너려고 할 때였다. 그 지방의 풍속은 사람을 죽여서 그 머리로 신에게 제사를 지낸다는 것이었다. 제갈량은 양고기와 돼지고기를 다지고 밀가루로 사람의 머리를 대신 만들어 제사를 지내니 '만두(饅頭)'라는 이름이 여기에서 유래하였다.[791]

송(宋)나라 인종(仁宗)의 생일에 군신(群臣)에게 포자(包子)를 하사하니 바로 만두(饅飽)이다.[792]

『남당서(南唐書)』에서 '자모만두(子母饅頭)'[793]라고 하였으니 지금의 '석만두(石饅頭)'이다. 지금 제사에 만두를 사용하는 것은 예법(禮法)이 아니다.

속석(束晳)의 「병부(餠賦)」에 "봄에는 만두(饅頭), 여름에는 박탁(薄托), 가을에는 기수(起溲), 겨울에는 탕병(湯餠 : 떡국)이고 사철 모두 좋은 것은 오로지 뇌구(牢九)일세!"[794]라고 하였다.[795]

---

790) 饅開首者, 曰橐駝臍. 吳下呼餡 **啼**, **讀若匘詐**. **言熟食之肥也**. 長曰繭, 斜曰桃.(『正字通, 饅』) → 饅開首者, 曰橐駝臍. 吳下呼餡**膪**, 長曰繭, 斜曰桃.(『松南雜識』)

791) 諸葛武侯之征孟獲也, 人曰, 蠻地, 多邪術, 須禱于神, 假陰兵一以助之. 然蠻俗必殺人, 以其首祭之, 神則嚮之, 爲出兵也. 武侯不從, 因雜用羊豕之肉, 以包之以麵, 象人頭, 以祠神, 亦嚮焉而爲出兵. 後人, 由此爲饅頭.(『事物起原, 卷九, 饅頭』) → 諸葛亮, 將渡瀘水, 土俗, 殺人首祭神. 亮令以羊豕代, 取麪畫人頭祭之. 饅頭名始此.(『松南雜識』)

792) 『연익이모록(燕翼詒謀錄)』의 기록에 의하면, 대중(大中) 상부(祥符) 8년 2월 정유일에 인종황제(仁宗皇帝)의 생일을 맞아 진종황제(眞宗皇帝)가 매우 기뻐서 궁중에서 포자(包子)를 신하들에게 내려주었는데, 그 속에 금은보화가 들어있었다고 한다.

793) 子母饅頭, **舊法具存**.(『南唐書, 卷十七』) → 子母饅頭.(『松南雜識』)

794) 『古今事文類聚續集, 卷十七』에 수록된 속석(束晳)의 「병부(餠賦)」를 대폭 축약하고 변용하였음.

795) 正字通, **麪食也**. 饅開首者, 曰橐駝臍. 吳下呼**餡**膪, **讀若匘詐**. **言熟食之肥也**. 長曰繭, 斜曰桃. **晉書束晳賦**, **饅頭薄持**. 事物紀原, 諸葛亮**南征**, 將渡瀘水, 土俗殺人首祭

'薄托(박탁)'은 '餺飥(박탁 : 수제비)'이고 '기수(起溲)'는 '증병(蒸餠 : 찐 떡)'이니 민간에서는 술로 부풀려서 반죽[溲]한 것이라고 하니 '수(醙 : 백주)'의 와전이다.

부거
麮麩

진(晉)나라 가요(歌謠)[796]에,

> 작년에는 흰 쌀밥을 먹었더니 　　昔年食白飯
> 금년에는 보리기울을 먹누나 　　今年食麥麮[797]

라고 하였는데 '麮'의 주석에 "보리기울이다"라고 하였다.

『순자(荀子)』에서 "여름에는 오이와 볶은 보리밥을 준다[夏日則與之瓜麩]"[798]라고 하였는데, 그 주석에서 "거(麩)는 볶은 보리밥"[799]이라고 하였다.

神, 亮令以羊豕代, 取麪畫人頭祭之. 饅頭名始此. **又南唐有子母饅頭**. **燕翼詒謀錄**, 仁宗**誕日**, 賜羣臣包子, 卽饅頭**別名**.(『康熙字典, 饅』) → 正字通曰, 饅開首者, 曰橐駝臍. 吳下呼**餢**飳, 長曰繭, 斜曰桃. 事物起原**曰**, 諸葛亮, 將渡瀘水, 土俗, 殺人首祭神. 亮令以羊豕代, 取麪畫人頭祭之. 饅頭名始此. **宋**仁宗, 賜羣臣包子, 卽饅頭.(『松南雜識』)

796) 「경구요(京口謠)」.

797) 『晉書, 卷二十八, 志第十八, 咸寧二年十二月』.

798) 夏日則與**之瓜**麩.(『荀子, 富國篇』) → 夏日則與**麥**麩.(『松南雜識』)

799) 煮麥飯也.(『荀子, 富國篇』)

초리
麨麶

『급취편(急就篇)』의 주석에서 "볶은 쌀과 보리를 '초(麨)'라고 한다"[800)]라고 하였다.

『불국기(佛國記)』[801)]에서 "패다수(貝多樹) 아래에 오백 명의 장사꾼에게 볶은 보릿가루를 주고 숨어 있었다"[802)]라고 한 말이 이것이다.

『옥편(玉篇)』에서 "이(麶)는 보리술[麥酒]"[803)]이라고 하였고 또 "선연(䴼麵)"의 주석에 "햇보리로 떡을 만든다"[804)]라고 하였으니 지금의 '보리떡[麥餠]'이다.

흘두
紇頭805)

「진평전(陳平傳)」에서 '강흘(糠覈)'[806)]이라고 하였는데, 그 주석에서 "장안(長安) 사람들은 보리겨로 떡을 만드니 안은 단단하고 겉은 익은 것이다"[807)]라고 하였다.

---

800) **今人通以**熬米麥, 謂之麨.(『急就篇, 卷二, 甘殊美奏諸君』) → 熬米麥, 謂之麨.(『松南雜識』)

801) 불국기(佛國記) : 동진(東晉)의 승려 법현(法顯 : 337~422)이 승려 10여 명과 장안(長安)을 출발하여 중앙아시아 · 인도 · 스리랑카 · 인도네시아 등 30여 개국을 유람한 견문기(見聞記). 『고승법현전(高僧法顯傳)』 · 『동진법현기(東晉法顯記)』 · 『법현전(法顯傳)』이라고도 한다.

802) **佛於**貝多樹下, …… 五百賈客授麨, 密處.(『佛國記, 釋法顯』) → 貝多樹下, **有**五百賈客, 授麨, 密處.(『松南雜識』)

803) 麥酒也.(『玉篇, 麶』)

804) **新**麥爲餌.(『康熙字典, 麶』)

805) 흘두(紇頭) : 거친 보릿가루.

806) 糠覈.(『前漢書, 卷四十, 張陳王周傳, 第十』) → **糟**糠覈.(『松南雜識』)

807) 孟康曰, 覈, 麥糠中不破者也. 晉灼曰, 覈音紇, 京師人, 謂麤屑爲紇頭.(『前漢書, 卷四十, 張陳王周傳』) → 糟糠覈. 註, 長安人, 以麥爲餠, 內堅外熟者.(『松南雜識』)

운서(韻書)에서 "'흘(麧)'은 '麧(흘 : 보리싸라기)', 또는 '籺(흘 : 보리싸라기)'로 썼으니 보리를 갈 때 부서지지 않은 것이다"[808]라고 하였다.

두보(杜甫)의 시에서 "백성들은 겨나 보리싸라기도 부족하다[黎民糠籺窄]"[809]라고 한 말이 이것이다.

지금의 가짜떡[假餠] 수제비[水䬳]가 그것이다.

'탁(飥)'은 '무면불탁(無麪餺飥)'[810]이라고 하는 것이니, 우리말로는 '범벅'이다.

'강분호(糨粉糊)'는 곧 '보리죽[麥糊]'이고 '마츤(麻襯)'은 곧 '마백(麻䴽)'이니 우리말로 '깻묵'이다.

두부

豆腐

회남자(淮南子)의 「홍보원(鴻寶苑)」[811]에서 말한 '선식(仙食)의 기술'이다.

소식(蘇軾)의 시에 "콩을 끓여 두유(豆乳)를 만들고 지방은 연유를 만든다[煮豆爲乳脂爲酥]"[812]라고 하였고, 주희(朱熹)의 시에 "회남왕의 기술인지 진작부터 알았다[早知淮南術]"[813]라고 하였다. 또 포(泡)라고 부르기

---

808) 麥之磨不碎者. **漢書, 食糠麧, 亦作麧**.(『韻府羣玉, 麧』) → **麧作麧**. 麥之磨不碎者.(『松南雜識』)

809) 「구수자적창이(驅豎子摘蒼耳)」.

810) 무면불탁(無麪餺飥) : 밀가루 음식의 일종.
  *『松南雜識』에는 '無麵不乇'으로 되어 있음.

811) 홍보원(鴻寶苑) : 회남자(淮南子)의 도술서의 편명(篇名). 그 내용은 신선술, 귀신을 부리는 법 등으로, 베개 속에 감추어 두고 유출하지 않았다고 한다. 『前漢書, 劉向傳』

812) 「답이유자여왕낭견화(答二猶子與王郎見和)」.

813) 「차류수야소식 십삼운 두부(次劉秀野蔬食 十三韻 豆腐)」.
  *『본초강목(本草綱目), 곡사(穀四), 두부(豆腐)』에 의하면 두부(豆腐)는 회남왕(淮南王) 유안(劉安)에게서 유래했다고 한다.

도 한다.

황희(黃喜)는 성조(聖朝)가 오랫동안 국운을 누리는데, 한정 없이 희생을 죽일 수는 없다고 하여 왕릉(王陵)마다 조포사(造泡寺)[814]를 두었다. 두부 먹고 체했을 때의 치료법은 의서(醫書)에는 기재되어 있지 않지만 쌀뜨물로 고친다. 숙종이 천연두(天然痘)를 앓으면서 부터 처음 사용하였다.

소금나무
鹽樹

『유편(類編)』에서 "부함(檄檻)은 나무의 이름이니 잎은 참죽나무[椿]와 같으며 오(吳)와 촉(蜀)의 산골짜기에서 나는데, 씨 위에 서리와 같은 소금이 있다"[815]라고 하였다.

소금
蘇甘

『설부(說郛)』[816]에서 "고려의 방언에 '염(鹽)'을 '소금[蘇甘]'이라고 한다"[817]라고 한 것은 필시 바닷물[潮海]로 만들어져서 '짜다[鹹]'는 말이 와전된 것이다. 그 색은 청색 · 백색 · 홍색 · 자주색 · 검은색이 모두 있다.

지봉(芝峯) 이수광(李睟光)이 말하였다.

---

814) 조포사(造泡寺) : 능(陵)이나 원(園)에 딸려서 제향(祭享)에 쓰는 두부를 맡아 만드는 절.

815) 檄檻, 木名. 葉如椿, 生吳蜀山谷中, 子上有鹽如霜.(『類編, 檄』)

816) 설부(說郛) : 원말(元末) · 명초(明初)의 도종의(陶宗儀)가 편찬한 총서(叢書). 야사(野史) · 수필 · 경전(經典) · 전기(傳記) · 문집 · 소설 등 비정통적인 진기한 서적 1,000여 종을 초록(抄錄)하여 편찬한 것이다.

817) 鹽**曰**蘇甘.(『說郛, 卷五十五』) → **以**鹽**爲**蘇甘.(『松南雜識』)

곰(熊)이 소금을 먹으면 죽고 쥐(鼠)가 먹으면 날 수 있다. 여석(礜石)[818]을 쥐가 먹으면 죽고 누에가 먹으면 살이 찐다고 하니 대개 옛날 말이다.

나의 생각은 이렇다.

소금의 맛은 짜니 북방의 물(水)에 속하고 웅(熊)자는 화(火)를 따르니 바로 불(火)의 짐승이다. 물(水)이 불(火)을 이기기 때문에 곰이 소금을 먹으면 죽는다. 쥐는 십이진(十二辰) 중에서 자(子)가 되고 북방에 속하니 물(水)의 짐승이다. 마치 초목(草木)을 소(牛)가 먹으면 무성해지지만 양(羊)이 먹으면 말라죽는 것과 같다. 어떤 이는 "소는 토(土)의 짐승으로 만물(萬物)을 기를 수 있고 양은 금(金)의 짐승으로 죽이는 것을 주로 하기 때문에 그렇다"라고 하였다.[819]

근자에 곰에게 물렸다가 소금을 바르고 살아난 사람이 있다고 한다.

목염 · 석염
木石鹽

『설문해자(說文解字)』에서 "서방(西方)에서는 소금을 '로(鹵)'라고 하고 동방(東方)에서는 '척(㡿)'이라고 한다"[820]라고 하였다.

『광운(廣韻)』에서 "천연의 소금을 '로(鹵)'라고 하고 사람이 만든 소금

---

818) 여석(礜石) : 비소(砒素)를 함유한 유독성 광물.

819) **鹽**, 熊食則死, 鼠食則飛, **蓋**古語也. 余謂**鹽**味鹹, 屬北方水也, 熊字從火, 乃火畜, 水克火故也. 鼠, 十二辰爲子, 屬北方水畜也, 亦猶草木牛食之**則**茂盛, 羊食之**則**枯死. 或者, **以爲**牛土畜, **土**能養物, 羊金畜, 金主殺伐故也, 言**頗有理**.(『芝峯類說, 卷二十, 禽蟲部, 獸』) → 熊食則死, 鼠食則飛, **若礜石**, **鼠食之死**, **蠶食之肥**, **盖**古語也. 余謂**塩**味鹹, 屬北方水也, 熊字從火, 乃火畜, 水克火故也. 鼠十二辰爲子, 屬北方, 水畜也, 亦猶草木牛食之, 茂盛, 羊食之, 枯死. 或者, 牛土畜, 能養物, 羊金畜, 金主殺伐故也.(『松南雜識』)

820) 東方謂之㡿, 西方謂之鹵.(『說文解字, 鹵』) → 西方謂之鹵, 東方謂之㡿.(『松南雜識』)

을 '염(鹽)'이라고 한다"[821]라고 하였다.

「홍범(洪範)」의 소(疏)에서 "물의 성질은 본래 단데 오랫동안 땅에 스며들어 있으면 변해서 소금이 된다"[822]라고 하였다.

『동국문헌비고(東國文獻備考)』에서는 "숙사씨(夙沙氏)가 바닷물을 달여 소금을 만들었으니 이것이 소금의 시초이다"라고 하였다.

운서(韻書)에서 "하동(河東)에는 염지(鹽池)가 있고 촉(蜀)에는 염정(鹽井)이 있다"[823]라고 하였다.

짠땅에서 나는 것이 있는가 하면 우물에서 나는 것도 있고 벼랑에서 나는 것이 있으며 바위에서 나는 것이 있고 나무에서 생산되는 것이 있다.[824]

지봉(芝峯) 이수광(李睟光)이 "북방 오랑캐 지역에서는 소금이 나무와 바위에서 나온다. 지금 건주(建州)의 오랑캐는 소금이 없기에 싸리나무 끝의 진으로 간을 맞추어 소금의 대용으로 쓴다"[825]라고 하였다.

지금 육진(六鎭)[826]에서도 그렇게 한다고 한다. '석염(石鹽)'은 흑루국(黑婁國)에서 난다고 한다.[827]

우리나라 동해(東海)의 소금은 쇠에서 달이기 때문에 '철염(鐵鹽)'이라

---

821) 廣韻**云**, 天生曰鹵, 人造曰鹽.(『本草綱目, 卷十一, 金石之五, 食鹽』) → 廣韻曰, 天生曰鹵, 人造曰鹽.(『松南雜識』)

822) 水性本甘, 久浸其地, 變而爲鹵.(『書經, 周書, 洪範』)

823) 東**海**鹽地, **流廣大也**, **西川**鹽井, **源泉深也**.(『佩文韻府, 水鹹』) → **河**東**有**鹽地, **蜀有**鹽井.(『松南雜識』)

824) **正字通**, **鹽種類非一**, 或出於鹵地, 或出於井, 出於崖, 或出於石, 出於木.(『康熙字典, 鹽』) → 或出於鹵地, 或出於井, 出於崖, 或出於石, 出於木.(『松南雜識』)

825) 胡中鹽, 出於木石. **聞**今建州夷無鹽, 以杻木頭汁, 和味以當鹽.(『芝峯類說, 卷二, 諸國部, 北虜』) → 胡中鹽, 出於木石. 今建州夷無鹽, 以杻木頭汁, 和味以當鹽.(『松南雜識』)

826) 육진(六鎭) : 조선 시대에, 지금의 함경북도 북변(北邊)을 개척하여 설치한 여섯 진(鎭). 세종 때 둔 것으로, 경원 · 경흥 · 부령 · 온성 · 종성 · 회령의 진을 이른다. ≒ 동북 육진.

827) 黑婁, **近土魯番**, **山川草木禽獸皆黑**, **男女亦然**, **有鹽澤産**石鹽.(『芝峯類說, 卷二, 諸國部, 外國) → 石鹽, **出**黑婁**國**.(『松南雜識』)

고 하는데 맛이 쓰고 색은 검다. 서해(西海)의 소금은 흙에서 달이기 때문에 '토염(土鹽)'이라고 하는데 맛이 달고 색은 희다.

강릉(江陵)에는 소금못[鹽澤]이 있는데 아는 사람이 없다고 한다.

장국

醬麴

운서(韻書)에서 '메주[幽豉]'라고 하였으니 유시[幽豉]는 바로 우리나라에서 이른바 '훈조(薰造)'이다.

『제민요술(齊民要術)』에서 "장(醬)을 만드는 법은 뜨겁게 끓는 물에 콩을 담가 누렇게 된지 한참 뒤에 일어서 건져내어 찐다"[828]라고 하였다.

또 속설에 맛이 쓴 장에는 마른 북어(北魚)를 집어넣으면 장맛이 돌아오고 그 북어를 개에게 던져주면 먹지 않는다고 한다.

육기(陸機)가 이른바 "천리(千里)의 순나물국과 말하(末下)의 소금 메주[千里蓴羹, 末下鹽豉]"[829]나 유빈(柳玭[830])이 "효성스럽고 공경하며 충성되고 신실한 사람도 젓갈과 장[醢醬]을 먹는다"[831]라고 한 말이 이것이다.

소식(蘇軾)의 시에 "다만 절 부엌의 잘 빚은 메주향기를 사랑한다[但愛齋廚法豉香]"[832]라고 하였다.

---

828) 作熱湯, **於大盆中**浸豆, 黃良久, 淘汰**挼去黑皮**漉而蒸之.(『齊民要術, 卷八, 作醬等法, 第七十』)→作**醬法**, 熱湯浸豆, 黃良久, 淘汰漉而蒸之.(『松南雜識』)

829) **又嘗詣侍中王濟, 濟指羊酪謂機曰, 卿吳中, 何以敵此. 答云**, 千里蓴羹, 末下鹽豉, **時人稱爲名對**.(『晉書, 卷五十四, 列傳第二十四, 陸機』)→**陸士衡詣王武子, 武子有數斛羊酪, 指以示陸曰, 卿東吳, 何以敵此**. 陸**云**, 千里蓴羹, 末下鹽豉.(『古今事文類聚續集, 卷十六, 食物部, 千里蓴羹』)→陸機所謂千里蓴羹, 末下鹽豉.(『松南雜識』)
* 송나라의 증삼이(曾三異)는 『인활록(因活錄), 전갱(蓴羹)』에서 '千里'와 '末下'는 平江郡에 속하는 지명이라고 하였으니, 본 역서에서는 그의 설을 따른다.

830) 유빈(柳玭) : 당나라 소종(昭宗) 때의 명신.

831) **至於**孝**慈友**悌忠信**篤行**, **乃**食之醢醬, **可一日無哉**.(『古今事文類聚後集, 卷七, 人倫部, 誡子孫訓』)→**唐**柳玭**家誡曰**, 孝悌忠信, **乃**食之醢醬, **豈可一日無哉**.(『淵鑑類函, 卷三百九十一, 食物部四, 孝悌醢醬』)→柳玭之孝悌忠信, 食之醢醬.(『松南雜識』)

지금도 절의 메주를 훌륭한 것으로 친다.

초시
草豉

『본초강목(本草綱目)』에 "파서(巴西)의 여러 나라에서 난다. 풀은 부추 모양 같다. 메주가 꽃 속에서 나니 그 나라사람들은 그것을 먹는다"[833] 라고 하였다.

깍지장
殼萁醬

양운(楊惲)의 시에 "한 이랑에 콩을 심었더니 떨어져 깍지가 되었네[種一頃豆落而爲萁]"[834]라고 하였다. 조식(曹植)의 시에 "콩을 볶는데 콩 깍지를 태우는구나[煮豆燃豆萁]"[835]라고 하였다.

우리나라에서는 '깍지(殼萁)'라고 하니 지금 소에게 먹이는 것이다.

세상에 다음과 같은 이야기가 전해온다.

임진왜란 때 명나라의 장군이 우리나라에 장(醬)이 없다고 트집을 잡으면서 군대를 돌리려라고 하였다. 이때 오성(鰲城) 이항복(李恒福)[836]이

---

832) 『東坡詩集註, 卷九, 余去金山五年而復至, 次舊詩韻贈寶覺長老』.

833) 生巴西諸國, 草似韭狀, 豉出花中, 彼人食之.(『本草綱目, 卷二十六, 草豉』)

834) 「보손회종서(報孫會宗書)」.

835) 「칠보시(七步詩)」.

836) 이항복(李恒福) : 조선중기의 문신(1556~1618). 본관은 경주(慶州). 자는 자상(子常). 호는 백사(白沙). 고려의 명신 이제현(李齊賢)의 후손으로 참찬 이몽량(李夢亮)의 아들이며 권율(權慄)의 사위이다. 임진왜란이 일어나자 선조를 따라 의주로 갔으며, 이후 병조판서가 되어 명나라 군대의 파견을 요청하는 한편 국왕의 근위병을 모집하는 데 주력했다. 왜란이 끝난 1599년 좌의정을 거쳐 이듬해에 영의정이 되었으며, 1602년 오성부원군(鰲城府院君)에 진봉되었다. 저서에 『백사집』이 있다.

가서 사흘 안에 삼천 동이의 장을 장만하겠노라 약속을 하고는 평양성 안의 콩깍지, 즉 우리나라에서 깍지라고 하는 것을 거두어 들여 물에 끓이니 색이 검어졌다. 그것을 동이에 붓고 소금을 섞으니 맛만 묵은 장보다는 못할 뿐이었다고 한다.

내가 한번 이렇게 만들어서 오랫동안 숙성 시켜보니 진짜 장보다 못하지 않았다.

초장
椒漿

『이소경(離騷經)』에서 "동이의 계주(桂酒)[837]여! 초장(椒漿)이로다[樽桂酒兮椒漿]"[838]라고 하였는데, '장(漿)'은 주석에서 "초(酢)이다"라고 하였다.

지금 쌀뜨물에 묵은 메주를 타서 새우·대합·인삼·당귀·고추를 섞어 장을 만드니 그것을 '약고추장'이라고 한다"라고 하였다.

즙장
汁醬

지금 고기국물을 꿀에 타고 가지와 오이, 고추를 메주가루와 함께 섞은 후에 여름철에 풀 더미 속에 넣어 은근히 익힌 것을 이른다.

837) 계주(桂酒) : 계향(桂香)을 넣어 담근 술.
838) **樽**桂酒兮椒漿.(『楚辭, 九歌, 東皇太一』) → **尊**桂酒兮椒漿.(『松南雜識』)

구평제
韮蓱虀

『진서(晉書)』에서 말하였다.

석숭(石崇)이 손님을 위하여 팥죽을 쑤면 순식간에 마련해 냈다. 그리고 언제나 겨울에도 구평제(韮蓱虀)가 있었다. 왕개(王愷)가 그렇게 할 수 있는 이유를 장하(帳下)의 도독(都督)에게 캐물으니, 다음과 같이 대답하였다.

"팥은 잘 익지 않으니 미리 익혀서 맛을 내두었다가 손님이 오면 흰죽을 쑤고 팥을 집어넣습니다. 구평제(韮蓱虀)는 부추 뿌리를 찧고 보리 싹을 섞은 것일 뿐입니다"[839]

우리나라 이은(李溵)[840]의 겨울 뱅어(白魚)국은 파와 죽순을 채워 넣고 물고기 살로 맛을 내어 뱅어 모양 같이 만든 후에 눈을 만들어 꽂았으니 바로 이것이다.

옹제
甕齏

소식(蘇軾)이 말하였다.

---

839) 崇爲客作豆粥, 咄嗟便辦. 每冬, 得韮蓱虀. **嘗與愷出遊, 爭入洛城, 崇牛迅若飛禽, 愷絶不能及**. 愷**每以此三事爲恨, 乃密貨崇**帳下, **問其所以**. **答**云, 豆至難**煮**, 豫作熟**末**, 客來, 但作白粥**以**投之**耳**. 韮蓱虀, 是擣韮根, 雜以麥苗**耳**.(『晉書, 卷三十三, 列傳第三, 石苞』)→崇爲客, 作豆粥, 咄嗟便辦. 每冬, 得韮蓱虀. **王愷**, **問其**帳下, 云, 豆至難**熟**, 豫作熟**味**, 客來, 但作白粥投之. 韮蓱虀, 是擣韮根, 雜以麥苗.(『松南雜識』)

840) 이은(李溵) : 조선 후기의 문신(1722~1781). 본관은 덕수(德水). 자는 치호(稚浩). 호는 첨재(瞻齋). 1759년 과거에 급제하여 호한성부판윤, 좌의정 등을 역임했다. 시호는 충목(忠穆).

왕장원이 급제하기 전에 술에 취해서 변하(汴河)로 떨어지니 수신(水神)이 부축해 꺼내주며 말하였다.

"공에게는 삼백만금의 요전(料錢)[841]이 있으니 만약 죽으면 어느 곳에 모두 쓰겠습니까?"

가난한 선비가 그것을 본떠서 거짓으로 취하여 변하(汴河)에 떨어지니 하신(河神)이 또 부축해 꺼내주었다. 선비가 기뻐서 말하였다.

"나의 요전(料錢)은 얼마요?"

하신(河神)이 말하였다.

"삼백 동이의 김치(黃齏)가 있으니 다 쓸 곳이 없구려."[842]

지금의 '두곽엽(豆藿葉)'이다.

미식

米食

본래는 율무가루를 꿀물에 타서 마신다. 지금은 쌀가루·설탕·칡가루를 모두 '율무'라고 하여, 미식(米食)을 만드니 옛날의 후비(糇糒)이다. 혹은 가을밀을 볶아서 가루로 만들어 마시면 요기(療飢)를 하고 더위를 물리칠 수 있다.

---

841) 요전(料錢) : 당송 시대에 관료들에게 녹봉 이외에 식료품이나 돈으로 환산해 지급하던 것.

842) **蘇**曰, 王狀元未第時, 醉墮汴河, **爲**水神扶出曰, 公有三百千料錢, 若死**於此**, 何處消**破**. **明年**, **遂登第**. 士**有久不第者**, **亦**效之, 陽醉落河. 河神亦扶出. 士**大**喜曰, 我料錢幾何. 神曰, **吾不知也**. **但**三百甕黃齏, 無處消**破耳**.(『古今事文類聚別集, 卷二十, 性行部, 河神所侮』)→**東坡**曰, 王狀元, 未第時, 醉墮汴河, 水神扶出曰, 公有三百千料錢, 若死, 何處消**散**. **窮**士效之, 陽醉落河. 河神亦扶出. 士喜曰, 我料錢幾何. 神曰, **有**三百甕黃齏, 無處消**散**.(『松南雜識』)

냉면
冷麪

두보(杜甫)의 시 「홰나뭇잎 냉면[槐葉冷淘]」의 주석에서 "야호천(野狐泉)의 어떤 노파가 '수화냉도(水花冷淘)'를 잘 만들었는데, 오도(吳刀)[843]로 썰어 낙주(洛酒)로 씻으니 부자들이 돈을 갖고 와서 사먹었다"[844]라고 하였다.

소식(蘇軾)의 시에 "푸른 달걀이 뜬 그릇 안의 홰나무순으로 만든 떡"[845]이라고 하였으니 지금의 '평양냉면'과 같다.

전도면
剪刀麪

『운선잡기(雲仙雜記)』[846]에서 "유공권(劉公權[847])이 금양서(錦樣書)를 만들어 진상하니 왕이 막 전도면(剪刀麵)과 월아국(月兒羹)을 먹다가 그에게도 내려주라고 명하였다"[848]라고 한 말이 이것이다. 지금은 '절면(折麵)'[849]이라고 한다. 근래에는 '도미국수(禿尾麵)'라는 것이 있어서 후어(厚

843) 오도(吳刀) : 오(吳) 지방에서 사용하던 칼.

844) 野狐泉一媼, 善製水花冷淘, 切以吳刀, 淘以洛酒, 富子携金, 食之. **杜有槐葉冷淘詩**.(『韻府羣玉, 卷五, 冷淘』) → **杜詩槐葉冷淘註**, 野狐泉一媼, 善製水花冷淘, 切以吳刀, 淘以洛酒, 富子携金, 食之.(『松南雜識』)

845) 靑浮卯**椀**槐芽**餠**.(『東坡詩集註, 卷三十, 詠物, 二月十九日, 攜白酒鱸魚, 過詹使君, 食槐葉冷淘』) → 靑浮卯**盌**槐芽**麵**.(『松南雜識』)

846) 운선잡기(雲仙雜記) : 당나라의 풍지(馮贄)가 여러 책에 실린 고인의 일화 등을 모아서 편찬한 책

*『松南雜識』에는 '雲仙錄'으로 되어 있음.

847) 유공권(劉公權) : 당나라의 정치가・서예가(778~865). 자는 성현(誠懸). 해서(楷書)에 능했으며, 벼슬은 공부 상서에 이르렀다.

848) 柳公權, **以隔風紗**, 作**龍城記**, **及入朝**, **名品號**錦樣書以進, 上方御剪刀麵月兒羹, **卽**命**分**賜.(『雲仙雜記, 卷六, 剪刀麵月兒羹』) → 柳公權, 作錦樣書以進, 上方御剪刀麵月兒羹, 命賜**之**.(『松南雜識』)

魚)를 썰어 만드는데, '승가기(勝歌妓)'[850]라고 한다. '괘면(掛麵)'은 바로 마른 것이니 지금 왜면(倭麪)과 당면(唐麵)의 종류이다. '납조면(拉條麵)'은 바로 판으로 누른 것(板壓)이니 쟁반 수제비이다.

국수
麴讐

『본초강목(本草綱目)』에 "광랑(桄榔)[851]의 열매 속은 밀가루 같아서 먹으면 배가 고프지 않다"[852]라고 하니 '면수(麵樹)'라고 부른다.

소식(蘇軾)의 시에서 "쪼갠 광랑 속의 눈가루[雪粉剖桄榔]"[853]라고 하였고 운서(韻書)에서는 "사라(桫欏)는 광랑과 비슷하여 밀가루가 나온다"[854]라고 하였다.

지금 민간에서 전하는 말에 밀가루를 누룩에 넣으면 술의 맛이 없기 때문에 밀가루를 '국수(麴讐 : 누룩의 원수)'라고 한다고 하지만, 메밀을 두고 하는 말이지 밀[眞麥]을 말하는 것이 아니다.

평양냉면 이전에는 '나주면(羅州麪)'이 이름을 떨쳤다고 한다.

속석(束晳)의 부(賦)에,

중라면(重羅麪)[855] 重羅之麪

---

849) 절면(折麵) : 칼국수

850) 승가기(勝歌妓) : 잉어와 조기를 넣고 끓인 요리의 한 가지.

851) 광랑(桄榔) : 야자과의 상록교목. 꽃의 즙으로는 사탕을 만들고, 줄기로는 전분을 만들며, 잎자루의 섬유로는 끈을 만듦.

852) 桄榔子, **味苦, 平無毒, 主宿血. 其木, 似栟櫚而堅硬, 研其**內, **有**麵. **大者數斛**, 食之不**饑**.(『證類本草, 卷十四, 桄榔子』) → 桄榔子, 內如麪, 食之不飢.(『松南雜識』)

853) 「의이(薏苡)」

854) 桫欏, **木名, 出崑崙山. 木**似桄榔, 出麪.(『古今韻會擧要, 卷七, 桫』) → 桫欏, 似桄榔, 出麪.(『松南雜識』)

855) 중라면(重羅麪) : 체로 두 번 걸러서 만드는 매우 가는 국수.

먼지가 날리는 듯 흰 눈인 듯　　　　塵飛雪白[856)]

이라고 하였다.

유규(劉逵)는 "양목(穰木)의 껍질 속에는 흰 쌀가루 같은 것이 들어 있는데 말려서 빻은 뒤에 물을 섞으면 떡을 만들 수 있으니 밀가루 같으며 교지(交趾)에서 난다"[857)]라고 하였다. 또 『본초강목(本草綱目)』에는 "사목(莎木)[858)]의 껍질 안에는 밀가루가 몇 휘나 나오니 희누런 색으로 영남(嶺南)에서 생산된다"[859)]라고 하였다.

초엄
醋釅

『동헌필록(東軒筆錄)』[860)]에서 "군자는 신 음식을 즐겨 먹고 소인은 짠 음식을 즐겨 먹는다. 짠 맛은 물의 성질을 얻어서 아래로 내려가고 신 맛은 나무의 성질을 얻어 위로 올라간다"[861)]라고 하였다.

『백호통의(白虎通義)』에서 "나무의 맛이 신 이유는 무엇인가? 동방은 만물이 생겨나는 곳이다. 신맛으로 생명을 이루니 마치 다섯 가지 맛이 신 맛을 얻어 완성되는 이치와 같다"[862)]라고 하였다.

---

856) 「병부(餠賦)」

857) 穰木, **樹**皮中, 有如白米屑者, 乾擣之, 以水淋之, 可作餠, 似麵. 交趾**盧亭**有之.(『文選, 卷五, 吳都賦』) → 穰木皮中, 有如白米屑者, 乾擣之, 以水淋之, 可作餠, 似麵. 交趾有之.(『松南雜識』)
　＊『文選, 左思, 吳都賦』에 대한 유규(劉逵)의 주석인데, 『松南雜識』에는 이선(李善)의 글로 오기되어 있음.

858) 사목(莎木) : 『松南雜識』에는 '홍목(葒木)'으로 오기되어 있음.

859) **莎**木, **生嶺南山谷**. **大者**, **木**皮內, 出**麪**數斛, 色黃白.(『本草綱目, 卷三十一, 果之三, 莎木麪』) → **葒**木皮內, 出**麵**數斛, 色黃白, **嶺南有之**.(『松南雜識』)

860) 동헌필록(東軒筆錄) : 송나라 위태(魏泰)가 지은 책. 15권.

861) 君子**多**喜食酸, 小人**多**喜食鹹. **蓋**酸得木性而上, 鹹得水性而下**也**.(『東軒筆錄, 卷十五』) → 君子喜食酸, 小人喜食鹹. 鹹得水性而下, 酸得木性而上.(『松南雜識』)

산곡(山谷) 황정견(黃庭堅)이 「제석각화상초(題石恪畫嘗醋)」[863]에서

> 돌할미는 신맛을 참느라고 주둥이가 세 자나 나왔고 石嫗忍酸喙三尺
> 돌할아범은 맛을 보고 얼굴을 온통 찡그렸네 石皤嘗味面白摺

라고 한 말이 이것이다.

'엄(醶)'은 주석에서 '술이 신 것'[864]으로 옛날의 '도화산(桃花酸)'이다. 범질(范質)은 코로 세 말의 초를 들이마시면 재상이 될 수 있다고 말하였다.[865]

연유
燃油

『동국문헌비고(東國文獻備考)』에서 말하였다.

> 황제(黃帝)가 나무열매를 주워 볶아서 기름을 만들었다. 지금 기름을 짜내는 재료는 깨 이외에 물고기 종류로 고래·복어가 있다. 동물 종류로는 곰·돼지·소·양·개·멧돼지가 있고 새 종류로는 닭·오리가 있다. 풀 종류에는 삼씨·면화씨가 있고 나무 종류로는 산초(山椒)·수유(茱萸)가 있으니 곧 소동(蘇桐)·동백(冬栢)·개오동나무 열매(檟實) 등이 매우 많다.

---

862) 木味**所以**酸者, 何. 東方, 萬物之生也. 酸**者**, 以達生也, 猶五味得酸, 乃達也.(『白虎通義, 卷上, 五行』)→木味酸者, 何. 東方, 萬物之生也. 酸以達生也, 猶五味得酸, 乃達也.(『松南雜識』)

863) 『松南雜識』에는 '題石路畫嘗醋'로 되어 있음.

864) 醶, 酒**醋味厚**, **魚欠切**.(『廣韻, 醶』)→醶, **註**, 酒**酸**.(『松南雜識』)

865) 范質**嘗謂同列曰**, **人能**鼻吸三斗**醇**醋, **即可爲宰相矣**.(『古今事文類聚, 別集, 卷十六, 性行部, 三斗醋』)→范質, 鼻吸三斗醋醶.(『松南雜識』)

맹화유
猛火油[866]

『작몽록(昨夢錄)』에 말하였다.

맹화유(猛火油)는 고려 동쪽에서 난다. 무더운 여름날 해가 한껏 달구어 바위가 극도로 뜨거워지면 액체가 나오는데, 다른 물건이 그것에 부딪히면 불이 된다. 오직 진짜 유리그릇이라야 그것을 담을 수 있다.[867]

『박물지(博物志)』에서 "기름이 만 섬 정도 가득 쌓이면 저절로 불이 붙는다"[868]라고 하였다. 또 석유(石油)는 『수경주(水經注)』에서 "고노현(高奴縣)에 유수(洧水)가 있는데, 기름기가 있어서 불을 붙일 수 있다"[869]라고 하였다.

이리기름
狼膏

『주례(周禮)』에서 "겨울에는 이리를 바치고 여름에는 고라니를 바친다"[870]라고 하였는데, 그 주석에서 "이리기름(狼膏)은 응집되고 고라니

866) 맹화유(猛火油) : 석유(石油).

867) 猛火油**者**, **聞**出**於**高麗**之**東數千里日初出之時, 因盛夏, 日力烘, 石極熱, 則出液, 他物遇之, 卽爲火, 惟眞瑠璃器, 可貯之.(『說郛, 卷三十四上, 昨夢錄』) → 猛火油, 出高麗東數千里日初出之時, 因盛夏, 日力烘, 石極熱, 則出液, 他物遇之, 卽爲火, 惟眞瑠璃器, 可貯之.(『松南雜識』)

868) 積油滿萬石, **則**自然生火.(『博物志, 卷四, 物性』) → 積油滿萬石, 自然生火.(『松南雜識』)

869) 高**奴縣有**洧水, 肥可爇.(『水經注, 卷三』) → 高**孥**洧水, 肥可然.(『松南雜識』)

870) 冬獻狼, 夏獻麋.(『周禮注疏, 卷四, 天官, 冢宰』)

기름(麋膏)은 흩어지니 모이면 따뜻하고 흩어지면 서늘하다"[871]라고 하였다.

비해
蠯醢

『주례(周禮)』의 주석에서 "비(蠯)는 대합(大蛤)이다"[872]라고 하였으니, 지금의 '연해(淵醢)'가 이것이다.

『북호록(北戶錄)』에서 "광동 사람들이 큰 개미의 알을 파내어 젓을 담으니 '의자장(蟻子醬 : 개미알장)'이라고 한다. 바로 지해(蚳醢 : 개미알젓)이다"[873]라고 하였으니 지금의 게알젓이나 물고기알젓의 종류와 비슷하다.

지금 바닷가 마을은 여름 즈음에 숫굴을 캐어 소금에 예닐곱 해 절여 두 색이 검어지고 맛이 대단히 좋으니 '굴장(屈醬)'이라고 한다. 게장에 비해 더욱 맛있으니 금곡원(金谷園)이나 순국공(郇國公)[874]의 주방에도 없었을 듯하다.

또 배・생강・무・고추를 버무린 데다 숫굴을 넣은 것을 '굴김치(屈沈菜)'라고 한다. 어떤 이는 "복어알은 사람이 먹으면 즉사하고 길에 버리면 새나 짐승도 피해가고 먹지 않지만 소금에 절여 오륙 년 땅 속에 묻어 두면 맛이 좋고 체증(滯症)을 고칠 수 있다"라고 한다.

---

871) **云冬獻狼者, 狼山獸, 山是聚, 故**狼膏聚, 聚則溫, **故冬獻之. 云**夏獻麋**者, 麋是澤獸, 澤主銷散, 故**麋膏散, 散則涼, **故夏獻之.**(『周禮注疏, 卷四, 天官, 冢宰』) → 狼膏聚, 麋膏散, 聚則溫, 散則涼.(『松南雜識』)

872) 蠯, 蛤也.(『周禮, 天官, 冢宰』)

873) 蚳醢**也. 今山源間, 有蟻子於茅根下爲窠者, 收卵爲醬也.**(『北戶錄, 卷二, 食目, 蟻子醬』) → 北戶錄, 廣人**於山間**, 掘**取**大蟻卵, 爲醬, 名蟻子醬.(『佩文韻府, 卵』) → 北戶錄云, 廣人, 掘大蟻卵, 爲醬, 名蟻子醬, **卽**蚳醢.(『松南雜識』)

874) 금곡원(金谷園) : 진(晉)나라 석숭(石崇)의 별장으로 극도로 사치로웠음.
순국공(郇國公) : 당나라의 위척(韋陟)을 가리킨다. 그의 음식 사치는 대단하여 주방에 언제나 산해진미가 가득했다고 한다.

『공자가어(孔子家語)』에서 말하였다.

지금 저 난초뿌리를 사슴젓갈[鹿醢]에 삼 년 간 절여서 잘 익은 뒤에 먹어보면 네 마리 말과 바꿀 정도로 맛있다. 이는 난초 뿌리의 맛이 아니고 절인 솜씨가 좋은 것이다.[875]

타락
駝酪

『운회(韻會)』에서 "수(酥)는 낙(酪)의 등속이니 소젖이나 양젖으로 만드는데 우수(牛酥)가 좀 더 낫다"[876]라고 한다.

북방에서 '마사가유(馬思哥油)'라고 부르는 물건이 이것이다.[877]

이릉(李陵)이 「소무(蘇武)에게 답하는 편지[答蘇武書]」에서 "노린내 나는 고기와 낙장(酪漿)으로 기갈(飢渴)을 채웠다[羶肉酪漿以充饑渴]"라고 하였는데 그 주석에서 "낙장(酪漿)은 유즙(乳汁)이다"[878]라고 하였다.

지금 중국 사람들은 낙타우유를 마시기 때문에 '타락(駝酪)'이라고 한다. 우리나라는 우유(牛乳)를 쌀에 섞어서 죽을 만들면서도 '타락죽(駝酪粥)'이라고 한다. 진(晉)나라의 왕제(王濟)가 양락(羊酪)을 먹었으니[879] 오래전부터 있던 음식이다.

『한서(漢書), 예악지(禮樂志)』의 '동마주(挏馬酒)'[880]의 주석에서 "말의

---

875) 今夫蘭本, 三年湛之以鹿**醢**, 旣成, 噉之**則**易之匹馬, 非蘭之本性也, **所以**湛**者**, 美**矣**.(『孔子家語, 卷四, 六本第十五』) → 今夫蘭本, 三年湛之以鹿**醢**, 旣成, 噉之, 易之匹馬, 非蘭之本性也, 湛**之**美**也**.(『松南雜識』)

876) 酪屬. 牛羊乳爲之, 牛酥, 差勝.(『古今韻會擧要, 酥』)

877) **北虜**, 名馬思哥**油**.(『本草綱目, 卷五十下, 酥』) → **北方**, 名馬思哥.(『松南雜識』)

878) 羶肉酪漿以充**飢**渴. 〈**烏孫公主歌曰**, **肉爲食**, 酪**爲**漿.〉(『文選, 卷四十一, 答蘇武書』) → 羶肉酪漿以充**饑**渴. **註**, 酪漿, **乳汁也**.(『松南雜識』)

879) 「장국(醬麴)」 조의 주석 참조

880) 동마주(挏馬酒) : 마락(馬酪).

젖으로 술을 만드는데 흔들어야[撞挏] 완성된다"[881]라고 하였다.

전죽
饘粥

『전한서(前漢書), 문제기(文帝紀)』에서 "관리의 녹봉으로 의당 죽을 받을 자[吏廩當受粥者]"라고 하였는데, 그 주석에서 "황제(黃帝)가 처음으로 곡식을 끓여 죽을 만들었으니 그것을 주(周)나라에서는 '전(饘)'이라고 하고 송(宋)·위(衛)에서는 '전(餰)'이라고 하였다"[882]라고 하였다.

『남월지(南越志)』에서 "노릉성(盧陵城) 안에 우물이 있으니 반은 푸르고 반은 누렇다. 누런 물은 달고 매끄러워 죽을 쑤기에 알맞다. 색은 금빛으로 잿물 같으며 매우 향기롭다"[883]라고 하였다.

우리나라에서는 멀건 쌀죽[白粥]을 '희멀겋다[稀]'라고 하는데, "여기 솥에 죽을 쑤어[饘於是]"[884]의 '전(饘)'이다. '희멀겋다[稀]'의 반대말은 '빽빽하다[稠]'이다.

881) 以馬乳爲酒, 撞挏, 乃成**也**.(『前漢書, 卷二十二, 禮樂志第二』의 주석)

882) **今聞**吏稟當受鬻者, 或以陳粟. 〈**師古曰, 稟, 給也. 鬻, 淖糜也. 給米, 使爲糜鬻**也. **陳, 久舊也. 小雅甫田之詩曰, 我取其陳. 鬻音之六反. 淖, 溺也, 音女教反**.〉(『前漢書, 卷四, 文帝紀, 第四』)→吏稟當受**鬻**者, 或以陳粟. **注, 鬻與粥同. 師古曰, 粥糜也. 淖溺也**. 黃帝始烹穀爲粥. 周謂之饘, 宋衛謂之餰.(『古今韻會擧要, 粥』)→吏稟當受粥者. **註**, 黃帝始烹穀爲粥. 周謂之饘, 宋衛謂之餰.(『松南雜識』)

883) 南越志曰, 盧陵城中, 有井半青半黃, 黃者甛滑, 宜作粥. 色如金, 似灰汁, 甚芬馨.(『淵鑑類函, 卷三百八十九, 粥一』)→南越志曰, 盧陵城中, 有井半青半黃, 黃者甛滑, 宜作粥. 色如金, 似灰汁, 甚芬馨.(『松南雜識』)

884) 饘於是.(『春秋左傳注疏, 卷四十四, 昭公七年』)

더울 때는 나도를 마신다
暑飮羅闍

『양주이물지(凉州異物志)』에서 "고창군(高昌郡)에서는 추울 때 찬물을 마시고 더울 때는 나도(羅闍)를 마신다"라고 하였는데 그 주석에서 "세간에서는 뜨거운 죽을 '나도(羅闍)'라고 한다"[885]라고 하니 섭생(攝生)하는 자의 방법이라고 할 수 있다. 그래서 드러내었다.

옥판순
玉版筍

『시경(詩經)』에서 "죽순과 포약나물이로다(維筍及蒲)"[886]라고 하였는데, 그 소(疏)에서 "순(筍)은 모두 사 월에 나는데 오로지 파죽(巴竹)만은 팔구 월에 나니 초로 죽을 쑤고 메주물에 재워두면 술이나 음식으로 만들 수 있다"[887]라고 하였다.

『당서(唐書)』에서 "사죽감(司竹監)[888]은 상식(尙食)[889]에게 죽순을 공급한다"[890]라고 한 말이 이것이다.

『본초강목(本草綱目)』에서 "겨울 죽순은 진귀한 물건으로 여긴다. 소

---

885) 涼州異物志曰, 高昌僻土, 異於中華, 寒服冷水, 暑啜羅闍.(『太平御覽, 卷八百五十九, 飮食部十七, 糜粥』)→異物志, 高昌**僻土**, **有異于華**. 寒服冷水, 暑啜羅闍. **注**, **郡人呼**粥**爲**羅闍.(『佩文韻府, 卷二十一之六, 闍』)→異物志**曰**, 高昌**郡**, 寒服冷水, 暑啜羅闍. **註**, **俗言熱**粥, **謂**羅闍.(『松南雜識』)

886) 『詩經, 大雅, 韓奕』.

887) 筍, **竹萌也**. 皆四月生, **唯**巴竹**筍**, 八月九月生, **始出地**, **長數寸**, 鬻以苦酒, 豉汁浸之, 可以就酒及食.(『毛詩注疏, 大雅, 韓奕』)→筍, 皆四月生, **惟**巴竹, 八月九月生, 鬻以苦酒, 豉汁浸之, 可以就酒及食.(『松南雜識』)

888) 사죽감(司竹監) : 대나무로 기물을 만드는 일을 관장하는 관리.

889) 상식(尙食) : 천자의 음식 제조를 관장하는 관원.

890) 司竹監, …… **歲以**筍供尙食.(『唐書, 卷四十八, 志第三十八, 百官志』)→司竹監, 筍供尙食.(『松南雜識』)

금을 치지 않고 말린 죽순을 옥판순(玉版筍)이라고 한다"[891]라고 하였다.

침채
沈菜

『주례(周禮), 해인(醢人)』에서 "부추 · 무 · 미나리 · 아욱 · 순채 · 이끼 · 죽순을 '일곱 가지의 김치[七菹]'"[892]라고 하였으니, 바로 절여 삭힌 나물로, 우리나라에서는 '김치[沈菜]'라고 한다. 또 우리나라에서는 무의 뿌리로 만든 김치를 '나박채(蘿葍菜)'라고 한다.

어채
魚菜

두보(杜甫)의 시에 "해채(鮭菜)가 없어 부끄럽고[自愧無鮭菜]"[893]라고 하였는데, 그 주석에서 "진(晉)나라 사람들은 물고기로 해채(鮭菜)를 만든다"[894]라고 하였으니 바로 어채(魚菜)이다.

---

891) **江南湖南人, 冬月掘大竹根下未出土者, 爲**冬筍, **東觀漢記, 謂之苞筍**, 並可鮮食, 爲珍品. **其他則南人**, 淡乾者, 爲玉版筍.(『本草綱目, 卷二十七, 竹筍) → 冬筍, 爲珍品. 淡乾者, 爲玉版筍.(『松南雜識』)

892) 醢人. **掌四豆之實. 朝事之豆, 其實**韭**菹醓醢, 昌本麋臡**, 菁菹鹿臡, **茆菹麇臡. 饋食之豆, 其實葵菹蠃醢, 脾析蠯醢, 蜃蚳醢, 豚拍魚醢. 加豆之實**, 芹**菹兎醢, 深蒲醓醢**, 箈**菹鴈醢**, 筍**菹魚醢**.(『周禮, 天官冢宰下, 醢人』) → 醢人, 韭菁芹**葵**茆箈筍.(『松南雜識』)

893) 「왕경휴마고역동과(王竟攜磨高亦同過)」.

894) 晉人以魚爲鮭菜**也**.(『補注杜詩, 卷二十二, 王竟攜磨高亦同過』)

탕평채
蕩平菜

녹두묵(靑泡)에 소고기 · 돼지고기를 섞어서 만드니 바로 나물의 골동(骨董)[895]이다. 송인명(宋寅明)[896]이 젊은 시절에 가게를 지나가다가 탕평채(蕩平菜) 파는 소리는 듣고 사색(四色)의 당인(黨人)을 섞어 등용해야 한다는 사실을 깨닫고서 탕평사업(蕩平事業)을 하였다고 한다.

회 · 회
鱠膾

『운서(韻書)』에서 "물고기는 '회(鱠)'라고 하고 동물의 고기는 '회(膾)'라고 한다. 소와 양, 물고기의 날고기를 저며서 가늘게 썬 것을 '회(膾)'라고 하고 크게 썬 것은 '헌(軒)'이라고 한다"[897]라고 하였다.

『박물지(博物志)』에서 "오왕(吳王)이 먹다 남은 회(鱠)를 물에 버렸더니 물고기로 변하였다"[898]라고 하였으니, 지금의 '왕여어(王餘魚)'[899]가 이것이다.

『유양잡조(酉陽雜俎)』에서 "남효렴(南孝廉)이 회를 실오라기처럼 써니

895) 골동(骨董) : 여러 가지 물건을 함께 섞어 놓은 것.

896) 송인명(宋寅明) : 조선후기의 문신(1689~1746). 자는 성빈(聖賓). 호는 장밀헌(藏密軒). 시호는 충헌(忠憲). 1725년에 붕당(朋黨)의 금지를 건의하며 영조의 탕평책(蕩平策)에 적극 협조했다. 1731년 이조판서가 되어 노소론(老少論) 중에서 온건한 인물을 중용했다. 우의정 등을 거쳐 1740년 좌의정 때는 탕평책에 박차를 가하여 국가의 기강을 튼튼히 했다. 왕명에 따라 박사수(朴師洙)와 함께 신임사화(辛壬士禍)의 전말을 기록한 『감란록(勘亂錄)』을 편찬했다.

897) 牛羊魚之腥, 聶而切之**曰膾**. **又肉腥**, 細者曰膾, 大者曰軒.(『韻府羣玉, 膾』) → **魚曰鱠**, **肉曰膾**, 牛羊魚之腥, 聶而切之, 細者曰膾, 大者曰軒.(『松南雜識』)

898) 吳王**江行**, 食鱠有餘, **弃于中流**, 化爲魚.(『博物志, 卷三, 異獸』) → 吳王, 食鱠有餘, **棄於**水, 化爲魚.(『松南雜識』)

899) 왕여어(王餘魚) : 은어.

가벼워 날릴 정도였는데, 홀연히 폭풍우가 치자 천둥 한 소리에 갑자기 나비로 변해서 날아가 버렸다"[900]라고 하였다.

역사[901]에 다음과 같은 기록이 있다.

> 진등(陳登)이 병에 걸리니 화타(華佗)[902]가 "위(胃)에 벌레가 있으니 비린 음식이 그렇게 된 것입니다"라고 말하였다.
>
> 화타가 약 두 되를 지어 진등에게 먹였더니 벌레 세 되를 토해 내는데 대가리가 붉으며 모두 움직이는데 몸뚱이의 반은 여전히 생선이었다고 한다.[903]

『주례(周禮)』에서 "회(膾)는 여뀌[蓼]로 독을 다스린다"[904]라고 하였다. 『예기(禮記)』에서 "생선회에는 겨자장[芥醬]"[905]이라고 하였다. 또 "어물을 날 것과 마른 것으로 구분하여"[906]라고 한 말의 주석에서 "산 것을 '선(鱻)'이라고 하고 마른 것은 '고(薧)'라고 한다"[907]라고 하였다.

---

900) 南孝廉**者**, **善**斫鱠, **縠薄**絲縷, 輕可**吹**起. **操刀嚮捷, 若合節奏. 因會客衒技, 先起魚架之**. 忽暴風雨雷震一聲, **鱠**悉化爲**胡**蝶飛去, **南驚懼, 遂折刀, 誓不復作**.(『酉陽雜俎, 卷四, 物革』)→南孝廉, 斫鱠絲縷, 輕可**飛**起. 忽暴風雨雷震一聲, **膾**悉化爲蝶飛去**云**.(『松南雜識』)

901) 『위지(魏志), 화타전(華佗傳)』을 이름.

902) 화타(華佗) : 후한(後漢) 말기에서 위나라 초기의 유명한 의사(?~208). 약제의 조제나 침술, 뜸질에 능하고 외과 수술에 뛰어났으며, 일종의 체조에 의한 양생 요법인 '오금희(五禽戲)'를 창안했다.

903) **廣陵太守**陳登得病, **胸中煩懣, 面赤不食**. 佗**脉之**曰, **府君**胃**中**有**蟲數升, 欲成內疽**. 食腥物所**爲也**. **卽**作湯二升, **先服一升, 斯須盡**服之, **食頃**, 吐**出**二升**許**, **蟲**赤頭皆動, 半身是生魚**膾也**.(『魏志, 卷二十九, 華佗』)→陳登得病, 華佗曰, 胃有虫, 食腥物所**致**. 作湯二升, 服之. 吐**虫**三升, 赤頭皆動, 半身, **猶**是生魚**云**.(『松南雜識』)

904) 『주례』에 없는 내용임. 다만 『예기(禮記), 내칙(內則)』에 "회는 봄에는 파를 쓰고 가을에는 겨자를 쓴다[膾春用蔥, 秋用芥]"라고 하였고 그 주석에서 "개는 개장이다.[芥, 芥醬也]"라고 한 내용이 있다.

905) 魚膾芥醬.(『禮記, 內則』)

906) **辨**魚物, **爲**鱻薧, **以共王膳羞**.(『周禮, 冢宰』)→魚物鱻薧.(『松南雜識』)

907) 『예기』에 없는 내용임. 다만 『주례(周禮), 어인(󰠀人)』에 "어물은 날것이나 말린 것을 왕의 식사 때 바친다."라고 하였고 그 주석에서 '선(鱻)'은 날것이고, '고(薧)'는 말

갱삼
羹糝

『주례(周禮)』에서 “음식에 쌀가루를 섞는다”[908]라고 하였다. 『장자(莊子)』에서는 “공자가 진(陳)나라에서 나물국에 쌀가루도 섞지 못하였다”[909]라고 하였다. 육유(陸游)의 시에 “흰 쌀과 큰 토란 넣은 국.(白糝芋魁羹)”[910]이라고 하였으니, 지금 쌀가루를 국에 섞은 음식이 그것이다.

『예기(禮記)』의 ‘갱헌(羹獻)’[911]의 주석에서 “살찐 개를 신에게 재물로 바칠만하기에 개를 ‘갱헌(羹獻)’이라고 한다”[912]라고 하였다.

당나라 시에서 “아침에 개고기 국을 먹었더니 저녁에 개 짖는 소리 줄었네[朝羹省夜吠]”라고 한 말이 이것이다. 또 “언제 식사에서 황함사(黃頷蛇)국이 빠진 적이 없었소?”라고 한 말의 주석에서 “확(膗)은 고깃국이다”[913]라고 하였다.

메추라기국
鶉羹

『송시기사(宋詩紀事)』[914]에서 말하였다.

린 것이다[魚物爲鱻薨, 以共王膳羞. 注, 鮮, 生也, 薨, 乾也]”라고 한 내용이 있다.

908) 醢人…糝食.(『周禮, 天官, 冢宰, 醢人』)→醢人, 糝食.(『松南雜識』)

909) 孔子**窮於**陳**蔡之間**, **七日不火食**, 藜羹不糝.(『莊子, 讓王』)→孔子**在**陳, 藜羹不糝.(『松南雜識』)

910) 「증풍교화성원로승(贈楓橋化城院老僧)」.

911) 『禮記, 曲禮下』.

912) 〈疏〉**犬曰**羹獻**者**, **人將所食羹餘**, **以與犬**, 犬**得食之肥**, 肥**可**以獻**祭於鬼神**, **故曰羹獻也**.(『禮記, 曲禮下』)→羹獻, **註**, 犬肥**者**, 以獻.(『松南雜識』)

913) **悰曰**, **恨無**黃頷膗, **何曾食疏所載也**.(『南齊書, 卷三十七, 列傳第十八, 虞悰』)→何曾**食疏有**黃頷臛, **恨無之**. **史記**, **臛謂**肉羹.(『韻府羣玉, 黃頷』)→何曾黃頷膗. **註**, 肉羹.(『松南雜識』)

914) 『松南雜識』에는 ‘宋史’로 되어 있음.

채경(蔡京)이 메추라기를 즐겨 먹었는데, 꿈에 메추라기 수천 마리가 뜰에서 하소연하였다.

"그대 창고 속의 곡식을 먹고 그대 국속의 고기가 되었다. 수백의 목숨을 젓가락으로 찍어먹어도 여전히 부족하게 생각하니 국속의 고기로 어찌 만족하리? 죽고 사는 일을 논하건대, 마치 구르는 바퀴와 같나니, 그대에게 삼가 먹지 말라고 권하노라. 화복(禍福)은 서로 관계가 있노라."[915)]

살생을 좋아하고 고기 먹기를 좋아하는 것에 대한 경계라고 할 만하다.

금대국
錦帶羹

두보(杜甫)의 시에서,

조호반(雕胡飯)이 생각나도록 매끄럽고	滑憶雕胡飯
금대국(錦帶羹)의 향기가 난다	香聞錦帶羹[916)]

라고 하였는데, 그 주석에서 "형주(荊州)와 상주(湘州)[917)]의 늦봄에 피는

915) 食君廩中粟, 作君羹中肉, 一羹數百命, 下箸猶未足, 羹肉何足. 論生死猶轉轂, 勸君宜勿食, 禍福相倚伏. 〈庚溪詩話, 蔡元長京, 旣貴, 享用侈靡, 喜食鶉. 每預蓄養之, 烹殺過當, 一夕夢鶉數千訴于前, 其一前致詞云云, 觀此, 可爲饕餮而暴天物之戒.〉(『宋詩紀事, 卷九十九, 蔡京鶉怪 訴蔡京』) → 庚溪詩話, **蔡京喜食鶉**, 預籠畜而烹之. 嘗**夢鶉數千訴于**前, 其一, 致詞**曰**, **食君廩中**粟, 充**君箸下肉**, 一羹數百命, **生死猶轉轂**, 京甚畏焉.(『佩文韻府, 鶉粟』) → 宋史, 蔡京喜食鶉, 夢鶉數千, 訴于庭曰, 食君廩中粟, 作君羹中肉, 數百命下箸, 猶不足. 美味何足. 論 生死猶轉轂, 勸君愼而食. 禍福相倚伏.(『松南雜識』)

916) 「江閣臥病, 走筆寄呈崔盧兩侍御」.

917) 『松南雜識』에는 '湖州'로 되어 있음.

꽃이 있는데, 붉고 희어서 마치 비단과 같으며 싹은 부드럽고 연하다. 일설에 '금대(金帶)는 토수계(吐綬鷄)이다'"[918]라고 하였으니, 마치 새의 이름에 연대(練帶)나 수대(綉帶)가 있는 것과 같다.

열구지
悅口旨

『구지필기(仇池筆記)』[919]에서 "나부(羅浮)의 영노(穎老)가 음식을 섞어 끓이고 '골동갱(骨董羹)'[920]이라고 불렀다"[921]라고 하였다. 산동(山東) 사람이 고기를 밥밑에 묻고 '반옹매(飯甕埋)'라고 부른 것과 같다.[922]

육도사(陸道士)의 시에서

골동국 노구솥에 술을 넣고	投醪骨董羹鍋內
반유반(盤游飯)[923] 밥그릇에 구멍을 판다	掘窖盤游飯盌中[924]

라고 하였으니 지금의 '열구지(悅口旨)'가 그것이다. 그 노구솥(鍋)은 '화

---

918) 荊湘間有花, 名錦帶. 春末方開, 紅白如錦, 其苗脆, 嫩可食. 王彦輔云, 錦帶, 吐綬鷄也. 其肉脆美, 堪作臛, 亦名錦鷄.(『九家集注杜詩卷三十五, 江閣臥病走筆寄呈崔盧兩侍御』)

荊湘間有錦帶, 其苗嫩脆可食, 春末開花, 紅白如錦, 彦輔曰, 錦帶吐綬雞也, 其肉脆美堪作臛.(『集千家註杜工部詩集, 卷十九江閣臥病走筆寄呈崔盧兩侍御』) →

荊湖間, 春末開, 花紅白如錦, 苗嫩脆. 一云, 錦帶, 吐綬鷄.(『松南雜識』)

919) 『구지필기(仇池筆記)』: 송나라 소식(蘇軾)이 편찬한 필기집. 총 2권.

920) 『구지필기(仇池筆記)』에는 '谷董羹'으로 되어 있으며, 『松南雜識』와 『유설(類說)』, 『운부군옥(韻府群玉)』 등에는 '骨董羹'으로 되어 있음.

921) 羅浮穎老, 取**凡**飮食, 雜烹之名, **谷**董羹.(『仇池筆記, 卷下, 盤遊飯谷董羹』) → 羅浮穎老, 取飮食, 雜烹之名, **骨**董羹.(『松南雜識』)

922) 山東人, 以肉埋飯下, 曰飯甕埋.(『韻府羣玉, 飯甕埋』)

923) 반유반(盤游飯): 밥 속에 생선젓·포·회·불고기 등을 묻은 음식.

924) 陸道士**出一聯云**, 投醪谷董羹鍋內, 掘窖盤遊飯盌中.(『仇池筆記, 卷下, 盤遊飯谷董羹』) → 陸道士**詩**, 投醪谷董羹鍋內, 掘窖盤游飯盌中.(『松南雜識』)

호(火壺)'를 말한다.

또 '신선로(神仙鑪)'는 영노(穎老)에게서 유래한 듯하다. 대개 누호(樓護)의 '오후청(五侯鯖)'[925]의 종류인데 또 '군신청(君臣鯖)'과 '부자청(父子鯖)'이라는 이름도 있다.[926]

전골
氈骨

이덕무(李德懋)의 시에서 "남북의 노구솥 붉으니 위장의 걸신증을 진정시키네[南國鍋紅胃鎭饞]"[927]라고 하였는데, 주석에서 "이 풍속은 일본에서부터 왔다"라고 하였다.

유득공(柳得恭)의 시에서,

관(冠)은 어사(御使)의 철관(鐵冠)[928]이고	冠是御史鐵
삿갓은 병거(兵車)의 바퀴가 아니네	笠非元戎轂
고기는 둥근 면이 좋으니	肉好㘞圇面
복판은 음양으로 올록볼록하다	陰陽凹凸腹[929]

라고 한 말이 이것이니, 고대의 '박락(煿烙)'이다. 쇠로 전립의 뼈대 모양을 만들어 고기를 굽는 까닭에 이렇게 명명하였으니 바로 시월의 난로

---

925) 오후청(五侯鯖) : 한나라의 누호(樓護)는 다섯 왕씨[왕담(王譚)·왕근(王根)·왕립(王立)·왕상(王商)·왕봉시(王逢時)] 제후의 상객(上客)으로 그들로부터 매일 아침 성찬(盛饌)을 제공받았는데, 누호는 그들 음식을 한데 섞어 끓인 음식을 만들고 '오후청'이라고 명명했다.

926) **漢**有**五侯鯖**君臣鯖父子鯖, **結盟人致共爲之飱**. **南越志**.(『廣博物志, 卷四十一, 飮食』) →有君臣鯖父子鯖**之名**.(『松南雜識』)

927) 「소완정동야소집(素玩亭冬夜小集)」.

928) 철관(鐵冠) : 쇠로 살을 댄 관.

929) 「위로(圍爐)」.

회(煖爐會)[930]이다.

『계안록(啓顔錄)』[931]에서 "어떤 사람이 언제나 나물을 먹다가 갑자기 양고기를 먹었는데 꿈에 오장신(五臟神)이 '양이 채소밭을 밟아 망가뜨린다'라고 하였다"[932]라고 말하였다. 지금의 "명아주와 비름 먹은 창자가 기장밥과 고기에 허다히 곤욕을 당한다"라는 것이다.

설야멱
雪夜覓

송나라 태조(太祖)가 눈 오는 밤에 조보(趙普)[933]를 방문하여 숯을 피우고 고기를 구웠다. [934] 이때문에 그런 이름이 붙었다. 지금은 고기 덩어리에 간을 하지 않고 불 속에 묻어 익힌다.

---

930) 난로회(煖爐會) : 화로에 숯불을 피워놓고 번철을 올려 놓은 후, 간장·기름·달걀·파·마늘·고추가루로 양념한 쇠고기를 구우면서 둘러앉아 먹는 음식. 음력 시월 초하루에 서울에서 먹었다.

931) 계안록(啓顔錄) : 수나라 때의 소화집(笑話集). 『당서(唐書), 경적지(經籍志)』에는 수나라 사람 후백(侯白)이 지었다고 되어 있으나 오대(五代)의 피광업(皮光業), 송(宋)의 유도(劉燾)가 지었다는 주장도 있다. 대체로 원서의 작자는 후백이고 피광업과 유도가 증보를 한 것으로 알려져 있다. 돈황권자본(敦煌卷子本)과 기타 5종의 집록본(輯錄本)이 있으며, 소화(笑話) 100여 편이 수록되어 있다.

932) 有人常食蔬**茹**, 忽食羊肉, 夢五臟神曰, 羊踏破菜園.(『類說, 卷十四, 啓顔錄, 羊踏破菜園』)→有人常食蔬, 忽食羊. 夢五臟神曰, 羊踏破菜園. **啓顔錄**.(『韻府羣玉, 羊踏菜園』)→啓顔錄**曰**, 有人常食蔬, 忽食羊. 夢五臟神曰, 羊踏破菜園.(『松南雜識』)

933) 조보(趙普) : 송나라의 문신. 자는 칙평(則平).

934) 太祖, **數微行過功臣家**, **普每退朝**, **不敢便衣冠**, **一日大**雪**向**夜, 普**意帝不出**, **久之**, **聞叩門聲**, **普亟出**, **帝立風雪中**, **普惶懼迎拜**. **帝曰**, **已約晉王矣巳**. **而太宗至設重裀地坐**, **堂中**熾炭燒肉.(『宋史, 卷二百五十六, 列傳第十五, 趙普』)→太祖, **一日大**雪夜, **叩趙**普**門曰**, **已約晉王巳**, **而太宗至設重茵地坐**, 熾炭燒肉, **普妻行酒**.(『古今事文類聚前集, 卷四, 幸大臣第』)→**宋**太祖, 雪夜**訪**普, 熾炭燒肉.(『松南雜識』)

전근

氈根

『유설(類說)』에서는 "양고기"라고 하였다.

중이 삶은 돼지를 두고 지은 시에

만약 전근(氈根)을 가지고 나란히 오면	若把氈根來比幷
전근은 등줄기를 씹는 것과 절로 같을 것이다	氈根自合喫藤條[935]

라고 하였다.

소식(蘇軾)의 시에서,

백담(白啖)은 본래 하삭(河朔)의 음식이고	白啖本河朔
홍소(紅消)는 검남(劍南)의 진미로세	紅消眞劍南[936]

라고 하였는데, 그 주석에서 "백담(白啖)과 홍소(紅消)는 돼지고기로 만든다"[937]라고 하였다.

성재(誠齋) 양만리(楊萬理)[938]의 「우미리(牛尾狸)」[939] 시에서,

제나라 승상을 잘못 따라갔다가	誤隨齊相燧牛尾
소꼬리는 횃불이 되었고[940]	

---

935) **僧云能詩**, **公令**賦蒸豚**立成云** …… 若把氈根來比並, 氈根自合喫藤條.(『仇池筆記, 卷下, 蒸豚詩』)→**僧賦蒸豚詩**, 若把氈根來比並, 氈根自合喫藤條.(『松南雜識』)

936)『東坡詩集註, 卷二十二, 立春日小集, 戲李端叔』.

937) 以彘肉爲之.(『韻府羣玉, 紅消』)→**註**, **白啖紅消**, 以彘肉爲之.(『松南雜識』)

938) 양만리(楊萬里) : 남송의 학자 · 시인(1124~1206). 자는 정수(廷秀). 호는 성재(誠齋). 남송 사대가의 한 사람으로 경쾌하고 자유롭고 활달한 시체(詩體)가 특징이다. 저서에 시집 『강호집(江湖集)』·『퇴휴집(退休集)』, 주석서 『성재역전(誠齋易傳)』 등이 있다.

939)『松南雜識』에는 '咏玉貍'로 되어 있음.

940) 제나라의 전단(田單)이 연(燕)나라를 공격할 때 소의 꼬리에 불을 붙여 돌진하게 하

책훈(策勳)할 때는 조구자(糟丘子)[941]로 봉하였네　　策勳封作糟丘子[942]

라고 하였다. 또

모래밭의 마제별(馬蹄鼈)[943]　　沙地馬蹄鼈
눈 오는 날의 우미리(牛尾貍)[944]　　雪天牛尾貍[945]

라는 시가 있다.

옛 시에,

몇 번이나 뱀을 삶아 먹으려 했던고　　幾欲烹鬱屈
자고새(鉤輈)를 반찬으로 했었는데　　固嘗饌鉤輈[946]

라고 하였는데 그 주석에서 "울굴(鬱屈)은 뱀이니 대개 참도(饞饕)이다"라고 하였다.

『주례(周禮)』에서 "돼지고기에는 기장이 좋다.(豕宜稷)"[947]라고 하였는데, 그 소(疏)에서 "수돼지(豭豬)는 맛이 시고 암돼지(牝豬)는 맛이 쓴데 기장은 맛이 달다. 단 맛과 쓴 맛은 서로 보완해준다"[948]라고 하였다.

여 승리하였음.

941) 조구자(糟丘子) : 조구(糟丘)는 술지게미 언덕. 『본초강목(本草綱目)』에 의하면 '우미리(牛尾貍)'로 술을 담으면 술을 마신 뒤에 잘 깬다고 한다.

942) 『誠齋集, 卷十二, 牛尾狸』.

943) 마제별(馬蹄鼈) : 크기가 말발굽만한 자라로 매우 맛이 좋음.

944) 우미리(牛尾貍) : 삵의 일종으로 고기 맛이 일품임.

945) 송나라 매요신(梅堯臣)의 『완릉집(宛陵集)』에 수록된 「선주잡시(宣州雜詩)」 20수 중 16번째 시.

946) 소식(蘇軾)의 「문정보표형장지이시영지(聞正輔表兄將至以詩迎之)」

947) 『周禮, 天官, 冢宰』.

948) 豭豬味酸, 牝豬味苦, 稷**米**味甘, **亦**是甘苦相成, **故云豕宜稷**.(『周禮注疏, 天官, 冢宰』) → 豭豬味酸, 牝豬味苦, 稷味甘, 是甘苦相成.(『松南雜識』)

삽포
箑脯

『송서(宋書)』에서 말하였다.

요(堯) 임금 때 주방에 고기가 절로 자라났는데, 부채처럼 얇아서 흔들면 바람이 일었다. 차고 냄새가 나지 않는 음식물을 '삽포(箑脯)'라고 한다.[949]

노루포 · 사슴포
麞鹿脯

도서(道書)에서 말하였다.

노루와 사슴(麞鹿)은 십이지(十二支)에 속하지 않으며 팔괘(八卦)에서 차지하는 자리도 없다.[950] 또 혼(魂)이 없어서 그 생(生)이 인연이 없는 까닭에 도가(道家)에서는 노루와 사슴으로 육포 만드는 것을 허용한다.[951]

---

949) 廚中自生肉, 其薄如箑, 搖動則風生, 食物寒而不臭, 名曰箑脯.(『宋書, 卷二十七, 志第十七, 符瑞上』)→**帝堯時**, 廚中自生肉, 其薄如箑, 搖動則風生, 食物寒而不臭, 名曰箑脯.(『松南雜識』)

950) 팔괘에서 주장하는 동물.

951) **李衛公說**, 道書**中言**, **麞鹿無魂**, **故可食**. **陶隱居云**, 麞鹿, 非辰屬, **又**八卦無主, **卽**生**死**無**尤**. 故道家許聽爲脯.(『古今事文類聚後集, 卷三十六, 道家食麞』)→道書**曰**, 麞鹿, 非**支**辰**所**屬, 八卦無主, **又無魂**. **其**生無**由**. 故道家許聽**麞鹿**爲脯.(『松南雜識』)

소고기국
牛臐

운서(韻書)에서 "소고기 요리 중에서 훌륭한 것이 소고기국[臐]이다"[952]라고 하였고 또 '비해(膍胲)'의 주석에서 "소의 백엽(百葉)이다"[953]라고 하였으니, 지금의 천엽(千葉)이다. 『주례(周禮), 해인(醢人)』에서 말한 "비석(脾析)"[954]이 이것이다.

이시진(李時珍)은 "비(膍)는 나란히 줄지어 있는 것을 의미한다. 소와 양은 다른 짐승과는 달리 온갖 풀을 먹는다. 그렇기 때문에 다른 짐승과는 달리 그 위에 비위(脾胃)가 있고 봉과위(蜂窠胃)[955]가 있다"[956]라고 하였다.

의서(醫書)에서 "소고기는 뜨겁지만 숫양(牂) 고기는 그렇지 않다. '장(牂)'은 '항(臐)'의 속자(俗子)와 비슷하다"라고 하였다.

『자휘보(字彙補)』에서 "'牂'의 음은 '장'이니 숫양이다"라고 하였다.

『설문해자(說文解字)』에서 "'胘'의 음은 '현'이니 소의 백엽(百葉)이다"[957]라고 하였다.

---

952) 牛之美者.(『集韻, 臐』)→牛之美者, **臐**.(『松南雜識』)

953) 牛百葉也.(『廣韻, 膍, 胲』)→膍胲, **註**, 牛百葉也.(『松南雜識』)

954) 비석(脾析) : 소의 밥통. 소의 천엽.

955) 봉과위(蜂窠胃) : 반추 동물에게 있는 네 개의 위 중 하나.

956) 時珍曰, 膍**音毗**, 言其有比列也. 牛羊食百草, 與他獸異. 故其胃有膍**有胘**有蜂窠, 亦與他獸異**也**.(『本草綱目, 卷五十下, 獸之一, 牛』, "膍, 一名百葉"의 주석.』)→**李**時珍曰, 膍, 言其有比列也. 牛羊食百草, 與他獸異. 故其胃有膍有蜂窠, 亦與他獸異.(『松南雜識』)

957) 牛百葉**也**. **從肉鉉省聲**. **胡田切**.(『說文解字, 胘』)→胘, **音賢**, 牛百葉.(『松南雜識』)

팔진미
八珍味

「대보잠(大寶箴)」에서,

앞에 팔진미(八珍味)가 벌려 있어도	羅八珍於前
먹는 것이란 고작 입에 맞는 음식 뿐	所食不過適口[958]

이라고 하였다.

『예기(禮記)』에서 "팔진미는 첫째 순오(淳熬)[959]·둘째 순모(淳母)[960]·셋째 도진(搗珍)[961]·넷째 지(漬)[962]·다섯째 오(熬)[963]·여섯째 삼(糝)[964]·일곱째 간요(肝膋)[965]·여덟 째 포(炮)[966]이니 모두 조리법이다"[967]

958) 당나라 장온고(張蘊古)의 작품.

959) 순오(淳熬) : 조리법의 일종. 젓갈을 쪄서 육도(陸稻) 밥 위에 얹고 여기에 기름을 쳐서 먹는다.

960) 순모(淳母) : 조리법의 일종. 젓갈을 쪄서 기장 밥 위에 얹고 여기에 기름을 쳐서 먹는다.

961) 도진(搗珍) : 조리법의 일종. 소·양·큰사슴·사슴·고라니의 등심으로 만들되 모든 고기의 분량은 소와 동일하게 한다. 앞뒤로 두드려서 심줄을 빼고 익힌 뒤에 속가죽을 벗겨 고기를 부드럽게 만들어 먹는다.
*『松南雜識』에는 '炮豚搗珍'으로 되어 있음.

962) 지(漬) : 조리법의 일종. 새로 잡은 소고기를 결대로 저며서 좋은 술에 하룻밤 동안 담구어 두었다가 젓갈·초·매실즙에 섞어서 먹는다.

963) 오(熬) : 조리법의 일종. 소고기를 짓찧어서 가죽을 없앤 후에, 갈대를 엮어 그 위에 펴고 계피·생강가루와 소금을 뿌린 후에 말려서 먹는다. 양고기·큰 사슴고기·사슴고기·고라니 고기도 같은 방법으로 조리한다.

964) 삼(糝) : 조리법의 일종. 동일한 양의 소고기·돼지고기·양고기를 잘게 썬 것에 쌀을 섞되 비율은 고기가 3, 쌀이 1이 되게 한 뒤에 단자(糰子)를 만들어 익힌다.

965) 간요(肝膋) : 조리법의 일종. 개의 간을 기름에 흠뻑 적셔 굽는데, 그 기름은 여뀌나 물을 섞지 않는다. 또 이리의 가슴 기름을 잘게 썰어 쌀가루 반죽과 섞어 죽을 쑨다.

966) 포(炮) : 조리법의 일종. 돼지나 양의 수놈을 잡아서 배를 가르고 내장을 꺼낸 뒤에 그 속에 대추를 채우고 엮은 갈대로 싸고 진흙을 발라 굽는다. 바른 흙이 다 마르면 흙을 떼어 내고 손을 씻고서 먼저 그 가죽을 벗긴다. 반죽한 쌀가루로 죽을 쑤어 돼지고기에 입힌 뒤에 기름에 튀긴다. 이때 기름은 돼지고기가 가라앉을 정도여야 한다. 큰 솥에 물을 끓이고 작은 솥에 향내가 나는 포(脯)를 넣어 그대로 큰 솥에 담근다. 사

라고 하였다.

“후대에는 용의 간(龍肝)·봉의 골수(鳳髓)·토끼의 태반(兎胎)·잉어의 꼬리지느러미(鯉尾)·곰발바닥(熊掌)[968]·부엉이불고기(鴞炙)·성성이 입술(猩脣)·수락선(酥酪蟬)[969]을 ‘팔진미(八珍味)’라고 한다”라고 하였는데, 그 주석에서 “수락선(酥酪蟬)은 양 기름과 비슷하다”[970]라고 하였다.

곰발바닥은 바로 『춘추좌전(春秋左傳)』에서 “삶아 익힌 곰발바닥(胹熊蹯)”[971]이라고 한 것으로 술과 같이 삶아야 익는다. 또 소·양·고라니·사슴·노루·돼지·개·이리를 ‘팔진미’라고도 한다.

『주례(周禮)』에서 “포인(庖人)이 여섯 종류 새의 공급을 관장한다”[972]라고 하였는데, 그 주석에서 “여섯 종류의 새는 기러기[雁]·매추라기[鶉]·세가락매추라기[鷃]·꿩[雉]·비둘기[鳩]·집비둘기[鴿]이다”[973]라고 하였다.

장협(張協)의 「칠명(七命)」[974]에서,

큰 곰의 발바닥과	封熊之掌
닭의 발바닥	翰音之跖

흘 밤낮 불이 꺼지지 않게 하여 익힌 뒤에 초와 젓갈로 가미(加味) 한다.

967) **總論孔氏穎達曰**, **鄭意八珍**, 一淳熬二淳毋三四炮豚若牂五擣珍六漬七熬八肝膋, **記文不次**, **故肝膋在糝下**.(『禮記義疏, 內則』)→一淳熬二淳毋三炮豚擣珍四漬五熬六糝七肝膋八炮.(『松南雜識』)
*『松南雜識』에는 순서가 바뀌어 인용되었음.

968)『松南雜識』에 누락되어 있음.

969)『松南雜識』에는 ‘禾酪蟬’으로 되어 있음.

970) **呂希哲雜記**, 後世**八珍曰**, 龍肝鳳髓兎胎鯉尾鴞炙猩脣熊掌酥酪蟬, 以羊脂爲之.(『佩文韻府, 羊脂』)→後世**稱**, 龍肝鳳髓兎胎鯉尾鶚炙猩脣**禾**酪蟬. **註**, **似**羊脂.(『松南雜識』)

971) 胹熊**蹯**.(『春秋左傳, 宣公, 二年九月』)→胹熊**膰**.(『松南雜識』)

972) 庖人掌**共六畜六獸**六禽.(『周禮, 天官, 冢宰』), → 庖人掌供六禽.(『松南雜識』)

973) **六禽之內**, **有**鶉鷃鳩鴿, **四者於經無所據**. **司農**, 雉鴈, **卽六摯**, **雉鴈同故**, **從之不破云**.(『周禮, 天官, 冢宰』)→鴈鶉鷃雉鳩鴿.(『松南雜識』)
*『松南雜識』에는 순서가 바뀌어 인용되었음.

974)『松南雜識』에는 ‘七會’로 오기되어 있음.

제비의 넓적다리와 성성이의 입술	燕髀猩脣
지져 익힌 모우(氂牛)[975]와 큰 코끼리 고기	氂殘象白[976]

라고 하였는데 그 주석에서 "모(氂)는 모우(氂牛)이다. '잔(殘)'은 먹다 남은 음식이니 바로 짐승의 턱찌끼[餕]이다"라고 하였는데, 또 다른 주석에서는 "잔백(殘白)은 대개 지져 익힌 고기의 이름이다. 최인(崔駰)이 이른바 '제비곰국, 양곰국[燕臛, 羊殘]'이라고 한 말이 이것이다"[977]라고 하였으니, 먹다 남은 찌꺼기가 아니다.

『여씨춘추(呂氏春秋)』[978]에서 "고기 중에서 맛난 것은 제비꼬리 고기"[979]라고 하였는데 그 주석에서 "연(鷰)은 새의 이름이다"[980]라고 하였다.

용정

春精

『시경(詩經)』에서 "저것은 거친 쌀이요 이것은 정한 쌀이거늘[彼疏斯粺]"[981]이라고 하였는데, 그 주석에서 "착(鑿)[982]이 여덟 말이고 시어(侍

975) 모우(氂牛) : 이우(犛牛). '氂'는 '犛'와 통하는 글자임.

976) 氂殘象白.(『文選, 七命 八首』) → 象白氂殘.(『松南雜識』)

977) **氂**, 氂牛也, **在西方**. **象**, **象獸也**. **在南方**, **約美也**. **氂象之肉**, **美貴異味也**. 殘白, 蓋煮肉**之異**名也. 崔駰**博徒論曰**, 鷰臛羊殘**炙鴈煮鳧**也.(『文選, 七命 八首』) → **註**, 氂牛也. **所食之殘者**, **卽餕**也. **註**, 殘白, **盖**煮肉名也. 崔駰**所謂**, 鷰臛羊殘.(『松南雜識』)

978) 여씨춘추(呂氏春秋) : '여람(呂覽)'이라고도 한다. 26권. 진(秦)나라의 여불위(呂不韋)가 빈객(賓客) 3,000명을 모아서 편찬했다고 한다. 『사고제요(四庫提要)』에서는 자부(子部)의 잡가편(雜家篇)에 수록되었는데, 도가(道家) 사상이 중요한 부분을 차지하나, 유가(儒家)·병가(兵家)·농가(農家)·형명가(刑名家) 등의 설(說)도 볼 수 있다. 또한 춘추전국 시대의 시사(時事)에 관한 내용도 수록되어 있어 그 시대를 알 수 있는 중요한 사론서이다.

979) 肉之美 …… 雋鷰之翠.(『呂氏春秋, 卷十四, 本味』) → 肉之美, 雋鷰之翠.(『松南雜識』)

980) 雋鷰之翠.〈鳥名也.〉(『呂氏春秋, 卷十四, 本味』) → 註. 鷰, 鳥名也.(『松南雜識』)

981) 『詩經, 大雅, 召旻』.

御)[983]가 일곱 말이다"[984]라고 하였는으니, 겉곡식 한 섬을 도정(擣精)하면 일곱 말을 얻는다는 의미이다. 지금은 한 섬을 용정(舂精 = 擣精)하여 여덟 말로 만든다.

왕수인(王守仁)[985]은 '유정유일(惟精惟一)'에 대한 설명에서[986] "정(精)자는 '미(米)'와 '청(靑)'으로 이루어진다"[987]라고 하였으니 슳은 쌀이 매우 푸르다는 의미이다.

우리나라의 연안(延安)[988] 쌀은 팔도(八道)를 통틀어 쌀알이 투명하고 윤기가 있기 때문에 "돌절구에는 연안 쌀[石臼延安米]"이라는 속담이 있을 정도이니 수라상에 진상된다고 한다.

『진서(晉書)』에서 "왕개(王愷)가 엿기름을 가마솥에 부었다[王愷以飴澳釜]"[989]라고 하였는데, 그 주석에서 "물을 가마솥에 붓는 것을 '오(澳)'라고 한다. '이(粭)'는 '미당(米糖)'으로 바로 엿(餳)이니 지금의 꿀밥(蜜飯)과 비슷한데 석숭(石崇)이 밀랍을 땔감으로 사용하였으니 대개 밥맛을 달게 만들려 한 것이다"라고 하였다.

난성
糷粻

쌀이 물에 상해서 끈적이는 것을 '난(糷)'이라고 하고, 밥이 익지 않아

---

982) 착(糳) : 거칠게 도정(擣精)한 쌀.

983) 시어(侍御) : 지극히 정하게 도정한 쌀로 왕의 식사에 사용된다.

984) 糳八, 侍御七.(『詩經, 大雅, 召旻』)

985) 왕수인(王守仁) : 명나라의 유학자(1472?~1528). 이름은 수인(守仁). 자는 백안(伯安). 호는 양명(陽明). 지행합일론(知行合一論)과 심즉이설(心卽理說) 및 치양지설(致良知說)을 주장했다. 저서에 『왕문성전서(王文成全書)』·『전습록』이 있다.

986) 『松南雜識』에는 주석으로 오기되어 있음.

987) 精字, 從米.(『王文成全書, 卷一, 語錄一』) → 精字, 從米**從**靑.(『松南雜識』)

988) 연안(延安) : 황해도에 있는 읍. 연백평야의 중심지.

989) 愷以**粭**澳釜.(『晉書, 卷三十三, 列傳第三, 石崇』) → **王**愷以**飴**澳釜.(『松南雜識』)

서 속이 단단한 것을 '성(粇)'이라고 하니 지금은 생쌀(生米)이라고 한다. 정(精)하지 않은 쌀은 '려(糲)' 또는 '조(糙)'라고 한다. 보리를 도정(搗精)하여 껍질을 벗긴 것을 '삽(臿)'이라고 하고 음식이 물크러지는 것을 '수(餿)'라고 하니 마원(馬援[990])이 이른바 "때가 지나 맛이 없어진 것"[991]이다.

물크러져서 희거나 검게 된 것은 '黴'라고 하는데 음은 '미'이니 바로 흰곰팡이[白醭]이다. 어두운 곳에 오래 둔 것을 '문드러지다[捫蒸]'라고 한다.

가운데는 연하고 속이 단단한 것을 '수짐(酥酖)'이라고 하고 입맛이 당기는 것을 '叭嗒(팔탑)'이라고 하니 유종원(柳宗元)의 글에 "맛있어서 때로 그 혀를 깨문다[時啗其舌]"[992]라는 것이다.

조림 · 데침
潮爚

끓는 물이 졸아 드는 것을 '조(潮)'라고 하니 물이 마치 조수가 줄어드는 것 같음을 말한다.

물이 끓는 소리를 '곤(滾)'이라고 하고, 끓다가 넘쳐나는 것을 '보(潽)'라고 한다.

쌀을 이는 것을 '도(淘)'라고 하니 바로 「낭도사(浪淘沙)」[993]의 '도(淘)'이다. 또 "접석(接淅 : 일어두었던 쌀을 건짐)"[994]의 '석(淅)'이다.

---

990) 마원(馬援) : 후한 때의 무장 · 정치가(B.C. 14~A.D. 49). 자는 문연(文淵). 광무제 때 강족(羌族)을 평정하였으며, 교지(交趾)의 난을 진압하고 흉노족을 쳐서 공을 세웠다. 후에 남방의 무릉만(武陵蠻) 토벌 중 병사했다.

991) 過**是欲**少味**矣**.(『後漢書, 卷五十四, 列傳第十四, 馬援傳』) → 過**時**少味**也**.(『松南雜識』)

992) 「임강지미(臨江之麋)」.

993) 낭도사(浪淘沙) : 당나라 교방(教坊)의 곡명(曲名). 뒤에 사패(詞牌)로 사용되었다.

994) 『맹자(孟子), 만장(萬章)』에 "공자께서 제(齊)나라를 떠날 적에 (밥을 지으려고) 쌀을 담갔다가 건져 가지고 떠나셨고[孔子之去齊, 接淅而行]"라는 말이 있다.

'㶣'은 『집운(集韻)』에서 "음은 '함'이니 물속에 물건을 담가 차게 만드는 것이다"[995]라고 하였다.

채소를 끓는 물에 대치는 것을 '약(爚)'이라고 한다.

또 짐승을 삶아서 털을 없애는 것을 '퇴(煺)'라고 하니 바로 "난양두(爛羊頭)"[996]이다.

목식
目食

사마광(司馬光)[997]이 "음식은 맛을 추구하는 것이니 입맛에 맞아야 좋다. 그런데 세상 사람들은 먹는 과일을 아로새기고 울긋불긋 물을 들여 밥상(槃案)의 구경거리로 만드니 목식(目食)이 아닌가?"[998]라고 하였다.

생각건대 요즘에 사람과 짐승 모양을 만드는 것도 어질지 못한 짓이다.

심한식보
心閒食補

『산거사요(山居四要)』[999]에서 "몸의 한가로움은 마음의 한가로움만 못

995) 沈物水中, 使冷.(『集韻, 㶣』) → **音陷**, 沈物水中, 使冷**也**.(『松南雜識』)

996) 난양두(爛羊頭): '삶은 양대가리'라는 의미로 지위는 낮은데 분에 넘치게 벼슬을 받은 사람을 욕하는 말. 남을 멸시하는 말.

997) 사마광(司馬光): 송나라의 정치가・학자(1016~1089). 산서성(山西省) 하현(夏縣) 속수향(涑水鄕) 출생. 자는 군실(君實). 호는 우부(迂夫)・우수(迂叟). 속수선생(涑水先生)이라고도 하며, 죽은 뒤 온국공(溫國公)에 봉해졌으므로 사마온공(司馬溫公)이라고도 한다. 시호는 문정(文正). 저술로 『자치통감(資治通鑑)』 외에 『속수기문(涑水紀聞)』・『사마문정공집(司馬文正公集)』 등이 있다.

998) 飮食**之物**, 所以爲味也. 適口, 斯善矣. 世人取果餌**而**刻鏤之, 朱綠之, 以爲盤案之**玩**, 豈非以目食者乎.(『說郛, 卷九下, 迂書(司馬光), 官失』) → 飮食, 所以爲味也. 適口, 斯善矣. 世人取果餌刻鏤之, 朱綠之, 以爲盤案之**翫**, 豈非以目食者乎.(『松南雜識』)

하고, 약 보신이 음식 보신만 못하다"라고 하였다.

생각해 보건대, 요즘에 음식이 사치해졌기 때문에 마음이 한가하지 못하고, 약으로 보신하기 때문에 음식으로 보신하지 않는다. 별미를 추구하면서 곡기(穀氣)가 줄어들었으며 음식들이 고급화되고 육기(肉氣)가 많아졌다.

『황제소문(黃帝素問)』에서 "간장병(肝臟病)에는 매운 음식을 금하고 심장병(心臟病)에는 짠 음식을 금하고 비장병(脾臟病)에는 신 음식을 금하고 폐병(肺病)에는 쓴 음식을 금하고 신장병(腎臟病)에는 단 음식을 금하니, 이를 오재(五裁)라고 한다"라고 하였는데, 그 주석에서 "재(裁)는 음식을 조절하는 것이다"라고 하였다.[1000]

나는 삼가 육구몽(陸龜夢)[1001]이 「해지(蟹志)」[1002]에서 "약록(藥錄)[1003]이나 식소(食疏)를 참고한다"[1004]라고 한 의미를 취하여 여기에 붙인다. 그러나 송시(宋詩)에서,

살아가며 만족을 기대하지만 언제 만족하랴	謀生待足何時足
늙기 전에 한가함을 얻어야 한가해지리	未老得閒方是閑[1005]

999) 산거사요(山居四要) : 원나라 왕여무(汪汝懋)가 편찬한 책. 총 4권.

1000) 肝病禁辛, 心病禁鹹, 脾病禁酸, 肺病禁苦, 腎病禁甘, 名**此爲**五裁. **楊上善云, 口嗜而欲食之, 不可多也. 必自**裁**之命, 曰五裁**.(『黃帝內經素問, 卷七』의 주석)→素問. 肝病禁辛, 心病禁鹹, 脾病禁酸, 肺病禁苦, 腎病禁甘, 名五裁. **注**. **裁節飮食也**.(『佩文韻府, 五裁』)→素問**曰**, 肝病禁辛, 心病禁鹹, 脾病禁酸, 肺病禁苦, 腎病禁甘, 名曰五裁. **註**, 裁節飮食也.(『松南雜識』)

1001) 육구몽(陸龜蒙) : 만당(晩唐)의 시인 · 학자(?~881). 자는 노망(魯望). 호는 천수자(天隨子) · 보리선생(甫里先生). 소주(蘇州)의 명문 출신. 어렸을 때 이미 육경(六經)에 능통하였으며, 특히 『춘추(春秋)』에 조예가 깊었다. 송강(松江)의 보리(甫里)에 은거하며 농경(農耕)을 장려하고 개간과 농업의 개량사업에 힘쓰는 한편 시서를 즐기며 유유자적한 생활을 보냈다. 저서에 『당보리선생문집(唐甫里先生文集)』 등의 저서가 있다.

1002) 해지(蟹志) : 육구몽의 문집인 『보리집(甫里集)』 권19에 수록된 글로 '게'에 대한 여러 가지 사실을 기록했다.

1003) 약록(藥錄) : 의약서(醫藥書)

1004) 參於藥錄食疏.(『甫里集, 卷十九, 雜著, 蟹志』)

1005) 『古今事文類聚, 前集, 卷三十二, 退隱部, 詩話, 徒言退閒』

라고 하였다.

18. 재보류(財寶類)

금은 여수에서 나온다
金生麗水

『설문해자(說文解字)』에서 "조선에서는 금(金)을 전(銕)이라 한다"라고 하였다.

지봉(芝峯) 이수광(李睟光)이 말하였다.

『천자문(千字文)』에서 "금(金)은 여수(麗水)[1]에서 나온다[金生麗水]"라고 하였으니, 여수(麗水)는 고려(高麗)의 강이 아니다. 『한비자(韓非子)』에서 "형남(荊南)의 여수(麗水)에서는 금(金)이 난다"[2]라고 한 말이 이

1) 여수(麗水) : 운남성(雲南省) 영창부(永昌府)에 있다. 이 지방 사람들이 물속에서 모래를 건져내어 백 번을 일어내면 금이 나온다고 한다.

2) 荊南**之地**, 麗水**之中**生金.(『韓非子, 卷九, 內儲說上七術, 倒言七右經』) → 荊南麗水生金.(『松南雜識』)

것이다.[3]

지금 우리나라의 일어낸 금[淘金]은 「화식전(貨殖傳)」에서 "예장(豫章)에서 황금이 산출된다"[4]라고 한 것과 같은데, 비옥한 밭에서 금을 캐면 밭이 심하게 손상되기 때문에 엄하게 금지한다고 한다.

『산해경(山海經)』에서 "호산(豪山)에는 금과 옥이 많은데 초목(草木)이 없다"[5]라고 하였다.

『동파지림(東坡志林)』[6]에서 "초목이 나지 않는 땅에는 금과 주석·주패(珠貝)가 난다"[7]라고 하였으니, 대개 금(金)은 목(木)을 이기기 때문이다.

금이 흙덩이로 변함
金化土塊

『운부군옥(韻府群玉)』에서 "봉상(鳳翔)[8]의 백성이 밭을 갈다가 마제금(馬蹄金)[9] 한 동이를 얻어 현(縣)으로 보냈다. 현령(縣令)이 여러 날 묵혀 두었다가 열어보니 모두 흙덩이였다"[10]라고 하였다.

---

3) 千字**文**, 金生麗水, **或者言**麗水**之麗字**, **卽高麗也**, **蓋以三叉河一名遼水**, **舊屬高麗故云**. **今按**韓子曰荊南麗水生金, **又考杜氏通典**, **南方有麗水縣**, **乃知其文本出於此**.(『芝峯類說, 卷二, 地理部, 水』)→千字**云**, 金生麗水, **謂高麗之**水, **非也**. 韓子曰, 荊南麗水生金, **是也**.(『松南雜識』)

4) 豫章出黃金.(『史記, 卷一百二十九, 貨殖列傳』)

5) 豪山**其上**多金玉, 而無草木.(『山海經, 卷五, 中山經』」)→豪山多金玉, 而無草木.(『松南雜識』)

6) 동파지림(東坡志林) : 모두 5권으로 송나라 소식(蘇軾)이 저술했다. 혹은 소식의 수택본(手澤本)을 후인들이 『동파전집(東坡全集)』 안에 포함시켰다고도 한다.

7) 地不**生**草木者, 多産金錫珠貝, **亦此理也**.(『東坡志林, 卷六』)→地不**産**草木者, 多産金錫珠貝.(『松南雜識』)

8) 봉상(鳳翔) : 중국 섬서성(陝西省)의 위수(渭水) 유역에 있는 현(縣)의 이름.

9) 마제금(馬蹄金) : 말발굽 모양으로 주조된 황금으로 한(漢)나라 누경(婁敬)이 만들었다고 해서 '누금(婁金)'이라고도 한다.

10) 鳳翔編氓, **因**耕田, 得馬蹄金一甕, 送縣, 縣宰信宿開視, 皆土塊矣.(『韻府群玉, 卷

지금 혹 금편(金片)[11]과 은항(銀缸)[12]은 그 금이나 은이 주된 물질이 아니어서 흙과 돌로 변하는 경우가 있다고 한다. 혹은 닭으로 변하여 우물가나 바위틈에서 논다. 그것을 얻은 자가 그 놈의 꽁무니를 가르면 죽지도 않고 끝없이 금을 만들어 낸다. 그러나 만약 머리와 부리를 가르면 죽어버리고 금을 더 얻어낼 수 없다고 한다.

신라은
新羅銀

「보장론(寶藏論)」[13]에 "은(銀)에는 열일곱 종(種)이 있고 외국에는 네 종이 있으니, 신라은(新羅銀)·파사은(波斯銀)·임읍은(林邑銀)·운남은(雲南銀)으로 순도가 높고 품질이 좋다고 한다"[14]라고 하였다.

『금릉시어(金陵市語)』에서는 은자(銀子)[15]를 '행수(杏樹)'라고 하였다.

十四, 金化土塊』)→鳳翔編氓, 耕田, 得馬蹄金一甕, 送縣, 縣宰信宿開視, 皆土塊矣.(『松南雜識』)

11) 금편(金片) : 오령(五嶺) 내의 부주(富州), 징주(澄州) 등에서는 모두 금이 생산된다. 그 곳의 사람들은 거위를 많이 기르는데 거위의 배설물을 모아서 그것을 물에 헹구어 금 조각을 찾곤 한다. 하루에 한 냥(兩) 혹은 반 냥의 금을 얻는다.

12) 은항(銀缸) : 은제 등잔, 촛대.

13) 보장론(寶藏論) : 중국의 승조(僧肇 : 374~414?)가 지은 불교서적으로 발간연도는 미상이다. 광조공유품(廣照空有品)과 이미체정품(離微體淨品), 본제허현품(本際虛玄品)의 3품으로 구성되며 곳곳에 노장사상과 불교를 융합한 흔적이 있어 주목된다. 당나라 중기의 불교사상을 담고 있어 불교연구의 귀중한 서적으로 평가된다.

14) **又**寶藏論, 銀有十七種 …… 外國四種, 新羅銀波斯銀林邑銀雲南銀, 並精好.(『康熙字典, 銀』)→寶藏論**曰**, 銀有十七種, **而**外國四種, 新羅銀波斯銀林邑銀雲南銀, 並精好**云**.(『松南雜識』)

15) 은자(銀子) : 은돈.

오은
烏銀

『본초강목(本草綱目)』에서 말하였다.

은에 유황(硫黃) 증기를 쪼인 뒤 이틀 뒤에 물로 씻어내면 색이 검어진다. 공인(工人)은 그것으로 그릇을 만든다. 양생가(養生家)는 그릇에 약을 달이니 악기(惡氣)를 물리칠 수 있다.[16]

암석의 은 광맥
巖石銀脈

『이아(爾雅)』에 "산 위에 파가 있으면 아래에는 은(銀)이 있다"[17]라고 하였다.

왜인(倭人)이 말하였다.

대체로 큰 산의 암석에 은(銀) 광맥(鑛脈)이 얽혀서 노출되는 것은 산 가운데 반드시 금과 은이 안에 모여 있어서 그 정화(精華)가 밖으로 드러나기 때문이니, 광맥을 찾으려고 힘을 쓸 필요가 없다. 다만 산의 넓이를 헤아려서 파다가 중앙에 이르면 그칠 일이니 마치 계란의 노른자와 같을 따름이다. 그 구멍에 나무 시렁을 가로로 설치하여 붕괴에 대비한다면 비록 깊더라도 피해가 없다.

---

16) **藏器曰**, **今人**用硫黃熏銀, 再宿瀉之, 則色黑**矣**. 工人用爲器, 養生**者**以器煮藥, **兼於一二丈處夜**, **承露醴飮之**, **長年**辟惡.(『本草綱目, 卷八, 金石之一, 銀, 烏銀』) → 用硫黃熏銀, 再宿瀉之, 則色黑. 工人用爲器, 養生**家**, 以器煮藥, **可**辟惡.(『松南雜識』)

17) 山上有葱下有銀.(『酉陽雜俎, 卷十六, 廣動植之一』)
*『松南雜識』에는 『爾雅』로 되어있음.

지금 산골짜기에 뚫려 있는 구멍은 모두 임진왜란 때 왜놈들이 은을 캐낸 곳이다.

은 열매와 금 오이
銀實金瓜

『오후정(五侯鯖)』[18]에서 말하였다.

설경(薛瓊)은 효성이 지극한 사람으로 섶을 모아 오다가 노인을 만났다. 그 노인이 설경에게 물건 하나를 주며 말하기를, "이것은 은 열매이다. 구리 동이에 사방 벽의 흙을 담고 이 씨앗을 심으면 은을 얻을 것이다"라고 하였으니, 열흘 만에 싹이 트고 다시 열흘 만에 꽃이 피었는데 꽃에서는 자개와 같은 은빛이 났다. 그러다가 열매가 맺으니 모두 은이었다.[19]

송응(宋膺)의 『이물지(異物志)』에서 "서역에서 금 두 개를 바쳤는데 크기가 모두 오이만 하였다. 던져두니 불어나서 끝없이 볼 수 있었고 사용해보면 진짜 금이었다"[20]라고 하였다.

세상에서 하는 말이 "중국에는 사람이 많고 대완국(大宛國)[21]에는 말이 많고 대진국(大秦國)[22]에는 보물이 많으니, 이것을 '삼중(三衆)'이라

---

18) 오후정(五侯鯖) : 명나라 팽엄(彭儼)이 편찬한 유서(類書). 총 12권. 모두 14문(門)으로 분류하였으며 내용에 대해서는 출전을 밝히지 않았다.

19) **五**侯鯖, 薛瓊至孝, **父病家貧**, **瓊採**薪, 遇老**父**, **以**一物**與之**, 曰銀實也, 用**四**壁土, 種之銅盆**中**, **置牀下**, 當得銀, **瓊如言種之**. 旬日生苗, 再旬生花, 花有銀色如**鈿**螺, 及結實, 皆銀.(『格致鏡原, 卷三十四, 珍寶類三, 五金總論, 銀, 銀異』)→侯鯖**曰**, 薛瓊至孝, **采**薪遇老**人**, **遺**一物曰, **此**銀實也, 用**西**壁土, 種之銅盆, 當得銀**矣**. 旬日生苗, 再旬**開**花, 花有銀色如螺**鈿**, 及結實, 皆銀**也**.(『松南雜識』)

20) 大秦金二枚, 皆大如瓜, 擲之滋息, 無窮觀之, 如用則眞金也.(『凉州異物志』)

21) 대완국(大宛國) : 중앙아시아 페르가나 지방에 있었던 작은 나라.

한다"라고 하였다.

또 왜사(倭史)에서 "좌도주(佐渡州)[23]의 금은(金銀)은 품질이 좋기에 '좌도금은(佐渡金銀)'이라 한다"라고 하였다.

은광
銀鉚

『광운(廣韻)』에 '鉚'은 '鑛(광)'의 고자(古字)이다. 이시진(李時珍)이 "이것은 바로 파사국(波斯國)[24]의 은광(銀鉚)이다. 단사(丹砂)가 청명한 기운을 받으면 처음에는 광석(鑛石)이 생기고 이백 년 만에 단사(丹砂)가 되고 청녀(青女)[25]가 잉태한다"라고 말하였다.[26]

곽박(郭璞)의 부(賦)에 "금광 단력[27][金礦丹礫]"[28]이라고 하였다.

『산해경(山海經)』에서 "단(丹 : 주사)은 주로 붉은 색이지만 검은 색이나 흰색도 단(丹)의 종류이다"[29]라고 하였다.

---

22) 대진국(大秦國) : 로마.

23) 좌도주(佐渡州) : 일본에 있는 주(州)의 이름.

24) 파사국(波斯國) : 페르시아.

25) 청녀(青女) : 눈과 서리를 관장하는 여신.

26) 廣韻, 古**文**鑛字. **本草**, **錫恡脂**. 李時珍曰, 此乃波斯國銀鉚也. **又**丹砂受青陽之氣, 始生鉚石, 二百年成丹砂, 而青女孕.(『康熙字典, 鉚』) → 廣韻**曰**, 古鑛字. 李時珍曰, 此乃波斯國銀鉚也. 丹砂受青陽之氣, 始生鉚石, 二百年成丹砂, 而青女孕.(『松南雜識』)

27) 금광(金礦) : 금이 함유된 광석.
단력(丹礫) : 단사(丹砂).

28) 「강부(江賦)」.

29) 山海經, 丹以赤爲主, 黑白皆丹之類.(『康熙字典, 㐶』)

금자
金尺

다음과 같은 전설이 있다.

신라왕이 궁궐에서 한가로이 있을 때였다. 죽은 쥐 한 마리가 있었는데 얼마 뒤에 쥐 한 마리가 구멍 속에서 금자 한 자루를 물고 나와서 죽은 쥐의 좌우를 네 번 재자, 죽은 쥐가 바로 살아나서 달아났다. 왕이 그것을 빼앗아서 죽은 사람에게 시험해 보니 죽은 사람이 바로 살아났으며 백에 하나도 어긋나지 않았다. 왕이 "이것은 조물주의 권능을 빼앗는 물건이니 이 세상에 남겨둘 수 없도다"라고 하고는 그것을 파묻었다.

지금 경주의 '금척총(金尺塚)'이 그것이다.

악은
惡銀

고려 숙종(肅宗) 시절에 간특한 무리들이 모래를 쌀에 섞고 구리와 쇠를 은에 섞었기에, 악은(惡銀)[30]과 악미(惡米)[31]의 유통을 금지시켰다.

30) 악은(惡銀) : 질이 낮은 은.
31) 악미(惡米) : 앵미. 쌀에 섞여 있는, 빛깔이 붉고 질이 나쁜 쌀. ≒적미(赤米).

수은

水銀

『진고(眞誥)』[32]에서 "한나라 정위(程偉)의 아내가 수은(水銀)을 달여 은을 만들었다"[33]라고 하니 대개 은의 종류인 듯하다.

의원의 말에 의하면 수은은 바다의 생물인데 흰 말[白馬]을 좋아한다. 그래서 그것을 채집하는 사람은 우선 바닷가에 구덩이를 파고 그 옆을 흰말이 달려 오가게 한다. 그러면 바다 위의 말 같은 기운이 떠 와서 땅에 붙어 달려오는데, 그것이 구덩이에 이르면 빠진다. 그러면 사람들이 베 그물로 덮어서 떠간다. 동글동글한 수정 구슬이 뱅뱅 돌면서 가만히 있지 않기에 빨리 대나무 통에 집어넣어야 한다. 그렇게 하지 않으면 달아나 흩어진다고 한다. 또 수은(水銀)을 죽이는 법은 담배 피운 침을 사용하면 된다고 한다. 지금 의가(醫家)에서는 옴을 치료하고 벌레를 죽이는데 사용한다. 그리고 말의 기생충이 피부를 파먹는 데도 약으로 사용한다고 한다.

『본초강목(本草綱目)』에서 "수은이 땅에 떨어지면 유석(鍮石)[34]이라야 당겨 올릴 수 있다"[35]라고 하였다.

32) 진고(眞誥) : 남조(南朝) 때 양(梁)나라의 도사 도홍경(陶弘景 : 452~536)의 저서. 도교관계의 경전으로 여겨짐. 총 20권.

33) **漢期門郎**程偉妻, **通神變化**, 煎水銀成銀. …… 眞誥.(『韻府群玉, 水銀成銀』) → 眞誥**曰** 漢程偉妻, 煎水銀成銀**云**.(『松南雜識』)

34) 유석(鍮石) : 천연의 황동(黃銅) 광석(鑛石).

35) 本草**綱目**, 水銀墮地, 鍮石可引上.(『康熙字典, 鍮』) → 本草**曰**, 水銀墮地, 鍮石可引上.(『松南雜識』)

백반생홍
白礬生汞

『회남자(淮南子)』에서 "백반(白礬)에서 백홍(白澒)이 나온다"[36]라고 하였는데, 그 주석에서 "백홍은 수은(水銀)이다"라고 하였다.

운서(韻書)에서는 "단사(丹砂)가 변한 것이다"[37]라고 하였다.

단사
丹砂

『설문해자(說文解字)』에서 "단(丹)은 파월(巴越)의 붉은 돌이다"[38]라고 하였으며, 「우공(禹貢)」의 이른바 "숫돌·돌화살촉·단사[礪砥砮丹]"[39]가 이것인데, 지금 청풍(淸風)의 남굴(南窟)에 있다고 한다.

『한서(漢書), 교사지(郊祀志)』에서 "단사(丹砂)는 변화시켜 황금(黃金)으로 만들 수 있다"[40]라고 하였는데, 그 주석에서 "『포박자(抱朴子)』에서 말하기를 '금을 만드는 방법이 회남자(淮南子)의 「홍보침중서(鴻寶枕中書)」에 있는데 비록 그 글이 있다고 한들 중요한 사항은 비밀'이다"[41]라고 하였다.

『기이록(紀異錄)』[42]에서 말하였다.

도사(道士) 이종남(李終南)이 주먹만 한 옥(玉) 코끼리 새끼를 이덕유

---

36) 白礬**九百歲**生白澒.(『淮南子, 墬形訓』) → 白礬生白澒.(『松南雜識』)
37) 丹砂所化**爲水銀**.(『佩文韻府, 澒』) → 丹砂所化.(『松南雜識』)
38) 說文, 丹, 巴越之赤石**也**.(『韻府群玉, 丹』) → 說文**曰**, 丹, 巴越之赤石.(『松南雜識』)
39) 『書傳, 夏書, 禹貢』.
40) 丹**沙**可化爲黃金.(『前漢書, 卷二十五上, 郊祀志』) → 丹**砂**可化爲黃金.(『松南雜識』)
41) **夫**作金, **皆**在**神仙集中**, 淮南**王**, **抄出以作**鴻寶枕中書, 然皆秘其要**文**.(『抱朴子, 內篇』) → 作金, 在淮南**子**鴻寶枕中書, **雖有其文**, 然皆秘其要**云**.(『松南雜識』)
42) 기이록(紀異錄) : 낙중기이록(洛中紀異錄). 송나라의 진재사(秦再思)가 편찬한 책. 총 10권.

(李德裕)에게 주면서 말하였다.

"단사(丹砂)를 코끼리 코 아래에 두면 코끼리가 그 단사를 들여 마십니다. 그리고 다시 토해내야 복용할 수 있습니다"

그리고 또 금 코끼리 한 마리를 꺼내 옥 코끼리와 짝을 맞추었다. 이덕유가 그렇게 만들어진 단사를 복용하고 얼굴이 훨씬 젊어졌다. 그러자 미녀 수백 명을 찾고 뽑아서 취하였는데, 훗날 남쪽으로 이사를 가다가 도사(道士)를 만났다. 도사가 노하여 두 마리 코끼리를 내놓으라고 하였지만 이덕유는 주지 않았다. 그가 악담(鱷潭)에 이르자 코끼리 두 마리가 배에서 날아갔고 광염(光焰)이 하늘을 비췄다고 한다.[43]

철실
鐵室

『유양잡조(酉陽雜俎)』에서 "산 위에 생강이 있으면 아래에는 구리와 철이 있다"[44]라고 하였다. 『장편(長編)』[45]에서 "쓸개 물에 쇠를 담가두면 구리가 되니 '담동(膽銅)'이라 한다"[46]라고 하였다.

---

43) 紀異錄, 道士李終南, **以**玉象子如拳許, 與李德裕**曰**, 以丹砂置象鼻下, 象服其砂, 復吐出, **乃**可服. 又出一金象**云**, 與玉爲偶. **贊皇**服之, 顔面愈少. 乃求採姝異數百人, 後南遷逢道士, 怒索象, 公不與. 至鰐**魚**潭, 二象自船飛出, 光燄燭天.(『淵鑑類函, 卷四百三十, 獸部二, 象三, 吐丹化石』) → 紀異錄**曰**, 道士李終南, **出**玉象子如拳許, 與李德裕**云**, 以丹砂置象鼻下, 象服其砂, 復吐出, **方**可服. 又出一金象, 與玉爲偶. **德裕**服之, 顔面愈少. 乃求採姝異數百人, 後南遷, 逢道士, 怒索**二**象, 公不與. 至鰐潭, 二象自船飛出, 光焰燭天.(『松南雜識』)

44) 山上有薑, 下有銅**錫**.(『酉陽雜俎, 卷十六, 廣動植之一』) → 山上有薑, 下有銅**鐵**.(『松南雜識』)

45) 장편(長編) : 송나라의 이도(李燾)가 편찬한 『속자치통감장편(續資治通鑑長篇)』의 약칭.

46) 膽水浸鐵成銅.(『續資治通鑑, 卷一百十一, 宋紀, 一百十一』) → 膽水浸鐵成銅, 曰膽銅, 長編.(『韻府群玉, 膽銅』) → 長編**曰**, 膽水浸鐵成銅, 曰膽銅**云**.(『松南雜識』)

우리나라 충주(忠州)의 철실산(鐵室山)은 철이 생산되기 되기 때문에 그런 이름이 붙었다. 황금산(黃金山)에서는 황금이 생산되기 때문에 그런 이름이 붙었다. 그 아래에는 유황석(硫黃石)이 있다고 한다. 내포(內浦)에는 곳곳에서 쇠를 쌀처럼 이는데, 제주도에만 없다.

갑산동
甲山洞

조선 순조(純祖) 임술년(1802)과 계해년(1803)에 갑산(甲山)[47]에 홍수로 사태(沙汰)가 나서 구리산(銅山)이 드러났다. 내가 구리를 캐는 사람을 만났는데, 그의 말이 "저는 재주가 용렬해서 자줏빛 나는 것은 구리, 노란 것은 주석, 검은 것이 금인 줄은 모르고 한 굴(窟)에서 섞어 제련하였습니다. 그런데 그 색이 검은 것을 한탄하니 오금(烏金)[48]을 오금인줄 몰랐다고 할 만합니다"라고 하였다.

경흥(慶興)[49]에도 철을 생산하니, 4월·5월에 바다 배가 와서 캐어 가는 것은 되놈도 아니고 왜놈도 아니라고 한다.

왜인의 좋은 쇠 제작법
倭冶精良

왜인(倭人)은 이렇게 말한다.

철을 제련할 때는 단단한 것과 부드러운 것을 섞고 품질이 좋은

47) 갑산(甲山): 함경남도.
48) 오금(烏金): 흑색구리와 자주색 구리를 합금해서 만든 금속.
49) 경흥(慶興): 양강도 중부에 있는 군.

것과 나쁜 것을 섞고 선별해 합하여 단련하여야 아주 품질이 좋아진다. 한 쪽 한 쪽, 한 장 한 장 궁리하면서 살펴보면 틀림없이 파랗고 노란 색이 있다. 그것을 조각으로 끊어 네다섯 번 제련을 한다. 매양 그렇게 하면 노란 색이 비로소 순도가 높아져 극도로 정련(精練)된다. 이는 마치 뛰어난 대장장이가 갖옷을 만들 때 아름다운 털을 깎아다가 아주 잘라 썰어서 큰 옷을 완성하는 것과 같다.[50]

또 왜인(倭人)은 아이가 태어나서 한 돌이 되면 정련한 쇠 삼사십 근을 소반에 놓아두었다가 진흙에 파묻는다. 아기가 성인이 되면 그것을 파내서 무수히 담금질을 하여 한 자루 칼을 만들고 명도(命刀)라고 하는데 정교하고 예리하기가 서릿발 같다. 평생 함부로 칼을 뽑지 않으며 상(喪)을 당하면 흰 종이로 그 칼자루를 봉한다고 한다.

우리나라의 쇠를 왜인(倭人)과 같은 방법으로 제련하면 비수(匕首)[51]가 되지 않을 것이 없다고 한다.

자석
磁石

『본초강목(本草綱目)』에서 "산 남쪽에는 철이 생산되고 북쪽에는 자석이 있다"[52]라고 하니, 이것을 지남석(指南石)이라고 한다.

소식(蘇軾)의 시에 "참된 약속 마땅히 자석과 같아야 하리"[53]라고 하

50) 이 말은 원래, 『예기(禮記), 학기(學記)』의 "훌륭한 대장장이의 아들은 반드시 갖옷 만드는 것을 배우게 되고, 활을 잘 만드는 사람의 아들이 반드시 키를 만드는 것을 배우게 된다[良冶之子, 必學爲裘, 良弓之子, 必學爲箕]"라는 말에서 유래했다. 대장장이 일을 잘하는 집에서는 그 아들들이 항상 그 아비가 쇠붙이를 주워 모아 완전한 그릇을 만드는 것을 보았기 때문에 짐승의 피물을 주워 모아 완전한 갖옷을 만들게 되고, 활을 잘 만드는 집안에서는 그 아들들이 항상 그 아버지가 근각(筋角)을 휘어서 활을 만드는 것을 보기 때문에 버드나무를 휘어서 키를 만들게 된다는 의미이다.

51) 비수(匕首) : 날이 예리하고 짧은 칼.

52) 本草, 山之陽產鐵, 其陰有磁石.(『韻府群玉, 磁』)

였다.

지봉 이수광이 "지남침(指南針)은 항상 병방(丙方)으로 치우쳐 있고 정남방을 가리키지는 않는다. 대개 병방(丙方)은 화(火)이니 경신(庚辛)인 금(金)이 그것의 제압을 받기 때문이라고 한다"[54]라고 하였다.

침향석
沈香石

『양화록(養花錄)』[55]에서 말하였다.

괴석(怪石)이 개성의 경천사(敬天寺) 동쪽 언덕에서 생산되니 봉우리가 깎아지르고 절벽이 은은(隱隱)하여 구름과 비를 머금고 있는 형상이다. 그것을 정로(鼎鑪)[56] 속에 두면 물을 꼭대기까지 끌어당겨 한 낮이 되도록 마르지 않는다. 이끼가 얼룩덜룩한 모양이 마치 수괴석(水怪石) 같다. 속칭 침향석(沈香石)이라고 하는데 참으로 천하의 뛰어난 보물이다.

---

53) 眞契當如磁石鐵.(『東坡全集, 卷二十二, 石芝詩』)

54) **本草曰**, 指南針常偏丙位, 不全南**向**, 蓋丙爲**大**火, 庚辛金, 受其制故**如是**.(『芝峯類說, 卷十九, 服用部, 金寶』)→指南針常偏丙位, 不全南**指**, 蓋丙爲火, 庚辛金, 受其制故**云**.(『松南雜識』)
* 丙午丁은 '火'에 속하고 庚酉辛은 '金'에 속함.

55) 양화록(養花錄) : 강희안(姜希顔)의 저서. 괴석(怪石)에 대한 감상과 연출 기법 등을 상세히 기록했다.

56) 정로(鼎鑪) : 도사(道士)가 연단(煉丹)하는 솥과 화로. 솥 모양의 화로.

옥석
玉石

화성(華城)의 건달산(乾達山)에서 돌이 생산되는데 마치 백옥(白玉)과 같다. 왕실의 옥책(玉冊)[57]에 이것을 사용한다. 그래서 그 산을 봉(封)하고 채굴을 금지한다고 한다.

한유(韓愈)의 문장에 이른바 "백옥에 새긴 첩지[鏤白玉之牒]"[58]가 그러한 종류인가보다.

홍말갈
紅靺鞨

『당보기(唐寶記)』에서 "말갈(靺鞨)에서 보석이 생산되는데 크기는 밤알만 하다. 중국에서는 그것을 '말갈(靺鞨)'이라고 한다"[59]라고 하였다.

금강찬
金剛鑽[60]

『정자통(正字通)』에서 "강바닥에서 나는데 종유석(鐘乳石) 같으며 전체는 자석영(紫石英) 같다. 오직 안남(安南)의 높은 돌산에 사는 영양(羚羊)의 뿔로만 깨뜨릴 수 있다"[61]라고 하였다.

---

57) 옥책(玉冊) : 제왕이나 후비(后妃)의 존호를 올릴 때에 그 덕을 기리는 글을 새긴 옥조각을 엮어서 만든 책.

58) 「조주자사사상표(潮州刺史謝上表)」.

59) **六曰**, **紅**靺鞨, 大如**巨**栗, **赤爛如朱櫻桃**, **視之疑不可觸**, **擊之至堅不可破**.(『類說, 卷七, 唐寶記, 八寶』) → 靺鞨**國産寶石**, 大如栗, **中國謂之靺鞨**.(『松南雜識』)

60) 금강찬(金剛鑽) : 금강석의 별명.

61) **又**正字通, **金剛鑽**, 生水底, 如鐘乳, 體似紫石英. 惟安南高石山羚羊角能碎之.(『康

당나라 역사에 부혁(傅奕)62)이 "금강석(金剛石)은 오로지 영양(羚羊)의 뿔이라야 깨뜨릴 수 있다"63)라고 한 말이 이것이니, 금강석으로 부처의 이(齒)를 위조(僞造)하기 때문이다.

자연회
自然灰

진장기(陳藏器)64)가 "자연회(自然灰)는 남해에서 나는데 성상(性狀)이 황토(黃土)와 같아서 옷을 빨 수 있고 옥석(玉石)을 이 자연회에 묻어두면 진흙처럼 물러진다"65)라고 하였다.

석유황
石硫黃

우리나라에서는 유독 금성(金城)66)의 창두리(倉頭里)에서 난다. 원석(原石)을 캐어서 볶아 유황을 만드는데 중국에까지 수출된다고 한다.

熙字典, 鑽』)

62) 부혁(傅奕) : 당나라의 학자. 천문(天文) 역수(歷數)에 능통했다.

63) **傅奕謂其子曰**, **吾聞**金剛石至**堅物**, **不能敵**, 惟羚羊角**可**破.(『類說, 卷五十四, 隋唐嘉話, 金剛石』) → 金剛石惟羚羊角破**之**.(『松南雜識』)

64) 진장기(陳藏器) : 당나라 사람. 『본초습유(本草拾遺)』 19권을 지었음.

65) 藏器曰, 生南海**畔**, 狀如黃土, **灰**可澣衣, **琉璃瑪瑙**玉石以此灰**埋**之, **卽**爛如泥, **至易雕刻**.(『本草綱目, 卷七, 土, 自然灰』) → **陳**藏器曰, **自然**灰生南海, 狀如黃土, 可澣衣, 玉石以此灰**霾**之, 爛如泥.(『松南雜識』)

66) 금성(金城) : 강원도 김화군의 고려 · 조선 시대 행정구역.

숫돌

礪石

「우공(禹貢)」에서 "형주(荊州)의 숫돌 · 돌화살촉 · 단사"[67]라고 하였고, 「현신송(賢臣頌)」[68]에서는 "월나라 숫돌로 그 칼날을 벼린다"[69]라고 하였다.

우리나라는 여산(礪山)[70]에서 숫돌이 나기 때문에 그것이 군(郡)의 이름으로 되었다고 한다. 지금은 연일(延日)[71]에서 산출되는 것을 상품(上品)으로 친다.

구보

龜寶

『금화자(金華子)』[72]에서 말하였다.

> 서태위(徐太尉)가 광남(廣南)에 갔다가 얕은 물속에서 유리병을 주웠다. 그 속에는 한 치 가량의 거북이 한 마리가 끊임없이 빙빙 돌았는데 병 입구가 좁아서 나올 수 없었다. 한 밤이 되자 거북이 떼가 병을 둘러쌌다. 서태위는 놀라서 그 병을 내버렸는데, 배 주인이 "구보(龜寶)입니다"라고 하였다.[73]

---

67) 礪砥砮丹.(『書傳, 夏書, 禹貢』) → **荊州**礪砥砮丹.(『松南雜識』)
68) 현신송(賢臣頌) : 왕포(王褒)의 작품.
69) 越砥斂其鍔.(『文選, 卷四十七, 頌, 聖主得賢臣頌』)
70) 여산(礪山) : 전라북도 익산시 북동부에 있는 면.
71) 연일(延日) : 경상북도 포항시 남구에 있는 읍.
72) 금화자(金華子) : 남당(南唐)의 류숭원(劉崇遠)이 편찬한 책. 소설가류(小說家類). 총 2권.
73) 徐太尉**彥若**赴廣南, **渡小海**, **於**淺水中, 得**一**琉璃瓶, 中有一龜**及**寸, 旋轉不停, **而**瓶口**極**細, 不**知何自而入**, 夜半**覺船偏重視之**, **則**群龜**重疊登舟遶其**瓶, 徐**懼而**棄之, **後問**舶主, 云**此名**龜寶.(『類說, 卷二十五, 金華子, 龜寶』) → 徐太尉赴廣南, 淺水中, 得琉璃瓶, 中有一龜寸**許**, 旋轉不停, 瓶口細, 不**可出**, 夜半群龜**繞**瓶, 徐**懼**棄之, 舶主

취보완
聚寶垸

『비각한담(秘閣閒談)』[74]에서 말하였다.

파동(巴東) 하암원(下岩院)의 승려가 물가에서 청자 사발을 주웠는데, 꺾은 꽃이나 쌀을 그 속에 넣어 보니 모두 가득 차는 것이었다. 돈이나 금은도 모두 그러하였다. 이로부터 사원(寺院)이 부귀해졌지만 노년에는 강에 던져버리고 제자들에게 말하였다.

"너희들에게 죄루(罪累)[75]를 더하지 않게 하고자 함이니라."[76]

『원화기(原化記)』[77]에 "위생(魏生)[78]이 아름다운 돌 하나를 얻었는데 호인(胡人)이 말하기를 '이것은 보모(寶母)[79]입니다. 매달 보름에 바닷가에 단(壇)을 설치하고 이것을 그 위에 두면 여러 보물을 모아들일 수 있을 것입니다'라고 하였다"[80]라는 기록이 있으니, 소설(小說)에 나오는 화

云龜寶.(『松南雜識』)

74) 비각한담(秘閣閒談) : 송나라 오숙(吳淑)이 편찬한 책. 4권. 소설가류.

75) 죄루(罪累) : 죄에 연루되는 일.

76) 巴東下岩院**主**僧, 水際得一青磁碗, **携歸**, 折花**置佛像前**, **明日花滿其中**, **更置少**米, **經宿**, **米亦**滿**碗**, 以錢及金銀**置之**, **皆**然. 自是, **院中**富貴. **院主**年老, **一日過江檢田**, **懷中取碗**, 擲**於中流**. **從弟驚愕**, **師**曰, **吾死**, **爾等寧能謹飭自守**, **棄之**, 不欲**使**爾增罪累也, **院主尋卒**.(『類說, 卷五十二, 秘閣閒談, 青磁碗』) → 巴東下岩院僧, 水際得青磁碗, 折花**及**米, **置其中**, **皆**滿, 以錢及金銀**亦**然, 自是富貴. **僧**年老, 擲**于江**, **謂徒弟**曰, 不欲爾增罪累也.(『松南雜識』)

77) 원화기(原化記) : 당나라 황보씨(皇甫氏)가 편찬한 책.

78) 『松南雜識』에는 '魏王'으로 오기되어 있음.

79) 보모(寶母) : 당나라의 위생(魏生)이 얻었다는 보물로, 온갖 보물을 끌어당기는 힘이 있다고 한다. 위생이 이것을 가지고 호객(胡客)이 개최한 보회(寶會)의 말석에 앉아 있다가 제일 마지막으로 보모를 보이자, 모두 놀라서 위생을 앞 자리에 앉히고는 사겠다라고 했다. 위생이 백만금에 팔겠다고 하자 호인들이 도리어 성을 내며 천만금을 더해 주었다. 보모는 호인들의 왕이 난리통에 잃어버리고 찾던 물건이었다.

80) 魏**生者**, 得一美石, **後**有胡人**見之**, 曰, 此寶母也, 每月望設壇海邊, 置**石**其上, 可**以**集寶**珠**.(『類說, 卷七, 原化記, 寶母』) → 魏**王**得一美石, 有胡人曰, 此寶母也, 每月望,

수분(花水盆)[81]의 종류인 듯하다.

고려주
高麗珠

『회남자(淮南子)』[82]에서 "물이 둥글게 꺾이는 곳에는 구슬이 있고 모나게 꺾이는 곳에는 옥(玉)이 있고 맑은 곳에는 황금이 있다"[83]라고 하였다.

연암 박지원이 "건륭황제(乾隆皇帝)[84]의 황후가 동주(東珠)를 잃어버리고 폐위되어 냉궁(冷宮)[85]에 갇혔다. 그러나 우리도 그것이 어디에서 생산되는지는 모른다"[86]라고 하였다.

목난
木難

운서(韻書)에서 "구슬의 이름이다. 노란색으로 동이(東夷)에서 생산된다"

設壇海邊, 置**此**其上, 可集**諸**寶.(『松南雜識』)

81) 화수분(花水盆) : 재물이 계속 나오는 보물단지. 그 안에 온갖 물건을 담아 두면 끝없이 새끼를 쳐 그 내용물이 줄어들지 않는다는 설화상의 단지를 이른다.

82) 『松南雜識』에는 '尸子'로 되어 있으니. 『本草綱目』, 『白孔六帖』 등에서 이 문장의 출전으로 『尸子』라고 했다.

83) 水圓折者有珠, 方折者有玉, 淸**水**有黃金.(『淮南子, 墬形訓』) → 水圓折者有珠, 方折者有玉, 淸**者**有黃金.(『松南雜識』)

84) 고종황제(高宗皇帝) : 중국 청나라의 제6대 황제.

85) 냉궁(冷宮) : 왕의 총애를 잃은 후비(后妃)가 거처하는 냉락(冷落)한 궁원(宮院)을 이름.

86) 乾隆**三十年**, 皇后失東珠, **回后讒**, **皇后搜得東珠鑾儀衛卒家**, **后遂**廢, **幽之**冷宮. …… 然**吾**未知**東珠**産於何處, **而誰能採之而遍於天下乎**.(『燕巖集別集, 卷十四, 熱河日記, 口外異聞, 高麗珠』) → 乾隆皇后失東珠**而至**廢. **囚**冷宮. 然未知産於何處.(『松南雜識』)

라고 하였다. 조식(曹植)의 시에서 "산호 사이의 목난[珊瑚間木難]"[87]이라고 하였다.[88]

지금 갓끈의 격자(隔子)[89]이다.

야광주
夜光珠

제주(濟州) 목사(牧使) 윤숙(尹熽)이 야광주(夜光珠) 하나를 얻었다. 그것을 어두운 방에 걸어두면 촛불처럼 밝게 빛났다. 바다를 건너오다가 풍랑이 일자 두려워서 두 개로 쪼개서 큰 것은 바다에 던지고 작은 것은 간직하고 왔는데 여전히 책을 비추어 글자를 읽을 수 있을 정도였다고 한다.

제주용호
濟州龍戶

『설문해자(說文解字)』에서 "방(蚌)의 음정(陰精[90])이다"[91]라고 하였다.

또 "방합(蚌蛤[92])이 조개물을 머금고 구슬을 배태(胚胎)하여 달과 함께 이지러지고 찬다. 채집하는 자는 수십 길 짜리 줄에 몸을 묶고 바다 아

87) 「강녀편(姜女篇)」.
88) 珠名, 色黃, 生東夷, 韻會. 珊瑚間木難, 曹植詩.(『韻府群玉, 木難』) → 韻會曰, 珠名, 色黃, 生東夷. 曹植詩, 珊瑚間木難.(『松南雜識』)
89) 격자(隔子) : 격자(格子), 갓끈의 대통들 사이사이에 꿴 둥근 구슬.
90) 음정(陰精) : 음의 정기.
91) 蚌之陰精.(『說文解字, 蚌』)
92) 방합(蚌蛤) : 말조개과에 딸린 민물조개. 조가비는 검은색에 갈색 무늬가 있고 매우 단단하며 길이 약 10㎝쯤이다. 안쪽은 청백색에 자색을 띤 것이 많고 진주 광택이 난다. 모양이 말조개와 닮았다.

래로 내려가는데, 바다짐승에게 해를 당하기도 한다"[93]라고 하였다.

한유(韓愈)의 시에서,

> 관아에 있을 때에는 용호(龍戶)가 모여들고　　衙時龍戶集
> 초하루에는 말과 사람이 온다　　上日馬人來[94]

라고 하였는데, 그 주석에서 "구슬을 캐는 사람을 '용호(龍戶)'라고 한다"[95]라고 말하였다.

여의주
如意珠

『능엄경(楞嚴經)』에 "마치 어떤 사람이 자기 옷에 여의주를 매달고도 깨닫지 못하고 궁색하게 이슬을 맞으며 빌어먹는데, 지혜로운 사람이 그 구슬을 가리키면서 '바라는 대로 모두 이루어져 부자가 될 것이오' 라고 말해주자 그제야 신주(神珠)[96]는 밖으로부터 얻는 것이 아님을 깨닫게 되었다는 것과 같다"[97]라고 하였다.

전설에는 정녀(貞女)의 머리털이 변한 것이라고 하니, 대개 『수신기(搜

93) 說文, 蚌之陰精, **從玉朱聲**, 蚌蛤胎**也**. 採**珠**者, 以數十丈**麻**繩, 縋其身, 落於海底, 或爲海獸所害.(『韻府群玉, 珠』) → 說文**曰**, 蚌之陰精, **又**蚌蛤**含漿**胎**珠**, **與月虧盈**. 採者, 以數十丈繩, 縋其身, 落於海底, 或爲海獸所害**云**.(『松南雜識』)

94) 衙時龍戶集, **上**日馬人來.(『東雅堂昌黎集註, 卷十, 律詩凡八十首, 送鄭尙書赴南海』) → 衙時龍戶集 **朝**日馬人來.(『松南雜識』)

95) 龍戶採珠.(『東雅堂昌黎集註, 卷十, 律詩凡八十首, 送鄭尙書赴南海』의 주석) → 採珠**人謂**龍戶.(『松南雜識』)

96) 신주(神珠) : 명주(明珠).

97) 如人於自衣繫如意珠, 不自覺知, 窮露**他方**, 乞食**馳走**. **忽有**智者指示其珠, 所願從**心**致**太饒**富, **方**悟神珠非從外得. 楞嚴經.(『韻府群玉, 如意珠』) → 楞嚴經曰, 如人於自衣繫如意珠, 不自覺知, 窮露乞食. 智者指示其珠, 所願**皆**從致富, **乃**悟神珠非從外得**云**.(『松南雜識』)

神記)』의 "귤수(橘叟)가 바다의 신 용녀(龍女)의 머리털을 날라 오게 하였다"[98]라는 이야기에서 나온 듯하다.

『원각경(圓覺經)』에서 "청정마니보주(淸淨摩尼寶珠)는 오색(五色)[99]으로 비추며 방향에 따라 나타난다"라고 하였는데, 그 주석에서 "천성을 원명(圓明)[100]하게 비춘다"라고 하였다.[101]

구곡주
九曲珠

소식(蘇軾) 시[102]의 주석에서 말하였다.

> 소설(小說)에서 말하기를 "어떤 사람이 구곡보주(九曲寶珠)를 얻었는데 구멍을 실로 꿸 수가 없었다. 공자가 그에게 '실에 기름을 발라 개미가 구멍을 지나가게 하라'고 가르쳐 주었다"라고 하였다.[103]

또 지금 무공주(無孔珠)[104]는 바로 홍합(紅蛤)이 배태한 것이니 보릿가

---

98) 성명을 알 수 없는 파공인(巴邛人)에게 귤밭이 있었다. 수확철이 되어 귤을 모두 거두어 들였는데 두 개의 커다란 귤이 그대로 달려 있기에 이상하게 생각을 하고 따서 쪼개 보니 두 노인이 들어앉아 내기 놀음을 하고 있었다. 내기가 끝나자 한 노인이 상대에게 바다 용왕의 일곱 째 딸의 머리털 등 신기한 물건을 바치라고 말했다.

99) 오색(五色) : 동쪽에는 푸른색, 서쪽에는 흰색, 남쪽에는 붉은색, 북쪽에는 검은색, 중앙에는 황색으로 비춤.

100) 원명(圓明) : 철저하게 깨달음.

101) 淸淨摩尼寶珠映於五色, 隨方名現. 圓覺經. **言**性照**員**明也.(『韻府群玉, 摩尼』)→圓覺經**曰**, 淸淨摩尼寶珠映於五色, 隨方名現. **註**, 性照**圓**明也.(『松南雜識』)

102) 紗籠擎燭迎門入, 銀葉燒香見客邀, 金鼎轉丹光吐夜, 寶珠穿蟻鬧連宵, 波翻焰裏元相激, 魚舞湯中不畏焦, 明日酒醒空想像, 淸吟半逐夢魂銷.(『東坡詩集註, 卷七, 書事, 祥符寺九曲觀燈』)

103) **次公**小說**載**有**以**九曲寶珠, **欲**穿之**而**不得, **問之孔子**, 孔子教以塗脂於線, 使蟻通**焉**.(『東坡詩集註, 卷七, 書事, 祥符寺九曲觀燈』)→小說有**得**九曲寶珠, 穿之不得, 孔子教以塗脂於線, 使蟻通**之**.(『松南雜識』)

루에 싸서 일 년을 두면 진주 한 알을 배태하는데 죽은 자의 반함(飯含)[105]에 사용하는 보물이다.

조량주
照凉珠

『습유기(拾遺記)』에서 “연(燕)나라 소왕(昭王)이 한여름에 더위를 식히는 조량주(照凉珠)를 품었다”라고 하였다. 한유(韓愈)의 시에서 “지겨운 더위에 양주(凉珠)를 생각한다[愁暑憶凉珠]”라고 한 말이 이것이다.

야명렴
夜明簾

지봉(芝峰) 이수광(李睟光)이 “장열(張說)이 태평공주(太平公主)[106]에게 계림(鷄林)의 야명렴(夜明簾)을 뇌물로 바쳤으니, 아마도 수정(水晶) 주옥(珠玉)으로 만든 듯하다”[107]라고 하였다.

『개원천보유사(開元天寶遺事)』[108]에서 “괵국(虢國) 부인이 당(堂)에 야광베개(夜明枕)를 두니 등불이나 촛불을 밝힐 필요가 없었다”[109]라고 하니

---

104) 공주(孔珠) : 구멍이 뚫린 구슬.

105) 반함(飯含) : 상례(喪禮)에서 소렴(小殮)을 할 때, 상주가 버드나무숟가락으로 쌀 몇 낟알과 구슬 한 알을 망자(亡者) 입 속의 오른편 · 왼편 · 한가운데에 차례로 물리는 의식.

106) 태평공주(太平公主) : 당나라 제3대 황제인 고종(高宗)과 측천무후(則天武后)와의 사이에서 태어난 막내딸(663?~713). 무후 이후 당나라 여화(女禍)의 마지막 존재.

107) **唐書**, 張說以鷄林夜明簾, **奉太平公主云**. **夜明簾**, **未知何物也**, **蓋古有以**水晶**及**珠玉爲**簾**, **疑此類也**.(『芝峯類說, 卷十九, 服用部, 寶』) → 張說**賂太平公主**以鷄林夜明簾, **疑**水晶珠玉爲**之**.(『松南雜識』)

108) 개원천보유사(開元天寶遺事) : 오대의 왕인유(王仁裕)가 편찬한 책. 총 4권. 유서류(類書類).

역시 계림(鷄林)에서 나온 듯하다.

화옥
火玉

『개원천보유사(開元天寶遺事)』에서 "당나라 영왕(寧王)에게 난옥안(煖玉鞍)과 난옥배(煖玉盃)가 있었는데 겨울에도 저절로 따뜻해졌다"[110]라고 하였다.

『두양잡편(杜陽雜編)』[111]에서 "당 무종(武宗) 때에 부여(扶餘)가 화옥(火玉)을 공물로 바치니 빛이 수십 보를 비추었다. 그것을 쌓으면 솥을 데울 수 있었고, 방 안에 두면 다시 솜이불을 덮을 필요가 없었다"[112]라고 하였다.

한유(韓愈)의 시에서 "추위가 두려워 화옥(火玉)을 생각한다[畏寒思火玉]"라고 한 말이 이것이다. 부여(扶餘)는 해부루(解夫婁)[113]의 나라이다.

연옥
軟玉

『두양잡편(杜陽雜編)』에서 "천보(天寶)[114] 연간에 중흥국(中興國)에서 공

---

109) 虢國夫人**有**夜明枕, **設**於堂**中**, **光照一室**, 不假燈燭.(『說郛, 卷五十二上, 開元天寶遺事, 夜明枕』)→虢國夫人**置**夜明枕於堂, 不假燈燭**云**.(『松南雜識』)

110) 唐寧王有煖玉鞍, **又有**煖玉杯, **不煖**自**熱**.(『韻府群玉, 煖玉杯』)→唐寧王有煖玉鞍煖玉杯, **冬月** 自**暖**.(『松南雜識』)

111) 두양잡편(杜陽雜編) : 당의 소악(蘇鶚)이 편찬한 책. 총 3책. 소설가류

112) 武宗**皇帝會昌元年**, 夫餘國貢火玉**三斗及松風石**, **火玉色赤**, **長半寸**, **上尖下圓**. 光照數十步, 積之可以燃鼎, 置**之**室內**則**不**復**挾纊.(『說郛, 卷四十六下, 杜陽雜編卷下』)→**唐**武宗**時**, 夫餘國貢火玉, 光照數十步. 積之可以燃鼎, 置室內不**必**挾纊.(『松南雜識』)

113) 해부루(解夫婁) : 동부여(東扶餘)의 시조

물로 바쳤다. 그것을 구부리면 앞과 뒤가 서로 맞닿았고 펴면 뻣뻣하고 곧게 되었다"[115]라고 하였다.

벽진주
辟塵珠

『국어(國語)』에서 "구슬로 화재를 막는다"[116]라고 하였다.
『통아(通雅)』[117]에서 말하였다.

옛날에 벽진주(辟塵珠)·벽한주(辟寒珠)·야광주(夜光珠)가 있었다. 육전(陸佃)[118]이 "용주(龍珠)는 용의 턱에 있고, 사주(蛇珠)는 뱀의 입에 있고, 어주(魚珠)는 물고기의 눈에 있고, 교주(鮫珠)는 교룡의 가죽에 있고, 별주(鼈珠)는 자라의 발에 있고, 주주(蛛珠)는 거미의 배에 있지만 그 무엇도 방주(蚌珠)보다 못하다"라고 하였다.[119]

114) 천보(天寶) : 당 현종(玄宗)의 연호(742~756).

115) **卽**天寶中, **異**國**所**獻, **光可鑑物**, **節文端姸**, **雖藍田之美**, **不能過也**. 屈之則**頭**尾相就, 舒之則勁直.(『說郛, 卷四十六上, 杜陽雜編卷上』) → 天寶中, **中興**國**貢**獻, 屈之則**首**尾相就, 舒之則勁直.(『松南雜識』)

116) 珠**足**以禦火灾**則寶之**.(『國語, 卷十八, 楚語下』) → 珠以禦火災.(『松南雜識』)

117) 통아(通雅) : 명나라 방이지(方以智)가 편찬한 책. 총 52권. 잡가류(雜家類).

118) 육전(陸佃) : 송나라의 학자. 자는 농사(農師). 월주(越州) 산음(山陰) 출신. 왕안석(王安石)에게 경전을 배웠다.

119) 古有辟塵珠辟寒珠夜光, **照乘**, **大者徑寸**, **或出于龍魚**黿**鼉異物之腹中**, **蛇亦有珠**, **非獨出于蚌也**, 陸佃**曰**, 龍珠在頷, 蛇珠在口, 魚珠在眼, 鮫珠在皮, 鼈珠在足, 蛛珠在腹, 皆不及蚌珠.(『通雅, 卷四十八, 金石』) → 古有辟塵珠辟寒珠夜光**珠**. 陸佃**云**, 龍珠在頷, 蛇珠在口, 魚珠在眼, 鮫珠在皮, 鼈珠在足, 蛛珠在腹, 皆不及蚌珠.(『松南雜識』)

호박

琥珀

『박물지(博物志)』에서 "호박은 일명 '강주(江珠)'니 송진(松津)이 땅 속으로 들어가 복령(茯笭)이 되고 천년이 지나 변하면 피가 익은 색이 난다. 베 위에서 겨자를 빨아들이는 것이 진짜다"[120]라고 하였다.

당시(唐詩)에서 "신령한 호박으로 조그만 겨자를 줍는다[靈珀拾微芥]"라고 하였다. 또 호랑이가 죽으면 눈의 정기가 땅으로 들어가 변하는 까닭에 글자가 '虎'와 '白'으로 구성된다. '白'은 바로 '魄[혼백]'이다.

단성식(段成式)[121]이 말하였다.

> 용의 피가 땅으로 들어가면 호박(琥珀)이 된다. 또 불에 타서 만들어지는 것도 있다. 「남만기(南蠻記)」에서 '영주(寧州)의 모래 속에 벌이 있는데 언덕이 무너지면 벌이 나온다. 그러면 원주민들이 불에 태우고 가공해서 호박을 만든다'라고 하였다"[122]

『박물지(博物志)』에서 또 이르기를 "벌집을 태워 만드니, 요즘의 파리(玻瓈)[123]도 태워 만든다"라고 하였다.

또 한보승(韓保昇)[124]이 "나무의 진은 모두 변화하는데 소나무와 단풍

---

120) **按老子玉策**, 松脂入地, **千年變**爲茯苓, 千年**變爲琥珀**.(『廣博物志, 卷四十二, 草木一』)→一名江珠, 松脂入地, 千年所化, 色如血熟, 於布上拭, 吸得芥子者, 眞也.(『韻府群玉, 珀琥珀』)→一名江珠, 松脂入地, 爲茯笭, 千年所化, 色如血熟, 於布上吸芥子者, 眞也.(『松南雜識』)

121) 단성식(段成式) : 당나라의 문인. 『유양잡조(酉陽雜俎)』의 편찬자.

122) **或言**, 龍血入地爲琥珀. 南蠻記, 寧州沙中有**折腰**蜂, 岸崩則蜂出, 土人燒治, 以爲琥珀.(『酉陽雜俎, 卷十, 廣知』)→龍血入地爲琥珀, **又有燒成者**. 南蠻記, 寧州沙中有蜂, 岸崩則蜂出, 土人燒治以爲琥珀.(『松南雜識』)

123) 파리(玻瓈) : 파리(玻璃). 유리.

124) 한보승(韓保昇) : 후촉(後蜀)의 학자. 노주(潞州) 출신. 태위(太尉) 한보정(韓保貞)의 아우이다. 벼슬이 한림학사(翰林學士)에 이르렀다. 학문이 깊었으며 특히 명물(名物)의 학문에 밝았다.

나무의 진이 많기 때문에 호박으로 변하는 것이 많다"라고 하였다.[125]

산호
珊瑚

『설문해자(說文解字)』에서 "바다에서 나는데 산에서 나기도 한다"[126] 라고 하였다.

『운부군옥(韻府群玉)』에서 "나무가 물 밑 반석 위에서 나는데 봉화수(烽火樹)라고 한다. 일 년 만에 노래지고 이 년 만에 붉어진다. 철망(鐵網)을 만들어 물 밑에 가라앉히면 산호가 철망을 뚫고 자라니 이것을 꺼내면 된다. 오랫동안 꺼내지 않으면 또한 썩는다"라고 하였다. 대개 낭간(琅玕)의 종류이다.

『고려사(高麗史)』에서 "현종 때 영광군(靈光郡)에서 그것을 바쳤다"[127] 라고 하였다.

낭간
琅玕

『본초강목(本草綱目)』에서 말하였다.

---

125) 韓保**昇**曰, 木脂皆化, 松楓多脂耳. 段成式曰, 龍血入地爲琥珀, 又有燒成者. 南蠻記, 寧州沙中有蜂, 岸崩則蜂出, 土人燒治以爲琥珀. 博物志亦云, 燒蜂窠所作, 如近日之玻瓈, 亦番燒也.(『康熙字典, 珀』) → 段成式曰, 龍血入地爲琥珀, 又有燒成者. 南蠻記, 寧州沙中有蜂, 岸崩則蜂出, 土人燒治以爲琥珀. 博物志亦云, 燒蜂窠所作, 如近日之玻瓈, 亦番燒也. 韓保**鼎**曰, 木脂皆化, 松楓多脂耳.(『松南雜識』)

126) 生於海, 或生於山.(『說文解字, 珊』)

127) **庚子**, 靈光郡獻**珊瑚樹**, **高八尺**, **枝八十一**.(『高麗史, 卷五, 世家五, 顯宗二』) → **顯宗時**, 靈光郡獻**之**.(『松南雜識』)

푸른 것은 약에 들어가니 바다 밑에서 난다. 처음 물에서 나오면 붉다가 오래되면 검푸르게 된다. 가지가 산호와 비슷하고 좀 구멍 같은 구멍이 있다. 쳐보면 금석(金石) 소리가 난다.[128)]

대모
玳瑁

운서(韻書)에서 말하였다.

거북 등속이다. 또 숫거북을 '대모(毒冒)'라고 한다. 머리와 꼬리가 앵무새 같으며 등딱지에 무늬가 있다. 남해(南海)에서 나는데 부채 같은 비늘이 있다. 비늘을 불에 끓이면 부드러운 가죽과 같다. 또 생갑(生甲)을 왼쪽 어깨에 매달면 독충을 퇴치할 수 있다.[129)]

지금 제주(濟州)에 그것이 있다. 호랑이 뼈를 끓여서 대모로 위조하여 갓끈을 만든다고도 한다.

---

128) **有數種色**, **以**青者入藥**爲勝**, …… 生**大**海底. …… **海人以綱**, **於海底取之**, 初出水紅**色**, 久而青黑, 枝柯似珊瑚, **而上有孔**竅, 如虫蛀, 繫之**有**金石**之**聲.(『本草綱目, 卷八, 金石之一, 青琅玕』) → 青者入藥, 生海底. 初出水紅, 久而青黑, 枝柯似珊瑚, 竅如虫蛀, 繫之**作**金石聲.(『松南雜識』)

129) **玳瑁**, 龜屬, **似龜**, 首尾如鸚鵡, 甲有文, 生南海, **背**有鱗, **大**如扇, **將作器**, 煮鱗如柔皮, 生甲繫左臂, 辟**毒虫**.(『韻府群玉, 瑁』) → 龜屬, **又龜雄曰毒冒**, 首尾如鸚鵡, 甲有文, 生南海, 有鱗如扇, 煮鱗如柔皮. **又**生甲繫左臂, 辟**虫毒**.(『松南雜識』)

유리

琉璃

『운부군옥(韻府群玉)』에서 "돌이 대진국(大秦國)에서 나는데 그릇을 만드는 것은 자연회(自然灰)로 가공한다"[130]라고 하였다.

『위략(魏畧)』에서 "붉은색 · 흰색 · 검은색 · 노란색 · 파란색 · 녹색 · 옥색 · 감색(紺色) · 붉은색 · 자주색의 열 가지 종류이다"[131]라고 하였다.

『한서(漢書), 서역전(西域傳)』에서 "계빈국(罽賓國)[132]에서는 벽유리(璧流離)가 난다"[133]라고 하였다. 근세에는 돌의 진[石汁]을 녹이고 약(藥)과 화기(火氣)를 더하여 유리를 만들면 광택이 변함없다고 한다.

어떤 이는 우리나라의 소 발굽과 뿔을 끓이고 약을 타서 응고시키면 청기와처럼 화려하다고 한다.

『화엄경(華嚴經)』에서 "이구국(離垢國)에서는 유리로 땅을 만들고 황금으로 줄을 만든다"라고 하였다.

마노

瑪瑙

『습유기(拾遺記)』에서 "단구(丹丘) 들에 귀신의 피가 변하여 만들어진 것이 많다. 모양이 말의 뇌(腦) 같은데, 왕거(王莒)가 그것을 안석류(安石榴)[134]로 오인하고 먹었다"[135]라고 하니, 마치 앵도(櫻桃)와 적영반(赤瑛

---

130) 石出大秦國, 爲器者, 以自然灰治**之**.(『韻府群玉, 璃琉璃』)

131) **大秦國出**, 赤白黑黃靑綠**紺縹**紅紫十種**琉璃**, 魏略.(『古今事文類聚續集, 卷二十六, 珍寶部, 玉』) → **魏畧云**, 赤白黑黃靑綠**縹紺**紅紫十種.(『松南雜識』)

132) 계빈국(罽賓國) : 지금의 북부 인도 카슈밀지방.

133) **又前漢**西域傳, 罽賓出璧流離.(『康熙字典, 離』) → 西域傳**云**. 罽賓出璧流離.(『松南雜識』)

134) 안석류(安石榴) : 석류(石榴). 안식국(安息國)에서 생산되기 때문에 안석류라고 한다.

135) **碼瑙**似馬腦**故名**, 丹丘之野, 多鬼血化成. 拾遺記, …… **李漢碎胡碼碯盛送**王莒**日**,

盤)[136]을 혼동한 고사와 같다.[137]

화제
火齊

운서(韻書)에서 "운모(雲母)[138]와 비슷하여 겹겹으로 되어 있으며 황적색(黃赤色)이다. 하나씩 떼어 보면 마치 주름진 비단(紗縠) 같이 겹겹으로 되어 있다"[139]라고 하였다.

『본초강목(本草綱目)』에는 "오색의 운모(雲母)"라고 하였으니 지금의 석은(石銀)이다.

차거 · 만호
車渠璊瑚

운서(韻書)에서 "차거(車渠)는 아름다운 돌이니 옥과 비슷하다. 또 대합(大蛤)이다"라고 하였다.

만호(璊瑚)는 『시경(詩經)』에서 "취의(毳衣)[140]가 만옥(璊玉)처럼 붉도

安石**榴奉送**, **莒見之**, **不疑**食之.(『韻府群玉, 碼瑙』) → 拾遺記曰, 丹丘之野, 多鬼血化成, **形**似馬腦, 王莒**誤爲**安石**榴**, 食之.(『松南雜識』)

136) 적영반(赤瑛盤) : 붉은 옥반석(玉盤石).

137) 한나라 명제(明帝)가 밤에 신하들에게 연회를 베풀었을 때의 일이다. 붉은 옥으로 만든 쟁반에 붉은 앵도(櫻桃)를 담아 황제에게 올리자, 황제는 그것을 신하들에게 하사했다. 그런데 달빛 아래에서는 빈 쟁반으로 보였기에 신하들이 모두 웃었다고 한다.(『습유기(拾遺記)』)

138) 운모(雲母) : 석영 · 장석과 함께 화강암 중에 있는 중요한 조암 광물. 돌비늘이라고도 한다. 층상구조를 가지며, 보통은 육각 판상의 결정형을 이룬다. 또한 인상(鱗狀) · 섬유상 · 주상(柱狀)을 이루는데, 어느 형태나 밑면에 완전한 쪼개짐이 있어서 아주 얇게 벗겨진다. 광물 중에서 가장 쪼개짐이 완전하며, 쪼개진 조각은 탄력이 강하다.

139) 似雲母, 重疊而開, 色黃赤, 別之如紗縠之重沓.(『韻府群玉, 火齊』)

140) 취의(毳衣) : 천자나 대부의 예복의 일종.

다"[141]라고 하였는데, 그 주석에서 "만(璊)은 붉은 옥(玉)이다"[142]라고 하였다.

칠보
七寶

『아희원람(兒戲原覽)』에서 말하였다.

차거(車渠)[143] · 만호(璊瑚) · 호박(琥珀) · 마노(瑪瑙) · 화제(火齊) · 양옥(良玉) · 진주(眞珠)를 '칠보(七寶)'라고 한다.[144]

그중에서 반 이상이 우리나라에서 난다. 성천(成川)[145]의 진옥(眞玉)과 남해(南海)의 화번석(和璠石)도 진기한 보물이다.

방제
方諸

『운회(韻會)』에서 "거울의 이름이니 달에서 명수(明水)[146]를 취한다"라고 하였다.

『회남자(淮南子)』에서 "방제가 달을 보면 진액이 나와서 물이 된

---

141) 毳衣如璊.(『詩經集傳, 卷二, 衛風, 大車』) → 毳衣如璊.(『松南雜識』)

142) 赤玉, **詩毳衣如璊**.(『韻府群玉, 卷四, 璊』) → 赤玉.(『松南雜識』)

143) 차거(車渠) : 판시류(瓣鰓類)에 속하는 최대의 바다조개.

144) **七寶**, 車璖璊瑚琥珀瑪瑙火齊良玉眞珠.(『兒戲原覽, 地篇』) → 車璖璊瑚琥珀瑪瑙火齊良玉眞珠, **是謂七寶**.(『松南雜識』)

145) 성천(成川) : 평양 북동쪽 약 56 km 지점에 있다. 대동강(大同江)의 지류인 비류강(沸流江) 왼쪽 기슭에 있다.

146) 명수(明水) : 제사에 사용하는 깨끗한 물.

다"[147]라고 하였는데, 그 주석에서 "음수(陰燧)[148]로 쓰는 대합(大蛤)이니 달을 향해서 반복하여 문지르면 물이 생긴다. 또 '方'은 돌이고 '諸'는 구슬이다"라고 하였다.[149]

지금 중국 사람들은 주머니에 물을 담으니 음수(陰燧)로 물을 만드는 것과 비슷하다.

석경
石鏡

『습유기(拾遺記)』에서 "주(周)나라 영왕(靈王) 때에 외국(外國)에서 석경(石鏡)을 공물로 바쳤는데 달처럼 색이 희고 얼굴을 비추면 눈과 같았기에 월경(月鏡)이라 이름하였다"[150]라고 하였다. 지금 면경(面鏡)을 석경(石鏡)이라고 이르는 것은 여기에서 나왔다.

『회남자(淮南子)』에 "명경(明鏡)도 거푸집에서 처음 나왔을 때는 흐릿하여 사람을 모습을 다 비출 수 없다가 현석(玄錫)[151]으로 문지르고 흰 모전(毛氈)으로 닦아 내면 수염, 눈썹, 머리털까지 비춰볼 수 있다"[152]라고 하였다. 지금 거울을 모전(毛氈)으로 닦는 것은 유래가 오래다.

---

147) 方諸見月, 則津而爲水.(『淮南子, 天文訓』)

148) 음수(陰燧) : 밤에 이슬을 받는데 사용하는 쟁반.

149) 方諸見月, 則津而爲水. **注**, **方諸**陰燧大蛤也, 熟磨拭向月下則水生. 又云方石也, 諸珠也. 淮南子.(『韻府群玉, 卷二, 方諸』) → 淮南子**曰**, 方諸見月, 則津而爲水. **註**, 陰燧大蛤也, 熟磨拭向月下則水生. 又云方石也, 諸珠也.(『松南雜識』)

150) **時異方**貢**玉人**石鏡, **此石**, **色**白如月, 照**面如雪**, **謂之**月鏡.(『拾遺記, 卷三, 周靈王』) → 周靈王時, 外國貢石鏡, 白如月, 照人則**起**, 名月鏡. 拾遺記.(『韻府群玉, 石鏡』) → 拾遺記**曰**, 周靈王時, 外國貢石鏡, 白如月, 照人則**寒**, 名月鏡.(『松南雜識』)

151) 현석(玄錫) : 수은(水銀)과 주석의 화합물로 액상(液狀)임.

152) 明鏡之始**下**型, 曚然**未見形容**, **及其**粉以**元**錫, **摩**以白旃鬢, 眉**微毫**, 可得而察.(『淮南子, 修務訓』) → 明鏡之始型, 曚然, **及**粉之以玄錫, **磨**之以白旃, 則鬢眉毛鬢, 可得而察, 淮南.(『韻府群玉, 白旃磨鏡』) → 淮南**子曰**, 明鏡之始型, 曚然, **乃**粉之以玄錫, 磨之以白旃, 則鬢眉毛鬢, 可得而察.(『松南雜識』)

『무릉기(武陵記)』에서 "거울을 능화(菱花)[153]라고 하니 그 면이 평평하고 빛 그림자를 이루는 것이 이와 같기 때문이다"[154]라고 하였다.

고대의 청동거울을 '능화경(菱花鏡)'이라고 한다. 청동거울은 대부분 육각형인데 뒷면에 마름꽃을 새긴 것도 있다.

『한비자(韓非子)』에 "눈은 자신을 잘 보지 못하기 때문에 거울을 가지고 스스로 비춰본다"[155]라고 하였다.

조선 중종 때에 일본의 소이전(小二殿)이 용경석(龍鏡石)을 바치자 물리쳤다.[156]

화경
火鏡

『당문수(唐文粹)』[157]에서 "서융의 거울[戎鏡]은 태양을 마주 보게 하여 고정시키면 부시를 당겨 불을 피울 수 있다"[158]라고 하니, 바로 양수(陽燧)[159]이고, 또 구리 냄비[銅銚]이다.

『백공육첩(白孔六帖)』에서 "남만의 구슬은 알만해서 한낮에 쑥을 구슬 밑에 깔면 문득 불이 일어난다"[160]라고 하였으니 대개 화경(火鏡)의 종류인 듯하다.

---

153) 능화(菱花) : 마름꽃.

154) **又**鏡**曰蔆**花, 以其面平, 光影所成如此.(『韻府群玉, 蔆』) → 鏡**謂菱**花, 以其面平, 光影所成如此**也**.(『松南雜識』)

155) **古之人**, 目短於自見, 故以鏡**觀面**.(『韓非子, 觀行』) → 目短於自見, 故以鏡**自見**.(『松南雜識』)

156) 『中宗實錄, 中宗十七年(1522), 四月 十八日條』.

157) 당문수(唐文粹) : 송의 요현(姚鉉)이 편찬한 책. 총 100권. 총집류(總集類).

158) 戎鏡**包陽**, 當日**而**矚之, 則能延燧興火.(『唐文粹, 卷八十八, 上塚官書』) → 戎鏡, 當日矚之, 則能延燧興火.(『松南雜識』)

159) 양수(陽燧) : 고대에 태양빛에서 불을 취하던 오목 동거울. 양수(陽遂).

160) 南蠻珠如卵, 日中以艾藉珠, 輒火出. 孔帖.(『韻府群玉, 火珠』)

『박물지(博物志)』에서 “얼음을 깎아서 둥글게 만든 후에 태양을 향해 들고 쑥을 그 빛에 대어 불을 얻는다”161)라고 하였다. 그래서 쑥을 ‘빙대(氷臺)’라고 한다. 대개 음(陰)과 양(陽)이 서로 부딪치면 불이 생긴다.

우리나라에도 화경(火鏡)이 있는데, 흐리고 비가 오면 불을 얻을 수 없다.

안경
眼鏡

『정자통(正字通)』에서 말하였다.

> 애체(靉靆)는 안경(眼鏡)이다. 『동천청록(洞天清錄)』에서 “노인이 잔 글자를 분간하지 못하는데 애체(靉靆)를 눈에 쓰면 환히 보인다. 원나라 사람의 소설에서 “애체(靉靆)는 서역(西域)에서 나왔다”라고 하였다. 또 『방여승략(方輿勝略)』에서 “만랄가국(滿剌加國)에서 애체(靉靆)가 난다”라고 하였다.162)

이덕무(李德懋)의 시에서 “서양의 안경이 백태 껴서 흐릿한 눈을 틔워 준다”163)라고 한 말이 이것이다.

지봉(芝峯) 이수광(李睟光)이 말하였다.

---

161) 削氷令圓, 擧以向日, 以艾**于後**承其影, **則**得火.(『博物志, 卷四, 戲術』) → 削氷令圓, 擧以向日, 以艾承其影, 得火.(『松南雜識』)

162) 靉靆眼鏡也. 洞天淸錄**載**靉靆, 老人不辨細**書**, 以此掩目則明. 元人小說**言**, 靉靆出西域. **靉譌作**靆**非**. 又方輿勝略, 滿剌加國出靉靆.(『正字通, 靉』) → 正字通, 靉靆眼鏡也. 洞天淸錄靉靆, 老人不辨細**書**, 以此掩目則明. 元人小說**言**, 靉靆出西域. **譌作**靆靆**非**. 又方輿勝略, 滿剌加國出靉靆.(『康熙字典, 靉』) → 正字通**曰**, 靉靆眼鏡也. 洞天淸錄**曰**, 靉靆, 老人不辨細**字**, 以此掩目則明. 元人小說**云**, 靉靆出西域. 又方輿勝略**曰**, 滿剌加國出靉靆.(『松南雜識』)

163) 西洋鏡白眸開眩.(「소완정, 동야소집(素玩亭, 冬夜小集)」)

명나라 장수 심유경(沈惟敬)과 왜승(倭僧) 현소(玄蘇)는 모두 노인인데, 안경을 쓰고 잔글자를 잘 읽으니 우리나라에서는 전에 보지 못하던 것이다. 안경은 대개 바다 조개의 종류 중 하나의 껍질로 제작한다고 한다. 또 오래되어 선명치 못한 문서는 햇빛에 수정으로 비추어 보면 분별할 수 있다고 한다.[164)]

지금 서양인들은 바늘을 만들어 별을 관찰하는데 안경이 없으면 불가능하다고 한다. 그러나 경주의 오수정(烏水晶)을 천하제일로 친다고 한다.

요지경
要地鏡

『물류상감지(物類相感志)』[165)]에서 "관일옥(觀日玉)의 크기는 팔촌(八寸)이다. 거울로 태양을 비추면 태양 속의 궁전이 보인다"라고 하였다.[166)] 지봉(芝峯) 이수광(李睟光)이 "마테오리치가 보물로 여기던 파리석(玻璃石)[167)]은 한 번 눈앞에 비추면 말라죽은 나무나 무너진 담도 모두 오색으로 나타난다"[168)]라고 하였으니 대개 파리(玻璃)인 듯하다.

---

164) 天將沈惟敬倭僧玄蘇, 皆老人, 用眼鏡, 能讀細**書文**字, 乃**我**國所未曾見**也**. **眼鏡**蓋海蚌之類, 以其甲製**之**云. **又按**故闇文書, 以水精承日照之, **則**可辨云.(『芝峯類說, 卷十九, 服用部, 器用』)→天將沈惟敬倭僧玄蘇, 皆老人, 用眼鏡, 能讀細字, 乃**東**國所未曾見. 盖海蚌之類, 以其甲製云. 故闇文書, 以水精承日照之, 可辨云.(『松南雜識』)

165) 물류상감지(物類相感志) : 동파선생물류상감지(東坡先生物類相感志). 송나라의 승려 찬녕(贊寧)이 편찬한 책. 총 10권. 잡가(雜家).

166) 觀日玉. 大如八**尺**寸, 鏡**明徹**如**琉璃**, **映**日, **觀**見日中宮殿**皎然分明**.(『東坡先生物類相感志, 卷八十, 金玉部』)→觀日玉. 大如八寸, 鏡**映**日, **觀**見日中宮殿, 相感志.(『韻府群玉, 觀日玉』)→**物類**相感志**曰**, 觀日玉大如八寸, 鏡**暎**日, 見日中宮殿**云**.(『松南雜識』)

167) 파리(玻璃) : 수정(水晶). 일곱 가지 보석 가운데 '수정'을 이르는 말. 유리(琉璃).

168) **續耳譚曰**, **大西洋國人**利瑪竇**者**, **泛海八年**, **始抵東奧**, **多挟異寶**. **其最奇者**, **有自鳴鍾**, **按時有聲**, **漏刻毫不爽**, **有**玻**瓈**石, 一照眼前, 枯木頹桓, 皆**現**五色**光云**.(『芝峯

운서(韻書)에서 "서양 대응산(大凝山)의 천년빙(千年氷)이 옥(玉)으로 변한 것을 빙옥(氷玉)이라 한다"라고 하였으니, 아마도 지금의 요지경(要地鏡)인 듯하다.

천리경
千里鏡

『사류비요(事類備要)』[169]에서 "구곡(鸜鵒)[170]의 눈동자를 사람의 젖에 섞은 후에 갈아서 눈 속에 넣으면 하늘 밖의 물건도 볼 수 있다"라고 하였다.[171] 지금 수정 거울 조각 안을 깎아서 층이 지게 한 것을 노인경(老人鏡)이라고 한다.

몇 개의 렌즈를 통 속에 넣어 보면 멀리 천리 밖의 산 하나도 막힘이 없이 눈 앞으로 모여드니, 이것을 '천리경(千里鏡)'이라고 한다.

조개 여지
貝餘眡

『이아(爾雅)』에서 "조개 여지는 노란 바탕에 흰 무늬이다"라고 하였으니 '眡'는 '蚳(지 : 개미알)'와 통용된다. 『시경(詩經)』의 주석에서 "노랗고

類說, 卷十九, 服用部, 金寶』) → 利瑪竇**所寶**玻**璃**石, 一照眼前, 枯木頹桓, 皆成五色.(『松南雜識』)

169) 사류비요(事類備要) : 고금합벽사류비요(古今合璧事類備要). 송나라의 사유신(謝維新)이 편찬한 책. 전집 69권, 후집 81권, 속집 56권, 별집 94권, 외집 66권. 유서류(類書類).

170) 구곡(鸜鵒) : 때까치와 비슷한 새.

171) **鸜鵒**, **取其**目睛, 和人乳, 研滴眼中, 能見烟霄外物.(『事類備要, 鸜鵒』) → 鵒目睛, 和人乳, 研滴眼中, 能見烟霄外物.(『佩文韻府, 烟霄』) → **事類曰**, **鸜**鵒目睛, 和人乳, 研滴眼中, 能見烟霄外物.(『松南雜識』)

흰 무늬의 조개를 '여지(餘蚳)'라고 한다"172)고 한 말이 이것이다.173) 지금 돈궤미를 '뱀 아래턱[蛇下頷]'이라고 하는 것과 같다.

화어아금과 조하금
花魚霞錦

연암(燕巖) 박지원(朴趾源)이 "신라 때의 토산품은 크고 작은 화어아금(花魚牙錦)과 조하금(朝霞錦)과 백첩포(白氎布)이다"174)라고 하였다.

살펴보건대, 두보의 시에서 "빛나는 백첩건[光明白氎巾]"175)라고 하였는데, 그 주석에 "고창국(高昌國)에서 난다"176)라고 하니, 신라에서도 이런 것이 생산되는 듯하다.

구유
氍毹

『두양잡편(杜陽雜編)』에서 "신라는 오색(五色)의 구유(氍毹)를 땅에 깐다"177)라고 하였는데, 그 주석에서 "털방석(毛席)"178)이라고 하였으니, 지금의 만화방석(萬花方席)179)과 같다.

---

172) 貝黃白文曰餘蚳.(『毛詩注疎, 小雅, 巷伯』의 주석)

173) 爾雅, 貝餘**貾**, 黃質白文, 通作蚳. 詩**注**, 貝黃白文曰餘蚳.(『韻府群玉, 貾』) → 爾雅**曰**, 貝餘**貾**, 黃質白文, 通作蚳. 詩**註**, 貝黃白文曰餘蚳.(『松南雜識』)

174) 新羅時土產, **有**大小花魚牙錦, 朝霞錦, 白氎布.(『燕巖集別集, 卷之十五, 熱河日記, 銅蘭涉筆』) → 新羅時土產, 大小花魚牙錦, 朝霞錦, 白氎布.(『松南雜識』)

175) 「대운사찬공방이수(大雲寺贊公房二首)」.

176) 出高昌國.(『補注杜詩, 卷十九, 大雲寺贊公房二首』의 주석)

177) 新羅**國**進五色氍毹.(『類說, 卷四十四, 杜陽雜編, 萬佛山』) → 新羅進五色氍毹**以藉地**.(『松南雜識』)

178) **氍毹**毛席**也**.(『玉篇, 氍』) → **註**毛席.(『松南雜識』)

179) 만화방석(萬花方席) : 여러 가지 꽃무늬를 놓아서 짠 방석.

호백구

狐白裘

『사기(史記)』의 주석에서 "여우의 겨드랑이 털을 모아서 만든다"[180] 라고 하였다. 천자와 제후가 평상시 거처할 때의 성복(盛服)[181]이다. 맹상군(孟嘗君)[182]이후궁에게 이것을 뇌물로 주고 진(秦)나라에서 죽을 고비를 넘겼고, 산의생(散宜生)[183]이 주(紂)[184]에게 이것을 바치고 주(周)를 보존하였으니 대개 희소한 보물인 듯하다.

지금은 상점 사람들이 많이 입는다. 담비와 오소리도 우리나라에서 난다.

용문석

龍文席

『순자(荀子), 정론(正論)』에서 "용자(龍玆), 화근(華瑾)으로 열매를 만든다(龍玆華覲以爲實)"라고 하였는데, 그 주석에서 "용자(龍玆)는 용수염 방석이다"[185]라고 하였으니, 방석은 속칭 기직(機織)이라고 한다.

다음과 같은 전설이 있다.

---

180) **集解韋昭曰, 以狐之白毛爲裘, 謂**集狐腋**之毛, 言美而難得者**.(『史記, 卷七十五, 孟嘗君列傳』의 주석) → 集狐腋**爲之**.(『松南雜識』)

181) 성복(盛服) : 잘 차려 입은 옷.

182) 맹상군(孟嘗君) : 전국 시대 제(齊)나라의 재상(?~B.C. 278). 초나라의 춘신군(春信君), 조나라의 평원군(平原君), 위나라의 신릉군(信陵君)과 더불어 전국(戰國) 말기 사군(四君)의 한 사람으로 불린다. 전문(田文).

183) 산의생(散宜生) : 주공(周公), 소공(昭公) 등과 함께 주나라 사현(四賢) 중의 한 명. 지모와 정치로 문왕, 무왕을 도왔다. 문왕이 주(紂)에게 미움을 사 갇혀 있을 때, 산의생이 주왕에게 뇌물을 바치고 문왕을 구명했다.

184) 주(紂) : 은나라의 마지막 임금. 이름은 제신(帝辛). 주(紂)는 시호(諡號). 지혜와 체력이 뛰어났으나, 주색을 일삼고 포학한 정치를 하여 인심을 잃어 주나라 무왕에게 제거되었다.

185) **或曰**, 龍玆卽**今之**龍鬚席.(『荀子, 正論篇』의 주석) → 龍玆卽龍鬚席.(『松南雜識』)

중종 때에 천기(天氣)를 보는 사람(望氣者)이 안동(安東)에 와서 물었다.

"이 읍에 언제나 천자의 기운이 있으니 무엇이 그에 해당하겠소?"

"김방경(金方慶)[186]입지요."

라고 이 지방 사람들은 대답하였다.

"이 사람이 걸출하기는 하지만 그에 해당하기에는 부족합니다."

"용문석(龍文席)[187]이 천자의 방석으로 매양 중국의 공물(貢物) 품목에 들어갑니다."

"바로 그것이구려."

『설문해자(說文解字)』에서 "천자의 방석은 보불(黼黻)로 가선을 둘러 장식한다"[188]라고 하였다.

토산물

土宜

『고려사』에서 "목종(穆宗)이 백성들로 하여금 토산물(土宜)을 교역하게 하였다"[189]라고 하였다.

『택리지(擇里志)』에서 말하였다.

---

186) 김방경(金方慶) : 고려 시대의 명장(1212~1300). 본관은 안동(安東). 자는 본연(本然). 시호는 충렬(忠烈). 삼별초의 난을 평정하였고 원나라가 일본을 정벌할 때 고려군 도원수로서 종군했다.

187) 용문석(龍文席) : 용의 무늬를 수놓은 왕골 돗자리. 가장자리에 'ㄹ'자 모양의 선을 두르고, 자리 중앙에 여의주를 수 놓은 다음 양편에는 청룡과 황룡이 마치 여의주를 다투듯 꼬리치는 모습을 수놓은 뒤 왕골속대로 짠 백석을 겉자리로 밑에 붙인다.

188) 說文, **藉也**, 天子**諸侯**席**有**黼黻, 純飾.(『韻府群玉, 席』)→說文, 天子席黼黻, 純飾**云**.(『松南雜識』)

189) 穆宗**五年七月**, **教曰**, …… 百姓**等私相**交易, **任用**土宜.(『高麗史, 卷七十九, 志三十三, 食貨, 貨幣』)→穆宗**令**百姓, 交易土宜.(『松南雜識』)

목면(木棉)은 양서(兩西)[190] 양남(兩南)[191]은 말할 것도 없고 산골짜기, 바닷가, 산과 들에 모두 알맞다. 또 진안(鎭安)의 담배, 전주(全州)의 생강과 마늘, 임천(林川)과 한산(韓山)의 백모시(白苧), 영천(永川)의 황모시(黃苧) 예안(禮安)의 용수(龍鬚)[192]는 나라 안에서 제일로 친다고 한다.[193]

근래에는 검은 감나무(烏栜木)로 벼룻집(硯匣)과 서안(書案)을 만든다. 그래서 감나무가 귀하게 되었다. 대나무 뿌리로는 장도(藏刀)와 필상(筆床)을 만든다. 그래서 대나무가 고갈된다. 생강으로 율무와 빚어 알약을 만든다. 그래서 생강에 손실이 있다. 또 면(綿)은 중국으로 들어가 목삼승(木三升)이 되기에 면(綿)이 극도로 귀하다고 한다.

북도(北道)[194]에는 담비와 수달, 강계(江界)에는 인삼, 육진(六鎭)에는 통포(筒布), 제주에는 소·말·여러 약종(藥種)[195], 기타 골짜기에는 녹용과 웅담, 낙랑(樂浪)[196] 지역에는 은광(銀鑛)이 있다. 금(金)·옥(玉)·구리·철(鐵)은 띄엄띄엄 난다. 그러나 유안(劉晏)[197]은 "호구가 불어나 많아지면 세금이 절로 늘어난다. 그러므로 재물을 관리하여 백성이 먹고 살도록 만들어 주는 일이 우선이다"[198]라고 하였다.

---

190) 양서(兩西) : 관서(關西)와 해서(海西), 즉 평안도와 황해도.
191) 양남(兩南) : 영남과 호남.
192) 용수(龍鬚) : 줄기로 자리를 짤 수 있는 풀의 종류.
193) 『택리지(擇里志), 복거총론(卜居總論), 생리(生利)』를 축약 인용하였음.
194) 북도(北道) : 경기도 북쪽에 있는 도(道). 곧 황해도, 평안도, 함경도를 이른다.
195) 약종(藥種) : 약의 재료.
196) 낙랑(樂浪) : 한사군(漢四郡) 가운데 청천강 이남 황해도 자비령 이북 일대에 있던 행정 구역.
197) 유안(劉晏) : 당나라의 문신. 자는 사안(士安). 조주(曹州) 남화(南華) 출신. 7세에 급제하여 신동으로 소문났다.
*『松南雜識』에는 '劉安'으로 오기되어 있음.
198) 戶口滋多, 則賦稅自廣, 故其理財**以愛**民爲先.(『資治通鑑, 卷二百二十六, 唐紀四十二, 代宗睿文孝武皇帝下』)→戶口滋多, 則賦稅自廣, 故其理財**養**民爲先.(『松南雜識』)

보패

寶貝

운서(韻書)에서 "옛날에는 화폐(貨幣)를 보구(寶龜)라 하였다"[199]라고 말하였다.

『주역(周易)』에서 "어떤 이가 스무 마리의 거북이를 더해주거든"[200]이라고 하였다.

『시경(詩經)』에서 "남방의 금을 대단하게 바치다"[201]라고 한 말이 이것이다.

그 조개의 등껍질을 사용하기 때문에 '貝'라고 한다. 지금 사용하는 돈과 같다. 그러나 진(秦)나라 때 조개 껍질(貝)을 폐지하고 동전을 유통시켰다.

또 사(鎈)는 『옥편(玉篇)』에 "동전의 이름이다"[202]라고 하였다.

은병

銀瓶

『고려사』에서 말하였다.

> 숙종 때에 처음 은병을 돈으로 사용하였다. 은(銀) 한 근으로 병(瓶)을 제작하였는데 우리나라의 지형을 본뜬 것이다. 민간에서는 활구

199) 古者貨貝曰寶龜.(『韻府群玉, 貝』)
200) 或益之十朋之龜.(『周易, 損』)
201) 大賂南金.(『詩經, 周頌, 泮水』)
* 『松南雜識』에 '大賂南金'이 '大貝南金'으로 오기되어 있다. 따라서 표제어와 무관한 예시가 되고 말았다.
202) 錢名.(『集韻, 卷三, 鎈』)
* 『옥편』에는 "金光"으로 되어 있음.

(濶口)라고 하였다. 조서(詔書)에서 "금은(金銀)은 천지(天地)의 정화(精華)이고 국가의 보물이다"라고 하였다.[203)]

조선에서는 은(銀)의 사용을 폐지하고 동전을 사용하니 은을 중국에 공납(貢納)하기 때문이다.

조선통보
朝鮮通寶

지봉(芝峯) 이수광(李睟光)이 말하였다.

삼한중보(三韓重寶)·삼한통보(三韓通寶)·동국중보(東國重寶)·동국통보(東國通寶)·해동중보(海東重寶)·해동통보(海東通寶)·조선중보(朝鮮重寶)·조선통보(朝鮮通寶)로 모두 여덟 가지 형태라고 한다. 우리나라에 동전이 있은 지 오래되었다. 지금의 조선통보(朝鮮通寶)는 대개 개국 초기에 제작되었다.[204)]

어떤 이는 기자전(箕子錢)은 점돈(占錢)[205)]이라고 말하는데, 그렇지 않다.

---

203) 肅宗**二年十二月**, …… **是年**, **亦用銀瓶爲貨**, **其制**, 以銀一斤爲**之**, 像本國地形, **俗**名闊口, **六月**, 詔曰, 金銀天地之精, 國家之寶也.(『高麗史, 卷七十九, 志三十三. 食貨, 貨幣』) → 肅宗**始用爲貨**, 以銀一斤爲**瓶**, 象本國地形, **一**名濶口. 詔曰, 金銀天地之精, 國家之寶也.(『松南雜識』)

204) **按錢譜**, **載**三韓重寶, **東國**通寶, 東國重寶, **海東**通寶, 海東重寶, 朝鮮通寶, 共八樣云. 我東之有錢, 亦**舊**矣. 今朝鮮通寶, **尙存於世**, 蓋國初所造**也**.(『芝峯類說, 卷十九, 服用部, 金寶』) → **凡**三韓重寶通寶, 東國重寶通寶, 海東重寶**通寶**, 朝鮮**重寶**通寶, 共八樣云. 我東之有錢, 亦**久**矣. 今朝鮮通寶, 盖國初所造.(『松南雜識』)

205) 점돈 : 점을 치는 제구로 사용되는 돈.

상평통보
常平通寶

『아희원람(兒戲原覽)』에서 "황제(皇帝)가 천화(泉貨)[206]를 만들고 주(周) 경왕(景王)이 대전(大錢)을 만들었다"[207]라고 하였다.

우리나라는 고려사에서 성종 15년(996)에 처음으로 철전(鐵錢)을 주조(鑄造)하였고,[208] 숙종 9년(1104)[209]에 처음으로 주식점(酒食店)을 개설하여 그것을 사용하였다.[210] 동전에는 '海東通寶'라고 썼다.

우리나라 인조 갑술년(1634)에 호조판서 김기종(金起宗)[211] 상평청(常平廳)의 설치를 요청하였는데, 한(漢)나라 경수궁(耿壽宮) 상평창(常平倉)의 이름을 취한 것이다. 또 동전(銅錢)의 주조(鑄造)를 요청하였지만 이루지 못하였다. 그러다가 숙종 기미년(1689)에 비로소 동전을 주조하니, '상평통보(常平通寶)'라고 하는데 상평청(常平廳)에서 연유한 이름이다.

『한서(漢書), 식화지(食貨志)』에서 "곡식이 흔하면 값을 높여서 사들이고 곡식이 귀하면 값을 떨어뜨려서 파니 이것을 상평(常平)이라 한다"[212]라고 하였다.

지금 해마다 돈을 주조하여도 날마다 귀한 까닭은, 부잣집에서 돈이

---

206) 천화(泉貨) : 고대(古代)에는 돈을 천(泉)이라고 했다.

207) 泉貨, **黃帝作**, 周景王**鑄**大錢. **我東鑄錢始高麗肅宗**.(『兒戲原覽, 創始』) → **黃帝作**泉貨, 周景王**作**大錢.(『松南雜識』)

208) 夏四月辛未, 鑄鐵錢.(『高麗史, 卷三, 世家三, 成宗十五年』)

209) 『松南雜識』에는 '7년'으로 오기되어 있음.

210) 肅宗, …… 九年七月, 命州縣, 出米穀, 開酒食店, 許民貿易, 使知錢利.(『高麗史, 卷七十九, 志三十三. 食貨, 貨幣』)

211) 김기종(金起宗) : 조선 중기의 문신. 자는 중윤(仲胤), 호는 청하(聽荷). 광해군 10년(1618) 증광문과에 장원급제하여 정자(正字)로 발탁되었다. 이듬해 사은사(謝恩使)의 서장관(書狀官)으로 명나라에 다녀왔다. 인조 2년(1624) 이괄(李适)의 난 때 도원수 장만(張晩)의 종사관으로 공을 세워 진무공신(振武功臣) 2등에 책록되고 영해군(瀛海君)에 봉해졌으며, 뒤에 호조판서가 되었다. 편저에 『서정록(西征錄)』이 있다. 시호는 충정(忠定).

212) **以**穀賤**時**, 增**其賈**而糴, **以利農**, **穀**貴**時**, 減**賈**而糶, **名曰**常平**倉**.(『前漢書, 卷二十四上, 食貨志第四』) → 穀賤, 增**價**而糴, 貴, 減**價**而糶, **是謂**常平 (『松南雜識』)

썩지 않는다고 해서 오랫동안 모아두기 때문이며, 왜놈들이 녹여서 화기(畵器)[213]를 만들기 때문이다. 우리나라에서 '錢'을 '돈'이라고 훈석하는 것은 동(銅: 구리)의 와음이다. 소설(小說)에서는 돈을 '변아(匾兒)'라고 하였다.

반량전과 오수전
半兩五銖

진(秦)나라 역사에서 "반량전(半兩錢)을 사용하니 액면의 문구로 '半兩'이라고 썼다"[214]고 하였는데, 그 주석에서 "무게와 동전의 액면가와 같다"[215]라고 하였다. 한(漢) 문제(文帝)는 사수전(四銖錢)을 주조하였는데 무게가 사수(四銖)[216]이다. 무제(武帝)는 오수전(五銖錢)을 주조하였고 오(吳)나라 손권(孫權)은 한 닢에 오백전(五百錢),[217] 천전(千錢)에 해당하는 동전을 주조하였다. 액면의 문구는 '大泉五百(대천오백)'이라고 써 있으니 국호나 연호로 동전을 명명하지는 않았다.

개원통보
開元通寶

『담빈록(談賓錄)』[218]에서 "당나라 무덕(武德) 연간에 '개원통보(開元通

---

213) 화기(畵器) : 그림이 그려진 그릇.

214) **初**秦用半兩錢.(『資治通鑑, 卷十四, 漢紀六, 太宗孝文皇帝中』) → 秦**史**, 用半兩錢, **文曰**, **半兩**.(『松南雜識』)

215) **秦半兩錢**. 重如其文.(『資治通鑑, 卷十四, 漢紀六, 太宗孝文皇帝中』의 주석) → 重如其文.(『松南雜識』)

216) 수(銖) : 1량(兩)의 24분의 1.

217) 전(錢) : 10푼[分]이 1전(錢), 10전(錢)이 1량(兩).

218) 담빈록(談賓錄) : 당나라의 거자온(璩子溫)이 편찬한 책. 당왕조의 유사를 기록하였

寶)'가 유통되었다. 문덕황후(文德皇后)가 손톱 자국을 찍었는데 그대로 그것을 주조하였다"[219]라고 하였는데, 이것은 고조(高祖)의 '개극계원(開極啓元)'을 일컫는 것이지 현종(玄宗)의 개원기년(開元紀年)의 연호(年號)는 아니다.

돈에 국호를 기록하다
錢紀國號

『한서(漢書)』에서 "유엽전(楡葉錢)에 '漢興(한흥)'이라고 썼다"라고 하니 돈에 국호를 기록한 시초이다.

당시(唐詩)에 "느릅나무에 바람 불어 작은 동전 떨군다[風楡落小錢] "[220] 라고 하였으니 그 동전의 크기는 작았다.

우리나라에는 조선통보(朝鮮通寶)가 있다.

돈에 연호를 기록하다
錢紀年號

구준(丘濬)[221]이 말하였다.

음. 총 10권.

219) 唐武德中, 行開通元寶, **錢**初進樣, 文德皇后掐一甲痕, 因鑄之. 談賓錄.(『韻府群玉, 卷二十, 錢一掐』) → 談賓錄**曰**, 唐武德中, 行開通元寶, 初進**錢**樣, 文德皇后掐一甲痕, 因鑄之.(『松南雜識』)

220) 장중소(張仲素)의 「춘유곡 삼수(春遊曲三首)」.

221) 구준(丘濬) : 명나라의 문신 · 학자. 경산(瓊山) 출신. 자는 중심(仲深), 호는 심암(深菴) · 경산선생(瓊山先生). 문연각대학사(文淵閣大學士)를 지냈고, 주자학(朱子學)에 정통했다. 저서로 『대학연의보(大學衍義補)』 · 『주자학적(朱子學的)』 · 『가례의절(家禮義節)』 등이 있다.

돈의 문구에 연호를 쓴 것은 육조(六朝) 시대 송(宋)의 '효건사수(孝建四銖)'[222]와 후위(後魏) 효문제(孝文帝)의 '태화오수(太和五銖)'[223]에서 시작되었습니다. 송나라는 개보(開寶)[224]부터 한 번 연호가 바뀔 때마다 반드시 한 번 동전을 주조하였습니다. 그렇기 때문에 황제마다 몇 종류의 동전이 있는데 가장 많은 황제는 인종(仁宗)[225]입니다. 42년간 재위(在位)하는 동안에 연호(年號)를 아홉 번 바꾸고 십 종의 동전을 주조하였습니다.[226]

반계(磻溪) 유형원(柳馨遠)이 말하였다.

송나라 초기 동전의 액면 문구는 '송원통보(宋元通寶)'라고 썼는데, 태평흥국(太平興國)[227] 이후로는 또 '태평통보(太平通寶)'를 주조하였다. 그 뒤로부터 개원(改元)[228]하면 반드시 동전을 다시 주조하고 문구에 연호(年號)를 사용하였다.[229]

---

222) 효건(孝建) : 송(宋) 효무제(孝武帝)의 연호(454~456).
223) 태화(太和) : 북위(北魏) 효문제(孝文帝)의 연호(477~499).
224) 개보(開寶) : 북송(北宋) 태조(太祖)의 연호(968~973).
225) 인종(仁宗) : 송나라의 제4대 왕(1010~1063). 재위시에 평화롭고 국력이 충실하였으며, 문학과 예술을 장려하여 사대부의 독특한 문화가 크게 일어났다. 재위 기간은 1022~1063년.
226) **臣按鑄**錢以年號爲文, 始於劉宋孝建, 宋自開寶, 每更一號, 必鑄一錢, 故每帝, 皆有數種錢, 最多者, 仁宗也, 在位四十二年, 九改年號, 而鑄十種錢.(『大學衍義補卷, 二十七, 治國平天下之要, 制國用, 銅楮之幣下』) → 錢以年號爲文, 始於劉宋孝建**四銖, 後魏孝文帝太和五銖也**, 宋自開寶, 每更一號, 必鑄一錢, 故每帝, 皆有數種錢, 最多者, 仁宗也, 在位四十二年, 九改年號, 而鑄十種錢.(『松南雜識』)
227) 태평흥국(太平興國) : 송 태종(太宗)의 연호(976~983).
228) 개원(改元) : 연호를 바꾸는 일. 왕조 또는 임금이 바뀌는 일.
229) 宋初錢文曰, 宋元通寶, 太平興國後, 又鑄太平通寶, 自後改元, 必更鑄, 以年號爲文.(『磻溪隨錄, 卷之八, 田制後錄攷說下, 錢貨』)

초서연호
草書年號

『후청록(侯鯖錄)』에서 "전대(前代)의 동전 문구에는 초서(草書)가 없었는데 순화(淳化)[230] 연간에 송 태종(太宗)이 처음 어필로 썼다"[231]라고 하였다.

행엽아안
荇葉鵝眼

『남사(南史), 송본기(宋本紀)』에서 "자업(子業)[232] 때에 이수전(二銖錢)을 주조하고 행엽(荇葉)이라고 하였다. 또 아안전(鵝眼錢)[233]과 연환전(綖環錢)이 있다"라고 하였다.

𢇍㲋㺄䥴[234]
𢇍㲋㺄䥴

홍준(洪遵)의 『천지(泉志)』[235]에서 "범자(梵字)[236]가 기재된 동전에 이

230) 순화(淳化) : 송 태종(太宗)의 연호(990~994).

231) 前代錢文, 未有草書者, 淳化中, 宋太宗始以宸翰爲之, **旣成以賜近臣**. 侯鯖錄.(『古今事文類聚續集, 卷二十六, 珍寶部, 錢, 淳化草書』) → 侯鯖錄曰, 前代錢文, 未有草書者, 淳化中, 宋太宗始以宸翰爲之.(『松南雜識』)

232) 자업(子業) : 남조(南朝)의 송주(宋主).

233) 아안전(鵝眼錢) : 경화(景和) 원년에 심경지(沈慶之)가 사사롭게 주조한 동전을 통용케 했다. 이로부터 1000종류의 동전이 함부로 유통되었다. 길이는 3치가 채 안되었는데 크기가 그만한 것을 아안전이라 하였고 이보다 품질이 못한 것을 연환전이라 했다. 태종 초에 아안전과 연환전의 사용만을 금지하고 그 나머지는 모두 통용시켰다.

234) 음은 미상(未詳).

235) 천지(泉志) : 송나라 홍준(洪遵)이 편찬한 책. 총 15권. 역대의 돈에 대한 내용을 수록하였음.

네 글자가 있는데 글을 알아 볼 수는 없지만 기록하여 광박한 지식에 도움이 되도록 한다"[237]라고 하였다.

儖가로하

儖伽銠劝

『영주승람(瀛州勝覽)』에서 "방글라데시(榜葛剌國)의 시장에서 사용되는 은전(銀錢)을 '儖가(儖伽)'[238]라 한다"[239]라고 하였다.

『화천록(貨泉錄)』[240]에서 "왕심지(王審知)가 대철전(大鐵錢)을 주조하였는데 속칭 노하(銠劝)라고 한다. '劝'의 음은 '하'이다"[241]라고 하였다.

관영통보

寬永通寶

왜사(倭史)에 후수미(後水尾) 천황(天皇)[242] 갑자년 6년(1624)에 연호를 관영(寬永)으로 변경하니 만력(萬曆)[243] 44년(1617)[244]에 해당한다. 또 본원(本院)의 여주(女主)는 후수미(後水尾)의 딸인데[245] 연호를 그대로 관영

---

236) 범자(梵字) : 브라흐미 문자.

237) 洪遵泉志, 載梵字錢, 有㤲 **龜**[illegible] [illegible]四字, 文不可辨, 存之以資博雅.(『康熙字典, 㤲』) →洪遵泉志**曰**, 載梵字錢, 有**此**四字, 文不可辨, 存之以資博雅.(『松南雜識』)

238) 儖 : 음은 미상(未詳).

239) 瀛州勝覽, 榜葛剌, 市用銀錢, 曰儖伽.(『康熙字典, 儖』) →瀛州勝覽**曰**, 榜葛剌**國**, 市用銀錢, 曰儖伽.(『松南雜識』)

240) 화천록(貨泉錄) : 명나라 도악(陶岳)이 편찬한 책. 총 1권. 전폐(錢弊)에 대한 기록이다.

241) 音賀, 貨泉錄, 王審知鑄大鐵錢, 俗謂之銠劝.(『康熙字典, 劝』) →貨泉錄**曰**, 王審知鑄大鐵錢, 俗謂之銠劝, 劝音賀.(『松南雜識』)

242) 후수미천황(後水尾天皇) : 재위 기간은 1612~1630.

243) 만력(萬曆) : 명 신종(神宗)의 연호(1573~1619).

244) 만력(萬曆) 44년은 1617년으로 후수미천황의 원화(元和) 3년에 해당하고 관영(寬永) 1년은 1624년이다.

(寬永)이라고 칭하였으니 천계(天啓) 4년 경오[246]에 해당한다고 한다. 지금의 복전(卜錢)이 그것이다.

중통원보초
中統元寶鈔

송나라 역사에 "소흥(紹興)[247] 연간에 여진(女眞)에는 구리가 적기 때문에 송나라의 교자법(交子法)[248]을 따라 초(鈔)[249]를 만들어 동전과 함께 사용하였다"[250]라고 말하였다. 지원(至元)[251] 연간에도 '중통원보초(中統元寶鈔)'를 만들어 사용하였다.

245) 메이쇼(明正) : 제109대 여왕(재위 1629~1643). 고미즈노오 천황의 둘째 딸로 태어났다. 어머니는 에도막부의 도쿠가와 히데타다의 딸인 가즈코. 1629년 여러 해에 걸친 막부의 간섭과 압박에 항의하여, 병을 이유로 돌연 고미즈노오 천황이 양위하자 아들이 일찍 죽어 7살 때 즉위했다. 어렸기 때문에 정무의 실권은 부왕에게 있었지만, 900년만의 여왕이 재현했다. 재위 14년째에 고코묘 천황에게 양위했다.

246) 천계(天啓)는 명 희종(熹宗)의 연호로 1621~1627년이다. 그러므로 천계 4년은 1624년이다. 명정(明正)이 즉위한 해는 천계 4년이 아니라, 신종(神宗)의 숭정(崇禎) 4년에 해당한다.

247) 소흥(紹興) : 남송 고종(高宗)의 연호(1131~1162).

248) 교자법(交子法) : 교자(交子)는 송나라 때 발행된 최고(最古)의 지폐로 관자(關子)라고도 한다. 사천(四川) 지방에서 발행된 어음에서 발달한 지폐이다. 표면에는 액면·발행연차·발행고가 인쇄되고, 다른 면에는 고사(故事)를 인용한 그림이 인쇄되어 있었다. 서하에 대한 방위비 염출을 위하여 섬서성(陝西省)에서도 실행하려다가 실패하고, 북송 말기에는 재정난 타개를 위하여 남발하였기 때문에 가치가 폭락했다.

249) 초(鈔) : 지폐.

250) 宋史紹興**二十二年**, 女眞以銅少, 循宋交子法, 造鈔, **引一貫二貫三貫五貫十貫五等, 謂之大鈔, 一百二百三百五百七百五等, 謂之小鈔, 與錢**竝用.(『康熙字典, 鈔』) → 宋史紹興**中**, 女眞以銅少, 循宋交子法, 造鈔, 幷用**之**.(『松南雜識』)

251) 지원(至元) : 원 세조(世祖)의 연호(1264~1294).

계빈국의 동전이름은 만
罽賓名幕

『한서(漢書)』에서 "계빈국(罽賓國)에 동전 이름으로 기마만(騎馬幕)·왕면만(王面幕)·부인반(夫人幕)이 있다"라고 하였다. 순열(荀悅)의 주석에 "'幕'의 음은 '만'이니 액면(額面)의 문구가 없다는 것이다." 위소(韋昭)가 이르기를 "幕은 동전의 뒷면이다. 조지국(條支國)[252]은 은(銀)으로 동전을 만드는데 그 왕의 얼굴을 새긴다. 왕이 죽으면 동전을 교체하여 새 왕의 얼굴을 본떠 만든다"라고 하였다. 또 중국에서는 대대로 동전을 교체하여 연도를 기록하였다.

『한서(漢書), 서역전(西域傳)』에서 "오익산(烏弋山) 연(燕)나라의 동전의 문양은 계빈(罽賓)과 동일하고 안식(安息)과 대월지(大月氏)[253]도 동일하다"[254]라고 하였다.

십 문이 일 전
十文一錢

『한서(漢書), 율력지(律曆志)』에서 "기장 한 알의 넓이가 일 분(分)"[255]이라고 하였으니 '분(分)'이란 나눌 수 있다는 의미이다.

연암(燕巖) 박지원(朴趾源)이 말하였다.

---

252) 조지국(條支國) : 시리아.

253) 대월지(大月氏) : 중국의 전국 시대에서 한대에 걸쳐 중앙아시아에서 활약하던 터키계의 민족. 또는 그 나라. ≒월지(月氏).

254) 『前漢書, 卷九十六上, 西域傳, 第六十六上』에서 "民俗與烏弋, 罽賓同. 亦以銀爲錢, 文獨爲王面幕爲夫人面, 王死輒更鑄錢"이라고 하였으니, 동전의 문양으로 왕의 얼굴을 그려 넣는 것이 동일함을 의미함.

255) 一黍之廣, **度之九十分**, **黃鐘之長**, **一**爲一分.(『前漢書, 卷二十一上, 律歷志, 第一上』) → 一黍之廣, 爲一分.(『松南雜識』)

우리나라 돈은 십 문(文)이 일 전(錢)이고 십 전(錢)이 한 냥(兩)이다. 지금 중국에서는 백 육십 분이 일 초(鈔)이고 십육 문이 일 맥(陌)이다. 우리나라에서는 일 문(文)을 일 푼이라고 한다. 이덕무(李德懋)는 "그 의미는 형(衡 : 저울)과 도(度 : 자)에서 나왔다. 십 리(釐)가 일 분이다"[256] 라고 하였다.

십 리(釐)의 두께는 일 푼의 두께이다.

『몽계필담(夢溪筆談)』에서 말하였다.

물이 적은 것을 '천(淺)'이라고 하고 금(金)이 적은 것을 '전(錢)'이라고 하고 앙상한 뼈(歹)로 살이 적은 것을 '잔(殘)'이라고 하고 조개(貝)가 작은 것을 천(賤)이라고 한다. 이와 같은 따위의 글자는 모두 '전(戔)'을 의부(義部)로 한다.[257]

지금 우리나라에서는 일 전(錢)의 '錢' 자를 반만 써서 '戔'으로 쓰는데 '戔'의 본음(本音)은 '잔'이다. 그런데 '돈'이라고 부르는 말은 동(銅 : 구리)의 와음으로 십 문(文)을 칭한다.

---

256) 我東**以**錢十文爲一錢, **以**十錢爲一兩. 今中國以百六十分爲一鈔, 十六文爲一陌, 我俗**以錢**一文稱一分, **錢十分**, **爲一錢**. 李**炯菴德**懋, 謂其義出衡與度也, 十釐爲一分.(『燕巖集別集, 卷十五, 熱河日記, 銅蘭涉筆』) → 我東錢十文爲一錢, 十錢爲一兩. 今中國以百六十分爲一鈔, 十六文爲一陌, 我**東**俗一文稱一分. 李懋**官**, 謂其義出衡與度也, 十釐爲一分.(『松南雜識』)

257) 夢溪筆談, …… 水之少者曰淺, 金之小者曰錢, 歹而小者曰殘, 貝之小者曰賤, 如此類, 皆以戔爲義.(『康熙字典, 殘』)

진나라에서는 일, 한나라에서는 금
秦鎰漢金

운서(韻書)에서 "이십 사 냥(兩)을 '일(鎰)'이라고 하는데, 또는 이십 냥(兩), 삼십 냥이라고도 한다"258)라고 하였다.

진(秦)나라에서는 '일(鎰)'이라고 하고 한(漢)나라에서는 '금(金)'이라고 한다. 원나라 식화법(食貨法)에서는 돈 열 꿰미를 '정(錠)'이라고 하고 열여섯 냥을 한 '근(斤)'이라고 한다. 지금 값을 홍정할 때 '금(金)'이라고 하는 말은 여기에서 나왔다.

청부
靑蚨

『수신기(搜神記)』에서 말하였다.

청부(靑蚨) 벌레는 매미 같이 생겼는데 그 어미와 새끼를 죽여서 그 피를 각각 팔십 일 전에 바른다. 그 돈으로 물건을 사는데 혹 새끼 피를 바른 돈을 먼저 사용하고 어미 피를 바른 돈을 뒤에 사용하면 모두 날아 돌아와서 끊임없이 순환한다. 그렇기 때문에 『회남자(淮南子)』에서 돈을 청부(靑蚨)라고 하였다.259)

'청부양가결(靑蚨兩家缺)'은 송시(宋詩)의,

---

258) **國語**, 二十四兩爲鎰, **趙岐孟康皆曰**, **鎰**二十兩, **鄭康成曰**, 三十兩.(『洪武正韻, 鎰』) →二十四兩爲鎰, **又**二十兩, **又**三十兩.(『松南雜識』)

259) 搜神記, 靑蚨虫如蟬, 殺其母子, 各塗八十一錢. 凡市物, 或先用子**先**用母, 皆飛歸循環無已, 故淮南子名錢曰, 靑蚨.(『韻府群玉, 蚨』)→搜神記**曰**, 靑蚨虫如蟬, 殺其母子, 各塗八十一錢. 凡市物, 或先用子**後**用母, 皆飛歸循環無已, 故淮南子名錢曰, 靑蚨.(『松南雜識』)

오백전의 청부(青蚨) 두 집 다 없어서	五百青蚨兩家缺
붉은 홍애(洪厓)가 흰 홍애를 친다[260]	赤洪厓打白洪厓[261]

에서 나온 말이다. 주석에서 '홍애(洪厓)'는 전감(錢監)의 이름이고 '적(赤)'·'백(白)'은 비었다는 말과 같다라고 하였다.

저폐
楮幣

『강희자전(康熙字典)』에서 "바로 '초(鈔 : 지폐)'이다. 송나라 소흥(紹興) 연간 초기에 군수품이 조달되지 못하였기에 이것을 만들어서 상인(商人)을 유인(誘引)하였다"[262]라고 하였다.

구준(丘濬)이 "예부터 돈은 모두 금(金)과 구리로 만들었는데, 종이로 돈을 만든 것은 송나라에서 시작되었습니다. 당나라의 왕여(王璵)[263]가 종이로 가짜 돈을 만들어 태워서 신을 섬겼더니 누가 그것이 진짜로 동전(銅錢)을 대신하여 돈으로 사용될 줄 알았겠습니까? 처음으로 만들어 낸 사람은 구감(寇瑊)[264]이고 완성한 자는 설전(薛田)[265]입니다"[266]라고

260) 「적홍애타백홍애(赤洪崖打白洪崖)」.

261) 정위(丁謂)의 시. 백진(白稹)이 정위(丁謂)에게 돈을 꾸어 달라고 요청하자 정위가 농담조로 지은 것이다.

262) **又楮幣**卽鈔也, 宋紹興初, 軍餉不繼, 造此以誘商旅.(『康熙字典, 楮』)→卽鈔也, 宋紹興初, 軍餉不繼, 造此以誘商旅.(『松南雜識』)

263) 왕여(王璵) : 당나라의 도사(道士). 『당서(唐書), 왕여전(王璵傳)』에서 "한(漢)에서부터 장사지내는 사람이 모두 무덤에 돈을 묻었는데, 후세엔 풍속이 바뀌어 종이로 돈을 만들어서 대신하므로 지금에 와서는 왕여 나도 그렇게 한다"라고 했다.

264) 구감(寇瑊) : 송나라의 문신. 자는 차공(次公). 여주(汝州) 임여(臨汝) 출신.
* 『松南雜識』에는 '張詠'으로 오기되어 있음.

265) 설전(薛田) : 송나라의 문신. 자는 희직(希稷). 하중(河中) 하동(河東) 출신.

266) 自古**之**幣, 皆以金若銅, **未有用他物者**, 用楮爲幣, 始于**此**, **且楮之造**, **始于漢**, **三代以來**, **未有也**, **其初**, **用之**, **以代木簡竹册**, **以書字**, 唐王璵, **乃**用爲假錢, 焚以事神,

하였다.

살펴보건대 『송사(宋史)』에서 "진종(眞宗) 때 장영(張詠)[267]이 촉(蜀)을 다스릴 때, 그 지방 사람들이 철전(鐵錢)이 무거워서 무역하기에 불편하였기 때문에 질제법(質劑法)[268]을 만들었다. 한 번 교환은 돈 한 꿰미로, 삼 년을 시한으로 교환하였다. 그것을 교자(交子)라고 한다"[269]라고 하였다.

그 뒤에 다투고 송사(訟事)하는 등 폐단이 많아지자 구감(寇瑊)이 사용 금지를 요청하였다. 그러나 설전(薛田)은, 교자(交子)를 폐지하면 무역이 불편하므로 교자무(交子務)를 설치하자고 요청하였다. 고종(高宗)[270]이 남쪽으로 천도(遷都)한 뒤에 회자(會子)로 이름을 변경하고 종이로 만들었다. 그러나 처음에는 모두 돈을 예치하여 본전(本錢)으로 삼았고 공문(空文)[271]을 유통시킬 수 없었다. 그 후 마침내 회자(會子)로 돈을 대신하고 다시 돈을 본위로 삼지 않았다. 금나라가 그 법을 따라서 교초(交鈔)를 만들었고 원나라도 중통원보초(中統元寶鈔)를 만들었다. 대개 송나라는 종이를 사용하여 만들고 그 위에 문양을 인쇄하고 글자를 썼다. 금

噫, 孰知**至是**眞以代銅錢, 而爲行使之幣哉, 作俑者**寇瑊**, 而成之者薛田.(『大學衍義補, 卷二十七, 治國平天下之要, 制國用, 銅楮之幣下』) → 自古**爲**幣, 皆以金若銅, 用楮爲幣, 始于**宋**, 唐王璵, 用**紙**爲假錢, 焚以事神, 孰知眞以代銅錢, 而爲行使之幣哉, 作俑者**張詠**, 而成之者薛田.(『松南雜識』).

267) 장영(張詠) : 송나라의 명신. 자는 복지(復之), 호는 괴애(乖崖), 시호는 충정(忠定). 익주(益州)・항주(杭州) 등 지주사(知州事)로 나가 치적이 있었고, 내직으로 이부 상서(吏部尙書)를 지냈다.

268) 질제(質劑) : 고대 중국에서, 관(官)에서 발행하여 교역할 때 쓰던 어음. 액면 가격이 큰 것은 '질(質)', 작은 것은 '제(劑)'라고 이른다.

269) 眞宗時, 張詠鎭蜀, **患蜀人**鐵錢重, 不便貿易, 設質劑之法, 一交一緡, **以**三年**爲**一**界而**換**之**, **六十五年爲二十二界**, 爲之交子.(『宋史, 卷一百八十一, 食貨志, 第一百三十四, 食貨下三』) → 眞宗時, 張詠鎭蜀, **以**鐵錢重, 不便貿易, 設質劑之法, 一交一緡, **每**三年一換, 爲之交子.(『松南雜識』)

270) 고종(高宗) : 남송(南宋)의 제1대 황제(1107～1187). 성은 조(趙). 이름은 구(構). 도읍을 임안(臨安)으로 옮기고 금나라와 화의를 맺었으며 남송의 기초를 구축했다. 재위 기간은 1127～1162년.

271) 공문(空文) : 실제 효력이 없는 문서.

나라·원나라의 초(鈔)는 뽕나무 껍질로 만들고 글자와 문양을 인쇄하였다. 보초(寶鈔)의 액면가는 다섯 배로, '전전(典錢)'이라고 하였다. 이자와 본전의 액수가 서로 균형을 이루어야 하는데, 돈을 실제로 사용하지 않았기 때문에 말년에는 초법(鈔法)이 부실해져서 물가가 앙등하였다.

주필대(周必大)[272]의 『이노당잡지(二老堂雜誌)』에서 "회자(會子)는 바로 사천(四川)의 교자법(交子法)이니 다만 관권(官券)일 뿐이다. 그런데 누가 저폐(楮幣)라고 지목하여 마침내 전시(殿試)의 어제(御題)로까지 들어가게 되었는지 영문을 모르겠다"[273]라고 하였다.

추포
麤布

고려 목종(穆宗) 5년(1002)에 한언공(韓彦恭)[274]이 "돈의 사용과 추포(麤布)[275]의 사용 금지는 세간을 놀라게 하고 원한을 야기한다"라고 하여 그것을 혁파하였다.[276]

---

272) 주필대(周必大) : 남송의 문신. 여릉(廬陵) 사람으로 벼슬은 좌승상(左丞相)에 이르고 익국공(益國公)에 봉해졌음.

273) **近歲用**會子, **蓋**四川交子法, 特官券耳. 不知何人目爲楮幣, …… 遂入殿試御題.(『文忠集辨, 卷一百八十一, 二老堂雜誌, 楮幣二字』) → 周必大**二老堂**雜志, **近歲用**會子, 乃四川交子法, 特官券耳. 不知何人目爲楮幣, 遂入殿試御題.(『康熙字典, 楮』) → 周必大雜志**曰**, 會子, 乃四川交子法, 特官券耳. 不知何人目爲楮幣, 遂入殿試御題.(『松南雜識』)

274) 한언공(韓彦恭) : 고려의 문신(940~1004). 본관은 청주(淸州). 시호는 정신(貞信). 목종의 묘정(廟庭)에 배향(配享)되었다.

275) 추포(麤布) : 3~4새의 조제마포(粗製麻布)를 흔히 추포라고 했으나 경우에 따라서는 5승포도 추포라 일컬었다. 그러나 면포가 포화(布貨)로 원활하게 유통되자 거친 면포(綿布)도 추포로 통칭하게 되었다. 대체로 상오승포(常五升布 : 綿布)와 정포(正布 : 麻布)의 교환비율은 2대 1이 일반적인 추세였다고 한다.

276) 穆宗五年**七月**, **敎曰**, …… **近覽侍中**韓彦恭**上疏**, 言**欲安人而利物**, **須仍舊以有恒**, **今繼先朝而**使錢, 禁**用**麤布, **以**駭俗, **未遂邦家之利益**, **徒**興民庶**之**怨**嗟**. **朕**, **方知啓沃之精詞**, **詎可棄遺而不納**.(『高麗史, 卷七十九, 志三十三, 食貨, 貨幣』) → **麗**穆宗五

공양왕(恭讓王) 3년(1391)에 평의사사(評議使司)가 계문(啓聞)하기를 "근년에 베올이 거칠고 성글어 점점 이삼 새[升][277]가 되었습니다. 여자들은 길쌈질 하느라고 고되지만 백성들은 사용하기에도 불편합니다. 그것을 실어 나르자면 소가 땀을 흘릴 지경이고 쌓아두면 쥐가 쏠아 축을 냅니다. 상인이 다니지 않고 곡물의 값이 치솟는 이유가 대체로 여기에 있습니다"라고 하였다.[278]

반계 유형원은 "추포(麤布) 한 두 새는 원래 베를 만들 수 없기에 전혀 쓸 곳이 없는데도 거래에는 통용된다. 그래서 그것의 사용을 금하였다"[279]라고 하였다.

年, 韓彦恭言使錢禁麤布, 駭俗興怨, **罷之**.(『松南雜識』)

277) 새[升] : 직물의 여든 올.

278) **七月**, **都**評議使司**奏**, **罷弘福都監**, **爲資贍楮貨庫**, **請造楮幣**曰, …… 近年**以來**, 布縷麤踈, 漸至**於**二三升, 女**功**雖勞, 而民用不便, 輸之則牛汗, 積之則鼠耗, 商**賈**不行, 米穀踴貴, 盖由於此.(『高麗史, 卷七十九, 志三十三, 食貨, 貨幣』)→**恭讓王三年**, 評議使司**啓**曰, 近年, 布縷麤踈, 漸至二三升, 女**工**雖勞, 而民用不便, 輸之則牛汗, 積之鼠耗, 商**買**不行, 米穀踊貴, 盖由於此.(『松南雜識』)

279) **今**麤布**僅**一二升, 元不成布, 百無所用, 而貿遷相通, 故禁之**而不止**.(『磻溪隨錄, 卷八, 田制後錄攷說下, 本國錢貨說附』)→**以**麤布一二升, 元不成布, 百無所用, 而貿遷相通, 故禁之.(『松南雜識』)

19. 집물류(什物類)

집물

什物

지봉(芝峯) 이수광(李睟光)이 "기명(器皿) 용구(用具)를 집물(什物)이라 한다"[1]라고 말하였다. 인가(人家)에서 늘 사용하는 기물은 하나가 아닌 까닭에 '什'이라는 숫자를 쓴 것이다.

부확

釜鑊

운서(韻書)에서 "황제(黃帝)가 처음으로 부(鬴)[2]를 만들었다"[3]라고 하였

1) 凡器用謂**之**什物.(『芝峯類說, 卷十九, 服用部, 器用』)→器用謂什物.(『松南雜識』)
2) 부(鬴) : 여섯말 넉되들이의 되. 안은 네모지고 밖은 둥금.
3) 黃帝始造釜.(『廣韻, 釜』)→黃帝始造**鬴**.(『松南雜識』)

다. 『장자(莊子)』의 주석에서 "여섯 말 넉 되를 부(釜)라 한다"[4]라고 하였다. 『봉씨문견록(封氏聞見錄)』에서 "청주(靑州)의 절에 두 개의 커다란 솥이 있으니 하나는 사십 섬 들이고 하나는 삼십 섬 들이다. 예부터 전하는 말에 그 절은 바로 맹상군(孟嘗君)의 집이였고 그 솥은 밥을 지어서 객(客)을 대접하던 것이라고 한다"[5]라고 말하였다.

나는 연산(連山)의 대둔산(大芚山)[6] 아래에서 열 섬들이 솥 하나를 보았는데 역시 옛 절의 기물로, 진동하면 문득 비가 온다고 한다.

토차
土銼

두보(杜甫)의 시에 "옹기솥 차고 연기 성글다[土銼冷疎煙]"[7]라고 하였는데, 그 주석에서 "촉인(蜀人)은 솥(釜)을 좌(銼)라고 부른다"[8]라고 하였다. 지금 토좌(土銼)는 바로 옹기탕관(泥湯罐)이다.

두예(杜預)가 "부(釜 : 가마솥)·옹(甕 : 항아리)·조(銚 : 남비)·반(槃 : 쟁반)·오(鏊 : 옹기솥)·육(錥 : 노구솥)은 모두 민간의 긴요한 용구이다"[9]라고 하였다.

4) 六斗四升曰釜.(『莊子, 寓言』)
5) 封氏聞見錄, 靑州南城佛寺有二大鑊, 一容四十石, 一容三十石, 舊傳寺卽孟嘗君宅, 鑊**乃造食**以供客者.(『山堂肆考, 卷一百七十六, 器用, 孟嘗供客』)→封氏聞見錄, 靑州南城佛寺有二大鑊, 一容四十石, 一容三十石, 舊傳寺卽孟嘗君宅, 鑊以**造飯**供客者.(『松南雜識』)
6) 대둔산(大芚山) : 충청남도 금산군 및 논산시와 전라북도 완주군 사이에 있는 산. 노령산맥의 일부로 경치가 아름다워 관광지로 유명하다. 충청남도와 전라북도의 도립공원이다.
7) 「문곡사육관미귀(聞斛斯六官未歸)」.
8) 蜀人呼釜爲銼.(『九家集注杜詩, 卷二十二, 近體詩, 聞斛斯六官未歸』)
9) 釜甕銚**槃**鏊錥, 皆亦民間之急用也.(『漢魏六朝百三家集, 卷三十七, 奏事, 杜預集』)→杜預**傳**, 釜甕銚鏊錥, 皆民間之急用也.(『康熙字典, 鏊』)→杜預**曰**, 釜甕銚鏊錥, 皆民間之急用也.(『松南雜識』)

『옥편(玉篇)』에서 "鍋 · 鏑은 작은 솥이다"10)라고 하였다. 『박아(博雅)』에서는 "좌나(銼鑹)"11)라고 하였는데, '鑹'의 음은 '라(羅)'이니 데우는 그릇이다.

어당
魚鐺

『전국책(戰國策)』12)에서 "소를 담을 만한 솥에 조그만 닭을 삶는데 국물이 많으면 맛이 없고 국물이 적으면 졸여진다"13)라고 하였다.

『담수(談藪)』14)에서 말하였다.

북제(北齊)의 노사도(盧思道)가 진(陳)나라로 빙문(聘問)을 가니 진(陳)나라 사람들이 놀렸다.

"느릅나무 나니 사나이를 배불리 먹이려 하고 풀이 자라도 나귀를 살찌우지 않네."

북쪽 오(吳)나라에는 느릅나무를 먹고 나귀가 없음을 말한 것이다.

노사도가 즉시 답하기를,

"시루를 같이 쓰면서도 각자 밥을 짓고 솥을 같이 쓰면서도 따로 고기를 지지는구려"라고 하였다.

남쪽 지방 사람들이 의리가 없어서 취사를 같이 하면서도 반찬을

---

10) 鍋鏑小釜也.(『玉篇, 鍋』)

11) 玉篇, 鍋鏑小釜, **廣韻**, **鍋鏑溫器**, 博雅, **鍋鏑謂之**銼鑹.(『康熙字典, 鍋』) → 玉篇, 鍋鏑小釜, 博雅**云**, 銼鑹.(『松南雜識』)

12) 『전국책』에 없는 내용임.

13) 函牛之鼎**以**烹鷄, 多汁則**淡而不可食**, 少汁則熬**而不可熟**.(『後漢書, 卷一百十下, 文苑列傳, 第七十下, 邊讓傳』) → 國策曰, 函牛之鼎烹小鷄, 多汁則**少味**, 小汁則熬.(『松南雜識』)

14) 담수(談藪) : 송나라의 방원영(龐元英)이 편찬한 책. 총 1권. 소설가류(小說家類).

각자 해먹는 것을 말한 것이다.[15)]

지금 혹 정(鼎)은 같이 쓰지만 당(鐺)을 각자 쓰는 것[同鼎異鐺]은 아마도 오나라의 풍속인 듯하다.

식기
食器

『주례(周禮)』에서 "구슬 쟁반, 옥 쟁반"[16)]이라고 하였는데, 그 주석에서 "옛날에는 반(槃)에 피를 담고 대(敦)에 음식을 담았다"[17)]라고 하였다. 『당서(唐書)』에서 "순임금이 즉위하고서 그 위에 검은 옻을 칠하였더니 간언(諫言)하는 자가 아홉 사람이었다"[18)]라고 한 말이 이것이다. 지금의 식대(食敦)이다. 또 다리가 없는 쟁반을 '폐대(廢敦)'라고 한다. 또 그릇 뚜껑을 '도(敦)'라고 한다.

『회례(會禮)』에서 이른바 "뚜껑은 열면 반드시 위로 향하게 둔다"라고 한 말이 이것이다. 『한서(漢書)』[19)]에서 "조선은 풍속이 선량하여 도둑이 없고 질그릇에 밥을 먹으니 군자의 마을이라고 할 만하였다. 중국과 교통하면서부터 벼슬아치가 비로소 목기[杯圈]에 담아 먹었다. 또 놋쇠와 구리로 만들어 '주발(酒鉢)'이라고 하였다. 이렇게 되자 도둑이 많아졌다"라고 하였다. 지금 서울에는 좌포도청(左捕盜廳)과 우포도청(右捕盜

---

15) 談藪, 盧思道聘陳, …… 楡生欲飽漢, 草長正肥驢, **爲**北**人食**楡**兼**吳**地**無驢, **故有此句**思道**援筆**卽**續之**曰, 共甑分炊**米**同鐺異煮魚, **爲**南人無**情**義同炊異饌也.(『佩文韻府, 鎗』) → 談藪, 盧思道聘陳, **陳譏云**, 楡生欲飽漢, 草長正肥驢, **謂**北**有**楡吳無驢**也**, 思道卽曰, 共甑分炊**飯**同鐺異煮魚, **謂**南人無義同炊異饌也.(『松南雜識』)

16) 珠槃玉敦.(『周禮, 天官, 冢宰下』)

17) 古者以槃盛血, 以敦盛食.(『周禮注疏, 卷六』)

18) **唐太宗曰**, 舜作漆**器而**諫者**十七人**.(『事物紀原, 卷八』) → 唐史, 舜作**而黑**漆**其上**, 諫者**九人**.(『松南雜識』)

19) 『한서(漢書)』에 없는 내용임.

廳)[20]이 있고 각 도(道)에는 진관(鎭管)[21]의 영장(營將)[22]이 있다.

거
鐻

『집운(集韻)』에서 "금은으로 만든 그릇의 이름이다"[23]라고 하였다. 『산해경(山海經)』에서 "청요산(青要山)은 십무라(魋武羅)가 다스리는데, 귀를 뚫어 거(鐻)를 매달았다"[24]라고 하였다.

『후한서(後漢書), 장환전(張奐傳)』에서 "금거(金鐻) 여덟 개를 주었다"[25]라고 하였는데, 그 주석에서 "鐻의 음은 거이니 식기(食器)의 이름이다"[26]라고 하니, 종거(鍾鐻 : 종을 거는 틀)의 '鐻'와는 다르다.[27]

---

20) 포도청(捕盜廳) : 조선 시대에, 범죄자를 잡거나 다스리는 일을 맡아보던 관아. 한성과 경기를 좌우로 나누어 좌포도청과 우포도청을 두었다. ≒ 포청(捕廳).

21) 진관(鎭管) : 조선 시대에 두었던 지방 방위 조직. 세조 1년(1455)에 전국을 나누어 주진(主鎭) 밑의 거진(巨鎭)을 단위로 하여 설정하고, 수령이 겸임하는 첨절제사가 통할하게 했다.

22) 영장(營將) : 조선 시대에 둔, 각 진영(鎭營)의 으뜸 벼슬. 정삼품 벼슬로 중앙의 총융청 · 수어청 · 진무영에 속한 것과 각 도의 감영(監營) · 병영(兵營)에 속한 것 두 가지 계통이 있는데, 모두 지방 군대를 관리했다. ≒ 진영장(鎭營將), 진사(鎭使), 진장(鎭將).

23) 金銀器名.(『集韻, 鐻』)

24) **又東十里曰**青要之山, …… 魋武羅司之, **其狀人面而豹文**, **小腰而白齒**, **而**穿耳以鐻.(『山海經, 卷五, 中山經』) → 青要之山, 魋武羅司之, 穿耳以鐻.(『松南雜識』)

25) 遺金鐻八枚.(『後漢書, 卷九十五, 皇甫張段列傳, 第五十五, 張奐傳』)

26) **郭璞注**, **山海經云**, 鐻音渠, **金**食器名.(『後漢書, 卷九十五, 皇甫張段列傳, 第五十五, 張奐傳』) → 鐻音渠, 食器名**也**.(『松南雜識』)

27) 集韻, 金銀器名, 山海經, 青要之山魋武羅司之穿耳以鐻, **郭璞曰**, **鐻金銀器名**, 後漢張奐傳, 遺金鐻八枚, 註, 鐻音渠, 食器名.(『康熙字典, 鐻』 → 韻, 金銀器名, 山海經, 青要之山, 魋武羅司之, 穿耳以鐻, 後漢張奐傳, 遺金鐻八枚, 註, 鐻音渠, 食器名**也**.(『松南雜識』)

합등
榼藤

『본초강목(本草綱目)』에서 "통초(通草)[28]와 같으니 그 열매는 삼년이 지나야 익으며 씨앗은 마치 계란과 같다. 껍질에 단약(丹藥)을 담으면 일 년이 지나도 썩지 않는다"[29]라고 하였다.

탁반
托盤

『자전(字典)』에서 "송나라에서는 탁자(托子)라고 하였는데 지금은 탁반(托盤)[30]이라 한다"[31]라고 하였다.

탕파
湯婆

산곡(山谷) 황정견(黃庭堅)의 시에,

각파(脚婆)[32]는 원래 먹지 못하니	脚婆元不食
중의 발을 싸고 있다네	纏裹一衲足
다음날 다시 쏟아 내어서	天明更傾瀉

---

28) 통초(通草) : 등칡.

29) **如**通草**藤**, 其實三年方熟, **角如弓袋**, **子**若鷄卵, **其外紫黑色**, 其殼用貯丹藥, 經年不**衰**.(『本草綱目, 草七, 榼藤子』) → 通草, 其實三年方熟, 若鷄卵, 其殼用貯丹藥, 經年不**壞**.(『松南雜識』)

30) 탁반(托盤) : 쟁반.

31) 宋曰托子, 今曰托盤.(『康熙字典, 托』)

32) 각파(脚婆) : 탕파(湯婆).

세수해도 온기 남아 있지　　　頮首有餘燠[33]

라고 하였는데, 그 주석에서 "바로 탕파(湯婆)[34]이다"라고 하였으니 지금의 발로구(潑爐口)이다.

청대반기
青黛燔器

운서(韻書)에서 "거북의 오줌으로 먹을 갈아 나무 판자에 글씨를 쓰면 한 치쯤 들어가고 지렁이와 청대(談黛)[35]를 섞어 그릇에 글씨를 써서 구우면 없어지지 않는다"라고 하였다.

『유양잡조(酉陽雜俎)』에서 "단사(丹砂)를 단련하여 황금(黃金)을 만든다. 그것을 가루로 만든 후에 붓으로 찍어 돌에 글씨를 써넣으면 깎아내도 더욱 선명하니 그것을 홍말(紅沫)이라 한다"[36]라고 하였다.

또 두꺼비 기름을 옥에 바르면 밀랍처럼 깎인다. 또 돌에 바르면 돌이 문드러진다. 다만 많이 채취할 수 없다. 살찐 것을 취하여 썰어서 달여 고약으로 만들어 바르면 마치 연골처럼 쉽게 잘린다. 대개 옛 옥기(玉器)의 기묘한 조각은 사람의 공력으로 한 것이 아니고 모두 곤오도(昆吾刀)[37]와 두꺼비의 기름으로 만든 것이라고 한다.[38]

---

33) 「희영난족병(戲咏暖足瓶)」.

34) 탕파(湯婆) : 뜨거운 물을 넣어서 몸을 덥게 하는 기구. 쇠나 함석, 자기 따위로 만들며, 이불 속에 넣고 잔다. ≒각파(脚婆), 자라통, 당파자.

35) 청대(青黛) : 쪽으로 만든 검푸른 물감. 쪽을 가공하여 만든 약재.

36) 練丹砂爲黃金, 碎以染筆, 書入石中, 削去逾明, 名曰紅沫.(『酉陽雜俎, 卷十, 物異』)

37) 곤오도(昆吾刀) : 곤오석(昆吾石)을 정련한 쇠로 만든 칼로 옥을 자를 수 있다.

38) **其**肪塗玉, 則刻之如蠟, **故云能合玉石**, 但**肪**不可多**得**取, 肥者, 剉煎膏, 以塗**玉**, 亦軟滑易截, 古玉器**有奇特**, 非**雕琢**人功**者**, **多是**昆吾刀及**蝦蟇**肪**所刻也**.(『證類本草, 卷二十二, 蟲部下品, 蝦蟆』) → **又蟾蜍**肪塗玉, 則刻之如蠟, **又塗石則石爛**, 但不可多取, **取**肥者, 剉煎膏以塗**之**, 亦**如**軟滑易截, **盖**古玉器奇**雕**, 非人功**所爲**, **皆**昆吾刀及

『설문해자(說文解字)』[39]에서 "두꺼비 기름은 옥을 붙이고 수달의 쓸개는 술잔을 쪼갠다"[40]라고 하였는데, 「서례(敍例)」에서는 "시험해 보았지만 그렇게 되지 않았다"[41]라고 하였다.

모래로 구리 그릇을 문지르다
沙擦銅器

『설문해자(說文解字)』에서 "상(瓹)은 때를 갈아내는 기왓돌이다"[42]라고 하였는데 그 주석에서 "기왓돌을 분쇄한 것으로 때를 제거한다"[43]라고 하였다. 『시화총귀(詩話總龜)』[44]에서 왕안석(王安石)이 방태초(龐太初)란 자에게, 어떤 늙은 병사가 구리 그릇을 모래로 문지르는 것을 보고 그것을 가리키며 시제로 삼았다. 이에 용태초(龍太初)가 응하여,

새가 날아가니 바람이 발자국 쓸어버리고	鳥去風平篆
조수 돌아오니 햇빛이 별을 쏜다	潮回日射星

라고 하였다.[45]

蟾蜍肪**云**.(『松南雜識』)

39) 『설문해자』에 없는 내용임.

40) 蟾肪合玉, 獺膽分巵.(『埤雅, 卷三, 釋獸, 獺』)

41) **埤雅舊說**, 蟾肪合玉, 獺膽分**杯**, **又曰熊食鹽而死**, **獺飮酒而斃**, 叙例**曰**, **獺膽分杯**, 嘗試**之**不驗.(『山堂肆考, 卷二百十九, 膽分杯, 毛蟲』)→蟾肪合玉, 獺膽分**巵**, 叙例**云**, 嘗試不驗.(『松南雜識』)

42) 磋垢瓦石.(『說文解字, 瓹』)

43) **說**文, 磋垢瓦石, **徐**註, 以碎瓦石去垢.(『康熙字典, 瓹』)→文**曰**, 磋垢瓦石, 註, 以碎瓦石去垢.(『松南雜識』)

44) 시화총귀(詩話總龜) : 1123년에 송나라의 완열(阮閱)이 편찬한 시화집. 한(漢)나라 때부터 송나라 때까지의 시화를 모아 엮은 것이다. 전집(前集) 48권, 후집(後集) 50권.

45) 왕안석이 곽공보(郭功甫)와 같이 있을 때 용태초(龍太初)란 사람이 "시인용태초(詩人龍太初)"라고 쓴 명함이 보이자 곽공보가 성을 내며 내쳤다. 그러나 왕안석은 그에게 시를 짓게 하였으며 이때 마침 늙은 병사가 모래로 구리 그릇을 문지르는 것을 보

지금의 구리 그릇을 모래로 닦는 것은 대개 오래된 일인가보다.

화기

畵器[46]

『용재총화(慵齋叢話)』[47]에서 말하였다.

조선은 임금의 그릇으로 모두 백자(白瓷)를 사용하다가 세조 때 중국에서 회회청(回回靑)[48]을 구하여 술단지나 술잔에 모두 그림을 그려서 중국과 차이가 없었다. 또 토청(土靑)[49]이라고도 한다.[50]

옥발

玉鉢

『북사(北史)』에서 말하였다.

고 시제로 삼은 일이 있다.

46) 화기(畵器) : 그림을 그린 사기(沙器).

47) 용재총화(慵齋叢話) : 조선 중기의 용재 성현(成俔)의 수필집. 풍속 · 지리 · 역사 · 문물 · 제도 · 음악 · 문학 · 인물 · 설화 등이 수록되어 있으며, 문장이 아름다워 조선 시대의 수필 문학의 우수작으로 꼽힌다. 『대동야승』에 실려 있는데, 시화 부분은 『시화총림』에도 실려 있다.

48) 회회청(回回靑) : 도자기에 푸른 채색을 올리는 안료(顔料)의 하나. 회회교의 지방인 아라비아에서 수입한 것에서 유래한다. ≒ 회청(回靑).

49) 토청(土靑) : 청화 자기에 쓰는, 우리나라에서만 나는 푸른색 도료.

50) **世宗**朝御器, **專**用白磁, 至**世宗**朝, **雜用彩磁**, 求回回靑於中國, **畫**樽**罍**盃觴, 與中國無異, **然回靑罕貴**, **求中國亦未多得**, **朝廷議曰**, **中國雖窮村茅店**, **咸用畫器**, **豈皆回靑所畫**, **應有他物可畫者**, **訪於中國**, **則皆**曰**此**土靑**也**.(『慵齋叢話, 卷之十』) → 國朝御器, **皆**用白瓷, 至**光廟**朝, 求回回靑於中國, 樽**罍**盃觴, **無不繪畫**, 與中國無異, **亦**曰土靑.(『松南雜識』)

고환(高歡)의 딸이 위(魏) 효무후(孝武后)가 되었는데 진기한 보물이 많았다. 그중에 두 개의 옥주발이 있었는데 끼어서 돌면서 빠지지 않았다. 마뇌합(馬腦榼)은 세 되가 들어가고 옥(玉)으로 봉합을 하였으니 모두 서역의 귀신이 만들었다고 한다."[51]

나옹(懶翁)의 주발과 표리(表裏)가 될 뿐만 아니니 볼 수는 있어도 생각하기는 어렵다.

숟가락과 젓가락
匙箸

『아희원람(兒戲原覽)』에 "여태(呂泰)가 만들었다"[52]라고 하였다. 지금 중국사람들은 젓가락만 사용하고 숟가락은 사용하지 않는다. 대개 명나라 태조가 원나라의 후예들이 숟가락 사용하는 것을 없애라고 명령한 까닭에 그 풍속이 여전히 있다고 한다.

「흉노전(匈奴傳)」에서 "선우(單于)가 금으로 새겨진 숟가락으로 술을 휘저었다"[53]라고 하였는데, 그 주석에서 "유리(留犁)는 숟가락이다"[54]라고 하였으니 오랑캐도 그것이 있었다.

『해동제국기(海東諸國記)』[55]에 "일본(日本)은 남자나 여자나 음식을 옻

51) **齊神武**, **後以**孝武**帝**后**配之**, **魏室**奇寶**多**, **隨后入詔家**, 有二玉鉢, 相盛轉, 而不可**出**, 馬腦榼, 容三升, 玉縫之, 皆稱西域鬼作**也**.(『北史, 卷十九, 列傳』) → 高歡女, 爲魏孝武后, 多奇寶, 有二玉鉢, 相盛轉而不可脫, 馬腦榼容三升, 玉縫之, **皆稱玉鉢鬼作**. **北史**.(『韻府羣玉, 西域玉鉢』) → 高歡女, 爲魏孝武后, 多奇寶, 有二玉鉢, 相盛轉而不可脫, 馬腦榼容三升, 玉縫之, 皆稱西域鬼作云.(『松南雜識』)

52) 匙筯呂泰作.(『兒戲原覽, 創始』)

53) 單于以**徑路刀**金留犁撓酒.(『漢書, 卷九十四下, 匈奴傳, 第六十四下』) → 單于以金留犁撓酒.(『松南雜識』)

54) **留犁飯匕也**.(『漢書, 卷九十四下, 匈奴傳, 第六十四下』) → 匙也.(『松南雜識』)

55) 해동제국기(海東諸國記) : 성종 2년(1471) 신숙주(申叔舟)가 일본의 지세(地勢)와 국

그릇에 담으며 젓가락은 있고 숟가락은 없다"[56]라고 하니 어째서인가?

저통
箸筩

운서(韻書)에서 "소(筲 : 대나무그릇)"라고 하였는데, 그 주석에서 "대나무 그릇인 일명은 반추(飯帚)[57]이고, 또 저통(箸筩)이라고도 하니, 바로 '두소(斗筲)'[58]의 소(筲)이다"[59]라고 하였다. 지금의 수저통(匙箸筒)이다. 『옥편(玉篇)』에서 "시(匙)는 바로 시(鍉)이다"라고 하였다. 『광동신어(廣東新語)』에서 "단인(蛋人)[60]은 젓가락을 제(梯)라고 한다"[61]라고 하였다.

동서는 가사
東西家事

산곡(山谷) 황정견(黃庭堅)의 시에 "옥 그릇의 맛난 술[美酒玉東西]"[62]이라고 하였다. 지금 중국말에 가정의 그릇을 '동서(東西)'라고 하니 속어로 '가사(家事)'라고 하는 말과 같다. "동래(東萊) 여조겸(呂祖謙)의 성격이

정(國情), 교빙내왕(交聘來往)의 연혁, 사신관대예접(使臣館待禮接)의 절목(節目)을 기록한 책. 1책. 석인본. 세종 25년(1443) 서장관(書狀官)으로서 일본에 다녀온 신숙주가 왕명에 따라 찬진(撰進)한 것이다.

56) 飮食用漆器, **尊處用土器**, 有筯無匙.(『申高靈海東諸國記, 日本國紀』) → **日本男女**, 飮食用漆器, 有筯無匙.(『松南雜識』)

57) 반추(飯帚) : 부뚜막 위의 밥알을 쓸어내는 조그만 비.

58) 두소(斗筲) : 한 말들이 되와 한 말들이 죽기(竹器).

59) 竹器, **一曰**飯箒, **一曰**箸筩, **語**斗筲.(『韻府羣玉, 筲』) → **筲**, **註**, 竹器, **又**飯箒, **又**箸筩, **卽**斗筲**之筲**.(『松南雜識』)

60) 단인(蛋人) : 중국남방 연해의 수상 가옥에서 살며 어업에 종사하는 종족.

61) 廣東新語, 蛋人謂筯曰梯.(『康熙字典, 筯』)

62) 「차운길로십소시(次韻吉老十小詩)」.

거칠고 사나워 음식이 제 마음에 들지 않으면 가사(家事)를 때려 부수었다"[63]라고 하는 말이 이것이다.

잔대
臺盤

『신당서(新唐書), 오행지(五行志)』에서 말하였다.

당시 사람들의 음주령(飮酒令)에 "술잔 받침이 서로 떨어지고 연이은 술잔대 핑그르르 거꾸러진다"라고 하였는데, 그 주석에서 "세상에서는 잔반(盞盤)을 모자(母子)라고 하고, 반(盤)을 대(臺)라고 한다"[64]라고 하였다.

대야
大耶

『설부(說郛)』[65]에서 "고구려의 방언으로 우(盂)를 대야(大耶)라 한다"[66]라고 하였다.

---

63) **向見伯恭說, 少時性氣粗**暴, 嫌飮食, 不如意, 便敢打破家事.(『宋名臣言行錄, 外集, 卷十三, 呂祖謙, 東萊先生成公』)→**呂東**萊, **性麁**暴, 嫌飮食, 不如意, 便打破家事.(『松南雜識』)

64) 子母相去離連臺拗倒, 俗謂盃盤爲子母, **又名盤爲**臺.(『唐書, 卷三十五, 志, 第二十五, 五行志』)→**唐志, 酒令云**, 子母相去離, 連臺拗倒, 註, 俗謂盃盤爲母子臺.(『松南雜識』)

65) 설부(說郛): 원나라 말기에서 명나라 초기에 도종의(陶宗儀)가 편찬한 총서. 야사, 설화, 전기 등의 책 1,000여 종에서 초록하여 편집했다. 총 100권.

66) 盂曰大耶.(『說郛, 卷五十五, 雞林類事』)→**高句麗方言, 以盂爲**大耶.(『松南雜識』)

쌍감
雙柑

대옹(戴顒)이 쌍감(雙柑)의 한 말 술을 가지고 꾀꼬리 소리를 들으러 갔다[67]라고 하였고, 「양양전(襄陽傳)」에 "감(柑) 중에서 붉은 것을 호감(壺柑)[68]이라고 한다"[69]라고 하였으니, 아마도 술동이가 귤 같은 듯하다.

「소무전(蘇武傳)」에서 "흉노(匈奴)가 '복익(服匿)'을 소무(蘇武)에게 주었다"[70]의 주석에서 "복익(服匿)은 동이 같이 생겼는데 입구는 작고 배부분이 크며 바닥은 모가 났으니, 술과 타락을 담는 용도로 사용한다"[71]라고 하였다.

앵무배
鸚鵡盃

『대동운부군옥(大東韻府群玉)』에서 "이 술잔은 제주(濟州)에서 난다. 고태필(高台弼)이 경연(經筵)에서 백성을 피폐하게 만든다고 주청하여 특별히 진상을 면제해 주었다"라고 하였는데, 대개 바다 속의 소라로, 모양이 앵무새와 같기 때문에 그런 이름이 붙었다. 이백(李白)의 시에서 "노자잔, 앵무배[鸕鶿酌鸚鵡盃]"[72]라고 하였으니, 마치 광주(廣州) 사람들이 대하(大蝦)의 머리로 술잔을 만드는 것과 같다"라고 하였다.

『계해우형지(桂海虞衡志)』[73]에서 "앵무로 젓갈을 담고 공작으로 포를

---

67) 戴顒, **春携**雙柑斗酒, **人問何之**, **日**往聽黃鸝**聲**.(『雲仙雜記, 卷二, 俗耳鍼砭詩腸鼓吹』)→戴顒, **以**雙柑斗酒, 往聽黃鸝.(『松南雜識』)

68) 호감(壺柑) : 귤의 별명.

69) 頳者爲壺柑, ……襄陽傳.(『韻府羣玉, 柑』)→襄陽傳, **柑之**頳者爲壺柑.(『松南雜識』)

70) **賜**武**馬畜**服匿**穹廬**.(『漢書, 卷五十四, 李廣蘇建傳, 第二十四』)→**匈奴以**服匿**與**武.(『松南雜識』)

71) 服匿如甖, 小口大腹方底, 用受酒酪.(『漢書, 卷五十四, 李廣蘇建傳, 第二十四』)

72) 「양양가(襄陽歌)」.

만든다”[74]라고 하였다.

「속석전(束晳傳)」에서 “우상(羽觴)이 물결을 따른다”[75]라고 하였는데, 주석에서 “술잔이 마치 새깃털이 날아가는 것 같이 가볍다. 참새 모양으로 만들며 목과 꼬리, 날개가 있다”[76]라고 하였다.

청전핵
青田核

『계척집(鷄跖集)』에서 말하였다.

오손국(烏孫國)에 청전핵(青田核)이 있는데 그 나무와 열매에 대해서 아는 사람은 아무도 없지만 씨는 박같이 생겼고 대여섯 말을 담을 수 있다. 물을 담아 두면 얼마 뒤에 술이 된다. 유장(劉章)이 두 개를 얻어서 손님을 모아두고 그것을 내놓았다. 씨 하나의 술이 다 떨어질 무렵 다른 씨 하나에 담긴 술이 익어서 손님 이 천 명을 대접할 수 있었으니 청전호주(青田壺酒)라고 한다.[77]

살펴보건대 주(周) 목왕(穆王) 때에 서융(西戎)이 옥(玉) 술잔을 바쳤는

---

73) 계해우형지(桂海虞衡志) : 송나라의 범대성(范大成)가 편찬한 책. 산천·물산(物産)·토속(土俗)·민풍(民風)에 대하여 서술했다. 문장이 전아하고 과장됨이 없다. 1권.

74) 鸚鵡爲鮓, 孔雀爲腊.(『桂海虞衡志, 志禽』)

75) 羽觴隨波.(『晉書, 卷五十一, 列傳, 第二十一, 束晳』)

76) **晉束**晳傳, 觴輕如鳥羽之飛, **羽觴**作主爵形, 有頸尾羽翼, **選班婕妤賦注**.(『韻府羣玉, 羽觴隨波』) → 晳傳, **羽觴隨波**, 註, 觴輕如鳥羽之飛, 作主爵形, 有頸尾羽翼.(『松南雜識』)

77) 烏孫國有青田核, 莫**測**其樹, 核**大**如**五六斗**瓠, **貯水卽如酒**, 劉章得**三核**, **供二十人飮不歇**, **號**青田壺**酒**.(『韻府羣玉, 青田核』) → 烏孫國有青田核, 莫**知**其樹**與實**, **而**核如瓠, **可容五六斗**, **以之盛水**, **俄成酒**, 劉章**曾**得**二焉**, **集賓設之**, **一核纔盡**, **一核又熟**, **可供二千客**, **名曰**青田壺.(『松南雜識』)

데, 그 빛이 온 방안을 비추었다. 뜰에 두었더니 다음 날 물이 잔에 가득 찼는데 향긋하면서 감미로웠으니 유구국(流球國)[78]의 주천석(酒泉石)과 같았다.

조세배
照世盃

살마아한국(撒馬兒罕國)[79]에 술잔이 있는데 매우 밝은 빛이 나서 비추어 보면 세상 일을 알 수 있으니, 황제(黃帝)의 서로옹(瑞露甕), 주공(周公) 사당의 윤덕천(潤德泉), 우산(牛山)의 여수(汝水)와 같은 종류이다. 명나라 초기에 첩목아(帖木兒)[80]가 올린 표(表)에 "조세배와 같은 성왕의 마음을 흠모하여 우러릅니다[欽仰聖心如照世盃]"라는 말이 있다.

계영배
戒盈盃

『조야첨재(朝野僉載)』[81]에서 말하였다.

> 한왕(韓王) 원가(元嘉)의 구리로 만든 학 모양의 술동이는 가득차면 바로서고 차지 않으면 기울었다.[82]

---

78) 유구국(流球國) : 오키나와.
79) 살마아한국(撒馬兒罕國) : 지금의 우즈베키스탄.
80) 첩목아(帖木兒) : 몽고왕의 이름, 원나라 왕실의 지손(支孫)으로 1369년에 칸이라고 칭하고 우즈베키스탄에 수도를 정했다. 1398년 인도까지 진격했다가 1402년 앙카라에서 터키 군에 대패했다.
81) 조야첨재(朝野僉載) : 당나라 장작(張鷟)이 편찬한 책. 총 6권, 소설가류(小說家類).
82) 韓王元嘉, **有一銅樽**, **背上貯酒**, **而一足倚**, 滿則**正立**, 不滿則傾.(『朝野僉載, 卷六』)
→韓王元嘉, 銅**鶴尊**, 滿則**止**, 不滿則傾.(『松南雜識』)

주묘(周廟)[83]의 의기(欹器)는 가득 차면 뒤집어지고 중간쯤 차면 바로 서고 속이 비면 기울어졌다.

지금의 계영(戒盈)도 그러한 물건인데 장자(莊子)가 이른바 치언(巵言)[84]이다.

갈호배
蝎虎盃

지봉(芝峯) 이수광(李睟光)이 "승정원(承政院)에서 평시에 사용하는 술잔으로, 갈호(蝎虎)[85]라고 하니 짐승의 이름이다. 술을 보면 즉사(卽死)하기 때문에 그것의 모양을 본떠서 경계하였다"[86]라고 하였다.

'작(爵)'도 새의 이름이니 그 모양을 본뜨고 다리 세 개를 붙여서 술잔을 만드니 날아서 술에 빠지지 않는다는 의미를 취하여 경계를 함축시켰다. 옛사람은 신하가 임금을 모실 때 세 잔 이상을 마시지 않았으니 절제를 잃을까 두려웠기 때문이다.

소식의 시에 "취중에 지꺼리는 미친 소리, 술이 깨면 두렵다(醉裏)[87](狂言醒可怕)"[88]라고 하였다. 그러나 세상 사람들은 취중에 진정(眞情)이 드러난다고 말한다. 또 취했을 때의 말은 술이 깨었을 때의 말이라고 한다. 그래서 『무후심서(武侯心書)』에서 "술에 취하게 만든 후에 그 성질

83) 주묘(周廟) : 주나라 왕실의 종묘.

84) 치언(巵言) : 다른 사람의 뜻을 따르고 주견(主見)이 없는 말을 이른다. 치(巵)는 차면 기울고 비면 바로 서는 그릇이니, 이는 외물에 따라 변하며 어느 하나를 고집하지 않는 것이다. 따라서 말도 사람에 따라 변하고 자신의 주견을 고집하지 않음을 이른다.

85) 갈호(蝎虎) : 도마뱀붙이과에 속하는 파충(爬蟲).

86) 政院平時, 常用**蝎虎**杯, **未知出於何時**, **或謂**蝎虎蟲名, 見酒卽死, 故象**其**形以**示**戒也.(『芝峯類說, 卷十九, 服用部, 器用』)→政院平時, 常用杯**名**, **而**蝎虎虫名**也**, 見酒卽死, 故象形以戒也.(『松南雜識』)

87) 『松南雜識』에는 '後'로 되어 있음.

88) 「정혜원우거월야우출(定惠院寓居月夜偶出)」.

을 관찰한다"[89]라고 하였다.

시굉
兕觥

운서(韻書)에서 시(兕 : 외뿔소)는 "들소같이 생겼는데 푸르고 외뿔로 잘 떠받기 때문에 벌주 잔을 만들어 술을 마시는 경계로 삼는다"[90]라고 하였다.

『경국육전(經國六典)』의 「예부(禮部)」에서 "백시(白兕)를 상서로운 동물로 생각하니 정월 초하루에 백수준(百獸樽)의 술을 마시고 곧은 말[直言]을 올리는 것과 같다"라고 하였다.

주경
酒經

지봉(芝峯) 이수광(李睟光)이 "경(經)은 병(甁)이다"[91]라고 하였으니, 왕적(王績)[92]이 저술한 경(經)의 이름이 아니다.[93]

『후청록(侯鯖錄)』[94]에서 "서연자(徐淵子)[95]가 '삼아(三雅)'[96]로 '오경(五

---

89) 醉之以酒, 而觀其性.(『說郛, 卷九下, 新書, 知人性第三』)

90) 如野牛而青, 一角善**抵**觸, 故制罰爵以爲酒戒.(『韻府羣玉, 兕』)→**兕**如野牛而青, 一角善觸, 故制罰爵以爲酒戒.(『松南雜識』)

91) 『芝峯類說, 卷七, 經書部, 著述』과 『芝峯類說, 卷七, 文字部, 字義』의 기록을 변형시킨 내용.

92) 왕적(王績) : 당나라의 문신·학자. 자는 무공(無功). 태원(太原) 기(祁) 출신.

93) 『北山酒經』은 송나라의 주익중(朱翼中)이 편찬하였으며, 이 책의 말미에 왕적의 「취향기(醉鄕記)」가 부록으로 붙어 있다.

94) 후청록(侯鯖錄) : 송나라 조령치(趙令畤)가 지은 책. 총 8권. 소설가류(小說家類).

95) 서연자(徐淵子) : 송나라의 시인. 호는 죽은(竹隱)·천태인(天台人).

96) 삼아(三雅) : 세 종류의 술잔을 의미함.

經)[97]'의 대(對)를 맞추었다"[98]라고 하였다. '경(經)'은 환공(桓公)[99]의 일경정(一經程)[100]이고 '아(雅)'는 바로 유표(劉表)[101]의 세 가지 술잔이니[三爵]이니 백아(伯雅)·중아(仲雅)·계아(季雅)[102]이다. 또 「주병명(酒甁銘)」에서 "네 마음을 열어 내 마음에 부어다오[啓乃心沃朕心]"[103]라고 하였으니 기묘하다.

도배
桃盃

고려 때 김양감(金良鑑)[104]이 중국에 들어가 소식과 술을 마셨는데 소식이 도배(桃盃)와 시(詩)를 주면서 말하였다.

금마객[105]을 아는 듯	似知金馬客
때로 벽계방[106] 꿈을 꾼다	時夢碧鷄坊
빙설은 섣달에 녹고	氷雪消殘臘

---

97) 오경(五經) : 다섯 병의 술을 의미함.
98) 徐淵子用三雅五經**作對**.(『韻府羣玉, 酒五經』) → 徐淵子用三雅對五經.(『松南雜識』)
99) 환공(桓公) : 춘추 시대 제나라의 제후.
100) 일경정(一經程) : 술 한 병이라는 의미. 경정(經程)은 주기(酒器)의 이름.
101) 유표(劉表) : 중국 삼국 시대의 군웅 중 한 사람. 형주(荊州)의 자사(刺使). 자는 경승(景升).
102) 백아(伯雅)는 7되, 중아는 6되, 계아는 5되 들이의 술잔.
103) 원래는 『서경(書經), 상서(商書)』에서 상(商)의 고종(高宗)이 부열(傅說)에게 당부한 말임.
104) 김양감(金良鑑) : 고려 문종 때의 문신, 유현(儒賢). 사은사(謝恩使)로 송나라에 가서 태묘(太廟)와 태학(太學)제도를 도입했다.
105) 금마객(金馬客) : 무제(武帝) 때에 말 관상을 잘 보던 사람인 동문경(東門京)이 동마법(銅馬法 : 말의 골상법에 근거하여 동으로 만든 말 모형)을 만들어 헌상하자 황제가 조세를 내려 그것을 노반문(魯斑門) 밖에 세우게 했다. 그래서 노반문의 이름을 금마문(金馬門)으로 바꾸었다. 조서를 기다리는 자는 금마문 밖에 있었기에 학사(學士)를 금마객(金馬客)이라고 한다.
106) 벽계방(碧鷄坊) : 성도(成都)에 있다.

연기 어린 물결에 고향을 그린다[107]　　煙波寫故鄕
방울은 울리던 말던 놓아두자　　鳴鸞自容與
말머리 세우고 한참을 배회하리니　　立馬久回翔
부디 삼한의 사신에게 주어[108]　　乞與三韓使
새 그림 낙랑에 이르게 하소　　新圖到樂浪[109]

그때의 도배(桃盃)가 아직도 그의 집에 있다.

복상
覆觴

『진사(晉史)』에 "원제(元帝)가 강을 건넌 이후로 술 때문에 정사를 보지 않았다. 왕도(王導)가 말을 하니 원제가 술잔을 끌어당겨 뒤집어 놓고는 드디어 술을 끊었다"[110]라고 하였다.

지금 호인(胡人)들이 우리에게 술을 권할 때 한정이 없다. 역관들이 그럴 때 술잔을 뒤집어 놓으면[覆觴] 다시 술을 권하지 않을 것이라고 가르쳐주니 그것에서 유래하였다.

『설문해자(說文解字)』에 "술이 가득 차 있는 잔을 '상(觴)', 빈 잔을 '치(觶)'라 한다"[111]라고 하였다.

---

107) 진시황이 제후를 격파할 때마다 그들의 궁실에 자신의 궁을 그리게 했다고 한다.
108) 고려에서 온 사신들은 경치 좋은 곳이 이르면 반드시 기록하고 그림으로 그렸다고 한다.
109) **似**知金馬客, **時夢**碧雞坊, 氷雪消殘臘, 煙波寫**故**鄕, **鳴**鑾自容與, 立馬久回翔, **乞與**三韓使, 新圖到樂浪.(『東坡全集, 卷二十一, 凝祥池』) → **乍**知金馬客, **來自**碧鷄坊, 氷雪消殘臘, 煙波寫**殊**鄕, **鳥**鑾自容與, 立馬久回翔, **寄語**三韓使, 新圖到樂浪.(『松南雜識』)
110) **初鎭江東**, **頗**以酒廢事, 王導**深**以爲言, 帝**命酌**引觴覆之, 於此遂絶.(『晉書, 卷六, 帝紀, 第六, 元帝』) → 晉元帝渡江, 以酒廢事, 王導以爲言, 帝**命**引觴覆之, 於此遂絶.(『韻府羣玉, 覆觴』) → 元帝渡江, 以酒廢事, 王導以爲言, 帝引觴覆之, 於此遂絶.(『松南雜識』)

벙어리저금통
土啞撲滿

『한서(漢書)』에서 추장천(鄒長倩)이 공손홍(公孫弘)에게 하나를 주며 "박만(撲滿)은 흙으로 만든 것으로 돈을 저축하는 기구이다. 넣을 수는 있어도 꺼낼 수 없으며 가득 차면 깨뜨리니 항통(缿筩[112])의 종류이다"[113]라고 하였다.

지금 서울 시장에서 파는 '토아(土啞)'가 그것이다.

개유문
開牖紋

청나라 사람 개유(開牖)는 깨진 자기(瓷器)를 원래 실무늬가 있었던 것처럼 잘 꿰맸다. 그래서 '개유문(開牖紋)'이라고 한다. 그가 죽은 뒤에 도공(陶工)이 깨진 무늬를 일부러 그려 넣으니 마치 옥에 새긴 닥나무 잎[楮葉]과 같았다. 유순선(柳順善[114])의 「가매시(假梅詩)」에서,

어떻게 가짜로 만들었나? 잎을 보라!	何以假爲須看葉
진짜라면 어찌 향기가 없을까?	如其眞也豈無香

라고 하였다.

---

111) 䚡, 實曰觴, 虛曰䚡.(『說文解字, 觴』) → 實曰觴, 虛曰䚡.(『松南雜識』)
112) 항통(缿筩) : 투서함으로 대나무통과 같이 생겼는데 넣을 수는 있으나 꺼낼 수는 없다.
113) 『한서(漢書)』에 없는 내용임.
114) 유순선(柳順善) : 조선 중기의 문신(1516~1577). 본관은 진주(晉州). 자는 순중(純仲), 호는 소재(素齋).

의안
欹案

『삼국지(三國志)』에서 "조공(曹公 : 조조)이 만들었으니 누워서 책을 보는 것이다"[115]라고 하였다.

옥여의
玉如意

『유설(類說)』에서 "당나라 현종이 등을 가려워하자, 나공원(羅公遠)이 대나무 가지를 꺾어 옥여의(玉如意)를 만들어 바쳤는데, 금강삼장(金剛三藏)이 소매 속에서 칠보여의(七寶如意)를 꺼내니 나공원이 바쳤던 옥(玉)이 바로 변하여 대나무가 되었다"[116]라고 한 말이 이것이다. 어떤 것은 뿔 · 쇠 · 뼈로 만든다. 익종(翼宗)[117]의 시에,

아마도 호공의 아홉마디 지팡이가	疑是壺公[118]九節杖
용이 되어 가서 머리를 돌리지 않았는가	化爲龍去未回頭[119]

---

115) 曹公作**欹案**, 臥**視讀**書.(『三國志注補』) → 曹公作**之**, 臥**看**書**也**.(『松南雜識』)

116) **上覺**背痒, 羅公遠折竹枝, 爲玉如意以進, 金剛三藏於袖中取七寶如意, **公遠所進**卽化爲竹.(『類說, 卷五十一, 玉如意』) → 明皇背痒, 羅公遠折竹枝, 爲玉如意以進, 金剛三藏於袖中取七寶如意, 玉卽化爲竹. 類說.(『韻府羣玉, 玉如意』) → 唐明皇背痒, 羅公遠折竹枝, 爲玉如意以進, 金剛三藏於袖中取七寶如意, 玉卽化爲竹, 是也.(『松南雜識』)

117) 익종(翼宗) : 조선 순조의 세자(1809~1830). 자는 덕인(德寅). 호는 경헌(敬軒). 순조 12년(1812)에 왕세자에 책봉되었고, 27년(1827)에 대리청정(代理聽政)하여, 현명한 인재를 등용하고 선정을 베풀었으나 4년 만에 죽었다.

118) 호공(壺公) : 전설상의 신선.

119) 비장방(費長房)이 호공(壺公)을 따라 신선술(神仙術)을 배웠는데 호공이 그를 돌려보내면서 대나무 지팡이 한 자루를 주고 타게 했다. 비장방이 그것을 타니 순식간에 집에 도착했다. 대나무 지팡이를 갈피(葛陂)에 내던지고 돌아보니 용이 되어 날아가고 있었다. 이후로 시문(詩文)에 항용 대나무 지팡이를 '호공룡(壺公龍)'이라고 칭했다.(『

라고 하였다.

격자
篙子

운서(韻書)에서 "대나무 장막이다(竹帳)"라고 하였다. 지금은 와전되어 족자(簇子)를 일컫지만 또한 병풍의 등속이다. 잠삼(岑參)의 시에 "벽의(壁衣)[120] 꽃 담요를 짠다네[織成壁衣花氍毹]"[121]라고 한 말이 이것이다.

보장
步障

진(晉)나라 석숭(石崇)의 비단보장(錦步障)과 왕개(王愷)의 자주실로 짠 보장(紫絲步障)이 '보장(步障)'[122]의 시초이다. 지금 거둥길(御路)에 설치하는 보장이 이것이다.

염박
簾箔

한나라 역사에 강후(絳侯) 주발(周勃)[123]이 발[箔]을 짜고 비단을 팔았다[124]라고 하였고, 당나라의 노회신(盧懷愼)[125]은 문에 발을 달지 않았기

後漢書, 方術傳下, 費長房』)

120) 벽의(壁衣) : 벽을 장식하는 휘장.

121) 「옥문관개장군가(玉門關蓋將軍歌)」.

122) 보장(步障) : 고대에 귀인이나 고관이 출행할 때 설치하여 바람이나 추위, 먼지들을 막는 행막(行幕).

123) 주발(周勃) : 한(漢)나라의 개국공신. 봉호는 강후(絳侯).

에 비바람이 불어닥치면 자리를 들어 막았다라고 하였다.[126]

안연지(顔延之)[127]의 시에 "고즈넉한 병풍[淸防] 가를 배회하니[踟躕淸防密]"[128]라고 한 것과 하후단(夏侯亶)이 주렴으로 기생의 옷을 만들었다[129]는 말이 이것이다.

지봉(芝峯) 이수광(李睟光)이 말하였다.

> 구양수(歐陽修)의 시[130]에 "은 마늘 갈고리에 눌린 발이 완연히 땅에 드리워졌다[銀蒜鉤簾宛地垂]"라고 하였다.[131]

살펴보건대, 은을 주조하여 마늘 모양으로 만들어 주렴을 누르게 하였다.

마치 유소(流蘇)[132]가 장막을 누르는 것과 같다.

---

124) **簾也**, **亦作薄**, **史**絳侯織洎販繒.(『韻府羣玉, 箔』) → 絳侯織洎販繒.(『松南雜識』)
125) 노회신(盧懷愼) : 당나라의 재상. 반식재상(伴食宰相)의 고사로 잘 알려져 있다.
126) 唐盧懷愼, 門不施箔, 風雨至則擧席**史**.(『韻府羣玉, 門不施箔』) → 唐盧懷愼, 門不施箔, 風雨至則擧席.(『松南雜識』)
127) 안연지(顔延之) : 남조(南朝) 송의 시인(384~456). 자는 연년(延年).
128) 「직동궁답정상서(直東宮答鄭尙書)」.
129) 하후단(夏侯亶)은 성품이 검박하여 사치를 일삼지 않았다. 만년에는 음악을 좋아하여 기생첩 십수인을 두었는데 한결같이 제대로 옷을 못 입고 용모를 갖추지 못했다. 그래서 손님이 오면, 발 너머에서 연주하게 하였으니 당시에 발을 '하후기의'(夏侯妓衣 : 하후 기생의 옷)라고 했다. 『南史, 夏侯亶傳』에 다음과 같은 이야기가 있다.
130) 『文忠集, 卷五十五, 外集五, 簾』.
131) 歐**陽公**詩, 銀蒜鉤簾宛地垂, …… 按**銀蒜**, **鑄**銀爲蒜形, 以押簾也.(『芝峯類說, 卷十二, 文章部五, 宋詩 → 歐詩, 銀蒜鉤簾宛地垂, 按銀爲蒜形, 以押簾也.(『松南雜識』)
132) 유소(流蘇) : 물들인 깃털이나 실을 이삭모양으로 만들어 늘어지게 한 장식물. 말이나 수레 장막의 장식물로 쓰임.

유소
流蘇

당나라 시에 "봉황이 토해 낸 유소(流蘇) 노을에 비꼈다[鳳吐流蘇帶晚霞]"133)라고 하였는데, 그 주석에서 "다섯가지 채색을 섞어 동심결(同心結)을 만들어 아래로 늘어뜨린 모양이 마치 흐르는 듯하니 색실로 그림을 수놓은 공(毬)이다"라고 하였다. 지금은 오색 실로 만든 벌과 나비를 장막에 드리워 바람에 장막이 흔들리지 않게 하니, 소식(蘇軾)의 시에 "밤바람 진유서(鎭帷犀)를 흔들어 놓는다[夜風搖動犀鎭帷犀]"134)라고 하였다.

병풍
屛風

『후한서(後漢書)』에 정홍(鄭弘)135)과 제오륜(第五倫)136)의 사이에 운모병풍(雲母屛風)을 설치하여 공간을 나누었다는 기록이 있다.137) '병풍(屛風)'이라는 이름은 '보의(黼扆)'138)에 대한 주석에서 나왔다고 한다.

133) 노조린(盧照鄰)의 「장안고의(長安古意)」.
134) 「사시사(四時詞)」.
135) 정홍(鄭弘) : 한나라의 문신. 자는 거군(巨君).
136) 제오륜(第五倫) : 한나라의 문신. 자는 백어(伯魚).
137) 정홍(鄭弘)이 태위(太尉)가 되어 제오륜(第五倫)을 사공(司空)으로 천거했다. 그러자 지위가 높아진 제오륜이 조회 때마다 정홍에게 자신을 낮추고 국궁(鞠躬)을 하자 황제가 그들 사이에 운모병풍을 설치해 주었다.(『後漢書, 鄭弘傳』)
138) 보의(黼扆)는 자루가 없는 도끼 모양을 그린 빨간 비단을 바른 병풍. 천자의 자리 뒤에 친다. 도끼는 천자의 위엄을 상징하는데 자루가 없음은 이것을 사용하지 않음을 의미한다.(『書經, 周書, 顧命』)

만산장

漫山帳

연암(燕巖) 박지원(朴趾源)이 말하였다.

유구국(流球國)에 있다. 민인(閩人)[139] 왕삼빈(王三賓)이 "바다거미(海蛛) 그물로 만드는데, 호랑이도 사로잡을 수 있다"라고 하였다.[140]

만정

幔亭[141]

「무이기(武夷記)」에서 "무이군(武夷君)[142]이 팔월에 산 꼭대기에 모여 채색 장막으로 집을 만들고 만정(幔亭)이라고 명명하였다"[143]라고 말하였다. 『초계어은총화(苕溪漁隱叢話)』[144]에서 "소식(蘇軾)이 여음(汝陰)의 태수로 있을 때 택승정(擇勝亭)을 지었는데 장막으로 만들었다"[145]라고 하였으니, 지금의 차일(遮日)이나 우산(雨傘)의 종류이다.

---

139) 민인(閩人) : 중국 동남지방 인종의 이름. 현재 복건성(福建省) 지방.

140) 琉球 …… **以**閩人王三賓**所**言, 海蛛網**虎**爲**眞**, **則漫山帳理或无怪**.(『燕巖集, 卷之十四, 熱河日記, 避暑錄』) → 流球**國有之**, 閩人王三賓, 言**以**海蛛網爲**之**, **可捕虎云**.(『松南雜識』)

141) 만정(幔亭) : 장막을 둘러 만든 정자.

142) 무이군(武夷君) : 전설 속에 나오는 신선으로, 무이산(武夷山)에 산다고 한다.

143) **武夷山神人**武夷君, 八月**十五日**, **與村人**, 會于山頂, 綵幔屋宇**器用甚盛**, **樂色食味皆美**, **惟酒味差薄**, 因名**其**爲幔亭, ……. 武夷記.(『韻府羣玉, 慢亭』) → 武夷記曰, 武夷君, 八月會于山頂, 綵幔屋宇, 因名爲幔亭.(『松南雜識』)

144) 초계어은총화(苕溪漁隱叢話) : 송나라의 호자(胡仔)가 편찬한 시화집. 전집 60권, 후집 40권.

145) 東坡守汝陰, 作擇勝亭, 以幃幙爲之, 漁隱叢話.(『苕溪漁隱叢話後集, 卷三十』) → 東坡守汝陰日, 擇勝亭, 以幃幙爲之, 漁隱叢話.(『韻府羣玉, 擇勝亭』) → 漁隱叢話曰, 東坡守汝陰日, 作擇勝亭, 以幃幙爲之.(『松南雜識』)

우산
雨傘

운서(韻書)에서 "개(蓋 : 일산)이다"라고 하였다. 『사문류취(事文類聚)』에서 "등우(鄧禹)[146]와 장량(張良)이 우산 하나를 두고 다투었는데, 등우(鄧禹)는 우산(雨傘)이라고 하고, 장량은 양산(良傘)이라고 하였다"[147]라고 한 말이 이것이다.

우리나라에서는 임금이 능(陵)에 거둥하였다가 비를 만나면 일산(日傘)으로 빙 둘러 호위하기에, 멀리서 그 모습을 바라보면 마치 용의 비늘이 꿈틀꿈틀 날아 움직이는 듯하다.

또 운서(韻書)의 '등(簦)'의 주석에서 "삿갓우산[笠蓋]이다. 또 삿갓에 자루가 달린 것이라 한다"[148]라고 하였다. 지금의 손우산[手雨傘]과 비슷하다.

소함
梳函

지봉(芝峯) 이수광(李睟光)이 "나전소함(螺鈿梳函)은 지방 공물로 진상되니 대개 중국에는 없는 물건인 듯하다"[149]라고 하였다. 『완위여편(宛委餘編)』[150]에서 "혁서씨(赫胥氏)[151]가 처음 나무로 살이 스물 네 개짜리인

---

146) 『松南雜識』에는 '項羽'로 오기되어 있다.

147) **古人有張良鄧禹**, 爭一傘, 良曰良傘, **禹**曰**禹**傘.(『事文類聚, 別集, 卷二十, 出令相謔』)→**項羽與張良**, 爭一傘, **羽**曰**雨**傘, 良曰陽傘.(『松南雜識』)
* 등우(鄧禹)의 '우(禹)'와 우산(雨傘)의 '우(雨)'가 음이 같고 장량(張良)의 '앙(良)'과 양산(陽傘)의 '앙(陽)'의 음이 같음에 착안한 우스개.

148) 笠蓋, 又**云**笠, 有兩者.(『韻府羣玉, 簦』)→註, 笠蓋**也**, 又笠有柄者.(『松南雜識』)

149) **今我國以**螺鈿梳函, 充進**貢**方物, 蓋中朝所無**爾**.(『芝峯類說, 卷十九, 服用部, 器用』)→螺鈿梳函, 充進方物, 蓋中朝所無**也**.(『松南雜識』)

150) 완위여편(宛委餘編) : 명나라 왕세정(王世貞)이 편찬한 책. 총 19권.

151) 혁서씨(赫胥氏) : 태평 시대의 제왕으로 혁연(赫然)한 덕이 있어 백성으로 하여금 서로 따르게 했기 때문에 붙여진 이름.

빗을 만들었고 순(舜)이 상아·대모(玳瑁)로 빗을 만들었다"[152]라고 하니, 이것이 빗의 시초이다.

『시경(詩經)』에서 "빗살처럼 즐비하니"[153]라고 하였다.

우리나라의 시에 "나무빗으로 빗질하고서 대나무빗으로 빗질한다[木梳梳了竹梳梳]"[154]라고 하였는데, 나무빗이 즐(櫛)이니 얼레빗(月梳)[155]이고, 대나무빗이 비(比)이니 참빗(眞梳)이다. '비(篦)'는 '쇄소(刷梳 : 빗치개)'라고 번역하니 불경(佛經)에서 "금비(金篦)로 눈을 긁는다"라고 하였다.

『우재시화(迂齋詩話)』[156]에서,

좌중에 만약 두십낭이 있으면[157]	坐上若有一點紅
조그만한 술잔으로도 천 잔을 마실 것이고	斗筲之器飮千鍾
좌중에 만약 유목소[158]가 없다면	坐上若無油木梳
용을 삶고 봉을 지져 먹어도 모두 헛일이다	烹龍炮鳳都成虛[159]

라고 하였다.[160]

152) 赫胥氏, 以木爲梳, **堯以銅爲笄**, 舜以牙玳瑁爲**梳**.(『弇州四部稿, 卷一百五十七, 說部, 宛委餘編二』)→宛委餘編曰, 赫胥氏, **始**以木爲**二十四**齒梳, 舜以牙玳瑁爲**篩**.(『松南雜識』)

153) 其比如櫛.(『詩經, 周頌, 良耜』)→如櫛如比.(『松南雜識』)

154) 유몽인(柳夢寅)의 「영소(詠梳)」.

155) 월소(月梳) : 얼레빗. 빗살이 굵고 성글며 큰 빗.

156) 『松南雜識』에는 '冷齋詩話'로 오기되어 있음.

157) 두십낭(杜十娘)은 소설 『경세통언(警世通言), 두십낭노침백보상(杜十娘怒沈百寶箱)』에 나오는 기생의 이름.

158) 유목소(油木梳) : 고대에 부녀자가 머리에 장식으로 꽂던 빗의 일종으로 가기(歌妓)의 머리 장식으로 주로 사용되었기에 '가기(歌妓)'의 대칭으로 쓰인다.

159) 유부(劉郛)의 「해학시(諧謔詩)」.

160) 坐上若有一點紅斗, 筲之器**飮**千鍾, 坐上若無油木梳, 烹龍庖鳳都成虛, **迂齋詩話**.(『宋詩紀事, 卷三十, 諧謔詩』)→冷齋詩話云, 坐上若有一點紅斗, 筲之器**成**千鍾, 坐上若無油木梳, 烹龍庖鳳都成虛.(『松南雜識』)

잠도

簪導

『수서(隋書), 예의지(禮儀志)』에서 "잠(簪 : 동곳)은 관(冠) 속에 머리를 세우는 물건이고,[161] '도(導)'는 머릿수건 속에 머리털을 거두어들이는 도구이다"[162]라고 하였다.

『진서(陳書)』에서 "고조(高祖)가 옥도(玉導)를 꺾으라고 명령하였다"라고 말하였다. 소식(蘇軾)[163]의 시에 "잠도(簪導)가 가볍고 편안해 머리털에 느낌이 없다[簪導輕安髮不知]"[164]라고 한 말이 이것이다. 『영표록이(嶺表錄異)』[165]에서 "물소뿔로 동곳이나 빗을 만들면 먼지가 붙지 않는다고 한다"[166]라고 말하였다. '도(導)'는 속칭 '빈추(鬢推)'라고 한다.

옥소두

玉搔頭

두보(杜甫)의 시[167]의 주석에 "지금의 '머리긁개[搔頭]'이다"라고 하였다.

또 '섭(鑷)'은 『설문해자(說文解字)』에서 "본래 '섭겸(籋箝 : 족집게)'으로 쓴다"[168]라고 하였으니 털을 뽑는 도구이다. 『남당사(南唐史)』에서 "서지고(徐知誥)가 거울을 보고 흰털을 족집게로 뽑았다"[169]라고 하였고 왕

161) 隋書, 簪導, 按釋名云, 簪建也, 所以建冠於髮也.(『隋書, 卷十二, 志第七, 禮儀七』) →隋書禮儀志曰簪所以建髮於冠.(『松南雜識』)

162) 簪所以建髮於冠, 導所以鬢**髮**入巾幘之裏, 隋禮儀志.(『韻府羣玉, 簪導』) →隋禮儀志曰, 簪所以建髮於冠, 導所以**斂**鬢入巾幘之裏.(『松南雜識』)

163) 『松南雜識』에는 '韓渥'으로 오기되어 있음.

164) 「야자관(椰子冠)」.

165) 영표록이(嶺表錄異) : 당나라 유순(劉恂)이 편찬한 책. 총 3권. 지리류(地理類).

166) **嶺南表異錄**, 犀角爲簪梳, 塵不著髮, **名辟塵犀**.(『康熙字典, 塵』) →嶺表錄異曰, **以**犀角爲簪梳, 塵不**著**髮**云**.(『松南雜識』)

167) 「秋日夔府詠懷奉寄鄭監審李賓客之芳一百韻」.

168) 『說文解字篆韻譜, 籋』.

승건(王僧虔)이 “각노선생(却老先生)”[170]이라고 한 말이 이것이다.

‘이알(耳空 : 귀이개)’은 정녕도자(耵聹挑子 : 귀이개)이니 머리 속의 먼지(腦塵)를 파낸다. 『집운(集韻)』에서 “정녕(耵聹)은 귀지[耳垢]이다”[171]라고 하였다.

‘아첨통(牙簽筒)’은 이쑤시개통[剔牙杖之室]이니 지금의 치아통(齒牙筒)이다.

우선

羽扇[172]

『사물기원(事物起原)』에서 “주(周)나라 소왕(昭王) 때에 수도국(修塗國)에서 단학(丹鶴)을 바쳤는데 그 날개로 부채를 만드니 일명 ‘조융(條融)’이라고도 하고 ‘측영(仄影)’이라고도 한다”[173]라고 말하였다.

『고금주(古今注)』에서는 “상(商)나라에 치미선(雉尾扇)[174]이 있었다”라고 하였다.[175] 지금은 백로(白鷺) 깃으로 만들며 비록 종이로 만든 둥글부채(團扇)이라도 미선(尾扇)[176]이라고 칭한다.

---

169) 知誥臨鏡鑷白髭.(『資治通鑑, 卷二百七十九, 後唐紀八, 潞王下』) → **徐**知誥臨鏡鑷白髭.(『松南雜識』)

170) 각노선생(却老先生) : 족집게를 희화(戱化)한 말로 당나라 풍지(馮贄)의 『운선잡기(雲仙雜記)』에 다음과 같은 이야기가 있다. “왕승건이 만년에 흰머리를 싫어했다. 하루는 손님과 마주하고 있는데 측근이 구리족집게를 올리자 ‘각노선생이 왔으니 이제 되겠구나’라고 했다.”

171) 耵聹耳垢.(『集韻, 耵』)

172) 우선(羽扇) : 새의 깃으로 만든 부채.

173) 周昭王時, 修塗國獻丹鶴**一雌一雄**, **孟夏取鵲翅**以爲扇, **一名**條**融**, **一名**仄影.(『事物紀原, 卷八, 羽扇) → 周昭王時, 修塗國獻丹鶴, 以翅爲扇, **一名**條**融**, **一名**仄影 …….事物紀原.(『韻府羣玉, 條融仄影』) → 事物紀原曰, 周昭王時, 修塗國獻丹鶴, 以翅爲扇, 名條**瀜**仄影.(『松南雜識』)

174) 치미선(雉尾扇) : 꿩의 깃으로 부채 모양으로 만든 의장.

175) 雉尾扇**起於殷世**.(『古今注, 卷上, 輿服, 第一』) → **商有**雉尾扇.(『松南雜識』)

176) 미선(尾扇) : 대오리의 한 끝을 가늘게 쪼개어 둥글게 펴고 실로 엮은 뒤, 종이로 앞

쥘부채
摺扇

양웅(揚雄)의 『방언(方言)』에서 “함곡관(函谷關)[177] 동쪽에서는 ‘삽(箑)’이라고 하고 함곡관 서쪽에서는 ‘선(扇)’이라 한다”[178]라고 하였다. 일명은 ‘추(搊)’라고 한다. 옛기록에 여와씨(女媧氏)가 처음 풀로 부채를 만들었는데, 오나라 사람은 새의 날개를 잘라 부채질을 하였다. 송나라 원나라 이전에는 둥글부채만 있었으니 반첩여[179]의 환선(紈扇)[180]과 사안(謝安)[181]의 포규선(蒲葵扇)[182]이 이것이다.

장순민(張舜民)[183]의 시에서,

비단부채는 본래 바람을 부르기에	紈扇本招風
한 더위에는 가져다 부치건만	曾將熱時用
가을이 오니 벽에 매달려서	秋來掛壁上
도리어 바람맞아 흔들린다	却被風吹動[184]

라고 하였으니 지금 ‘가을부채’라는 말이다.

뒤를 바른 둥그스름한 모양의 부채.

177) 함곡관(函谷關) : 중국의 하남성(河南省) 북서부에 있는 관문. 동쪽의 중원(中原)으로부터 서쪽의 관중(關中)으로 통하는 관문.

178) 扇, 自關而東謂之箑, 自關而西謂之扇.(『方言』)

179) 반첩여(班婕妤) : 반첩여(班婕妤)는 재색(才色)이 뛰어난 한(漢) 성제(成帝)의 후궁(後宮)으로, 한때는 성제의 총애를 독차지했지만, 뒤에 조비연(趙飛燕)으로 인해 총애를 잃고 스스로 동궁(東宮)에 물러나 지내며 자신을 깁부채에 비유하여 「원가행(怨歌行)」을 지어 노래했다.

180) 환선(紈扇) : 깁부채. 얇은 깁으로 만든 부채.

181) 사안(謝安) : 동진(東晉)의 재상(320～385). 자는 안석(安石). 효무제(孝武帝) 때 전진(前秦)의 부견(苻堅)이 쳐들어오자 이를 비수강(淝水江)에서 무찔렀다.

182) 포규선(蒲葵扇) : 부들잎으로 만든 부채. 『진서(晉書), 사안전(謝安傳)』에서 “有蒲葵扇五萬”이라고 했다.

183) 장순민(張舜民) : 송나라의 문인. 자는 운수(芸叟), 호는 부휴거사(浮休居士).

184) 「환선(紈扇)」.

접부채[摺扇]는 왜국(倭國)에서 전래하였기에 '왜선(倭扇)'이라고 하는데 간편하기 때문에 천하에서 모두 훌륭하게 여긴다. 당선(唐扇)도 이것을 본뜬 것인데 심상규(沈象奎)[185)]가 또 그것을 작게 만들어 썼기에 '심선(沈扇)'이라고 한다. 또 선추(扇墜)[186)]는 『전등신화(剪燈新話)』에 "한 쌍의 수정(水晶) 물고기 선추[扇墜水晶雙魚扇墜]"[187)]라고 하였는데 그 주석에서 "접부채에 매다는 추(錘)"라고 하였으니, 대개 오래전부터 있던 물건이다.

사선
紗扇

『세설신어(世說新語)』에서 "온교(溫嶠)가 고모(姑母) 유씨(劉氏)의 딸을 아내로 맞아들였는데 교례(交禮)를 할 때 신부가 손으로 사선(紗扇)[188)]을 펼쳤다"[189)]라고 하니, 본래는 부인의 부채이다.

우리나라는 신임사화(辛壬士禍)[190)] 때 사대부 간에 꺼리는 가문이 많

185) 심상규(沈象奎) : 조선 후기의 문신 · 학자(1766년~1838). 본관은 청송(靑松). 초명은 상여(象輿). 자는 가권(可權) · 치교(穉教), 호는 두실(斗室) · 이하(彛下). 정조의 지우(知遇)를 받은 뒤 상규라는 이름과 치교라는 자를 하사받았다. 이용후생(利用厚生)의 중요성을 강조했으며, 백성의 생활의 근본을 제작(製作)에 두어야 한다고 말했다. 해박한 지식으로 『만기요람(萬機要覽)』을 편찬하여 국왕의 지침서가 되게 했다. 저서로 『두실존고(斗室存稿)』 16권이 전한다.
*『松南雜識』에는 '沈象圭'로 되어 있음.

186) 선추(扇墜) : 부채 자루 끝에 매다는 장식물.

187) 「위당기우기(渭塘奇遇記)」.

188) 사선(紗扇) : 깁을 발라 만든 부채. 벼슬아치가 외출할 때에 바람과 먼지를 막기 위하여 얼굴을 가리던 제구. 네모진 손수건 크기의 깁 조각 양쪽에 자루를 대어 만든 것으로, 보통 부채보다 크다.

189) 溫**公喪婦**, **從**姑劉氏**家**, ……**旣婚**交禮, 女以手披紗扇.(『世說新語, 卷下之下, 假譎, 第二十七』) → 溫**嶠**, **取**姑劉氏**女**, **及**交禮, 女以手披紗扇.(『松南雜識』)

190) 신임사화(辛壬士禍) : 조선 경종 원년(1721)인 신축년부터 이듬해인 임인년까지 왕위 계승 문제를 둘러싸고 노론과 소론 사이에 일어난 사화. 노론 사대신(四大臣)의 주장

았기에 길가에서 깁(紗)으로 얼굴을 가리니 '사선(紗扇)'이라고 한다. 상사(喪事)를 당한 사람은 베로 그것을 만들기에 '포선(布扇)'[191]이라고 한다. 겨울에는 털로 장식을 하기에 '모선(毛扇)'[192]이라고 한다.

파초선

芭蕉扇[193]

『진서(晉書), 여복지(輿服志)』에서 "공조사(功曹史)[194]가 산선(繖扇)[195]을 들고 말을 타고 좇아갔다"[196]라고 하였고, 『한서(漢書), 백관지(百官志)』에서 "승상(丞相)은 황비(黃扉)[197] 흑번(黑幡)[198]이다"[199]라고 하였다. 우리나라는 대신(大臣)이 검은 옻칠을 한 평교자(平轎子)[200]를 타고 짙은 흑

으로, 왕의 동생 연잉군(延仍君)을 세제(世弟)로 책봉하고 정무를 대신하게 하자, 소론이 불가함을 상소하고, 이들 사대신이 역모를 꾀한다고 무고하여 사대신이 극형에 처해지게 했다. ≒ 신임옥사.

191) 포선(布扇) : 상주(喪主)가 외출할 때에 얼굴을 가리기 위하여 가지고 다니던 물건. 네모난 베 조각 양쪽에 대로 된 자루를 붙였다. ≒상선(喪扇).

192) 모선(毛扇) : 벼슬아치가 추운 겨울날에 얼굴을 가리던 방한구. 네모반듯하게 겹친 비단 양편에 털이 있는 가죽으로 싼 긴 자루가 달려 있다.

193) 파초선(芭蕉扇) : 정승이 외출할 때 쓰던 파초 잎 모양처럼 만든 부채. 머리 위를 가리기 위하여 썼다.

194) 공조사(功曹史) : 관직명. 한대(漢代) 군수(郡守)로 공조사(功曹史)가 있었는데 '공조(功曹)'로 약칭하기도 한다. 인사(人事)를 제외한 제반 정무(政務)에 참여했다.
*『松南雜識』에는 '功曹吏'로 되어 있음.

195) 산선(繖扇) : 베로 우산같이 만든 의장(儀仗). 임금이 거둥할 때 임금의 앞에 세우고 갔다.

196) 晉輿服志, 功曹吏繖扇騎從.(『康熙字典, 傘』)

197) 황비(黃扉) : 고대(古代)에 승상(丞相)·삼공(三公)·급사중(給事中) 등 고관(高官)의 집무소 문을 황색으로 칠하였음.

198) 흑번(黑幡) : 검은색 표기(標旗).

199) 漢百官志, 丞相黃扉黑幡.(『橘山四六, 卷十六』의 주석) → 漢百官志**曰**, 丞相黃扉黑幡.(『松南雜識』)

200) 평교자(平轎子) : 조선 시대에, 종일품 이상 및 기로소(耆老所)의 당상관이 타던 가마. 앞뒤로 두 사람씩 네 사람이 낮게 어깨에 메고 천천히 다녔다.

색 파초선을 든 것은 아마도 산선(繖扇)을 피하여 파초 잎 모양으로 만든 듯하다. 혹자는 말하기를 "파초가 닷새에 한 잎씩 돋아나는 성질을 취하여 닷새에 한 번씩 차자(箚子)[201]를 올린다"라고 하였다.

편면과 중의 부채
便面僧扇

「장창전(張敞傳)」[202]에서 "편면(便面)[203]으로 말을 쓰다듬었다"라고 하였는데, 그 주석에서 "얼굴을 가리는 것으로, 남을 보고 싶지 않을 때 편리(便利)한 점이 있다. 지금 중들이 가지고 다니는 죽선(竹扇)[204]인 위가 평평하고 아래가 둥근"[205] 것이 이것이다.

지금 부채로 얼굴을 가리는 것은 대개 여기에서 나온 듯하다.

납촉
蠟燭

『아희원람(兒戲原覽)』에서 "옛날에는 납촉(蠟燭)이 없었는데 주(周)나라 때 백 뿌리의 갈대에 베를 감싸고 밀랍을 발랐다"[206]라고 하였다. 대개 '랍(蠟)'은 '밀(蜜)'[207]로 훈음한다.

---

201) 차자(箚子) : 신하가 임금에게 올리던 간단한 서식의 상소문.

202) 『前漢書, 卷七十六, 趙尹韓張兩王列傳, 第四十六, 張敞』.

203) 편면(便面) : 고대에 얼굴을 가리는 데 사용하였던 부채 모양의 물건.

204) 죽선(竹扇) : 댓개비로 만든 쥘부채.

205) **師古曰**, **便面**, **所以**障面, **蓋扇之類也**. 不欲見人, **以此自障面**, 則得其便, **故曰便面**, **亦曰屏面**, 今**之**沙門, 所持竹扇, 上**袤**平, **而**下圜.(『前漢書, 卷七十六, 趙尹韓張兩王列傳, 第四十六, 張敞』) → 障面**者**, 不欲見人, 則得其便, 今沙門, 所持竹扇, 上平下圜.(『松南雜識』)

206) **古**未有蠟燭, 周時百根葦市纏蜜塗, **蠟炬之始**.(『兒戲原覽, 創始』) → 未有蠟燭, 周時百根葦市纏蜜塗.(『松南雜識』)

재상(宰相)의 화성(火城)[208]은 바로 자작나무횃불[樺燭]이니 우리나라 말로는 용지(龍脂)[209]라고 하는데, 『설문해자(說文解字)』에 "'거(炬)'는 갈대를 묶어 태우는 것이다"[210]라는 말이 이것이다.

'백랍(白蠟)'은 궁중에서 사용하는 초로 쥐똥나무(鼠矢木)나 물푸레나무(水青木) 기름으로 만드는데 대단히 깨끗하고 희며 재나 그을음이 없다. 『설문해자(說文解字)』에서 "초의 재[燭燼]를 '기(㙁)'라고 한다"라고 하였으니 "오른손으로 초의 재를 꺾는다"[211]라는 말이 이것이다.

'양지초[羊脂燭]'[212]는 소기름으로 만든 초에 비하면 더욱 깨끗하고 모기나 나방을 물리치기에 여름밤에 가장 좋다고 한다.

등롱
燈籠

옛 노래에

등롱[213] 밝혀 달 아래 나서니	燈籠就月
자세하고 바로 보인다	子細端相[214]

---

207) 밀 : 벌집을 만들기 위하여 꿀벌이 분비하는 물질. 누런 빛깔로 상온에서 단단하게 굳어지는 성질이 있다.

208) 화성(火城) : 고대의 조회할 때 사용하던 횃불 의장(儀仗). 당나라 이조(李肇)의 『당국사보(唐國史補)』에서 "정월 초하루와 동지에 의장을 세우는데 대관(大官)은 모두 가산(珂傘)을 갖추고 오륙백 자루의 횃불을 줄지어 세우니 그것을 '화성(火城)'이라고 한다. 재상의 화성이 이르면 여러 하급 관원들은 횃불을 끄고 피한다."라고 했다.

209) 용지 : 솜이나 헝겊을 나무에 감아 기름을 묻혀 초 대신 불을 켜는 물건.

210) 炬, 束葦燒之也.(『說文解字, 卷三十』) → 炬, 束葦燒也.(『松南雜識』)

211) 右手折㙁.(『格致鏡原, 卷五十, 日用器物類, 燭』)

212) 양지초[羊脂燭] : 양의 기름으로 만든 초.

213) 등롱(燈籠) : 등의 하나. 대오리나 쇠로 살을 만들고 겉에 종이나 헝겊을 씌워 안에 촛불을 넣어서 달아 두기도 하고 들고 다니기도 한다.

214) 송나라 주방언(周邦彦)의 「의난망(意難忘)」.

라고 하였고, 우리나라의 시에서 "땅거미 지는데, 깁 등롱 속의 은 촛불[銀燭紗籠暗淡中]"[215]이라고 한 말이 이것이다.

청등
靑燈

지봉(芝峯) 이수광(李睟光)이 말하였다.

청등(靑燈)은 불등(佛燈)을 본떠서 쓴 것이다. 진(晉)나라 때 장명등(長明燈)[216]이 있었는데 색이 푸르고 뜨겁지 않았으며 수(隋)나라가 진(陳)나라를 평정할 때까지도 꺼지지 않았다고 한다.[217]

속설에 옻을 태우면 비록 백년이 지나도 꺼지지 않는다고 한다. 『강남야사(江南野史)』[218]에서 "옻 등불 아직도 타지 않고 그 자리에서 심빈(沈彬)이 오기를 기다린다[漆燈猶未爇, 留待沈彬來]"[219]라고 하였다.

---

215) 이색(李穡)의 「동정만애(洞庭晩靄)」.

216) 장명등(長明燈) : 밤이나 낮이나 꺼지지 않는 기름 등.

217) **有**晉時長明**燈**, 色**變**靑不熱, 隋平陳, **猶**不滅云, **以此觀之**, 靑燈借**言**佛燈**可矣**.(『芝峯類說, 卷七, 文字部, 文義』) → 靑燈借**用**佛燈, 晉時長明, 色靑不熱, 隋平陳, 不滅云.(『松南雜識』)

218) 강남야사(江南野史) : 송의 용곤(龍袞)이 편찬한 책. 남당(南唐)의 유사를 기록했다. 총 10권.

219) 『강남야사』에 다음과 같은 이야기가 있다.
심빈(沈彬)의 거처에 큰 나무 한 그루가 있었는데 그는 일찍이 말하기를 "내가 죽으면 여기에 장사를 지낼만하다"라고 했다. 그를 장사 지낼 때 그곳에 구멍을 파보니 바로 고총(古冢)이었고 안에는 옻칠을 한 등잔이 있었다. "漆燈猶未爇, 留待沈彬來"는 그 동패(銅牌)에 새겨진 문구의 일부이다.(『江南野史, 卷六』)

참등
饞燈

『개원천보유사(開元天寶遺事)』에서 "남쪽에 백기어(白旂魚)가 있는데 기름이 많다. 길쌈질할 때 비추면 어둡지만 잔치할 때 비추면 밝기에 참등(饞燈)이라 한다"[220]라고 하였다.

생각건대 돌고래(江豚)는 코로 소리를 내며 물 위를 들락거린다. 뱃사람들은 그것을 살펴보고 바람이 불고 비가 올 것을 안다. 돌고래 뱃속의 기름을 태워 저포(樗蒲)와 장기 놀음을 할 때 비추면 밝고, 책을 읽거나 길쌈질을 할 때 비추면 어둡기에 민간에서는 게으른 아낙이 변한 것이라고 하니 아마 이때문인 듯하다. 당나라 영왕(寧王)은 기생 사이에 빈객을 앉혔는데 손이 얼큰하게 취하여 미친 짓을 하면 마치 사물에 가린 듯 촛불이 어둡다가 잔치를 파하면 다시 밝아지니 모두 기이한 일이다.

등잔걸이
燈檠

『사류비요(事類備要)』[221]에서 "조당(趙當)이 등잔걸이의 정령을 만났다"[222]라고 하였다. 생각건대, 『전등신화(剪燈新話)』의 모란등(牡丹燈)[223]

220) 南中有魚, 肉少而脂多, 彼中人取魚脂, 煉爲油, 或將照紡織機杼, 則暗而不明, 或使照筵宴造飮食, 則分外光明, 時人號爲饞魚燈.(『開元天寶遺事, 上卷, 饞燈』)→南方有魚, 多脂, 照紡績則暗, 照宴樂則明, 謂之饞燈. 天寶遺事.(『韻府群玉, 饞燈』)→天寶遺事曰, 南方有白旂魚, 多脂, 照紡績則暗, 照宴樂則明, 謂之饞燈.(『松南雜識』)

221) 사류비요(事類備要) : 고금합벽사류비요(古今合璧事類備要). 송나라 사유신(謝維新)이 편찬한 책. 전집 69권, 후집 81권, 속집 56권, 별집 94권, 외집 66권. 유서류(類書類).

222) 宋怗爲甘渡巡檢, 故人趙當, 訓其子弟, 忽見美婦人, 立燈下.(『事類備要, 前集, 卷六十九, 詩集燈檠精』)→趙當, 遇燈檠精. 事見備要.(『韻府羣玉, 檠』)→備要曰, 趙當, 遇燈檠精.(『松南雜識』)

223) 『전등신화』의 「모단등기(牡丹燈記)」. 교생(喬生)이라는 사내가 길에서 모란등을 들고 가는 미녀를 만나 정을 통하였으나, 그녀는 귀신이었고, 결국 교생은 귀신에게 목

은 이 일을 이야기로 꾸민 듯하다.

석연년(石延年)[224]의 시에서,

재 늘어진 금연뿌리 가늘고 燼垂金藕細
그림자 투명한 옥하가 맑다 影透玉荷清[225]

라고 하였는데, 그 주석에서 "옥하(玉荷)는 또한 동하(銅荷)[226]이니 바로 등잔걸이다"라고 하였다.

죽부인
竹夫人[227]

산곡(山谷) 황정견(黃庭堅)이 "손과 발을 놀리지 않는 것은 부인의 직분이 아니므로 청노(青奴)라고 명명한다"[228]라고 하였다.

그 시에,

농리(穠李)[229]가 거문고 탈 때 穠李四弦風拂席
자리에 바람 스치고
소화(昭華)[230]가 세 곡조 불 때 昭華三弄月侵牀

숨을 빼앗긴다는 이야기.
*『松南雜識』에는 '牧丹'으로 오기되어 있음.
224) 석연년(石延年) : 송나라의 문인. 송성(宋城) 출신. 자는 만경(曼卿). 기절(氣節)이 있었고 호방(豪放)하여 세사(世事)에 힘쓰지 않았으며 문장은 강건했다.
225) 「영등(詠燈)」.
226) 동하(銅荷) : 연꽃 모양으로 만든 구리 등잔걸이.
227) 죽부인(竹夫人) : 대오리로 길고 둥글게 얼기설기 엮어 만든 기구. 여름밤에 서늘한 기운이 돌게 하기 위하여 끼고 잔다.
228) 『松南雜識』에는 '憩臂休膝'이 '憩臂休息'으로 오기되어 있음.
229) 농리(穠李) : 귀인가(貴人家)의 기녀 이름.
230) 소화(昭華) : 귀인가(貴人家)의 기녀 이름.

침상에 달빛 들었지
내겐 미녀가 없어도　　我無紅袖堪娛夜
밤을 즐길만하니
바로 청노에게 언제나　　政要青奴一味凉
시원하게 해달라고 하겠네

라고 한 것이 그 예이다. 지금은 한 여름에 베 이불로 죽롱(竹籠)을 싼다.

호상

胡床[231]

『사문류취(事文類聚), 시화(詩話)』에서 "교상(交牀)은 본래 오랑캐로부터 전래되었으니 처음 이름은 호상(胡床)이다"[232]라고 하였다.

유견오(庾肩吾)[233]의 시에

외국에서 이름이 전래했지만　　傳名乃外域
서울에서 들여다 사용한다오　　入用信中京
다리는 기울어도 모양은 이미 반듯하고　　足欹形已正
문양은 비꼈어도 몸체는 절로 평평하다　　文邪體自平[234]

---

231) 호상(胡床) : 중국식 의자의 하나로 접을 수 있으며 가볍고 편리하다.

232) **今之交牀制**本自虜來, 始名胡牀.(『古今事文類聚, 續集, 卷十一, 居處部, 詩話, 論胡牀之義』) → 詩話曰, 本自虜來, 始名胡牀.(『松南雜識』)

233) 유견오(庾肩吾) : 남조(南朝) 양(梁)나라의 문학가. 남양(南陽) 신야(新野 : 지금의 河南省) 출신으로 자는 자신(子愼) 또는 신지(愼之)이고, 유신(庾信)의 아버지이다. 시풍이 빼어나게 아름다워 궁체시의 대표작가 가운데 한 사람으로 꼽힌다. 시의 형식상으로는 대구를 강조하고 성률에 치중하여, 율시의 발전에 영향을 끼쳤다. 서법(書法)에도 뛰어났는데, 『서품(書品)』이라는 저작을 썼다. 문집 10권이 있었으나 소실되었고, 명나라 사람이 편집한 『유탁지집(庾度支集)』이 있다.

234) 「호상(胡牀)」.

라고 한 말이 이것이다. 수나라 때 '호(胡)'자가 들어 있는 참언(讖言)이 있었기에 '교상(交床)'으로 이름을 고쳤다. 또 '승상(繩床)'이라고도 한다. 맹교(孟郊)의 시에 "승상에 홀로 앉은 늙은이[繩床獨坐翁]"[235]라고 한 말이 이것이다. 『자가록(資暇錄)』에서는 '등상(藤床)'으로 고쳐 썼다.

탁자
卓子

『정자통(正字通)』에서 "궤안(几案)을 속칭 '탁(卓)'이라고 한다"[236]라고 하였다.

다듬잇돌
砧

『광운(廣韻)』에서 "옷을 다듬이질하는 돌이다"[237]라고 하였다. 유신(庾信)[238]의 시에서 "가을 다듬이질 소리 박자가 촉급하다[秋砧調急節]"[239]라고 하였다.

또 '고침(藁砧)'은 농가(農家)에서 풀을 다듬질하는 돌이다.[240]

또 '벽력잠(霹靂碆)'은 『정자통(正字通)』에서 "옥문(玉門)[241] 서남쪽에

235) 「투시(偸詩)」.
236) 俗呼几案曰卓.(『正字通, 卓』)
237) 擣衣石.(『廣韻, 碪』)
238) 유신(庾信) : 남북조 시대의 문인(513~581). 자는 자산(子山). 처음 남조의 양(梁)나라에서 벼슬을 하다가 후에 북주(北周)에서도 벼슬을 했다. 그의 화려한 문체는 서릉(徐陵)과 함께 서유체(徐庾體)로 불리었으며, 저서로 『유자산집(庾子山集)』 20권이 있다.
239) 「야청도의(夜聽擣衣)」.
240) **斟**擣衣石**也**, 庾信詩, 秋砧調急節, 又藁砧, 農家擣草石.(『康熙字典, 砧』)→**廣韻曰**, 擣衣石, 庾信詩**云**, 秋砧調急節, 又藁砧, 農家擣草石.(『松南雜識』)
241) 옥문(玉門) : 중국 감숙성(甘肅省) 북서쪽에 있는 도시.

한 나라가 있다. 그 산 속에는 해마다 돌덩이 수천 개가 난다. 봄 우레가 일어나면 돌덩이가 감소하다가 가을이 되면 돌덩이는 다 없어진다"[242]라고 하였다.

장병
瓺瓶

양웅(揚雄)의 『방언(方言)』에서 "앵(罃 : 목이 긴 병)을 연(燕)나라 동북쪽과 조선 열수(洌水) 사이에서는 '장(瓺)'이라고 한다"[243]라고 하였다.

육유(陸游)의 「소산(巢山)」[244]에,

숲을 지나가는 데는 짚신(不借)[245] 두 켤레	穿林雙不借[246]
물을 담는 데는 물병(軍持) 하나	取水一軍持[247]

라고 하였는데, 그 주석에 "'군지(軍持)'는 물을 담는 도구이니 범어(梵語)이다"[248]라고 하였다. 중국어로는 '병(瓶)'이라고 한다.

---

242) 玉門西南有一國, 山中歲産石磍數千枚, **名霹靂磍**, 春雷起磍減, 至秋磍盡.(『正字通』) →**霹靂磍**, 正字通曰, 玉門西南有一國, 山中歲産石磍數千枚, 春雷起磍減, 至秋磍盡.(『松南雜識』)

243) 罃, **陳魏宋楚之間, 曰甋, 或曰瓶**, 燕之東北朝鮮洌水之間, 謂之瓺.(『方言, 五』)→罃, 燕之東北, 朝鮮洌水之間, 謂之瓺.(『松南雜識』).

244) 『松南雜識』에는 '遊山詩'로 오기되어 있음. 「유산시(遊山詩)」는 「소산(巢山)」 바로 앞에 있는 작품임.

245) 불차(不借) : 짚신. 짚신은 흔한 물건으로 누구나 갖고 있기 때문에 빌릴 필요조차 없다는 의미.

246) 『松南雜識』에는 '遊山雙不借'으로 되어 있음.

247) 「소산(巢山)」.

248) 軍持, 汲水具, 梵語也.(『康熙字典, 持』)

쥐덫
曲棡

『강목(綱目)』의 주석에서 "고두(棡斗)이니, 쥐를 잡을 수 있다"[249]라고 하였다.

은낭
隱囊

세상에 다음과 같은 이야기가 전한다.

되(胡)나 왜(倭)가 사냥을 나갈 때는 가죽으로 자루를 만든다. 밤에 이것을 나무 가지에 건 후 그 속에 몸을 숨기고 잠을 자면서 짐승이나 뱀을 막으니 '은낭(隱囊)'이라고 한다. 임진왜란 때 왜적이 정선(旌善)으로 침입하여 산 위의 물가 절벽에 진을 쳤다. 도장사(都壯士)라는 이가 밤에 왜적의 군중으로 잠입하니 모두 자루를 닫고 잠을 자고 있었다. 그래서 한 번에 대여섯 자루를 옆구리에 끼고 가서 절벽 아래 물에 던져버렸다. 밤새도록 거의 오륙백 자루를 던져버렸다고 한다.

당시(唐詩)에서 "사모 쓰고 은낭(隱囊)[250]에 기대어 바둑 둔다[隱囊紗帽坐彈碁]"[251]라고 한 것과는 다르다.

---

249) 棡斗, 可射鼠.(『說文解字, 棡』)

250) 은낭(隱囊) : 기대앉을 수 있도록 만든 주머니. 주머니 속에는 부드러운 충전재를 채운다.

251) 왕유(王維)의 「故人張諲, 工詩善易卜, 兼能丹青草隸, 頃以詩見贈, 聊獲訓之」.

인빙

茵憑

「곽광전(藿光傳)」에서 "인빙(茵憑)에 그림을 그리고 수를 놓았다"[252]라고 하였으니 지금의 안식(案息)[253]으로 또한 '은낭(隱囊)'이다. 두보의 시에서 "검은 가죽 안석에 기대 고향 돌아갈 생각한다[烏皮几在還思歸]"[254]라고 하였다.

승불

繩拂

『남사(南史)』에서 "진현달(陳顯達)이 아들 진휴상(陳休尙)에게 '고라니 꼬리로 만든 승불(繩拂)[255]은 왕씨(王氏), 사씨(謝氏)[256] 가문의 물건이다'[257]라고 말하였다"라는 기록이 있으니, 지금의 파리채[蠅策]이다.

기자장

箕子杖

지봉(芝峯) 이수광(李睟光)이 "지금 평양에 있으니 삼천 년 전의 오래된

---

252) 畫繡絪馮.(『前漢書, 卷六十八, 霍光金日磾傳第, 三十八, 霍光』)→霍光傳, 畫繡茵憑.(『松南雜識』)

253) 『松南雜識』에는 '按息'으로 오기되어 있음.

254) 「將赴成都草堂途中有作, 先寄嚴鄭公. 五首」.
*『松南雜識』에는 '烏皮隱几還思歸'로 되어 있음.

255) 승불(繩拂) : 파리를 쫓거나 먼지를 터는데 사용하는 도구. 대부분 말꼬리로 만든다.

256) 왕씨(王氏), 사씨(謝氏) : 육조(六朝) 시대의 고문세족(高門世族)임.

257) **及**子休尙**爲郢府主簿**, **過九江拜別**, 顯達曰, **凡奢侈者**, **鮮有不敗**, 麈尾蠅拂, 是王謝家物.(『南史, 卷四十五, 列傳, 第三十五, 陳顯達傳』)→齊史, **陳**顯達子休尙曰, 麈尾繩拂, 是王謝家物.(『松南雜識』)

물건이다”[258]라고 하였다. 우리나라말로는 지팡이(執行)라고 한다. 불경에서는 “나무 상좌(上座)[259]가 같이 간다”라고 하였다. 「유향전(劉向傳)」에서 “노인이 청려장(青藜杖)[260] 끝을 부니 연기가 나고 불이 났다”[261]라고 하였다. 그래서 지금 청려장을 짚으면 신도(神道)를 밝게 한다는 말이 여기에서 유래하였다. 「장량전(張良傳)」에 “비교(圯橋)[262]에서 노인(老人)[263]이 붉은 명아주(丹藜) 지팡이를 짚었다”라고 하니 모두 선가(仙家)의 기이한 품종이다.

진관(陳瓘)[264]의 명(銘)에,

등용되면 행동하고	用之則行
버려지면 은거함은	舍之則藏
오로지 나와 너뿐	惟吾與爾
위태로워도 부축하지 않으며	危而不扶
거꾸러져도 잡아주지 않으면	顚而不持
앞으로 누군들 저것을 쓰리오	將焉用彼

라고 하였으니 오묘하다.

---

258) 箕子杖, 今在平壤**府**, 乃**二**千年物也.(『芝峯類說, 卷十九, 服用部, 器用』) → 箕子杖, 今在平壤, 乃**三**千年**舊**物也.(『松南雜識』)

259) 상좌(上座) : 목상좌(木上座). 지팡이의 별칭.

260) 청려장(青藜杖) : 명아줏대로 만든 지팡이로 매우 가볍다.

261) 유향(劉向)이 성제(成帝) 말년에 천록각(天祿閣)에서 정신을 집중하여 교서(校書)를 하고 있을 때였다. 밤에 노란색 옷을 입고 청려장을 짚은 어떤 노인이 천록각을 두드리더니 안으로 들어왔다. 유향이 어둠 속에서 홀로 앉아 책을 외우는 모습을 보고 노인은 청려장 끝을 불어 연기를 일으키고 불을 피웠다. 이후로 청려(青藜)는 밤에 책을 비춰 읽는 등불을 비유하는 말로 사용되었다.

262) 비교(圯橋) : 강소성(江蘇省) 비현(邳縣) 남쪽, 기수교(沂水橋).

263) 장량(張良)에게 태공병법(太公兵法)을 전수했다는 황석공(黃石公)을 이름.

264) 진관(陳瓘) : 송나라의 문인, 호는 요옹(了翁).

자눈

秤星

『아희원람(兒戲原覽)』에서 "자는 노증씨(魯曾氏)가 만들었고 저울(秤)은 신농씨(神農氏)가 만들었다"[265]라고 하였다. 지금 자눈(尺眼)이 바로 칭성(秤星)이다. 두보(杜甫)의 시에 "월나라 촉나라 비단[266]을 금싸라기 자로 잰다[越羅蜀錦金粟尺]"[267]라고 한 말이 이것이다. 그 주석에 "부귀한 가문의 자는 금싸리기로 장식을 한다"라고 하였다.

다리미

熨斗

한나라 역사에서 "동탁(董卓)이 동상 열 개를 부수어 작은 동전과 다리미(熨斗)를 주조했다라고 하였다."[268] 이목(李穆)[269]이 양견(楊堅)[270]에게 다리미를 바치며 "위엄(威嚴)스런 권력을 장악하여 천하를 위로(慰勞)하고 안정시키소서"[271]라고 하였다. 대개 '위(威)'와 '위(熨)'는 음이 같기 때문이다.

---

265) 尺魯曾氏作, **度數推步權輿于此**, 秤神農氏作.(『兒戲原覽, 創始』)→原覽曰, 尺魯曾氏作, 秤神農氏作.(『松南雜識』)

266) 월나라와 촉나라에서 생산되는 비단은 무늬가 아름답기로 유명하다.

267) 「백사행(白絲行)」.

268) **悉椎破銅人**, **鐘虡**, **及**壞五銖錢, **更鑄**爲小錢.(『三國志, 卷六, 魏書六, 董二袁劉傳, 第六』)→壞銅人十枚, 爲小錢熨斗.(『松南雜識』)

269) 이목(李穆) : 수나라 인물. 자는 현경(顯慶).

270) 양견(楊堅) : 수나라의 제1대 황제인 '문제(文帝)'의 본명.

271) 穆**遽令渾入京奉**熨斗**於高祖**曰, 願執威柄, 以熨安天下也.(『隋書, 卷三十七, 列傳第二, 李穆』)→**李穆爲揚堅奉**熨斗曰, 願執威柄, 以熨安天下也.(『松南雜識』)

죽점
竹簟

「오도부(吳都賦)」[272]에서 "복숭아나무 자리와 상아 자리[桃笙象簟]"라고 하였는데, 그 주석에서 "오나라 사람들은 자리[簟]를 '생(笙)'이라 한다"[273]라고 하였으니, 바로 '복숭아 나무 대나무 자리[桃竹簟]'로 지금의 죽점(竹簟)과 사점(莎簟)이다.

자루
子路

세상에서 전하는 말에, 공자의 제자인 자로(子路)가 쌀을 지고 백리 길을 갔기 때문에 후대인이 쌀자루를 '자루(子路)'라 한다라고 하였다.

빙함
氷艦

운서(韻書)에 '함(艦)'은 '감(鑑)'으로 되어 있다. 『주례(周禮)』에는 "능인(凌人)이 봄에 항아리를 관리하여 제사에 얼음을 공급한다"[274]라고 하였는데, 그 주석에 "감(鑑)은 추(甀 : 항아리)와 같으니 물을 담고 음식물을 그 속에 넣어 더운 기운을 막는다"라고 하였다. 우리나라의 장빙(藏氷)[275]은 신라 지증왕(智證王)[276] 때 시작되었으니 지금의 빙고(氷庫)이다.

---

272) 오도부(吳都賦) : 서진(西晉) 좌사(左思)의 작품.

273) 吳都賦, 桃笙象簟, 註, 桃笙桃枝簟, 吳人謂簟爲笙.(『康熙字典, 簟』)

274) 凌人 …… 春**始**治鑑. …… 祭祀共氷**鑑**.(『周禮 天官 冢宰』) → 凌人 …… 春治鑑. …… 祭祀共氷.(『松南雜識』)

275) 장빙(藏氷) : 얼음을 떠서 곳간에 저장함. 또는 그 얼음.

276) 지증왕(智證王) : 신라 제22대 왕(437～514). 성은 김(金). 이름은 지대로(智大路)·지

동이
陶海

배균(裵鈞)[277]의 연회에 참석한 배홍태(裵弘泰)가 은해(銀海)[278]를 가지고 있었는데, 술 한말들이었다. 소식의 시에 "소매 속에 동해가 있다[袖中有東海]"[279]라고 하였으니 동해는 지금의 물 긷는 그릇[汲水器]이다.

구수
寠籔

「양운전(楊惲傳)」에서 "쥐가 구멍에 들어 갈 수 없는 것은 구수(寠籔)를 물고 있기 때문이다"[280]라고 하였다. 동방삭(東方朔)이 "떡을 팔아 생계를 꾸려 가는 사람이 띠풀을 묶어서 둥근 테를 만들어 머리 위에 얹으니 모양이 고리 같다"[281]라고 하였다. 『운부군옥(韻府群玉)』에서 "물동이에 물건을 담아 머리에 인 사람은 구수(寠籔)로 받친다"[282]라고 하였다. "노자(老子)가 말하기를 '때를 만나지 못하면 머리에 물건을 이고 두 손으로 잡고(蓬累) 간다'라고 하였다"[283]라고 하였는데, 그 주석에서 "머리

도로(智度路)·지철로(智哲老). 국호를 신라로 정하고 왕이라는 칭호를 처음으로 사용했다. 순장법(殉葬法)을 금하고 농사를 장려하여 우경법(牛耕法)을 처음으로 시행하였으며, 울릉도를 점령하여 국토를 개척하고, 중국식을 따라 왕에게 시법(諡法)을 사용하기 시작했다. 재위 기간은 500~514년.

277) 『松南雜識』에 '葉匀'으로 오기되어 있음.

278) 은해(銀海) : 용량이 매우 큰 은제 술잔.

279) 「文登蓬萊閣下石壁千丈, 爲海浪所戰, 時有碎裂淘灑, 勢久皆圓熟可愛, 土人謂, 此彈子渦也, 取數百枚以養, 石菖蒲且作詩, 遺垂慈堂老人」.

280) 鼠不容穴銜寠籔**者**也.(『漢書, 卷六十六, 公孫劉田王楊蔡陳鄭傳, 第三十六, 老子』) → 鼠不容穴銜寠籔也.(『松南雜識』)

281) 東方朔**以爲**寄生賣餅人, 結茅爲經, 以戴頭上狀如環.(『通雅, 卷三十四, 器用』) → 東方朔**曰如**寄生賣餅人, 結茅爲經, 以戴頭上狀如環.(『松南雜識』)

282) **小**盆盛物, 戴于頭者, **則**以寠籔薦**之**.(『韻府群玉, 寠籔』) → **水**盆盛物, 戴于頭者, 以寠籔薦**焉**.(『松南雜識』)

에 물건을 이고 두 손으로 붙잡는 것을 봉루(蓬累)라 한다"[284]라고 하였다. 지금은 여인들이 물건을 머리에 일 때 사용하니 우리나라에서는 '또아리[道阿里]'라고 한다.

시루밑깔개
甑箄

『박물지(博物志)』에서 "시루밑깔개[箄]는 짠맛을 줄일 수 있다"[285]라고 하였다. 고부(古賦)에서 "헤진 시루밑깔개로는 염전의 소금을 막을 수 없다[弊箄不能救鹽池之鹹]"[286]라고 하였으니 '폐(箄)'는 지금의 '시루밑깔개[甑底席]'이다.

토신
土薪

지봉(芝峯) 이수광(李睟光)이 말하였다.

왜(倭)에는 근강주(近江州)에 검은 흙이 있는데, 벽돌 같은 덩어리로 만든다. 전야(田野)에서 나는데, 파내도 다시 평평해지니 대개 식양(息壤)[287]인 듯하다. 왜인(倭人)들은 취사(炊事)에 사용하며 토신(土薪)이라

283) 老子曰, …… 不得其時則蓬累而行.(『史記, 卷六十三, 老莊申韓列傳, 第三』) → 老子曰, 不得其時則蓬累而行.(『松南雜識』)
284) 頭戴物兩手, 扶之**行**, 謂**之**蓬累**也**.(『史記, 卷六十三, 老莊申韓列傳, 第三』) → 頭戴物, **而**兩手扶之, 謂蓬累.(『松南雜識』)
285) 『박물지』에 없는 내용임.
286) 유신(庾信)의 「애강남부(哀江南賦)」.
287) 식양(息壤) : 저절로 증식(增殖)된다는 전설 상의 토양.

고 부르니 중국 풍성(豐城)에 석탄(石炭)이 있는 것과 같다.[288]

수탄
獸炭[289]

『어림(語林)』에서 "진(晉)나라 양수(羊琇)가 술을 데우려고 불을 붙이면 맹수가 입을 벌리고 사람을 향한다"[290]라고 하였으니, 대개 고대에는 숯가루로 짐승 모양을 만들었던 듯하니, 우리나라에서는 탄(炭)을 '숯[獸]'이라고 한다. 그것의 제조법은 숯가루 세 말에 연잎가루 한 말, 쇠똥(鐵糞)[291] 한 말, 소량의 용뇌(龍腦)[292]를 섞고 보리풀[麥糊]을 섞는다고 한다. 서양의 숯은 태우면 불길이 일지 않고 빛만 난다.

풍로
風爐

육우(陸羽)의 『다경(茶經)』에서 "구리로 솥 같은 풍로(風鑪)[293]를 만든다"[294]라고 하였으니, 지금의 '청동화로[靑銅鑪]'[295]이다. 또 '왜로(倭鑪)'

288) **日本**近江州, **有**黑土作塊如甓, 生田野中, 掘則還平, 蓋息壤也, 倭人用以炊爨, 名曰土薪, 猶中國**之**有石炭**也**.(『芝峯類說, 卷二, 諸國部, 外國』) → **倭有**近江州, 黑土作塊如甓, 生田野中, 掘則還平, 蓋息壤也, 倭人用以炊爨, 名曰土薪, 猶中國有石炭.(『松南雜識』)

289) 수탄(獸炭) : 짐승 모양으로 만든 숯. 숯이나 숯불을 범칭하기도 한다.

290) 羊琇以濕酒着火, 猛獸皆開口向人. 語林.(『韻府羣玉, 獸炭』) → 語林曰, **晉**羊琇以濕酒着火, 猛獸開口向人.(『松南雜識』)

291) 쇠똥 : 쇠를 불에 달구어 불릴 때에 달아오른 쇠에서 떨어지는 부스러기.

292) 용뇌(龍腦) : 용뇌수(龍腦樹). 용뇌수과의 상록 교목. 높이는 50미터 정도이며, 잎은 어긋나고 타원형으로 두껍고 짙은 광택이 난다. 열매에는 한 개의 씨가 들어 있으며 줄기의 갈라진 틈에서 용뇌를 얻어 약재로 쓴다.

293) 풍로(風鑪) : 화로의 하나. 흙이나 쇠붙이로 만드는데, 아래에 바람구멍을 내어 불이 잘 붙게 했다.

는 바로 '차화로[茗鑪]'이다.

호쇄
糊刷

바로 호추(糊箒)이니 공각(功角)을 이른다. 『전등록(傳燈錄)』에서 "습득(拾得)[296]이 비를 내려놓았다"[297]라고 하였으니, 바로 가시나무빗자루이다. 기장짚도 빗자루가 된다.

통추
篇篘

『춘추좌전(春秋左傳)』에서 "띠풀로 술을 거른다"[298]라고 하였으니, 바로 '용수(湧水)'[299]이다.

'구(㪷)'는 바로 '마작(馬勺)'[300]이니 우리나라말로는 '구기(㪷其)'[301]라고 한다.

---

294) 風爐, 以銅**鐵**, 鑄之, **如**古鼎**形**.(『茶經, 卷中, 四茶之器, 風爐』) → 以銅**爲**風鑪, 如古鼎.(『松南雜識』)

295) 청동화로(青銅火鑪) : 청동으로 만든 화로. 둥글고 넓적하며 가장자리에 넓은 전이 있고 발이 셋 달려 있다.

296) 습득(拾得) : 당나라의 고승. 천태습득(天台拾得), 풍간선사(豊干禪師).

297) 拾得放下掃帚.(『類說, 卷二十, 傳燈錄, 拾得子』)

298) 爾貢包茅不入, 王祭不共, 無以縮酒, 寡人是徵.(『春秋左傳, 僖公四年』) → 以茅縮酒.(『松南雜識』)

299) 용수(湧水) : 다 익은 술독 안에 박아 넣어서 맑은 술을 얻는 데 사용하는 도구이다. 주로 가늘게 쪼갠 대나무나 싸리나무, 버드나무 가지나 칡덩굴의 속대, 짚 등으로 촘촘하게 엮어서 둥글고 깊은 원통형 바구니 모양으로 결어 만든다.

300) 마작(馬勺) : 국자의 일종으로 말발굽 모양임.

301) 구기 : 술이나 기름, 죽 따위를 풀 때에 쓰는 기구. 자루가 국자보다 짧고, 바닥이 오목하다. ≒ 작자(杓子).

'동조(銅銚)'는 바로 '조두(刁斗)'이니 지금의 '주전자(酒煎子)'이다.

'자(醡)'[302]는 운서(韻書)에서 "술을 짜는 도구[壓酒具]"라고 하였으니 지금의 '주주(酒注)'이다.

조리
笊籬

운서(韻書)에서 "대나무로 엮은 국자[竹杓]"[303]라고 하였다. 당나라 현종이 안록산에게 하사한 집기(什器) 중에 은사조리(銀絲笊籬)가 있었다는 말이 이것이다.

'사(篩 : 체)'는 운서에서 말하기를 "주석에서 거친 것을 제거하고 고운 것을 취하는 물건"[304]이라고 하였다. 불경(佛經)에서 "체로 치지도 않았다[未經篩]"[305]라고 한 말이 이것이다.

'수(籔)'는 쌀을 이는 기구이니 우리나라말로는 '이남박[齒朴]'[306]이라고 한다.

파기
簸箕

『어록(語錄)』에서 말하기를 "대수화상(大隋和尙)의 가풍을 묻자, '붉은

302) 자(醡) : 술주자. 술을 짜는 틀.

303) 笊竹杓也.(『集韻, 䉌』) → 竹杓也.(『松南雜識』)

304) 去麤取細.(『康熙字典, 篩』)

305) 六祖在舂米, 五祖問, 米熟未, 答曰未經篩, 傳燈錄.(『韻府羣玉, 未經篩』) → 佛經書, 未經篩.(『松南雜識』)

306) 이남박[齒朴] : 안쪽에 여러 줄로 고랑이 지게 돌려 파서 만든 함지박. 쌀 따위를 씻어 일 때에 돌과 모래를 가라앉게 한다.

흙으로 키(簸箕)를 그린다'라고 하였다. 그 이치에 대해서 묻자 '키는 입술이 있어서 쌀이 튀어도 나가지 않는다'라고 하였다."[307]

'고노(栲栳)'는 주석에서 "유기(柳器)"[308]라고 하였는데, 우리나라말로는 '고리(栲里)'[309]라고 한다.

또 '두기(斗皮)'는 궤(櫃)의 등속이니 음식물을 보관하는 찬장(庋閣)이다.

육찬

肉弗

한유(韓愈)의 시에서 "적쇠에 고기를 퀜 것 같다[如以肉貫弗]"[310]라고 하였는데, '찬(弗)'은 운서(韻書)에서 "고기를 굽는 기구"[311]라고 하였으니, 지금의 적쇠[炙鐵]이다. 송제구(宋齊丘)[312]는 남이 알아보지 못하도록 쇠젓가락으로 재에 글씨를 썼으며, 전약수(錢若水)에 대해서는 '주부득(做不得)'이라고 쓰니[313], 바로 부젓가락[火箸]이다.

307) 問如**何是**和尙家風. **師**曰, 赤土畫簸箕. **曰如何是赤土畫簸箕**. **師曰簸**箕有唇米不跳出.(『蜀中廣記, 卷八十八』)→**語錄曰**, 問**大隋**和尙家風. 曰赤土畫簸箕, **謂**箕有唇米不跳出.(『松南雜識』)

308) 栲栳柳器也.(『康熙字典, 栳』)

309) 고리 : 껍질을 벗기어 버린 고리버들의 하나. 옷 따위를 담는 상자나 키 따위를 만드는 감으로 쓴다. 고리버들의 가지나 대오리 따위로 엮어서 상자같이 만든 물건. 주로 옷을 넣어 두는 데 쓴다. ≒ 고로, 고리짝, 유기(柳器).

310) 「증장적(贈張籍)」.

311) 弗, 燔肉器.(『集韻, 弗』)

312) 송제구(宋齊丘) : 오대 시대 당나라 사람으로 그 역시 원훈(元勳)을 세우기 위해 남을 무함하는 등 음험한 짓을 했다.

313) 송(宋)나라의 전약수(錢若水)가 진박(陳摶)을 찾아갔을 때 진박이 어떤 노승(老僧)과 함께 화로를 끼고 앉아 있었다. 그 노승이 전약수를 한참 동안 쳐다보다가는 부젓가락으로 '주부득(做不得)'이라고 세 글자를 쓰고는 "이는 급류 속에서 용퇴할 사람이다"라고 하였는데, 그 뜻은 전약수가 신선(神仙)은 되지 못하지만 오랫동안 벼슬살이에 연연해하지는 않을 사람이라는 뜻이다. 그 뒤에 전약수의 관직이 추밀부사(樞密副使)에 이르렀는데, 나이 40에 물러나서 쉬었다.

'괄(栝)'은 부지깽이[火杖]이다.

'도침(刀枮)'은 도마이다.

'계(烓)'는 주석[314]에서 행조(行竈)라고 하였다. 『이아(爾雅)』에서 '심(煁)'은 '계(烓 : 화덕)'라고 하였는데, 그 주석에서 "지금의 삼우조(三偶竈)이다"라고 하였다. 아궁이 위로 불을 피워 물건을 비추니 지금의 화로(火爐)이다.[315]

수마
水磨[316]

『위서(魏書)』에서 "최량(崔亮)이 「두예전(杜預傳)」을 읽다가 그가 여덟 개의 맷돌을 만들어 사용하는 것을 보고 제세구시(濟世救時)의 쓰임새가 있다고 높이 평가하고 수전마(水碾磨)를 만들자고 주청(奏請)하였다"[317]라고 말하였으니 지금의 수마(水磨)이다.

석애
石磑

『수경(水經)』의 주석에서 말하였다.

---

314) 『經典釋文』의 주석.

315) 爾雅**釋言**, 煁烓**也**, 註, 今**之**三隅竈…… 竈上以燃火照物, **若**今之火爐也.(『康熙字典, 烓』) → 爾雅, 煁烓. 註, 今三隅竈**也**, 竈上以燃火照物, 今之火爐也.(『松南雜識』)

316) 『松南雜識』에는 '木磨'로 오기되어 있음.

317) 亮**在雍州**, 讀杜預傳, 見爲八磨, **嘉其有**濟時用, **遂教民爲碾**, **及爲僕射**, 奏**於張方橋東堰穀水**造**水**碾磨.(『魏書, 卷六十六, 列傳, 第五十四, 崔亮』) → 後魏, 崔亮讀杜預傳, 見爲八磨, 濟時用, **及爲僕射**, 奏造**水**碾磨.(『韻府羣玉, 八磨』) → 後魏史, 崔亮讀杜預傳, 見爲八磨, 濟時用, 奏造木碾磨.(『松南雜識』)

저수(沮水)는 여성(驢城)의 서쪽과 마성(磨城)의 동쪽을 지난다. 전하는 말로는 오자서(伍子胥[318])가 여성(驢城)과 마성(磨城)을 만들어 맥읍(麥邑)을 공략하였다고 한다.[319]

『아희원람(兒戱原覽)』에서 "석애(石磑)는 공수자(公輸子)가 만들었다"[320]라고 하였는데, 사당반(射糖盤)이니 바로 맷돌 안의 쇠이다. 옛날에는 하늘의 회전을 '맷돌 위의 개미[蟻磨]'에 비유하였으니, 바로 이치에 부합된다. 당나라 풍속에는 나귀로 맷돌을 돌렸다. 그러므로 "맷돌 돌리던 노새가 밟은 옛 발자국"[321]이라고 한 말이 이것이다. 또 말로 맷돌을 돌렸기 때문에 『삼국지(三國志)』에서 "허정(許靖[322])이 말로 맷돌을 돌리며 자급자족하였다"[323]라고 한 말이 이것이다. 우리나라에서는 근래에 도입해서 사용하고 있다.

물레방아
水碓

한나라 역사에서 공융(孔融[324])이 말하기를 "물레방아의 뛰어난 기능

318) 오자서(伍子胥) : 중국 춘추 시대의 초나라 사람(?~B.C. 484). 이름은 원(員). 아버지와 형이 초나라 평왕(平王)에게 피살되자 오나라를 도와 초나라를 쳐서 원수를 갚았다.

319) 沮水, **又東南**逕驢城西磨城東, **又南逕麥城西**, …… 傳云, 子胥造驢磨二城, 以攻麥邑.(『水經注, 三十二, 沮水』) → 沮水, 逕驢城西磨城東. 傳云, 子胥造驢磨二城, 以攻麥邑.(『松南雜識』)

320) 公輸子作.(『兒戱原覽, 創始』)

321) 송나라 진덕수(眞德秀)의 「통복건초포진제형(通福建招捕陳提刑)」.
* 踏磨驢之迹舊.(『西山文集, 西山文集卷三十九, 通福建招捕陳提刑』) → 磨驢之踏舊迹.(『松南雜識』)

322) 허정(許靖) : 삼국 시대 촉나라 인물. 자는 문휴(文休). 여남(汝南) 평여(平輿) 출신.

323) 許靖, …… **以**馬磨自給.(『三國志, 蜀志, 卷八, 許靖』) → 許靖馬磨自給.(『松南雜識』)

324) 공융(孔融) : 동한(東漢) 말 헌제(獻帝) 때 문신. 북해상(北海相)과 태중대부(太中大夫)를 지냈다. 문장에 능하고 선비를 좋아하여 천하의 명사들이 그의 문전에 항상 가

은 성인(聖人)이 나무를 깎고 땅을 파는 것보다 낫다"라고 하였다. 또 두예(杜預[325])가 연기대(連機碓)를 만들었다.[326]

호자 · 타호
虎子唾壺

『학림(學林)』[327]에서 "더러운 그릇으로 소변을 담는 것이다"[328]라고 하였다. "송지문(宋之問[329])이 장창종(張昌宗)을 위하여 호자(虎子)를 받들었다"[330]라고 하였는데, 그 주석에서 "주(周)나라 때부터 있었다"라고 하였다. 『서경잡기(西京雜記)』에서는 "한나라 때 옥으로 호랑이를 만들어 변기를 만들었다"[331]라고 하니 지금의 요항(溺缸)이다.

진(晉)나라의 왕돈(王敦[332])이 여의(如意)로 타호(唾壺)를 쳤고[333] 부랑

득했다 한다. 뒤에 조조(曹操)와 사이가 좋지 않으므로 인하여 끝내 조조에게 처형당했다.

325) 두예(杜預) : 삼국 시대의 오(吳)나라를 평정한 진(晉)나라의 명장으로, 만년에 경적(經籍)에 침잠하여 『좌씨경전집해(左氏經傳集解)』 등의 저술을 남겼다.

326) 杜預作連機碓. 孔**融**曰, 水碓之巧, 勝於聖人之斷**木**掘地.(『康熙字典, 碓』) → 孔**瀜**曰, 水碓之巧, 勝於聖人之斷**水**掘地, **又**杜預作連機碓.(『松南雜識』)

327) 학림(學林) : 송나라 왕관국(王觀國)이 편찬한 책. 총 10권. 잡가류(雜家類).

328) 虎子, 褻器, 所以溲便者也.(『學林, 卷三, 飮器』) → 虎子, 褻器, 所以**盛**溲便者也.(『松南雜識』)

329) 송지문(宋之問) : 당나라의 시인(656~712). 자는 연청(延淸). 오언시에 뛰어났고, 심전기(沈佺期)와 함께 율체를 창시했다.

330) 宋之問爲張昌宗, 奉**溺器**.(『周易爻變易緼』) → 宋之問爲張昌宗, 奉**虎子**.(『松南雜識』)

331) 漢朝, 以玉爲虎**子**, 以爲便器.(『西京雜記, 卷四』) → 漢朝, 以玉爲虎, 以爲便器.(『松南雜識』)

332) 왕돈(王敦) : 진(晉)나라 임기(臨沂) 출신. 도(導)의 종형. 벼슬은 시중(侍中) · 강주목(江州牧)에 이르렀다. 정남대장군(征南大將軍)으로 있을 적에 공을 믿고 권세를 전단하다가 드디어 무창(武昌)에서 난을 일으켰다. 뒤에 명제(明帝)가 토벌하였으나 마침 왕돈이 병으로 죽자 부관참시(剖棺斬屍)했다.

333) 왕돈(王敦)이 조조(曹操)의 "老驥伏櫪, 志在千里, 烈士暮年, 壯心不已(神龜篇)"라는 시를 몹시 좋아하여 술에 취하면 이 시를 부르면서 철여의(鐵如意)로 호자를 쳐서 두 개나 찌그러뜨렸다고 한다.

(苻朗)[334]은 타호를 사용하지 않고 어린아이에게 입을 벌리게 하여 침을 받아먹게 하였으니 지금은 '타구(唾口)'라고 한다.

마요
馬腰

가규(賈逵)가 말하기를 "위(槭)는 호자(虎子)다"[335]라고 하였으니 옛날에 대변, 소변을 받는 것을 모두 호자(虎子)라고 불렀다. 또 '卑'는 『자휘보(字彙補)』에 "음은 반이니 똥을 버리는 그릇의 이름이다"[336]라고 하였다.

『아언각비(雅言覺非)』[337]에서 "그것의 모양이 말의 허리(馬腰)와 같으니 '수자(獸子)'라고 한다. 지금 사람이나 말의 소변이 나오지 않으면 '쉬!, 쉬!(獸獸)' 부르는 것은 여기에서 나왔다"라고 한 말이 이것이다. 소변(小便)을 '소마(小馬)'라고 하니 바로 '소피(小避)'이다. 대변(大便)을 '대마(大馬)'라고 하니 지금 분(糞)을 '똥(通)'이라고 한다. 왕안석(王安石)의 시에서 "세상의 영화와 바람은 돼지똥, 말똥에 붙인다[人間榮願付苓通]"[338]라고 하였는데 그 주석에 "령(苓)은 돼지똥이고 통(通)은 말똥이다"라고 하였다. 불경(佛經)의 '간시궐(乾矢橛)'[339]은 바로 양암(楊愔)이 받들었던 측주(厠籌)이다.[340] 「이응전(李膺傳)」에서 "양원군(羊元群)의 측간은 기묘하

---

334) 부랑(苻朗) : 전진(前秦)의 인물. 3대 황제인 부견(苻堅)의 종형(從兄).

335) 賈逵**解周官**槭虎子也.(『通雅』) → 賈逵**曰**槭虎子也.(『松南雜識』)

336) 字彙補, 北官切同, 卑 棄糞器名.(『康熙字典, 卑』) → 卑, 字彙補, 北官切同, 棄糞器名**也**.(『松南雜識』)

337) 아언각비(雅言覺非) : 조선 시대 실학의 태두인 정약용(丁若鏞)이 지은 어원 연구서. 활자본. 3권 1책. 순조 19년(1819) 간행. 한국의 속어(俗語) 중에서 와전되거나 어원과 용처(用處)가 모호한 것을 고증한 책으로, 당시 한자의 사용에 착오가 많아 이를 바로 잡기 위하여 저술했다.

338) 「등소모산(登小茅山)」.

339) 간시궐(乾矢橛) : 똥을 닦는 대나무 조각.

340) 『북사(北史), 제기중(齊紀中), 문선제(文宣帝)』의 기록에 의하면 제(齊)의 문선왕(文宣王)은 술을 좋아하고 음란한 짓을 일삼으며 포악하여 재상인 양음(楊愔)에게조차 똥

다"[341]라고 하였으니 지금의 '서각(西閣)'과 '옥두(屋頭)'는 모두 측간이다.

소식(蘇軾)이 측간에 올라가니 행자(行者)가 띠풀종이를 그에게 보내 주었다.

수레
車

『노사(路史), 선통기(禪通紀)』[342]에서 말하였다.

헌원씨(軒轅氏)가 바람에 구르는 쑥을 보고 수레를 만들었다. 가로 나무가 '헌(軒)'이고 세로 나무가 '원(轅)'이기에 헌원씨(軒轅氏)라고 부른다.[343]

〈일설에는 헌원씨가 헌원구(軒轅丘)라는 곳에서 거처하였기에 헌원이라는 이름이 유래하였다고 한다. 그러나 그와는 반대로 헌원씨로 인하여 그 지명이 생겼다. 그 언덕은 곤륜산 아래에 있는데〉[344] 황제(黃帝)가 비바람을 피한 곳이지 살던 곳은 아니다.[345]

상(商)나라 때 이르러서 로(輅 : 큰 수레)라는 명사가 사용되었다. 우리나

을 닦는 대나무 조각을 받들게 했다고 한다.

341) 『후한서(後漢書), 당고열전(黨錮列傳), 이응전(李膺傳)』에 의하면 양원군(羊元群)은 탐욕스러워 북해(北海) 군수에서 파직될 때 군내의 기묘하게 만들어진 측간을 싣고 왔다고 한다.

342) 『松南雜識』에는 '황사(荒史)'로 되어 있음.

343) 軒轅氏 …… 見轉風之蓬**不已者**, **于是作**制**乘車相輪璞較**, 橫木爲軒, 直木爲轅, **以尊太上**, **故**號**曰**軒轅氏.(『路史, 卷七, 前紀七, 禪通紀』) → 軒轅氏, 見轉風之蓬, 制**爲車乘**, 橫木爲軒, 直木爲轅, 號軒轅氏.(『松南雜識』)

344) 〈 〉의 내용은 『노사(路史)』의 주석으로 『松南雜識』에는 없는 것이지만 논지의 자연스러운 전개를 위하여 필요하다고 판단하여 보충하였음.

345) 黃帝之所避風雨者, 非所居也.(『路史, 卷七, 前紀七, 禪通紀』의 주석) → 非黃帝也.(『松南雜識』)

라는 산천이 험한 까닭에 수레를 사용하지 못하고 또 수레의 제도도 알지 못한다. 오로지 북관(北關)에서는 역거(役車)[346]를 만들어 곡물을 나른다. 지금은 군문(軍門)에서 목재나 돌을 운반하는데 사용한다.

삿갓가마
草轎

연창위(延昌尉) 안맹담(安孟聃)[347]에게 시집간 공주가 삿갓가마(草轎子)[348]를 타고 베너울을 쓰고 세조를 찾아가자 이를 딱하게 여겨서 덮개를 만들어 덮게 하였다. 지금 교자(轎子)에만 덮개가 있는 것은 여기에서 유래하였다.

보련
步輦

『사마법(司馬法)』에서 말하였다.

> 가마를 타고 가는 것을 '보(步)'라고 한다.[349]

---

346) 역거(役車) : 노역(勞役)에 사용하는 수레. 서인(庶人)이 타기도 한다.

347) 안맹담(安孟聃) : 조선 전기의 서예가(1415~1462). 본관은 죽산(竹山), 자는 덕수(德壽), 시호는 양효(良孝). 세종 10년(1428) 세종의 딸 정의(貞懿)공주와 결혼했다. 죽성군(竹城君)에 이어, 연창군(延昌君)에 봉해졌고, 뒤에 연창위(延昌尉)로 개봉(改封)되었으며, 세조 1년(1455) 원종공신(原從功臣) 1등에 책록되었다. 초서(草書)에 능하였고, 사어(射御)를 잘 하였으며 음률(音律)·약물(藥物)에도 밝았다.

348) 삿갓가마 : 초상(初喪) 중에 상제가 타던 가마. 가마의 가장자리에 흰 휘장을 두르고 위에 큰 삿갓을 씌웠다.

349) **管子**司馬法**皆云**, …… **又**輦行曰步.(『康熙字典, 步』) → 司馬法**曰**, 輦行曰步.(『松南雜識』)

『서경』에서 "왕(王)이 아침에 종주(宗周)로부터 가마를 타고"[350]라고 한 말이 이것이니, 사람이 가마를 메고 가는 것으로 말에 멍에를 하지 않은 것을 의미한다. 지금 교자(轎子)를 가마(駕馬)라고 하는데 두 마리 말이 끌도록 한 것은 쌍가마[雙轎][351]라고 한다. 또 어전(御殿)에서 타는 것은 가교(駕轎)[352]라고 한다.

남여

藍輿[353]

『춘추공양전(春秋公羊傳)』에서 "대가마에 태워 보내 왔다"[354]라고 하였는데, 그 주석에서 "대가마(竹篋)이니 일명 편여(編輿)·기여(萁輿)·죽여(竹輿)이다"라고 하였다.

회남왕(淮南王) 유안(劉安)[355]이 올리는 편지[356]에서 "여교(輿轎)를 타고 산마루를 넘는다"라고 하였다. 지금의 "산마루 넘을 때 가마 탄다"는 말이 이것이다.

『동파지림(東坡志林)』에서 "시도민(施道民)이 경(黥)을 치고서, 작은 글씨로 경을 친 교자꾼의 견여(肩輿)를 빌어 타고 외출하였다. 증공(曾鞏)이

---

350) 王朝步自宗周.(『書經, 周書, 畢命』) → 王朝步自周.(『松南雜識』)

351) 쌍가마 : 말 두 마리가 각각 앞뒤 채를 메고 가는 가마.

352) 가교(駕轎) : 조선 시대에, 임금과 세자의 장거리 행차에 사용하던 가마. 임금의 보편적 교통수단이었던 연(輦)을 간편하게 개량한 것으로, 말을 앞뒤에 한 마리씩 두어 안장의 양편에 패의 끝을 걸어 끌게 하였고, 황색의 복장을 한 가마꾼들이 앞뒤 양쪽에 채가 흔들리지 않도록 누르며 갔다.

353) 남여(藍輿) : 의자와 비슷하고 뚜껑이 없는 작은 가마. 승지나 참의 이상의 벼슬아치가 탔다.

354) 筍將而來也.(『春秋公羊傳, 文公, 十五年』)

355) 유안(劉安) : 전한(前漢)의 학자. 고조의 손자로, 회남왕에 봉하여졌으며, 많은 문사(文士)를 식객으로 맞아 『회남자(淮南子)』를 편찬하였는데, 그 일부인 「내편(內篇)」만이 현존한다.

356) 『前漢書, 卷六十四上, 王諫伐閩越書』.

말하기를 '좋구나. 협주(夾註) 꼴을 한 한 척의 교자(轎子)로다'라고 하였다.[357] 지금의 '병신 두 다리 교자꾼'이라는 말이 이것이다.

「도잠전(陶潛傳)」에서 "지난번 남여(籃輿)를 탔을 때는 또한 스스로 만족스러웠습니다"[358]라는 말과 "위사겸(韋思謙)[359]이 견여(肩輿)를 타고 조회하였다"[360]라는 말이 이것이다. 역사에서 걸(桀)이 사람에게 가마를 메게 하였다고 했으니, 이것이 여연(輿輦)의 시초이다.[361] 한나라 음취(陰就)[362]의 부하들이 연(輦)을 대령하자 정단(井丹)[363]이 "사람이 끌게 하는 기미인가"라고 하였다.[364] 지금은 노소귀천(老小貴賤)을 막론하고 모두 사람이 메는 교자(人轎)를 타니 교자(轎子)의 폐단이다.

초헌
軺軒

『춘추좌전(春秋左傳)』의 주석에서 "중전(中佃)은 수레끌채가 하나인 수

---

357) 施道**民**, **爲孫威敏所黥**, 而復得爲民, 借小字軍人肩輿而出, 曾子固, **見之**曰, 好一隻夾**註轎子**.(『東坡志林』) → 施道**林被**黥, 而復得爲民, 借小字軍人肩輿而出, 曾子固曰, 好一隻夾.(『松南雜識』)

358) 向乘籃輿亦足.(『晉書, 卷九十四, 列傳, 第六十四, 隱逸, 陶潛』) → 向承籃輿亦足.(『松南雜識』)

359) 위사겸(韋思謙) : 당나라의 문신. 이름은 인약(仁約)인데 무후(武后)의 아버지 이름과 비슷하다 하여 이름 대신 자를 사용했다.

360) 肩輿以朝.(『唐書, 卷一百十六, 列傳, 第四十一, 二王韋陸二李杜, 韋思謙』)

361) 桀**爲無道**, 以人駕**車**, **是步**輦之始也.(『演繁露, 卷九, 筷』) → 桀以人駕, **卽輿**輦之始也.(『松南雜識』)

362) 음취(陰就) : 후한 광렬황후(光烈皇后)의 동생.

363) 정단(井丹) : 후한의 은자. 자는 대춘(大春). 부풍(扶風) 미인(郿人). 학문이 뛰어나고 인품이 고결하여 명사들이 그를 초치하려고 애썼으나 응하지 않은 것으로 유명하다.

364) 信陽侯陰就, 光烈皇后弟也. 以外戚貴盛, 乃詭說五王, 求錢千萬, 約能致丹, 而別使人要劫之. 丹不得已, 旣至, 就故爲設麥飯葱葉之食, 丹推去之曰, 以君侯能供甘旨, 故來相過, 何其薄乎. 更致盛饌, 乃食. 及就起, 左右進輦, 丹笑曰, 吾聞桀駕人車, 豈此邪.(『後漢書, 卷一百十三, 逸民列傳, 第七十三』) → 漢陰就, 左右進輦, 井丹云, 以人駕車耶.(『松南雜識』)

례"[365]라고 하였고, 그 소(疎)에서 "전(佃)은 중(中)이다"라고 하였다. 옛날에 화물을 싣는 큰 수레에는 끌채가 두 개이고 승용(乘用)의 수레에는 끌채 하나가 중간에 있다. 지금의 독륜거(獨輪車)와 초헌(軺軒)[366]이 그것이다.

『춘추좌전』에서 "제후(齊侯)가 폐무존(敝無存)의 부장품(副葬品)으로 물소가죽으로 장식한 수레(犀軒)와 자루가 긴 일산(直盖)을 넣어 주었다"[367]라고 하였는데, 그 주석에 "서헌(犀軒)은 공경(公卿)의 수레"[368]라고 하였으니, 지금의 초헌(軺軒)과 유사하다. 목마(木馬)라는 설도 있다. 직개(直盖)는 지금의 파초선(芭蕉扇)이다.

『통전(通典)』에 말하였다.

삼공(三公)으로 공덕(功德)이 있는 사람은 조륜거(皁輪車)를 특별히 더해 준다. 소가 끌며 모양은 독거(犢車)와 비슷하다. 단 검은 옻칠을 한 수레 바퀴통에 황금으로 조각 장식하고 위에는 청유(青油)[369]를 바른 장막을 두르고 붉은 실을 둘러 감으며 통헌(通幰)[370]이다.[371]

어떤 이는 대신(大臣)의 평교자(平轎子)는 전천추(田千秋)[372]에게서 유

---

365) 衷甸一轅.(『春秋左傳, 哀公十七年』의 "良夫乘衷甸兩牡者"에 대한 주석) → 衷甸一轅.(『松南雜識』)

366) 초헌(軺軒) : 조선 시대에, 종이품 이상의 벼슬아치가 타던 수레. 긴 줏대에 외바퀴가 밑으로 달리고, 앉는 데는 의자 비슷하게 되어 있으며, 두 개의 긴 채가 달려 있다.

367) 齊侯**謂夷儀人曰**, 得敝無存**者**, **以五家免**. **乃得其尸**, **公三襚之**, 與之犀軒與直蓋.(『春秋左傳, 定公九年』) → 齊侯, 得敝無存, 與之犀軒與直蓋.(『松南雜識』)

368) 犀軒是卿車.(『春秋左傳, 定公九年』)

369) 청유(青油) : 오구수(烏桕樹) 씨에서 나는 건성 기름으로 유칠(油漆)의 용도로 사용됨.

370) 통헌(通幰) : 장막으로 덮개를 함.

371) 三公有勳德者, **皆**特加**皂輪車**, **駕牛**, **形如犢車**, **但**烏漆輪轂, 黃金雕裝, **上加**青油**幢**, 朱絲絡通幰 (『通典, 公侯大夫等車輅』) → 三公有勳德者, 特加烏漆輪轂, 黃金雕裝, 青油朱絲絡通幰.(『松南雜識』)

372) 한나라 무제(武帝)가 연로한 전천추에게 작은 수레를 타고 궁중을 출입하도록 조서를 내린 일이 있다.(『冊府元龜, 卷七十六, 帝王部, 禮大臣褒賢, 禮大臣』)

래하였다고 한다.

배 · 키
舟柁

『세본(世本)』[373]에서 "황제의 신하 공고(共鼓)와 화적(貨狄)이 나무를 깎아서 배를 만들었다"[374]라고 하였다. 『산해경(山海經)』에서는 "음양(淫梁)이 번우(番禺)를 낳았고 그가 배를 만들었다"[375]라고 하였다.

속석(束晳)은 "백분(伯益)이 배를 만들었다"라고 하였다.[376]

『집운(集韻)』에서 "만이(蠻夷)는 바다에 떠있는 배를 '박(舶)'이라고 한다"[377]라고 하였다.

배는 황제(黃帝)가 물에 뜬 낙엽을 보고 만들었다고 하며 어떤 이는 "우후(虞姁)가 만들고 노반(魯班)[378]이 장식하였으며 장평(張平)이 키(柁)를 만들었다"고 한다. 두보(杜甫)의 시에서 "비단 뱃줄, 상아 삿대에서 갈매기 날아가네[錦纜牙檣起白鷗]"[379]라고 한 말이 이것이다.

'염봉(艌縫)'은 『주역(周易)』에서 이른바 "옷과 걸레(衣袽)"[380]이다.

---

373) 세본(世本) : 청나라 진가모(秦嘉謨)가 편찬한 책. 총 7권.

374) 共鼓貨狄**作**舟.(『世本』)→**黃帝臣**, 共鼓貨狄, **刳木爲**舟.(『松南雜識』)

375) 淫梁生番禺, **是**始爲舟.(『山海經, 卷十八, 海內經』)→淫梁生番禺, 始爲舟.(『松南雜識』)

376) 世本, 黃帝臣共鼓貨狄刳木爲舟, **呂氏春秋虞姁作舟**, 山海經, 淫梁生番禺, **是**始爲舟. **物理論化狐作舟**. 束晳**發蒙記**. 伯益作舟.(『康熙字典, 舟』)→世本曰, 黃帝臣共鼓貨狄刳木爲舟, 山海經**曰**, 淫梁生番禺, 始爲舟. 束晳**曰**, 伯益作舟.(『松南雜識』)

377) 蠻夷, 汎海舟曰, 舶.(『集韻, 舶艊』)

378) 노반(魯班) : 공수반(公輸班).

379) 「추흥(秋興)」.
　＊『松南雜識』에는 '錦纜牙檣百丈舵'로 오기되어 있음.

380) 『주역(周易), 기제(旣濟)』에서 "六四繻, 有衣袽, 終日戒."라고 하였는데, 그 주석에서 "繻, 當作濡, 謂滲漏也. 舟有漏, 則塞以衣袽, 有衣以備濡漏…." (繻는 마땅히 濡가 되어야 하니, 물이 새는 것을 이른다. 배가 틈이 있어 물이 새면 의여(衣袽)로 막으니, 의여(衣袽)를 장만해 두어 새는 것에 대비하고…)라고 했다.

'의간(桅杆)'은 노(棹)이다.

'죽람(竹纜)'[381]을 '단(簞)'이라고 한다. 지금은 칡으로 동아줄을 만드니 배를 매는 밧줄이다. '철람(鐵纜)'을 '鐺(당)'이라고 하니 바로 쇠사슬이다.

뜸(篷)[382]을 '붕자(棚子)'라고 한다.

배 안의 다리를 '도판(跳板)'이라고 한다.

또 배널(船板)을 '명랑(鳴榔)'[383]이라고 하니, 황정견(黃庭堅)의 시에서 "높이 누워 명랑 소리를 듣는다[高臥聽鳴榔][384]라고 하였다.

배를 묶는 말뚝을 '동(䑕)'[385]이라고 한다.

두보(杜甫)의 시에서 "장년(長年)과 삼노(三老)가 멀리서 너를 가련해한다[長年三老遙憐汝]"[386]라고 하였는데, 그 주석에서 "뱃머리의 사공을 '장년(長年)'이라고 하니 상앗대를 잡고 물길을 보는 사람이다. 선미(船尾)에서 키를 바르게 하는 사람을 '삼노(三老)'라고 한다"[387]라고 하였다.

당나라 속담에 "예부터 문장(門匠)의 무덤은 없다"라고 하니 익사(溺死)를 의미한다.[388] 곽박(郭璞)의 부(賦)에 "오량(五兩)의 움직임을 살핀다[覘五兩之動靜]"[389]라고 하였는데, 그 주석에서 "닭깃의 무게가 다섯 냥

381) 죽람(竹纜) : 대 올을 꼬아 만든 밧줄로 배를 붙들어 매는데 사용한다.

382) 뜸 : 짚·띠·부들 따위로 거적처럼 엮어 만든 물건. 비, 바람, 볕을 막는 데 쓴다. ≒ 초둔(草芚).

383) 명랑(鳴榔) : 뱃고물을 쳐서 소리가 나도록 하는 것. 이렇게 하면 물고기가 놀라 그물로 들어간다.
*『松南雜識』에서 '선판(船板)'을 '명랑(鳴榔)'으로 파악한 것은 착오임.

384) 「신음재수기오수정세필(呻吟齋睡起五首呈世弼)」.

385) 『漢韓大字典, 民衆書館』 등에서는 '䑕'을 '배널'이라고 잘못 풀이하고 있다.

386) 「발민(撥悶)」.

387) **峽人**, **以**船頭把篙相水道者, 曰長年, 正梢**者**, 曰三老.(『九家集注杜詩, 卷三十二, 夔州歌十絶句』) → 船頭**沙工**, 曰長年, 把篙相水道者, 正梢**船尾**, 曰三老.(『松南雜識』)
* 원래 「발민(撥悶)」의 주석이 아니라, 「기주가십절구(夔州歌十絶句)」의 "長年三老長歌裏"에 대한 주석이다.

388) 문장(門匠)은 당나라 때 조운선(漕運船)이 황하의 삼문(三門)을 통과할 때 고용하던 사공이다. 이곳에서 태반의 조운선이 좌초되었다고 한다.

389) 「강부(江賦)」.

(五兩)으로 다섯 길 높이의 깃발 꼭대기에 매달아 바람을 관측한다”390) 라고 하였다.

소식(蘇軾)의 시에서,

> 키를 돌리니 삼산이 사라지고　　柁轉三山沒
> 바람 돌아오니 오량이 나부낀다　　風回五兩偏391)

라고 한 말이 이것이다. 그 주석에서 “진(晉) 차가(車駕)가 나갈 때 장대 위에 까마귀를 새기고 ‘상풍간(相風竿)’이라고 하였다. 지금 ‘장조(檣烏)’는 아마도 그것에서 유래된 듯하다”392)라고 하였다. 또 『국사보(國史補)』에서 “배가 바닷길을 떠날 때는 반드시 비둘기를 키우니 배가 침몰하면 비록 천리 밖이라고 할지라도 집으로 돌아갈 수 있다고 한다”393)라고 하였다.

우리나라 이취송(李翠松)의 「도강시(渡江詩)」에서,

> 강 복판에서는 둥실둥실 함께 건너려 힘쓰더니　　泛泛中流同濟力
> 뭍에 내릴 때는 어수선하게 서로 돌아갈 마음　　紛紛下陸各歸心

이라고 하였으니 참으로 가작(佳作)이다.

---

390) 兵書曰, 凡候風法, 以雞羽重八兩, 建五丈旗, 取羽繫其巓, 立軍營中.(『文選, 卷十二, 江賦』의 주석)→雞羽重五兩, 繫五丈旗巓, 以候風.(『松南雜識』)

391) 「지진주재화이수(至眞州再和二首)」.

392) 東坡詩注曰, 晉車駕出, 刻烏於竿上, 曰相風竿, 今檣烏, 乃其遺意.(『淵鑑類函, 舟部, 五兩』)

393) 國史補, 舶船發海, 必養鴿, **如**舶沒, 雖數千里, 亦能歸其家.(『山堂肆考, 卷二百十四, 羽蟲, 舶船養鴿』)→國史補, 舶船發海**路**, 必養鴿, 舶沒, 雖數千里**外**, 亦能歸其家.(『松南雜識』)

舟柁 世本曰黄帝臣共鼓貨狄刳木爲舟山海經曰淫梁生番禺始爲舟束晳曰伯益作舟集韻蠻夷汎海舟曰舶
黄帝見落葉浮水而作或云虞姁作胥玶裝也張平造柁杜詩云
錦纜木檣百丈舵是也艫縫易取謂衣袽也桅杆即棹也竹纜
曰簟也今以篙爲緯即維舟索也鐵纜曰錨即鐵綿琴也篷曰
棚子也船中檣曰跳板又船板曰鳴榔山谷詩高卧聽鳴榔文
擊船枝曰戙杜詩長年三老遙憐汝註船頭沙工曰長年把篙
相水道者正梢船尾曰三老唐諺古無門匠墓言水死也郭景
純賦覘五兩之動靜註鷄羽重五兩繫五丈旗顛以候風謝詩
拖轉三山沒風回五兩偏是也註晋李駕出刻烏於竿上曰相
風竿今檣烏其遺意也又國史補曰舶船發海路必養鴿船沒
雖千里外亦能歸其家云 我東李翠松渡江詩云泛泛中流同濟力紛紛下陸各歸心固佳矣

身帶而踰嶺今越嶺乘轎是也 志林曰施道林被縣借小字軍
人肩輿而出曾子固曰好一夏夾令病人兩足轎軍是也陶潛
傳云向承籃輿亦足自適章思諱肩輿以朝是也史曰桀以人
駕即輿輦之始也漢陰乾左右進輦丹云以人駕車耶今老
少貴賤皆人轎之弊也

軺軒

左傳乘中佃一轅車註佃中也 古載物大車雙轅乘車一轅當
中也今獨輪車軺軒是也齊侯與□無存犀軒直蓋註卿車似
今軺軒亦曰木馬也直蓋似今芭蕉扇也通典曰三公有勳德
者特加烏漆輪轂黃金雕裝青油朱絲絡通幰或云大臣乘轎
予自田千秋始也

荒史禪通紀軒轅氏見轉風之蓬制爲車乘橫木爲軒直木爲轅號軒轅氏非黃帝也至商有輅之名焉我國山川崎嶇不可用亦不知車制惟北關作役車輸穀今軍門運木石用之

草轎

延昌尉安孟聃公主以草轎子布羅兀往省 世祖憫之造蓋覆之今獨轎有蓋始此

步輦

司馬法曰輦行曰步書所謂王朝步自周是也謂人荷輦而行不駕馬也今轎謂駕馬而駕雙馬謂雙轎又御殿所乘謂駕轎

籃輿

公羊傳筍將而來註筍竹箯一名編輿箯輿竹輿淮南王安書

漢史孔融曰水碓之巧勝於聖人斷水掘地又杜預作連機碓

虎子唾壺 西京雜記曰漢朝以玉為虎以為溲器今溺缸

學林曰褻器所以盛溲便者宋之間為張昌宗奉虎子註自周有之。今溺缸是也晉王敦以如意擊唾壺符朗不用唾壺使小兒開口承唾今謂唾口

馬腰 賈逵曰械虎子也古之受大小溲者皆以虎子呼之 又串字彙補曰音北宮切棄糞器名也

雅言覺非曰其形似馬腰謂獸子今人馬小便不出呼獸〻是也小便謂尿馬即小避大便謂大馬今糞謂通荊公詩云人間榮願付苓通註苓豬矢通馬糞也又佛經乾屎橛即楊惜奉廁籌也李膺傳羊元群涵軒奇巧今西閣屋頭皆廁屋也 東坡登廁行者送此浮漚與之

車

肉串

韓詩云加以肉貫串〻韻書燔肉器今炙鐵也東齊立鐵箸畫灰鐵箸水以箸畫做不得即火箸也栝即火杖也刀栝即俎也烓註行竈爾雅煁烓註今三隅竈也竈上以燃火照物今火爐

〻木磨

後魏史崔亮讀杜預傳見爲八磨濟時用奏造木碾磨今木磨

〻石磑 水經註沮水逕驢城西磨城東傳云子胥造驢磨二城以攻麥邑

原覽曰公輸子作而射糖盤即磨中鐵古以天旋比蟻磨上合理也麿俗以驢磨之故磨驢之蹄驚跡是也又以馬磨故三國志許靖馬磨自給是也我國近得行之

水碓

糊刷

即糊箒謂功角也傳燈錄拾得放下掃帚即荊帚又黍穰亦帚

筩篘

左傳以茅縮酒即漉水也䤵即馬勺俗謂䤵其也銅銚即刁斗

今酒煎子也醡韻書云壓酒具今酒注

笊籬

韻書曰竹杓也唐明皇賜祿山什物有銀絲笊籬是也節韻書

註去麁取細佛書示經節是也簸註漉米器俗謂甚朴也

簸箕

語錄曰問大隋和尚家風曰赤土畫簸箕謂箕有唇未跳不出

栲栳註柳器俗謂栲里又斗庋積屬即藏食物庋閣也

甑箄
博物志曰箄能減醎古賦敝箄不能救塩池之醎今甑底席

土薪
芝峯曰倭有近江州黑土作塊如甓晒生田野中掘則還平蓋息壤也倭人用以炊爨名曰土薪猶中國豊城有石炭

獸炭
語林曰晉羊琇以濕酒着火猛獸開口向人蓋古以炭末象獸形俗謂炭為獸也其造法炭末三斗蓮葉末一斗鐵糞末一斗和龍腦少許而以麥糊合之云西洋國琰燒之無燄有光

風爐
陸羽茶經曰銅為風鑪如鼎今青銅鑪又倭鑪即瓷鑪也

世傳孔門子路負米百里故後人以米帒謂子路

氷鑑

韻書鑒作鑑周禮凌人春治鑑祭祀共氷註鑑如甄盛氷置食物于中以禦温氣我東藏氷自新羅智證王始也今氷庫

陶海

葉句宴裴弘泰有銀海受一斗酒坡詩袖中有東海今汲水器

窶籔

楊惲傳云鼠不容穴銜窶籔也東方朔曰如寄生賣飾人結茅爲經以戴頭上狀如環韻玉曰水盆盛物戴於頭者以窶籔薦焉老子曰不得其時則蓬累而行註頭戴物而兩手扶之謂蓬累今女人戴物用之俗謂道阿里

此張良傳圯橋老人杖母叢皆仙家異種也陳了翁錄曰周之
則行食之則歲唯吾與爾危而不扶顚而不持將焉用彼相矣

秤星

原覽曰尺魯曾氏作秤神農氏作今尺眼即秤星杜詩越羅蜀
錦金粟尺是也註富貴家尺以金粟飾之

熨斗

漢史董卓壞銅人十枚爲小錢熨斗李根爲褐堅春熨斗曰頷
執威柄以慰安天下蓋威熨同音故也

竹簞

吳都賦桃笙象簞註吳人謂簞爲笙即桃竹簞今竹簞淡簞
子路

世傳胡倭出戰以葦爲囊夜掛樹枝隱身其中而宿防獸蛇謂隱囊壬亂倭八旋善於山上臨水絶壁處結陣有都壯士肖夜入其陣皆開囊而膝仍挾五六囊投壁下水終夜殺五六百囊云與唐詩隱囊紗帽坐彈碁異矣

茵憑

霍光傳畫繡茵憑今按息亦隱囊也杜詩烏皮隱几還思歸

蠅拂

齊史陳顯達謂子休尚曰麈尾蠅拂是王謝家物今蠅策

箕子杖

芝峯曰今在平壤乃三千年舊物也俗謂執行佛經謂木上座同行劉向傳老人青藜杖吹端烟燃故今於青藜明神道說出

甋瓶

揚子方言曰甇燕之東北朝鮮洌水之間謂之甋放翁遊山詩曰遊山難不借取水一軍持註軍持汲水具梵語也華言瓶

曲椆

綱目註椆斗可射帋

隱囊

也今盛暑布被褁竹籠

胡床

詩話曰本自虜来始名胡床庾肩吾詩傳名乃外域入用信中京足欹形已正文斜體自平是也隋以識有胡改名交床又名繩床孟郊詩繩床獨坐翁是也資暇錄曰改爲藤床

桌子

正字通曰俗呼几案曰桌

砧

廣韻曰擣衣石庾信詩云秋砧調急節又蕘砧農家擣草石又霹靂䃎正字通曰玉門西南有一國山中歲產石䃎數千枚春雷起䃎減至秋䃎盡

、饒燈

天寶遺事南有白旃魚多脂照紡績則暗照宴樂則明謂饒燈按江豚身中為聲出入水上舟人候之知風雨腹中脂照摴博則明照讀書及紡績則暗俗言懶婦所化疑此也唐寧王每賞妓閤坐酒酣作狂共燭奇如物所撥罷則復明皆異事也

、燈藥

備要曰趙嘗遇燈藥精按剪燈新話牧丹燈似饒此亭也石曼卿詩燼垂金藕細影透玉荷清註玉荷亦銅荷即燈藥

竹夫人

山谷云憩臂休息非夫人之職名曰青奴其詩云穠李四弦風拂席昭華三弄月侵床我無紅袖堪娛夜政要青奴一味凉是

竹扇上平下圓者是也今以扇遮面蓋出於此

蠟燭

原覽曰古未有蠟燭周時百根葦布纏蜜塗蓋蠟音蜜也宰相火城郎樺燭俗謂龍脂是說文炬束葦燒也白蠟即宮燭取象矢末水青木脂為之甚潔白無燼煤也說文曰燭燼曰堅右手折堅是也羊脂燭比牛膩尤潔辟蚊蛾夏夜最宜云

燈籠

古詞云燈籠就月子細端相東詩云銀燭紗籠暗淡中是也

青燈

芝峯曰青燈備用佛燈晉時長明色青不熱隋平陳不滅云俗謂用漆燃之雖百年不滅江南野史漆燈猶未爇留待沈彬来

謂沈扇又扇墜剪燈新話水晶雙魚扇墜註摺扇懸鎚則盖久矣

紗扇

世說溫嶠取姑劉氏女及交禮女以手披紗扇則本婦人之扇我國辛壬之際士夫多嫁家路次以紗障面謂紗扇喪者以布為之謂布扇冬以毛飾之謂毛扇

芭蕉扇

晉輿服志曰功曹吏繖扇騎從漢百官志曰丞相黃扉黑幡我國大臣烏漆平轎蒼黑芭蕉扇者其避繖扇為芭蕉葉樣耶或云取五日一抽葉以五日一劉

便面僧扇

張敞傳便面拊馬註障面者不欲見人則得其便今沙門所持

知誥囂鏡鑷白髭王僧虔謂却老先生是也耳穵即耵聹挑子
挑出腦塵集韻耵聹耳垢也牙簽筒即剔牙杖之室今齒牙筒

羽扇

事物紀原曰周昭王時脩塗國獻丹鶴以翅爲扇名條瀓仄影
古今註商有雉尾扇今以鷺羽爲之雉紙爲團扇以尾扇稱之

摺扇

揚子方言曰關而東謂之箑關而西謂之扇一名搨而古詩曰
女媧氏始以草結之吳人截鳥翼煽之宋元以前只有團扇班
姬紈扇謝安蒲葵扇是也張芸叟詩云紈扇本招風曾將熱時
用秋來掛壁上却被風吹動今秋風扇之說也摺扇出於倭故
謂倭扇以其簡易天下同尚焉扇扇倣此而沈家主又小之故

芝峯曰螺鈿梳函充進方物盖中朝所無也宛委餘編曰赫胥
氏始以木為二十四齒梳舜以牙玳瑁為飾此梳之始詩如櫛
如比東詩木梳梳了竹梳梳則木是櫛即月梳竹是比即真梳
篦譯曰刷梳即佛経金篦刮目也冷齋詩話云些中若有一點
紅斗筲之器成千鍾些上若無油木梳烹龍炮鳳都成虛

簪導

隋禮儀志曰簪所以建髮於冠導所以歛鬂入巾幘之裏陳史
高祖命折玉導韓渥詩簪導輕安髮不知是也嶺表録異曰以
犀為簪梳塵不着髮云導俗謂鬂推

玉搔頭

杜詩註今之抓頭也又鑷說文本作箭箱即拔毛具南唐史徐

東漢云鄭弘苐五倫置雲母屛風分隔屛風之名出黼扆註云

ヽ漫山帳

蒸岩曰琉球國有之閩人王三賓言以海蛛網為之可捕虎云

ヽ幔亭

武夷記曰武夷君八月會于山頂綵幔屋宇因名為幔亭漁隱

叢語曰東坡守汝陰日作擇勝亭以幃幕為之令遮日雨傘類

ヽ雨傘

韻書曰蓋也事類云項羽與張良爭一傘羽曰雨傘良曰陽傘

是也我國陵幸時遇雨以織環衛遠望之如龍鱗蛇蜒飛動又

韻書簦註笠蓋也又笠有柄者似今手雨傘

椀函

步障
晉石崇錦步障王愷紫絲步障 之始也今御路設步障是也
簾箔
漢史絳侯織箔販繒唐盧懐愼門不施箔風雨至則擧席顔延
年詩踟蹰淸防密夏侯亶簾爲妓衣是也芝峯曰歐詩銀蒜鉤
簾宛地垂按鑄銀爲蒜形以押簾猶流蘇之鎭帷也
流蘇
唐詩鳳吐流蘇帶晩霞註雜五采爲同心下垂若流然即盤線
繡繪之毬今五色線結蜂蝶形垂於帳帷以鎭風帷者亦坡詩
夜風搖動鎭帷犀也
屛風

爲碎紋然若刻玉之楮葉也柳順善假梅詩云何以假爲真者葉如其真也豈無香

、欹案

三國志云曺公作之卧着書也

、玉如意

類說曰唐明皇背痒羅公遠折竹枝爲玉如意以進金剛三藏於袖中取七寶如意玉郎化爲竹是也或以角以鐵以骨爲之翼廟詩云叙是壺公九節杖化爲龍去未回頭

、籬子

韻書曰竹帳也今訛謂鏃子亦屏障之屬也岑參詩織成壁衣花氍毹是也

客來自碧鷄坊水雲濟殘臘烟波出殊鄉鳥臺自容與立馬久迴翔高語三韓士新羅到樂浪其桃盃尚在其家

、覆觴

晋史元帝渡江以酒廢事王導以爲言帝引觴覆之於此遂絶令胡人勸我人酒無算譯官教以覆觴不復勸似始此也說文曰實曰觴虛曰觶

、土啞撲滿

漢史鄒長倩贈公孫弘一枚曰撲滿者以土爲之蓄錢之具可入不可出滿則撲之卽飴筩之類今京市所賣土啞是也

、閙牖紋

清人閙牖者善縫碎甆器如絲紋故謂閙牖紋死後陶人巧畫

寓儆焉古人臣侍君不過三爵懼其失節也東坡詩醉後任言醒可怕然世人言醉中真情發又醉時語是醒時語(故武侯心書曰醉之以酒而觀其性)

兕觥

韻書曰兕如野牛而青一角善觸故制罰爵以爲酒戒六典禮部白兕爲上瑞猶元日白獸樽以獻直言也

酒經

芝峯曰經瓶也非王績所著經侯鯖錄徐淵子用三瓶對五經是桓公之經程也雅乃劉表三爵伯雅仲雅季雅也又酒瓶銘云啓乃心沃朕心妙矣

桃盃

麗朝金良鑑入中朝與蘇東坡飲坡與桃盃及詩云不知金馬

照一室置于庭明月水滿盃香而甘美與琉球國酒泉石同

照世盃

撒馬兒罕國有盃光明洞澈照之可知世事卽黃帝瑞露甕周公廟閻德泉牛山汝水之類也大明初帖木兒奉表有欽仰聖心如照世盃之語

戒盈盃

僉載曰韓王元嘉銅鶴尊滿則止不滿則傾周廟欹器滿則覆中則正虛則欹今戒盈盃亦是物而莊子所謂巵言也

蝎虎盃

芝峯曰政院平時常用盃名而蝎虎虫名也見酒卽死故象形以戒也爵亦鳥名象其形三足為酌器取能飛而不溺於酒以

戴顒以隻柑斗酒往聽黃鸝襄陽傳柑之類者爲壺柑殼酒壺似柑也蘇武傳匈奴以服匿與武註如罌小口大腹方底用受酒酪

、鸚鵡盃

大東韻玉曰盃産於濟州高台鄕於經筵奏貽弊於民特蠲之盖海中螺形類鸚鵡故名之李白詩鸕鶿酌鸚鵡盃若廣州人取大蝦頭爲盃也桂海云鸚鵡爲鮓孔雀爲腊束晳傳羽觴隨波註觴輕如鳥羽之飛作主爵形有頭尾羽翼

、青田核

鷄跖集曰烏孫國有青田核莫知其樹與實而核如瓠可容五六斗以之盛水俄成酒劉章曾得二焉集賓設之一核纔盡一核又熟可供二千客名曰青田壺按周穆王時西戎獻玉盃光

箸筩

韻書筩註竹器又飯帚又箸筩即斗筲之筲今匙筯筒玉篇是即鍉也廣東新語曰蛋人謂筯曰梜

東西家事

山谷詩羨酒玉東西今漢語家器謂東西猶俗言家事也 呂東萊性麤暴嫌飲食不如意便打破家事是也

臺盤

唐志酒令云子母相去離連臺拗倒註俗謂盃盤爲母子臺

大耶

說郛曰高勾麗方言以盃爲大耶

殘柑

畫器

叢話曰國朝御器皆用白甆至 光廟朝求回〻青於中國樽壘盃觴無不繪畫與中國無異亦曰土青

〻玉鉢

北史高歡女爲魏孝武后多奇寶有二〻玉鉢相盛轉而不可脫馬腦榼容三升玉縫之皆稱西域鬼作云不獨懶翁鉢互爲表裡爲能見難思也

〻匙筯

原覽曰呂泰作今中國人用筯不用匙盖由明太祖命滅元孫後用匙食故其俗猶在云匈奴傳箄于金留犂撓酒註匙則胡亦有之海東諸國記日本男女飲食用漆器有筯無匙何哉

青黛燔器

韻書曰龜屎磨墨書字於木板入寸許蚯蚓和青黛作書燔器則不滅酉陽曰煉丹砂為黃金碎以染筆書入石中削去逾明名曰紅沫又蟾蜍肪塗玉則刻之如蠟又塗石則石爛但不可多取、肥者剉煎膏以塗之亦如軟骨易截盖古玉器奇雕非人功所為皆昆吾刀及蟾蜍肪云說文曰蟾肪合玉獺膽分巵敍例云嘗試不驗

沙擦銅器

說文曰𤮊者磋垢瓦石註以碎瓦石去垢詩話曰王荊公時有老兵以沙擦銅器公指為題應聲曰鳥去風平篆潮回日射星今擦銅器以沙盖舊矣

是乎多盜今京有左右捕廳各道鎭管營將

鐻

集韻曰金銀器名也山海經曰靑要之山䰠武羅司之穿耳以鐻漢張奐傳遺金鐻八枚註鐻音渠食器名也與鍾鐻之鐻異

榼藤

本草曰如通草其實三年方熟若鷄卵殼貯丹藥經年不壞

托盤

字典曰宋曰托子今曰托盤

湯婆

山谷詩云脚婆元不食纏裹一衲足天明更傾瀉頮首有餘煖

註即湯婆也似今潑鑪口

云銼䥥丶音羅溫器也

魚鐺

戰國策曰函牛之鼎烹小鷄多汁則少味小汁則熬談藪曰北齊盧思道聘陳 識云榆生欲飽漢草長不肥驢謂北有榆吳無驢也思道即曰共甑分炊飯同鐺異煮魚謂南人無義同炊異饌也今或同鼎異鐺其異俗耶

食器

周禮珠槃玉敦註古者以槃盛血以敦盛食唐史舜作而黑漆其上諫者九人是也今食敦又無足曰廢敦又器盖曰敦會禮所謂脫則必仰是也漢書曰朝鮮俗善無盜食以陶瓦之器謂君子鄉自通中原官吏始以杯圈食又以鍮銅爲之謂酒鉢於

什物類

什物

芝峯曰器用謂什物云人家常用之器非一故以什爲數

釜鑊

韻書曰黃帝始造鬴莊子註六斗四升曰釜封氏聞見錄曰青州佛寺有二大鑊一容四十石一容三十石舊傳寺郞孟嘗君宅鑊以造飯供客者余見連山大芚山下一鑊可容十石亦古寺器動則輒雨云

土銼

杜詩土銼冷踈煙註蜀人呼釜爲銼今土銼卽泥湯罐也杜預曰釜瓮銚槃鎢錥皆民間之急用也玉篇曰鎢錥小釜也傅雅

志曰會子乃四川交子法特官券耳不知何人目爲楮幣遂入
殿試御題

麤布

麤穆宗五年韓彦恭言使錢禁麤布駭俗興怨罷之恭讓王三
年評議使司啓曰近年布縷麤疎漸至二三升女工雖勞而民
用不便輸之則牛汗積之則鼠耗商賈不行米穀踊貴蓋由於
此磻溪曰以麤布一二升元不成布百無所用而貿遷相通故
禁之

字典曰即鈔也宋紹興初軍餉不繼造此以誘商旅丘濬曰自古為幣皆以金若銅用楮為幣始于宋唐王與用紙為假錢楚以事神孰知真以代銅錢而為行使之幣哉作俑者張詠而成之者薛田也按宋史真宗時張詠鎮蜀以鐵錢重不便貿易設質劑之法一交一緡每三年一換謂之交子其後爭訟多弊寇瑊乞禁之薛田以為廢交子則貿易不便請置交子務高宗南渡改名會子其制以紙為之然其初則皆置錢以為本不能以空文行其後遂以會子代錢不復以錢為本矣金循其法造交鈔元又造中統元寶鈔盖宋則用紙為之印文書字於上金元之鈔則以桑皮造鈔而印以字文也寶鈔以一當五名曰與錢子母相權而錢實未用故其末鈔法為虛物價騰踊周必大雜

以戔爲義今俗以一錢之錢字用半爲戔、本音殘也而呼爲頃者銅之訛而爲十文之稱也

秦鎰漢金

韻書曰二十四兩爲鎰又二十兩又三十兩秦曰鎰漢曰金元食貨法錢十貫爲錠而十六兩爲一斤今論價謂金出於此

青蚨

搜神記曰青蚨虫如蟬殺其母子各塗八十一錢凡市物或先用子後用母皆飛歸循環無已故淮南子名錢曰青蚨、、兩家缺宋詩云五百青蚨兩家缺赤洪厓打白洪厓註洪厓錢監名赤白猶云空也

褚幣

罽賓名幕

漢書曰罽賓國錢名有騎馬幕王面幕夫人幕荀悅註幕音漫無文面也韋昭云幕錢背也條支國以銀爲錢如其王面王死輒更錢效新王面焉亦中國世〻更錢紀年也西域傳烏弋山離國之錢與罽賓同文安息大月氏亦同

十文一錢

漢律曆志曰一黍之廣爲一分〻者可分別也燕岩曰我東錢十文爲一錢十錢爲一兩今中國以百六十分爲一鈔十六文爲一佰我東俗一文稱一分李懋官謂其義出衡與度也十釐爲一分則積十釐之厚爲一分之厚也夢溪筆談曰水之少者曰淺金之少者曰錢歹而少者曰殘貝之小者曰賤如此類皆

[illegible]

洪遵泉志曰載梵字錢有此四字文不可辨存之以資博雅

儓伽鉈匁

瀛州勝覽曰榜葛剌國市用銀錢曰儓伽貨泉錄曰王畓知鑄大鐵錢俗謂之鉈匁、音賀

寬永通寶

倭史後水尾天皇甲子六年改元寬永當萬曆四十年又本院女主後水尾女仍稱寬永當天啓四年庚午云今卜錢是也

中統元寶鈔

宋史紹興中女真以銅少循宋交子法造鈔與錢并用之至元又造中統元寶鈔用之

體小也我東有朝鮮通寶

錢紀年號

丘濬曰錢以年號爲文始於劉宋孝建四銖後魏孝文帝太和五銖也宋自開寶每更一號必鑄一錢故每帝皆有數種錢最多者仁宗也在位四十二年九改年號而鑄十種錢磻溪曰宋初錢文曰宋元通寶太平興國後又鑄太平通寶自後改元必更鑄以年號爲文

草書年號

侯鯖錄曰前代錢文未有草書者淳化中宋太宗始以宸翰爲之

荇葉鵝眼

宋史子業時鑄二銖錢謂荇葉又鵝眼又綖環

今年鑄而日貴者富家積久不敢使奴鎔爲盡器也俗釋音錢爲頓者銅之訛也小說謂錢曰匾兒

半兩五銖

秦史用半兩錢文曰半兩註重如其文漢文帝鑄四銖錢重四銖武帝鑄五銖錢吳孫權鑄一當五百錢及當千錢文曰大泉五百未嘗以國號年號名之

開元通寶

談賓錄曰唐武德中行開元通寶初進錢樣文德皇后掐一甲痕因鑄之是高祖開極啓元之稱非玄宗開元紀年之號

錢紀國號

漢史榆葉錢紀漢興則似國號之始也唐詩風榆落小錢則錢

曰金銀天地之精國家之寶也我朝廢銀用錢以貢中原也

朝鮮通寶

芝峯曰凡三韓重寶通寶東國重寶通寶海東重寶通寶朝鮮重寶通寶共八樣云我東之有錢亦久矣今朝鮮通寶蓋國初所造或以爲箕子錢爲占錢非也

常平通寶

原覽曰黃帝作泉貨周景王作大錢我東麗史成宗十五年始鑄鐵錢肅宗七年始開酒食店用之文曰海東通寶我朝仁祖甲戌戶判金起宗請設常平廳取漢耿壽昌常平倉之名也又請鑄錢未果至　肅廟己未始鑄錢名曰常平通寶以常平廳之故也漢食貨志曰穀賤增價而糴貴減價而糶是謂常平

為之貴以竹根爲粧刀筆床竹爲之枯以薹爲尨薏苡薹爲之損又綿入中國爲木三升綿乃極貴云北道貂犍江界人蔘六鎮筒布濟州馬牛諸藥種及他峽鹿茸熊膽樂浪銀鑛又金玉銅鐵則往往焉然劉晏所謂戶口滋多賦稅自廣故理財養民爲先

寶貝

韻書曰古者貨貝曰寶龜易謂或益十朋之龜詩云大貝南金是也以其貝之背用之故謂貝如今之用錢然秦廢貝行錢又錢玉篇曰錢名

銀瓶

麗史肅宗始用爲貨以銀一斤爲瓶象本國地形一名濶口詔

史註集狐腋爲之天子諸侯燕居盛服孟嘗君賂姬而免秦敵
宜生獻紂而存周蓋稀寶也今廛人多衣之貂貉亦我地出也

龍文席

荀子正論曰龍茲華瑾以爲寶註龍茲即龍鬚席、俗謂揔織
諺傳中朝望氣者来安東問此邑常有天子氣何物可當之土
人以金方慶爲對則曰此人傑然不足以當又言龍文席爲天
子方席每入中朝貢案乃曰此是也說文天子席黼黻純飾云

土宜

麗史穆宗令百姓交易土宜擇里志曰木綿兩西兩南無論峽
海山野俱宜又鎭安之烟草全州之薑蒜林韓之白苧永川之
黄苧禮安之龍鬚爲國中第一云近以烏柿木爲硯匣書案柿

精鏡斥内刻有層謂老人鏡入筒中幾層照之則千里之遠無一山之陽乃聚在目前是謂千里鏡

貝餘胝

爾雅曰貝餘胝黄質白文通作蚳詩註貝黄白文曰餘蚳者此也似今以錢貫為蛇下頷之謂也

花魚霞錦

燕岩曰新羅時土産大小花魚牙錦朝霞錦白氎布按杜詩光明白氎巾註出高昌國而羅産亦有是耶

氍毹

杜陽編曰新羅進五色氍毹以藉地註毛席似今萬花方席

狐白裘

掩目則明元人小說云靉靆出西域又方輿勝略曰滿剌加國出靉靆李慈官詩云西洋鏡白睛開眩是也芝峯曰天將沈惟敬倭僧玄蘇皆老人用眼鏡能讀細字乃東國所未曾見蓋海蚌之類以其甲製云又故闇文書以水精承日照之可辨云今洋人造針觀星非眼鏡不能云然以慶州烏水精為天下第一云

要地鏡

物類相感志曰觀日玉大如八寸鏡映日見日中宮殿云芝峯曰利瑪竇所寶玻璃石一照眼前枯木頹垣皆成五色盡玻璃者韻書曰西國大凝山千年氷化為玉是謂氷玉疑今要地鏡

千里鏡

事類曰鸜鵒目睛和人乳研滴眼中能見烟霄外物云今以水

面鏡謂石鏡出此淮南子曰明鏡之始型矇然乃粉之以玄錫磨之以白旃則鬚眉毛髮可得而察今磨鏡以旃亦古矣武陵記曰鏡謂菱花以其面平光影所成如此也韓子曰目短於自見故以鏡自見我中宗時日本亦二聚獻龍鏡名都之

火鏡

文粹曰戎鏡當日曬之則能延燧與火即陽燧又銅銚孔帖曰南蠻珠如卵日中以艾藉珠輒火出盖火鏡之類也博物志曰削氷令圓擧以向日以艾承其影得火故謂艾為氷臺盖陰陽相薄則生火也我國亦有火鏡而陰雨則不得火

眼鏡

正字通曰靉靆眼鏡也洞天清錄曰靉靆老人不辨細字以此

車璖璊瑚

韻書曰車璖美石似玉又大蛤也璊瑚詩云毳衣如璊註赤玉

七寶

原覽曰車璖璊瑚琥珀瑪瑙火齊良玉真珠是謂七寶我國所産過半而成川之真玉海南之和璠石亦奇物

方諸

韻會曰鑑名以取明水於月淮南子曰方諸見月則津而為水註陰燧大蛤也熟磨拭向月下則水生又云方石也諸珠也今中國人藏水於囊中似以陰燧也

石鏡

拾遺記曰周靈王時外國貢石鏡白如月照人則寒名月鏡今

琉璃

韻玉曰石出大秦國為器者以自然灰治魏畧云赤白黑黃青綠縹紺紅紫十種西域傳云罽賓出璧流離近世銷冶石汁加以藥火成光澤不減或云今中國人煮我國牛蹄角和藥而凝成似青瓦棽麗者華嚴經云離垢國琉璃為地黃金為繩

瑪瑙

拾遺記曰丹丘之野多鬼血化成形似馬腦王莒誤為安石榴食之如櫻桃之赤瑛盤也

火齊

韻書曰似雲母重疊而開色黃赤別之如紗縠之重沓本草曰五色雲母今之石銀

珊瑚

說文曰生於海或生於山韻玉曰樹生水底盤石上號烽火樹一歲黃二歲赤作鐵網沉水底貫出之久時不出亦腐蓋琅玕之類也麗史顯宗時靈光郡獻之

琅玕

本草曰青者入藥生海底初出水紅久而青黑枝柯似珊瑚竅如虫蛀擊之作金石聲山海經曰開明北有玕琪樹

玳瑁

韻書曰龜屬又龜雄曰毒冒首尾如鸚鵡甲有文生南海有鱗如扇煮鱗如柔皮又生甲繫左臂辟虫毒今濟州有之或煮虎骨假造爲纓子云

辟塵珠

國語曰珠以禦火災通雅曰古有辟塵珠辟寒珠夜光珠陸佃云龍珠在頷蛇珠在口魚珠在眼鮫珠在皮鼈珠在足蛛珠在腹皆不及蚌珠

琥珀

博物志曰一名江珠松脂入地爲茯苓千年所化色如血熟於布上吸芥子者真也唐詩瑿珀拾微芥又虎死眼精入地所化故字從虎從白、即琥也段成式曰龍血入地爲琥珀又有燒成者南蠻記寧州沙中有蜂崖崩則蜂出土人燒治以爲琥珀博物志亦云燒蜂窠所作如近日之玻瓈亦番燒也又韓保昇曰木脂皆化松楓多脂耳

照凉珠

拾遺記曰燕昭王暑月懷消暑照凉珠韓詩愁暑憶凉珠是也

夜明簾

芝峯曰張說賂太平公主以鷄林夜明簾起水晶珠玉爲之遺事云虢國夫人置夜明枕於堂不假燈燭云亦出於鷄林耶

火玉

天寶遺事曰唐寧王有煖玉鞍煖玉盃冬月自煖杜陽編曰唐武宗時夫餘國貢火玉光照數十步積之可以燃鼎置室內不必挾纊韓詩畏寒思火玉是也夫餘卽解夫婁國

軟玉

杜陽編曰天寶中、興國貢獻屈之則首尾相就舒之則勁直

馬人来註採珠人謂龍戶麗吏元使来濟州搜得民間真珠為婦女首飾七寶粧抹額釘子云

如意珠

楞嚴經曰如人於自衣繫如意珠不自覺知窮露乞食智者指示其珠所願皆從致富乃悟神珠非從外得云俗謂貞女髮所化蓋出搜神記橘叟輪海神龍女髮之說也圓覺經曰清净摩尼寶珠暎於五色隨方名現註性照圓明也

九曲珠

坡詩註小說有得九曲寶珠穿之不得孔子教以塗脂於線使蟻通之又今無孔珠即紅蛤所胎者褁以真麥末有一年一胎珠者為死者飯含之寶

高麗珠

尸子曰水圓折者有珠方折者有玉清者有黃金燕岩曰乾隆皇后失東珠而至廢囚冷宮然未知產於何處也

木難

韻會曰珠名也色黃生東夷曹植詩珊瑚間木難今笠纓隔子

夜光珠

濟牧尹熽得夜光珠一枚懸之暗室如燭明瑩及還渡海為風浪所攫破為二大者投水小者懷來尚照無看字云

濟州龍戶

說文曰蜯之陰精又蚌蛤含漿胎珠與月虧盈採者以數十丈綆縋其身落於海底或為海獸所害云韓詩衙時龍戶集朝月

、礪石

禹貢云荊州礪砥砮丹賢臣頌云越砥斂其鍔我國以礪山出礪故為郡名云今出延日者為上品

、龜寶

金華子曰徐太尉赴廣南淺水中得琉璃瓶中有一龜寸許旋轉不停瓶口細不可出夜半聲龜繞瓶徐俱棄之舶主云龜寶

、聚寶埦

秘閣閑談曰巴東下岩院僧水際得青磁埦折花及米置其中皆滿以錢及金銀亦然自是富貴僧年老擲于江謂徒弟曰不欲爾增罪累也原化記曰魏王得一美石有胡人曰此寶母也每月望設壇海邊置此其上可集諸寶似小說花水盆之類也

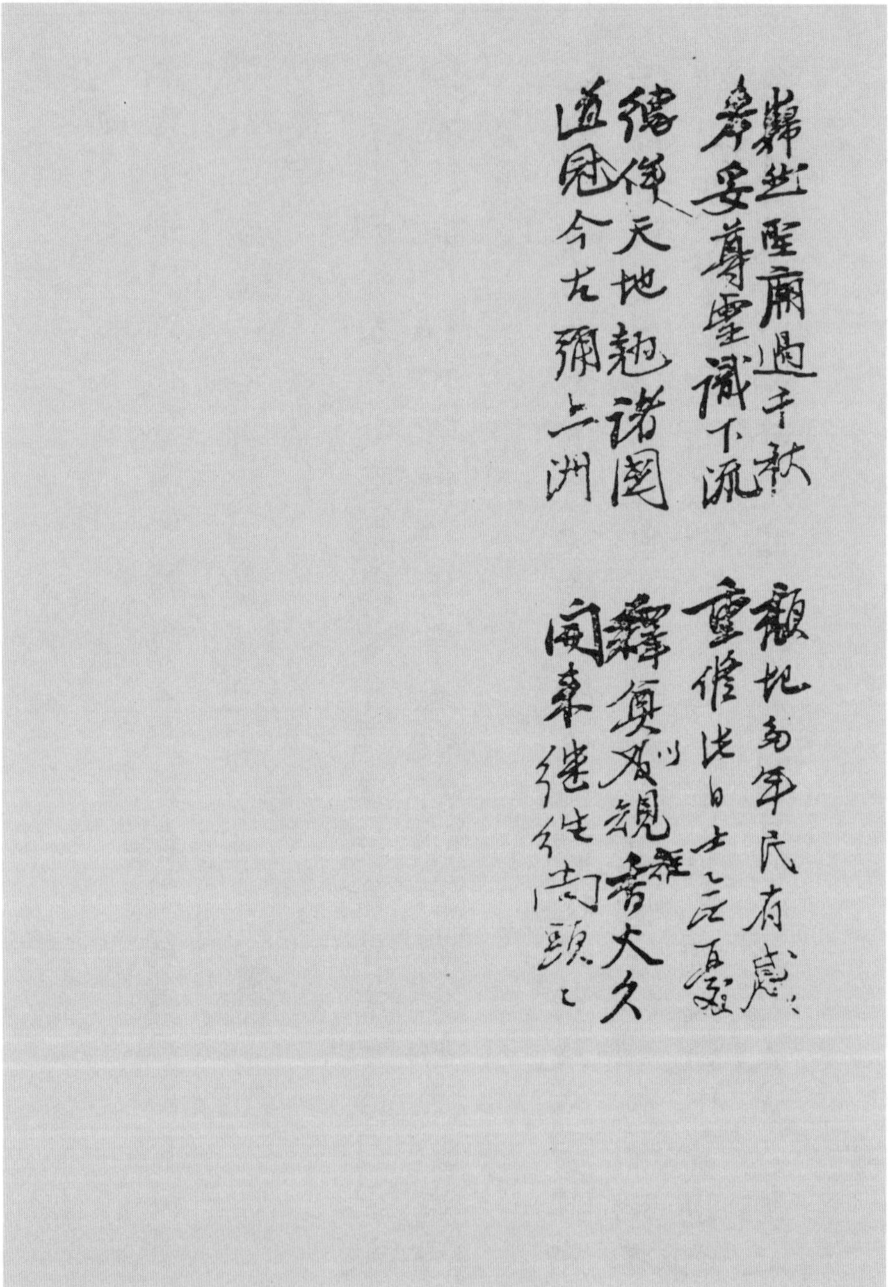

紅靺鞨

唐寶記曰靺鞨國産寶石大如栗中國謂之靺鞨

金剛鑽

正字通曰生水底如鍾乳體似紫石英惟安南高石山羚羊角能碎之唐史傳奕曰金剛石惟羚羊角破之是也以金剛石僞造佛齒故也

自然灰

陳藏器曰自然灰生南海狀如黃土可澣衣玉石以此灰霾之爛如泥

石硫黃

我國獨金城倉頭有之採石煮爲硫黃波及中國云

磁石

本草曰山之陽産鐵其陰有磁石是謂指南石坡詩眞契當如磁石鐵芝峯曰指南針常偏丙位不全南指盖丙爲火庚辛金受其制故云

沉香石

養花錄曰怪石産於松都敬天寺東岡者峯巒削峻絶壁隱隱藏畜雲雨之形置諸鼎鑪中則引水至頂日中不乾皆鮮斑斕形模如水怪石俗謂沉香石眞天下之絶寶也

玉石

華城乾達山産石如白玉朝家玉冊取此用之故封而禁採云韓文所謂鏤白玉之蹊皆是類耶

甲山銅

我純祖壬癸水甲山汰而銅山出余過採銅者其言曰我人才庸不知紫者銅黃者錫烏者金合鍊一窰而恨其色黑可謂烏不為烏也慶興亦産鐵每四五月海船来採之非胡非倭云

倭冶精良

倭人曰冶鐵剛柔相間美惡相錯揀擇合鍊乃極精良也扁扁張張考諦視之必有青黃色者斤切融冶閱四五火而每如之黃者始純而極精猶良冶爲裹剝取美毛零碎成大也又倭人兒生周歲盤置精鐵三四十斤即埋於泥及冠掘之百鍊成一刀謂命刀其精利如霜平生不妄拔有患則白紙封其柄云我國鐵如倭鍊則無非匕首云

說文曰丹巴越之赤石禹貢所謂礪砥砮丹是也今淸風南窟有之云漢紀丹砂可化爲黃金註抱朴子云作金在淮南子鴻寶枕中書雖有其文然皆秘其要云紀異錄曰道士李終南出玉象子如拳許與李德裕云以丹砂置象鼻下象服其砂復吐出於可服又出一金象與玉爲偶德裕服之顏面愈少乃求採姝異数百人後南遷逢道士懇索二象公不與至鰐潭二象自船飛出光焰燭天云

鐵室

酉陽雜俎曰山上有薑下有銅鐵長編曰膽水浸鐵成銅曰膽銅云我國忠州鐵室山產鐵故名爲黃金山產金故亦名爲其下有琉黃石云內浦處處淘鐵如米而濟州獨無之

麗肅宗時奸猾之流以沙土和米銅鐵交銀故禁惡銀惡米

、水銀

真誥曰漢程偉妻煎水銀成銀云盖銀類也醫者言水銀者海之生物也好白馬故採者先於海岸掘坎驟肥白馬往来其傍則海上有氣如馬者浮来着地走至、坎則陷乃掩以布網人得捉取團、水晶珠盤轉不定急納竹筒若否則走散云又殺水銀法以吸南草涎云今醫家用以治疥殺虫而馬之虫食皮為藥云本草曰水銀墮地鍮石可引上

白礬生汞

淮南子曰白礬生白澒註水銀韻書曰丹砂所化

丹砂

諺傳新羅王間居宮中有一死鼠俄一鼠自穴中啣一金尺来尺量死鼠左右數四死鼠即生走王奪之試之死人即生百無一失王曰此奪造化之柄不可留人間也埋之今慶州金尺塚是也

惡銀

銀實金瓜

五侯鯖曰薛瓊至孝采薪遇老人遺一物曰此銀實也用西壁土種之銅盆當得銀矣旬日生苗再旬開花、有銀色如螺鈿及結實皆銀也宋齊異物志云西域秦金二枚皆大如瓜擲之滋息無極觀之如用則真金也天下稱中國人衆大宛馬衆大秦寶衆是謂三衆又倭史佐渡州金銀品好謂佐渡金銀云

銀鉚

廣韻曰鉚古鑛字李時珍曰此乃波斯國銀鉚也丹砂受青陽之氣始生鉚石二百年成丹砂而青女孕郭璞賦金礦丹礫山海經曰丹以赤為主黑白皆丹之類也

金尺

新羅銀

寶藏論曰銀有十七種而外國四種新羅銀波斯銀林邑銀雲南銀精好云金陵市語銀子曰杏樹

烏銀

本草曰用硫黃熏銀再宿瀉之則色黑工人用為器養生家以器煮藥可辟惡

巖石銀脈

爾雅曰山上有葱下有銀倭人云夫有大山岩石銀脈纏絡而暴露者是山中央必金銀內聚精華外發不必尋脈用功但量山之廣袤鑿之及中央而止猶鷄子黄耳其穴則以木横架用備崩壓雖深無虞云今或炭岩穴旁者皆於壬亂倭奴出銀處

財寶類

金生麗水

說文曰朝鮮謂金曰銕芝峯曰千字云金生麗水謂高麗之水非也韓子曰荊南麗水生金是也今我國淘金與貨殖傳豫章出黃金同而採之良田多傷故厲禁云山海經曰豪山多金玉而無草木東坡志林云地不產草木者多產金錫珠貝蓋金克木故也

金化土塊

韻玉曰鳳翔縣氓耕田得馬蹄金一甕送縣、宰信宿開視皆土塊矣今或金片銀釘非其主物化爲土石云或化鷄遊井上石間有得者剮用尾後則生而無盡若剮頭喙則死而不殖云

潛也淅米曰淘即浪淘沙之淘也又按淅之淅也湅集韻音陷沉物水中使冷也菜入湯曰爚又乾爓去毛曰燂即爓羊頭也

目食

溫公曰飲食所以為味也適口斯善矣世人取果餌刻鏤之朱綠之以為盤案之翫豈非以目食乎按今以人獸為形亦不仁

心閒食補

山居四要云身閒不如心閒藥補不如食補按近世食奢故心不閒藥補故食不補致味勝而穀氣少列品高而肉氣多素問曰肝病禁辛心病禁鹹脾病禁酸肺病禁苦腎病禁甘名曰五裁註裁節飲食也余竊取陸龜蒙蟹志叅於藥錄食䟽之義而附焉然宋詩云謀生待足何時足未老得閒方是閒

斗作米也王陽明惟精惟一註精字從米從青言鑿米至青也
我國延安稻米通八道顆粒朗潤故有石归延安米之諺爲御
供云晉史王愷以飴澳釜註以水沃釜謂澳飴米糖卽餳也似
令蜜飯而石崇以蠟代薪則盖飯味取甘也

糷䅣

米傷水而麩者曰糷飯未熟內堅者曰䅣今謂生米、穀雜曰
糲又糙舂麥去皮曰牟飲食壞破者曰餿馬攪謂過時少味也
壞而或白或黑者曰黴音微卽白醭也幽暗處久藏曰捫蔫也
中嫩外堅者曰酥歐也口味欲之曰叺嗒也柳文謂時啗其舌

潮爚

湯水之縮曰潮言水如潮之減也水湯有聲曰滾、而溢出曰

八珍味

太寶箴曰羅八珍於前所食不過適口禮記曰一淳熬二淳毋三炮豚擣珍四漬五熬六糝七肝膋八炮皆製食之法後世稱龍肝鳳髓兔胎鯉尾鶚炙猩唇禾酪蟬註似羊脂也熊掌即左傳胹熊蹯也與酒同烹乃熟煮又云牛羊麋鹿麕豕狗狼周禮庖人掌供六禽雁鶉鷃雉鳩鴿又張味七會封熊之掌翰音之跖燕髀猩唇象白髦殘註髦牛也所食之殘者即醯醢也註殘分羞煮肉名也雀鵬所謂薪臛羊殘是也非食餘也呂覽曰肉之美息鷰之翠註鷰鳥名也

䬪精

詩彼疏斯稗註鑿八侍御七謂糲米一石舂得七斗今舂精八

篴脯

宋書曰帝堯時厨中自生肉其薄如篴搖動則風生食物寒而不臭名曰篴脯

麞鹿脯

道書曰麞鹿非支辰所屬八卦無主又無魂其生無由故道家許聽麞鹿爲脯

牛膷

韻書曰牛之美者膷又脃胲註牛百葉今謂千葉即周禮醢人脾析是也李時珍曰脃言其有比列也牛羊食百草與他獸異故其胃有脾有蜂窠亦與他獸異醫書云牛肉熱而牂不然牂似膷之俗字々彙補曰牂音子唐切羝羊也說文胘音賢牛百葉

烙也鐵爲氈笠骨揉而烙肉故名之即十月煖爐會也啓顔錄
曰有人常食蔬忽食羊夢五臟神曰羊踏破菜園今葱莧之腸
多爲梁肉所困者

、雪夜覓

宋太祖雪夜訪普熾炭燒肉故仍名焉今肉煨不和味埋火熟

、氈根

類說曰羊也僧賦蒸豚詩若把氈根來比並氈根自合喫藤條
坡詩自啗本河朔紅消眞劍南註白喫紅消以裊肉爲之誠齋
咏玉貍詩誤隨齊相燧牛尾策勳封作糟丘子又沙地馬蹄鼈
雪天牛尾貍古詩云幾欲烹蹲鴟固嘗鱗鮈斡註蹲鴟蛇也盖
饞饕也周禮豕宜稷疏豭豬味酸牝豬味苦稷味甘是甘苦相成

、錦帶羹

杜詩滑憶雕胡飯香聞錦帶羹註别湖間春末開花紅白如錦苗嫩脆一云錦帶吐綬鷄若禽名有練帶綉帶

、悅口旨

仇池筆記曰羅浮頴老取飮食雜烹之名骨董羹亦山東人以肉埋飯下曰飯甕埋之類也陸道士詩投醒骨董羹鍋內掘窖盤游飯盌中今悅口旨是也其鍋謂火壺又神仙爐者出於頴老故耶盖樓君卿之五侯鯖之類而又有君臣鯖父子鯖之名

、氊骨

李懋官詩南國鍋紅胃嶺鱗註此俗從日本来柳得恭團爐詩氊是御史戴笠非元戎較必好圖圖面陰陽凹凸腹是也古焞

膾悉化爲蝶飛去云史曰陳登得病華佗曰胃有虫食腥物所致作湯二升服之吐虫三升赤頭皆動半身猶是生魚云周禮膾用蓼以制毒也記曰魚膾芥醬又魚物鱻薨註生謂鱻乾薨

羹糝

周禮曰醢人糝食莊子云孔子在陳蔡羹不糝陸詩白糝芋魁羹今米屑和羹是也禮記羹獻註犬肥者以羹唐詩朝羹宿夜吠是又何曾黃頷臛註肉羹

鶉羹

宋史蔡京喜食鶉羹鶉數千許于庭曰食君廩中粟作君羹中肉粒百命下箸猶不足吳悰何足論死生猶轉轂勸君愼勿食禍福相倚伏可謂喜殺生嗜食肉之戒矣

〻沉菜

禮醢人韭菁芹葵節治筍是謂七菹卽沉菜俗謂沉菜 又俗以菁根謂之蘿蔔菜

〻魚菜

杜詩自倪無鮭菜註晉人以魚為鮭菜卽魚菜

〻蕩平菜

青泡雜牛猪肉為之卽菜之骨董也宋寅明少時過肆聞賣蕩平菜聲悟以四色錯用為蕩平事業云

〻鱠膾

韻書云魚曰鱠肉曰膾牛羊魚之腥聶而切之細者曰膾大者曰軒博物志曰吳王食鱠有餘棄於水化為魚今王餘魚是也酉陽雜俎曰南孝廉斫膾絲縷輕可飛起忽暴風雨雷震一聲

似灰汁甚芬馨俗謂白粥曰稀即饘於是之饘稀之反曰稠

暑飲羅闍

異物志曰高昌郡寒脹冷水暑啜羅闍註俗言熱粥羅闍可謂損生者法故表以出之

玉版筍

詩維筍及蒲踈筍筍四月生惟巴竹八九月生鬻以苦酒鼓汁浸之可以就酒及食唐書司竹監筍供尚食是也本草曰冬筍為珍品淡乾者為玉版筍

能消積滯云家語曰今夫蘭本三年湛之以鹿醢既成啜之易之四馬非蘭之本性也湛之義也

駝酪

韻會曰酥者酪屬牛羊乳爲之牛酥差勝北方名馬思哥是也李陵荅蘇武書曰氊肉酪漿以充饑渴註酪漿乳汁也今中國人飮橐駝乳故謂駝酪我國以牛乳和米作粥尚謂駝酪粥而晋王武子食羊酪則古矣漢禮樂志挏馬酒註以馬乳爲酒撞挏乃成

饘粥

漢紀吏廩當受粥者註黃帝始烹穀爲粥周謂之饘宋衛謂之餰南越志盧陵城中有井半青半黃〻者甘滑宜作粥色如金

昨夢錄曰猛火油出高麗東数千里日初出之時因盛夏日力烘石極熱則出液他物遇之卽爲火惟真琉璃器可貯之博物志曰積油滿萬石自然生火又石油水經註高奴洧水肥可燃

狼膏

周禮冬獻狼夏獻麋註狼膏聚麋膏散聚則溫散則凉

蠯醢

周禮註蛤也今淵醢是也北戶錄云廣人掘大蟻卵爲醬名蟻子醬卽蚳醢似今蟹卵魚卵醢之類也今海戶夏際採牡蠣塩淹過六七稔色玄味珍謂屈醬比蟹醬尤佳金谷廚似未有者又雜犁蘆菁根苦椒入牡蠣謂屈沈菜或言河豚魚卵人食之卽死棄道禽獸避而不食然塩淹地中過五六稔則味佳又

麵數斛色黃白嶺南有之

醋醶

東軒筆錄曰君子喜食酸小人喜食鹹 得水性而下酸得木性而上白虎通曰木味酸者何東方萬物之生也酸以達生猶五味得酸乃達也山谷題石路盡嘗醋云石媼忍酸喙三尺石皤嘗味面百摺是也醶註酒酸古桃花酸范質鼻吸三斗醋醶

燃油

備考曰黃帝拾木實煑爲油今壓油之物蘇荏外魚則鯨鮀鼓則熊猪牛羊狗猯鳥則鵝鴨草則麻子綿種木則山椒茱萸即蘇桐冬栢樌實之類甚多

猛火油

以洛酒冨子撈金食之彼詩靑浮卵盌槐芽麪似今平壤冷麪

剪刀麪

雲仙錄云柳公權作錦樣書以進上方御剪刀麪月兒羹命賜之是也今謂拚麪近有秃尾麪切厚魚爲之謂勝歌妓掛麪即乾者今倭麪唐麪之類也拉條麪即杖壓是和盤之飥也

麴譬

本草云桄榔子內如麪食之不飢謂麪樹彼詩雪粉剖桄榔韻書桫欏似桄榔出麪今俗說麪入麴則酒無味故麪謂麴譬而蕎麥之謂也非眞麥之謂也平壤冷麪之前羅州麪擅名云束皙賦云重羅之麪塵飛雪白李善曰欀木皮中有如白米屑者乾擣之以水淋之可作餠似麪交趾有之又本草莎木皮內出

根雜以麥麪我國李澂冬月白魚羹以葱笋實以魚肉味似白魚様作月捕之是也

丶甕齏

東坡曰王拄元未第時醉墮汴河水神扶出曰公有三百千料錢若死何處消散窮士殺之陽醉落河〻神亦扶出士喜曰我料錢幾何神曰有三百甕黃齏無處消散今亘菁葉

米食

本以薏苡末和蜜水飲之今以粳米糖屑葛粉皆名薏苡為米食古糗糒也或熬秋牟作屑飲之可療飢辟暑

冷麵

杜甫槐葉冷淘詩註野狐泉一嫗善製水花冷淘切以吳刀淘

今喂養牛者諺傳壬亂天將責我以無醬將迴師驁城往約三
日內辦醬三千甕即收平壤城內菽莢俗謂殼只煮水色黔注
甕和塩但味不及宿醬云余嘗爲之日久成熟則不下真醬

椒漿

離騷經云奠桂酒兮椒漿、註酢今疑汁和幽豉雜蝦蛤苓歸
苦椒爲漿謂之藥苦椒漿

汁醬

今以肉汁和蜜雜茄瓜苦椒同豉末納暑節積草中幽熟之謂

韭菜虀

晉書石崇爲客作豆粥咄嗟便辦每冬得韭蓱虀王愷問其帳
下云豆至難熟豫作熟味客來但作白粥投之韭蓱虀是擣韭

煮以土故謂土塩味甘色白江陵有塩澤人無知者云

醬麴

韻書曰幽豉即俗所謂薰造也齊民要術曰作醬法熱湯浸豆黄良久淘汰漉而蒸之又俗傳醬味苦者納乾北魚則醬味回性而魚雖投犬不食云陸機所謂千里蓴羹末下塩豉柳玭之孝悌忠信食之醯醬是也坡詩但愛齋厨法豉香今亦以寺豉爲美

草豉

本草曰生巴西諸國草似韭狀豉出花中彼人食之

殼萁醬

楊惲詩種一頃豆落而爲萁曹子建詩煮豆燃豆萁俗謂殼萁

食之死蠶食之肥蓋古語也余謂鹽味鹹屬北方水也熊字從
火乃火畜水克火故也鼠十二辰爲子屬北方水畜也猶草木
牛食之茂盛羊食之枯死或謂牛土畜能養物羊金畜金主殺
伐故也近有熊咬者付鹽而生

木石鹽

說文曰西方謂之鹵東方謂之斥廣韻天生曰鹵人造曰鹽洪
範疏水性本甘久浸其地變而爲鹵備考曰夙沙氏煮海爲鹽
之始也韻書曰河東有鹽池蜀有鹽井鹽或出於鹵地或出
於井出於崖或出於石出於木芝峯曰胡中鹽出於木石今達
州夷無鹽以柦木頭汁和味以當鹽今六鎭亦然云石鹽出黑
婁國云我東、海之鹽煮以鐵故謂鐵鹽味苦色黑西海之鹽

鷟是也飥即無麪不乇之謂俗言凡法也糍粉糊即麥糊麻襯
即麻晜俗可厓墨也

豆腐

淮南子鴻寶苑仙食之術坡詩煮豆爲乳脂爲酥朱詩早知淮
南術是也又名泡黃喜以爲聖朝久享不可無限殺牲各陵有
造泡寺其滯醫書不載而用粟米泔自　肅廟聖痘始也

鹽樹

類篇曰櫰檻木名葉如椿生吳蜀山谷中子上有鹽如霜

蘇甘

說郛曰高麗方言以塩爲蘇甘者必是潮海水而醎之訛也其
色青白紅紫黑皆有之芝峯曰熊食則死鼠食則飛若礜石鼠

束晳賦曰春饅頭夏薄托秋起溲冬湯餅四時皆宜惟牢九乎薄托餺飥也起溲即蒸餅俗謂起酒而溲者酸之訛也

麱麮

晉謠云昔年食白飯今年食麥麱、註麥殼荀子曰夏日則與麥麮註麄麥飯

麨䴷

急就篇註熬米麥謂之麨佛國記貝多樹下有五百賈客授麨蜜處是也玉篇曰䴷麥酒又麯䴻註新麥爲餌今麥餅

紇頭

陳平傳糟糠覈註長安人以麥糠爲餅內堅外熟者韻書覈作麧又籺即麥之磨不碎者杜詩黎民糠籺窄是也今謂假餅水

正字通曰米麪和飴爲之乾濕小大不一段成式食品湯中牢九式謂之粉角諺爲餃飽

葱煮

陳詩云煮餅燒油葱今葱灸也侯思止食籠葱必縮葱加肉

牢九

字典註屑米麪搏如彈丸煮蒸啖之謂牢丸俗諺作九

饅頭

韻書作饅⿰飠叚丶音餖正字通曰饅開首者曰橐駝臍呉下呼餶膪長曰繭斜曰桃事物紀原曰諸葛亮将度瀘水土俗殺人首祭神亮令以羊豕代取麪畫人頭祭之饅頭名始此宋仁宗賜羣臣包子即饅⿰飠叚南唐有子母饅頭今石饅頭今祭用非禮也

中原来而似蔗糖水壓乾若蹲柿也五花糖雪糖皆蔗

饆饠

玉篇曰餅屬用麵爲之中有餡資暇錄畢羅者蕃中畢氏羅氏好食此味故因名焉酉陽曰有人夢入畢羅店及醒店子曰郎君與客食畢羅二斤何不計直而去

糰子

集韻音團粉餌武林舊事曰元夕前食所尚宜利少澄沙糰子

餡味

坡詩云語帶烟霞從古少氣含蔬筍到君無註蔬筍即餕餡玉篇曰餅中實味今餅蔬也餡音陷綱目餅餤註麵裹菜肉爲之

水餃

爾雅翼曰北方地燥多在土中故曰土蜜又木蜜南方地濕多在木中故曰木蜜西京記曰南越王獻高帝石蜜五斛疑今陜邑之石淸

造淸

俗傳以黃粱作甘酒納白缸緊封埋地中令秋至明春發嘗與眞蜜無異故海浦野邑官廳所用蜜皆粱造淸云但藥用不宜

飴糖

韻書曰餳也以米蘖煎秫成乾糖亦作粘坡詩小餠如嚼木中有酥與飴又范至能詩烏膩美飴餳註糖能去烏膩故名焉今黑糖去垢膩矣淮南子云柳下惠見之可以養老盜跖見之可以黏牡是也盖古以秫蔔爲糖今訛以糖爲秫蔔也今橘餠自

芝峯曰岑參詩武陵對蜜而可餐 註對即刺蜜生交河沙中草頭有刺〻上有毛〻中生蜜一名草蜜又沈羅國生錫蘭山國南海形如東瓜云今峽邑多產石崖蜜即石清本草曰蜂採黃連花為之味苦云 坡詩蜂鬧黃連採蜜花 爾雅曰土蜂大在土中作房子可啖木蜂小在樹上作房本草曰蜂作蜜皆須人小便以釀諸花方得成熟狀似作飴須蘖也

蜜蠟

類苑曰李時珍云有蠟樹四時不凋五月有白花蜂採其樹液為房即蠟也博物志曰食蠟半斤支十日飢又食蜜禦寒俗釋蠟音謂蜜蠟韵會云蠟者蜜之滓魏志蜀人作食喜著飴蜜

土蜜

必用曰薄批熟麪觔用薄粉染紅粉綫切如春盤樣用鱠醋澆

海螺廝

必用曰葱韮香油炒作燥子細切羊肉入鷄卵沐酒醋煮熟

蜜果

中國謂高麗餅我國謂藥果俗以蜜爲藥故也今尋常祭享用之中國雖宴饗亦不用云兪條茶食餃藥果泥蕭沙果之名亦多

飣餖

開元遺事曰都下上元日造麵繭以官位帖字置其中以高下相勝爲戲笑今造果盤謂絣飣之餘也或謂藍司盤床又蜀俗迎新使設宴謂遨頭床似今望床也

剌蜜

必用曰女直食品也採槐葉嫩者研自然汁依常法搜和捍切極細滚湯下候熟過水供汁葷素任意加蘑菇尤妙味甘色翠即槐葉冷淘也又水滑麪索麪似今水餃也

菜餡

必用曰黄虀碎切紅豆粉皮山藥片加栗黄尤佳五味拌打拌搦餡包即今菜蔬也

壽帶龜

必用曰平坐小饅頭卧饅頭皆生餡而龜蓮饅頭壽帶龜皆熟餡而為壽蓮供葵花饅頭為喜蓮夏供又春蠒者春供荷花饅頭亦夏供云饅頭之品亦多矣

假魚膾

卯是也劉夢得以五經無糕字遂輟宋子京詩劉郎不敢題糕字空負詩中一世豪盖後世以方言為字矣淵鑑類函曰冬至日薦黍糕則後世之時食也

高麗栗糕

居家必用曰栗子不拘多少陰乾去殼擣為粉三分之二加糯米粉拌勻蜜水拌潤蒸熟食之女直糕糜與回　糕糜同勃海葵羹與女直葵羹同玆不重復

柿糕

必用曰糯米一斗大乾柿五十箇同擣為粉加乾煮棗泥汁拌擣馬尾羅〻過上甑蒸熟入松仁胡桃仁再杵成團蜜澆食

翠縷麪

歲時記曰九月九日餻上置小鹿號食祿高今糕銘以壽祿字

寒具

齊民要術曰粔籹名環餅象釧形桓玄誤寒具汚畫故坡詩云
上有桓玄油鐶餅今油煎餅也廣雅謂之粰𥻨今通名饊子具
謂之膏環亦曰寒具宋玉招䰟賦云粔籹蜜餌有粻餭些壺中
贅錄云重九作粔籹蜜餌韻書饊註熬稻粻餭今饊子飯杜詩
粔籹作人情劉禹錫詩纖手搓成玉數尋碧油熬出嫩黃深夜
來春睡無輕重壓編佳人纏臂金又餘頭李日新詩陳黯䭔饠古餘頭

棗卵

周禮曰糗餌粉餈註方言餌曰餻藝苑雌黃曰寒食以麵若蒸
餻掾團附之名曰棗餻今以棗肉爲之謂棗卵以栗爲之謂栗

者即此也

水引餅

齊書何戢傳曰太祖好水引餅戢令婦女躬執事以進正字通曰今之水麪

蝎餅

釋名有蝎餅今菉豆末煎餅

胡餅

唐史玄宗買胡餅食之今撒饊盖胡人蒸餅故名之又入胡麻故或麻餅晉何曾不坼作十字不食盖坼然後濃熟有味餌餅曰打糕白餅曰餈印形壓白印子餅及引絶餅煎餅類亦多

糕餎

紅綾餤

六書故云今以薄餅卷肉切而薦之曰餤正字通曰唐賜進士有紅綾餤南唐有玲瓏餤駝蹄餤鷺鷥餤皆餅也今人數餅未知誰是作俑

青艾餅

董越朝鮮賦云松膏之餌山蔘之餻註三月三日取嫩艾葉雜粳米爲之謂艾餻今松餅謂葉餑又僧笑又以雜果餅爲羞

起膠餅

正字通曰餢飳起麪也發酵使起麪輕高浮起炊之爲餅賈公彥以酏食爲起膠餅膠即酵也今之炊餅也似今蒸餅籠蒸饅頭發酵浮起者是也齊書太廟四時薦起麪餅逵元志有酵課

後無不跛者是也爾雅曰下酒類說曰飲儲梅聖俞詩用之李華文曰一器脯鯆佐飯周禮註脯乾雉鯆乾魚而今以乾魚謂佐飯出此南史孔靖飲宋高祖酒無膎取伏鷄卵爲肴註膎音鞋今鷄卵登盤無餜可知之說出此退之詩長安衆富兒盤饌羅羶葷今盤饌之說出此

酌先主人

芝峯曰酌酒持與客、言主人持却略再拜跪然後持一盃則今飲酒先酌主人古矣俗言主酒客飲者疑酒有毒故也

啗香肥香

麗情集曰薛瑤英母趙娟幼啖香啗英故肥肉香今峽人食粟故肥黑堅野人食稻故肥軟白孟子曰居移氣養移體是也

漢史第五倫謂解酲以酒蓋古亦以酒解矣杜詩蔗漿歸廚金盌凍註甘蔗汁可解酲今沙糖即甘露水也醉鄉記曰飲流謂睚眦者爲狂花睡者爲病葉又冷酒謂曠官熱酒謂苛政

酒腸

閩王曦言周維岳身甚小何飲之多左右曰酒有別腸不必長大今食量外別有酒量之說出此

罰酒無肴

禮閭胥掌其比觥撻罰之事韓詩外傳齊桓公酒令曰後來罰飲一經程是也蓋古人賞罰皆有酒惟罰酒無肴

按酒

釋名曰酒者踧也入口咽之皆踧其面也今對酒無不笑者飲

醍醐湯

金瀾酒

集韻曰金國有金瀾水宋周煇北轅錄金人所餉酒極醇厚名金瀾酒言以是水釀之

秔米醞酒

芝峯曰秔醞惟我國爲然按平當傳稻爲上糯稷爲中粟爲下

醉鄉日月記曰暑月大雷時收雨水淘以炊飯釀之謂霹靂酎

我國朔州酒平壤甘黑露礪山葉山春壺山春忠州淸明酒

母酒

說文曰麴爲酒母集韻曰酒停謂酪母今停謂母酒卽停糠

解酲酒

爲唐史云以藤漬酒多暴死盖藤乃葛類而葛能解毒藤則死

酒樹

拾遺記西域頓遜國有樹似石榴採其花注甕自成酒名酒樹集韻曰格木汁可爲酒南史人餽任昉格酒是也格音諺類篇椰木膚裏有漿甘如酒宋李綱有椰子酒殼尭封詩椰花好爲酒正字通曰其殼有斑纈點文横破之爲酒器遇毒則酒沸起一統志云瓊州有嚴樹搗皮葉浸水和以釀數日成酒能醉人

醍醐

本草曰酪上一重凝者爲酥、上如油者爲醍醐甚甘美梵書以醍醐喩佛性從乳出酪從酪出酥從生酥出熟酥從熟酥出醍醐也杜詩醍醐長發性盖酥之精液者養性令人無妬心令

飲號燒酒徒以辟瘴故海邑人多飲之芝峯曰今人和芥子飲多死而賣者和苦椒助毒

藥酒

徐藥峯渻嗜酒而別製重釀酒故謂藥酒以藥峯家酒始也與金罌和藥之酒異矣韻書曰酒本曰酶以飯加之謂涳淋山谷詩浮蛆翁、盃裏滑坐想癡成論泛盎陳後主望江南詞醅浮香米玉蛆寒今清酒渟浮謂蛆是也

濁酒

具相仁屋嗜飲無量其母親一日取狗腸三条一盛藥酒一盛燒酒一盛濁酒懸屋樑若洞天聖酒之鹿腸矣燒腸即絶藥腸盡一日乃絶惟濁腸數日不絶以此戒之故惟飲濁酒世因號

月八日造以供佛入柹葉楊桐葉助色也南天燭即南燭木今人植庭葉似楝秋實赤如丹智即天竹乃烏飯樹也

一宿酒

原覽曰古有醴酪禹時儀狄作酒杜康潤色之江純曰酒之所興肇自上皇成之帝女一曰杜康韻書醁酤註皆一宿酒芝峯曰真臘國一宿酒衆人夜坐一口嚼米為酒一夜為天下美味云不必十旬飲清也禮樂志云百末旨酒布蘭生註以百草華末雜酒故香美

燒酒

周禮女酒註女奴燒酒者長楊賦云燒煬蠡註燒酪也其燒酒之始乎原覽曰元時始製麗史金鎮禦倭不恤軍務惟燒酒是

皃樹火食

古史考曰古者茹毛飲血燧人鑽火而人始裹肉而燔之炮及神農時人方食穀加米于燒石之上而食之及黃帝始有釜甑火食之道矣燧皇鑽皃桃樹取火教民火食故今火鐵謂皃樹火石曰磕石茸曰承火絨集韻奔音礫火種也

祭飯

記云擧爵坐祭蓋古人飲食每種出少許置几間之地祭先代始爲飲食者今祭飯是也即菜羹瓜祭

烏䭀飯

蘇頌曰陶隱居登真隱訣青精䭀飯法陳藏器曰取南天燭莖葉擣汁浸糯米九蒸九曝米粒如珠囊之可適遠方今釋氏四

云未詳孰是今不曰草而曰木所謂保兵木大同木是效華語

綿弓

明史劉吉以愈彈愈起故謂劉綿花今以弓彈自中國效來又筳俗謂加絡說文曰繀絲筦古以竹今以鐵也援籆註絡絲者俗謂彈竹又曾子母投杼下機蘇秦傳妻不下機則機之名亦古矣筬韻書註織具所以持經者梭註所以行緯者類篇曰袋音代兵俗謂籃[illegible]曰袋今彈袋

木綿皂帳則始見於史也唐詩云滸龍倒死乾紅柄吉貝團圓
晴碧萄言其實如猢猻萄

吉貝

禹貢厥篚織文註謂吉貝我東方言古貝又古終今左右綵又
今中國有五色綿花云演繁露唐環王傳曰古貝草也緝其花
爲布麄麤曰貝精曰氎本草木棉有二種星湖曰黃州鳳山之間
木綿實細毳繁比南産爲優俗謂黃木其色亦黃故三年一易
南種云近以其種歷油故不豊又入中國爲木三升故亦貴云

文萊文英

江城集曰文公長子名萊始作繅車故謂文萊次子名英始成
疋故謂文英麗史云取子車繅絲車江城君之舅鄭天益所創

也匹配偶之云古人每匹作兩箇卷子南史沈慶之年八十夢兩匹絹曰今年不免是也

木綿

廣韻曰木棉也瀛環志畧曰中原古無綿元世祖征印度即天竺國也得綿花種而麗史亦東方舊無有矣恭愍王十六年丙午江城君文益漸始得三箇草綿種於中國来家本義城種之皆立夏穀雨夏至各一箇而穀雨種獨生衣一國矣蓋前此惟葛布云楊升庵云綿有三一曰絲綿出於蠶繭二曰木綿出於交廣名斑枝花樹大盈抱花紅似山茶實如酒盃唐詩木綿花發錦江西是也三曰草綿江南有之二三月下種黃花結實今綿花俗謂花桃花是也丘瓊山濬曰元時始入中國云梁武帝

漢光武紀云野蠶成繭人收其利今野繭絲是也俗謂真僧木自生自飼而成繭者

陶海紬

今沉繭陶海而繰之輕細如蟬翼吐花紬亦燠煖勝於毛裘云燕岩曰中國摘繭即微炒且溫炕焙乾則不蛾雖經冬可繰

登成爲升

論語緇布冠註八十縷爲一升互爲升降杼以緯之登成謂升

一匹四十尺

易賁卦束帛註五匹爲束禮記納幣一束、五兩、五尋註一束十卷八尺爲尋五尋爲匹、四十尺也從兩端至中則每卷二十尺合則四十尺五尺爲五箇兩卷故曰束五兩其實五匹

異也說文葵中蠶謂蠋居家必用曰庚戌日蠶姑死故忌之

螈蠶

記曰重蠶吳都賦鄉貢八蠶之綿是也淮南子曰一歲再收非不利也然而王法禁之者為其殘桑也

金蠶

本草曰屈如指環食故緋帛錦如蠶之食葉也雜俎曰蠶足於葉三俯三起二十七日而蠶已老則紅故謂之紅蠶

氷蠶

拾遺記曰員嶠山氷蠶長七寸黑色有鱗角以霜雪覆之作繭長一尺織為文錦入水不濡入火不燎

野蠶

載朝鮮土産今大卯紫紬是也

碧金絲

杜陽編曰唐代宗時彌羅國貢碧金絲其國桑大者連十數頃蠶長四寸其色金其絲碧表裏通瑩今繭亦有青者或言中國年、種桑似草綿其蠶大如牛穿屋上飼之其繭如甕云

蠶女成繭

圖經曰高辛時蜀蠶女父被掠惟所乘馬在母誓曰得父者以女嫁之馬躍去數日父乘而歸馬嘶不已父曰人而偶非類乎殺馬曝皮、蚕女飛去向日復棲桑上女化蠶食葉吐絲成繭蜀人塑女像被馬皮謂馬頭娘以祈焉荀子曰三俯三起天謂蠶之理古詩三眠蠶正熟是也淮南子曰蠶與蠋相類而愛憎

韻書曰草名茅蒐可染絳卽茹藘又蒨又紅花爲臙脂者俗謂
剌市言利於市也醫書謂能補血又破血者

虎杖

爾雅釋曰蒤虎杖也註似紅草而粗大有細刺可以染赤也蒤
音塗卽苗也一名苦杖又斑杖大蟲杖俗謂曲塗仙里

青黛

韻書曰似空青而色深又曰黛以爲畫眉故韓詩桃李晨粧黛
是也今青黛草所以染鴉青者又今染黃以豆梨樹皮勝於黃
栢梔子云

新羅染

蘇秦傳曰齊紫敗素而價十倍鷄林志云紫色猶勝於中國赤

紅毯

韻書曰交阯西國取猩、血染罽刺其血問之與我幾許若加鞭箠則隨所加得至一斗今唐物紅旗是也晉張軌傳毯布及毛席織五采香山紅錦毯歌云揀絲揀線紅藍染織作披香殿上毯則亦似以絲爲之今紅毯是也亦曰紅氆氌

丹秫

冬官鍾氏染羽以朱湛丹秫三月而熾之註湛漬也丹秫赤粟也羽以飾旌旗今深莢糖皮染紅是也說文帛戾草染色急就篇註綟蒼艾色東海有草其名曰莀以染色因名綟又釋名曰綠綟紫綟綠也

紅藍

高昌國有草實如繭中絲為細纑名曰白疊安于國人取以為布其輭而白亦作白氎

菻布

醫書曰大麻也又白麻俗謂假牡枲非麻似麻似苧非苧者

紙布

唐玄宗紀云回紇入東京肆掠蕩盡士民皆衣紙陸機詩疏云江南人績楮皮以為布今細剪薄紙疊成極燠重綿亦時為之

闌干布

西南夷傳闌干細布註獠言苧也似今春布

○斑布

說文作縵絺綫集韻曰縵白經黑緯似今斑布

及彩緞物貨壓而鐵筬木人作機織成帛輕細廣濶云字彙補
曰緤音牒西國布名也

黃苧布
韻書曰蜀有黃潤布今之黃苧俗謂罽出伊嶺南獨永川及傍
数邑之產雖他邑麻子種之此為黃苧以永之種々之他還為
麻云與白苧載在貢案

白苧布
鷄林類事謂苧曰毛苧布曰毛施背說文曰絲屬細者為絟粗
者為紵漢紀都紵大袍是也吳地所出而我國林韓山之產

白氎布
漢南蠻傳知染采文繡罽毲帛疊註諸薄國女子織作白疊布

註草脈葛越也葛即蔔越即蕉苧黄苧之屬也藕絲布亦越女采蓮藕絲織成之唐詩舞衣白藕腸纖纏抽輕春是也今有貨於中國爲暑節汗衣

筒布

韻書曰絧布也即劉肇賂王戎筒中細布是也今六鎮布

火浣布

西南夷傳賓幪火毳又南海火山不燃之木用其皮作布又火鼠入火不焚毛長丈許可爲布皆火浣布梁冀怒客汚焚之是也神異記云北方鼠食冰毛長百尺可爲布

㘝西洋布

芝峯曰西洋佛浪機國其布輕細如翼(蟬)近年鍾樓有西洋布

通中國將纏身以全匹帛耶妙工精鍊亦我國之翰寶齋之

機絶針絶

拾遺記云吳趙夫人指間織錦號機絶方寸帛上繡五岳四海號針絶神膠續髮織裁為縵仍一髮析為數縷號絲絶今衣或火穿指間織補出此今針畫曰針札針綴曰針篸骨冒曰頂鍼印刀之曰烙搨衣曰碾光内登曰緑褁端襞曰繑邊

剪刀

唐詩云天寒剪刀冷東人女子詩曰有意縫腰合多情兩脚開動搖惟我在深淺任君裁又舞衣曲剪落交刀吹斷雲

白越

漢書白越註越布也今葛布盖越勾賤采葛故名之禹貢卉服

拾遺記曰周靈王起昆昭之臺設狐腋素裘紫羆大褥一人以
指彈席而帷風入室左傳左追蓐註軍行東左者追求草蓐為
臥止之備蓋薦席謂褥矣唐詩壁衣織成花氍毹註毛褥

氍毹

韻書曰毛席大床前小榻以上床者今交椅前毛方席是也

蒲團

傳燈錄曰臨濟云與我過蒲團來今有詩云獨坐蒲團瀟蓋以
去風濕故為坐具今褥托子即毛氈或以艾菊為之

輪寶齋

淮南子曰先針後縷可以成帷今以輪寶齋針為衣輪寶者洋
中國待洋而針我國待中國而線則中國之不逮洋我國之不

韻書罽註織毛爲布唐薛登傳曰匈奴穹廬固於城郭氈罽美於章紱山谷詩云飢蒙青精飯寒贈紫駝尼註駝尼蕃褐也似今蒙氈漢貢禹傳裋褐不完註毛布衣也其廣不過三升故名之近以木綿織之謂木三升

氁段

字彙氁音模毛段也輟耕錄曰凡調合服飾顔色氁子用粉土黄檀子入墨一點合又氁綾用紫花底紫粉搭花樣

氍毹

漢烏桓傳曰婦人能刺韋作文繡織氀毼正字曰天竺國細布好毾㲪今曰氍毹韻書曰西蕃織羢毛爲之

羆褥

宋太祖戒守令曰切勿黃紬被裏放衙文潞公題衙鼓詩云置向譙樓一面撾、多撾少不知它黃紬被裏曉眠熟探出頭来道放衙今守令被云又襯衣今襯音淺者訛也

濺巾

揚子方言曰淨巾謂濺巾說文曰拭滅貌一曰塗也

獺辟領拓

韻玉曰西戎以獺皮飾毳服領袖拓不著云

三升

拾遺記云漢梁冀玉虎頭枕頷下篆云帝辛與妲己同枕今亞字枕麗末辛旽作之

紙被

漢史羊續為太守惟臥布裯敗則糊紙宋劉子翬陸放翁有紙被詩云紙被圍身度雪天白於狐腋煖於綿是也

被池

傅玄被銘曰被雖溫無忘人之寒無厚于己無薄于人芝峯曰古詩云衣被皆重池侯鯖錄云今人被頭別施帛為緣者謂被池俗謂衾領猶衣領之船也楊慎曰古裝裱卷軸引首後以綾粘者曰贉唐人謂之玉池

黃紬被

間大龕謂鞹角註今漆屐有齒者

木枕

吳越史曰錢鏐在軍用圓木作枕睡則欹即木枕之始也周必大詞云枕痕一線紅生肉杜陽編曰大秦國貢重明枕潔白如水晶中有樓臺之狀有十道士持香執簡循環不已云與游仙枕邯鄲枕皆枕之異

六安枕

漢崔駰有六安枕銘曰枕有規矩恭一其德承元寧躬終始不忒註六面安也又唐陽城之木枕質錢宋溫公之警枕讀書則木枕亦古矣

亞字枕

雲鞋

香山作飛雲履而始也韻玉曰弓鞋鳳鞋綉鞋今皆婦女履㨾而自唐來故曰唐鞋

麻鞋

韻書曰木曰屐麻曰屩虞卿躡屩擔簦蜀書棄敝蹻而獲珠玉杜詩麻鞋見天子詩之葛屨是也即不借俗謂免土履又芒鞋即草鞋佛經所謂作麼生是第一機即龍師曰峭緊草鞋是也又韻書曰鞻扉類四夷舞者所扉今儇妓編繰芒鞋疑出此麤說文音縷又粗草履也

䩕角

揚子方言曰木屩有足朝鮮列水之間謂之䩕角徐土邳圻之

汗之入也漢女皆走清帝怒纏其足因成俗而清女則否云

囊包

易稱括囊詩言于囊丶之名久矣韻書勝註囊可帶者今曰荷包又牽帒曰搭包即勒歐公考試紅勒帛益借用也

靿子鞋

黃帝臣於則作履後增其制今靿子鞋俗謂大分套户曹後房有之韻書履中薦曰屜賈誼疏冠雖敝不以苴履是也字彙曰履底曰編音辮緞謂之編

舄以禦泥

韻書曰舄者以木置履下不畏泥塗今無其制似木屐之類而油鞋水鞋皆舄類而禦泥大分套尚不以木而着靴履之

說文曰足衣也俗謂褓跣言徒跣以褓褁也自三代有之六韜武王征商襪係解諸師襪而登席是也炙轂子曰謂之角襪前後兩隻相成中心繫帶至魏吳妃始以綾羅爲之唐詩夜久侵羅襪是也今中國織羊毛爲槖樣無大足小足穿之自成襪本故謂之無大小韻書曰袎註襪頭也[illegible]註襪靿也

凌波襪

洛神賦凌波微步羅襪生塵註體輕也抱朴子曰丹魚血塗足則步行水上不沒云近聞洋人水戰着凌波襪步渡黃河其塗丹血耶

漢女革襪

今中國俗濆人生女以革襪纏兩足及長足小不能善步世傳

類篇曰襻衣系也韓愈詩妻瘦剩腰襻說文幟註婦人脅衣即今腰褶

縛衣

說文曰蕆貉中女子無袴以帛爲脛空用絮補核名曰縛衣狀如襜褕急就篇襌衣蔽膝布毋縛註江東謂鵖鴒爲布毋、、縛 小衣也猶犢鼻今訛中衣

行纏

詩云邪幅在下禮云偪屨着綦註偪行縢今套褲蓋古人出行必纏脛以便於步故名行纏坡詩已辨布襪青行纏是也今耳行纏惟駙馬與養馬者着之疑執靮者便於牽馬而製耶

角襪

唐袴

韻書曰齊魯謂襱関西謂袴急就篇註大者謂倒頓小者謂校衧揚子方言謂褰袴今讀去聲我國古者男女皆闊袴今男裩袴宣廟世學唐而變故男股衣謂唐袴女股藏尚未變女真云僧則男女同袴防淫事也倭乃男女無袴蓄生育也愼介國其俗男女同服以鬚為別云南粵傳上褚五十衣中褚三十衣下褚二十衣註綿有厚薄之差

窮袴

漢外戚傳霍后令宮女窮袴多其帶註前後有襠不得交通晉樂詞云愛惜加窮袴防閑託深宮

襻

靛裙
乘異記曰李後主宮人競服碧衣取靛花盛天雨瀋水染之號天水碧今婦女靛裙出此樂天詩誰開湖寺西南路草綠裙腰一道斜蓋古亦裙腰不染矣

襞積
子虛賦襞積褰縐欝撓谿谷註今之裙襵言襞積之理隨身所着或褰縐屈曲如谿谷也荀子註素積為裳用十五升布為之蹙其腰中故曰素積今婦裙腰縐是也

婦裙五幅
唐輿服志曰婦人裙不過五幅曳地不過三寸今幅或九或七以我國布帛狹小也洋木則三幅為裙云帬裙俗謂行廚裙

爲首帕名曰鈒子冬日則或以毛皮爲之名曰煖額自額繞髻結于頂後而上橫以笄也婦人因事出外飾鈒子以文絹新婦親迎之際止戴此或施七寶粧嚴俗所謂花冠磻溪同婦人服去足頭里代以鈒子

唐衣

韻書曰襡註短衣長襦連腰晉夏統傳賈充使妓女服袿襡今内醫女着唐衣出此而唐衣似短衣之訛也似男子同衣即是衫襄衣也又長衣似狹袖周衣今閭閻婦女上衣

袿衣

漢元后傳獨衣絳緣諸于註袿衣也婦人上服張華詩羅袿徐轉紅袖揚是也今紅長衫圓衫類

以来易以手板今也惟手執之帶揖之吁嗟易爲

羅兀

衣穀子曰席帽本羌人首服以羊毛爲之秦漢競以故席故名之女人亦服之四緣垂網子飾以珠翠謂之韋帽格致叢書曰鐿帽芝峯曰今羅兀也我朝婦女出入無盖服齊奇處刱製以進用之今內人羅兀是也

巾幗

韻書云婦人冠也孔明遺仲達者今花冠有緌似幗而七寶飾頭罜髮出於華勝步搖然其制似非唐人舊樣

花冠

趙重峯曰北人結髮以鐵絲南人用竹爲之俱裹以絹又捲絹

唐輿服志曰古之笄代以絕文帝易以龜袋唐改魚袋以明貴賤應召命者皆盛以魚袋　歸金五品歸銀故金紫銀青爲秩名以金魚紫緋銀魚青袍也我國無之而角佩書姓名而已

三登帶印

羽紀佩印綬註古者授官常佩於身解官辭印至唐始藏印任其職者傳用之藏以匣當官者直至於卧內我國例邑宰印章隨後不敢置上官座三登倅金用謙佩角帶而入監司閔百祥恠之對曰下官之所以爲官者此印也上官之所以責下官者此印也若失此印上下俱無官稱是乎上官前下官印惟三登

象笏

笏者臣子受命於君及有所啓則書之以備忘忽故名之秦漢

犀帶故為大臣帶而俗傳洪樂佳貨裝帶來云楚辭曰小腰秀領若鮮卑只註鮮卑帶名衮帶頭也又山名也東胡依為號焉冠其山若帶如兜鍪之突厥耶

鶴頂金帶

芝峯曰鶴魚出南番海中頂中紅如鶴故名之其鮑為犀名鶴頂犀今所謂鶴頂金帶乃假造耳

紅鞓帶

麗制四品官帶紅鞓今堂上桃紅帶是也忠烈王時王賜別監林貞杞紅鞓以寵之時語云奴今邑宰綉朱綫盡是生靈血帶成俔詩云白鬚紅帶老不癃則宋時亦有紅帶矣

魚袋

垂帶悸兮今帶德也

聖帝帶

羅史真平王元年有仙人降於殿庭謂王曰上帝命我傳賜玉帶王跪受凡郊廟大祀服之是謂聖帝帶金傳獻麗祖曰真平王腰四十圍帶此為鎮國之寶

紫金帶

後高麗言于唐曰本國自失此寶風雨愆時民離兵弱玄宗還之

犀帶

戰國策曰趙武靈王以周紹為子傅賜胡服衣冠貝帶黃金師比註師古云貝帶鵕鸃冠黃金犀比也師是胡帶之鉤則今犀帶貝帶本胡服也唐同昌公帶犀以蠲忿怒憲宗賜裴度通天

毛帶

酉陽雜俎曰氈毛帶也晉徐景于宣陽門外得一錦麝氈是也

緄帶

釋名帶蔕也著於衣如物之繫蔕也禮云男鞶革女鞶絲莊子帶死牛之脇今革帶古也漢南匈奴傳帝遣使遺佩刀緄帶註織成帶則亦為男帶也今絲織為蔥草帶鼠尾帶之類也詩云

匡衡傳曰富貴在身而列士不譽是有狐白之裘而反衣之也
山谷詩負薪反羊裘愛表只傷裏今北道人以狗皮爲冠爲袴
襦毛皆外出見者嘲以人立之狗好事者著毛冠傳而今中國
亦然望如獸形我國則反衣之惟耳掩不然何哉

管子曰首戴茅蒲身服襏襫此之謂農海東諸國記云日本人用蒲或竹或楇木爲笠男女出行則着我國賤男女亦有此風

抱腹

釋名曰上下有帶抱裹其腹上無襠者也

犢鼻褌

韻書曰褲屬褌襠也釋名曰貫兩脚上繫腰中司馬相如身着犢鼻褌與傭保雜作

兒狗皮

周禮司裘註大射干五十干、與犴同即狗也星湖曰今京城以北道兒狗皮爲珍且北人無綿故養犬衣其皮云

反衣氊裘

丞相有善政而卒東民憐之為魯啓成服男女以素布緣其衣領謂之東政故麻布衣獨無東政

閹首

路史辰放氏時多陰風教民綯髮閹首去靈雨而人從之據此說閹首者即今雨笠所以覆冒其首也廣韻閹音倸覆盖也

雨衣

左傳楚子秦復陶註秦所遺雨衣今油衫六韜蓑薜簦笠韻書云蓑薜草名以莎為雨衣莎即夫須也今謂莎笠張志和詩云青蒻笠綠蓑衣斜風細雨不須歸鄭樵夫詩肩荷蓑衣頭戴笠滿天風雨一身晴是也

襏襫

古之同衣綈裏着綿是謂股褶有一翰林妨於周旋窄服之始

衲衣

法苑珠林曰僧服有四一糞埽衣二毳衣三衲四三衣鷄林志云高麗僧衣磨衲者為禪師衲而磨謂磨洗也坡詩雲衲新磨出水出是也今喜穿衲出於僧俗也細縷謂衲又謂行遏中國所無也見我人衣衲以為奇繡者中國布地而針不緆執故也韻書紩註縫也納刺而襤褸註紩衣爾雅黹音徵註今人呼縫紩衣為黹杜詩裁縫滅盡針線迹是也蓋古亦有之不如我東之巧也近有虛褸緋麵褸緋果奇繡不如也

東政

魯氏世譜曰魯仲連孫啓避秦從衛滿東来仍入金馬郡為箕準

袖甲

史記董偃青鞲綠幘蓋以韋鞲其袖恐污食飲今之袖甲

襜褕

俗謂夬子今軍服之一而無袖則軍之賤衣也佩符其上過矣

裋衣

韻書註長襦童竪所着褐毛布衣也蓋北方寒故裋褐衛之今訛謂周衣着此而戴頷掩便是胡矣

上衣

古者同衣上着道袍矣 宣廟世金起宗女爲嬪而巧於針工剏道袍兩處廣同衣兩袖是謂褻衣今男子上衣

翰林同衣

巿

說文韠也音弗上古衣蔽前而已以象之天子朱芾諸侯赤芾大夫葱珩從巾象連帶之形今朝服蔽膝是也

冪巾

玉篇曰以巾覆物之謂也周禮云祭祀以疏布巾冪八尊以畫布巾冪六彝孟子傳所謂冪酒醬是也今凡食物不冪則非但蚊蠅之入亦少味矣

揮巾

韻書曰蔽膝者古者廣袖而坐以臨俎豆設韠以備濡漬詩註云韍韐韠俱有蔽膝者今食時揮巾蓋古矣

庶人以白而天子以黃故衣黃者聖人是也今深衣與襴衫以
繒加船皆其遺制也

汗衫

事類曰自楚漢之戰滎陽廣武揮汗而始也束晳近游賦云脅
汗衫以當熱

中單

周禮內司服素沙註素沙今之白縳也以白縳爲裏使之章顯
今世有紗縠名出此唐車服志曰祀天地皆白紗中單誠齋詩
昭容紫袖襯中單註白紗汗衫似是衣錦尚絅也今中單汗衫
別爲異服萬石君傳中裙廁牏註廁牏若今汗衫

貼裡廣帶俗固道乃戎服也時或疊鼓疊鍾則百官即列信地脫公服則不待更着而便是戎服也蓋安不忘危之意也今則此制亦廢按公服裡着深衣尤好

衿船端鈕

杜詩天子呼來不上船註衿紐曰船又衣領字典曰蜀人呼衣繫帶爲穿俗因改穿作船又端錘曰鈕子

道袍

漢輿服志曰袍者周公抱成王宴居故施袍後爲道士之服故曰道服又道衫與笠爲大明服色今直領似道袍以旋維外出別之爲武班上衣與行衣蓋出於深衣而變也袍蓋古矣秦風與子同袍魯論仲由縕袍是也自唐始加襴緋紫綠皆視其品

芝峯曰即馬尾裙也稗史云始於朝鮮成化間朝官服之此服妖也弘治初有禁

氅衣

綱目集覽曰馬周上議請襴袖褾襈為士人上服開䏶者名缺䏶衫庶人服之即四揆衫今氅衣為章服裏衣也本道袍上加章服壬亂後除道袍後幅俗謂氅衣識者以北圻為憂越四十年有丙子之亂

深衣

燕岩曰我國必以麻布而不以綿布者非也尹光心深衣圖其要在鉤袪續衽云余見古畫深衣皆方領而今圓領者非也禮記曰深衣曲袷以應方也韻書袷交領也磻溪曰舊公服裡着

朱語錄胡德輝雜志云背子本婢妾之服以其行直主母之背故名背子後習俗遂爲男女辨貴賤之服又上御便殿着紗帽背子則國初已有矣王篛被註鬲屬褙子也蓋秦時朝服加背子漢官亦服之炙轂子曰隋大業中內官多服半除即長褏唐高祖减袖爲半臂內官服者無斧縫宋時皇后御衣及士夫家人皆紅羅背子今松人冠童喜着之唐詩宮衣新製高麗樣方領過腰半臂除是也

繡镼

漢光武紀諸于繡镼音屈郭註諸于上加以繡镼如今之半臂也廣記韓晉公見少年單練镼騣裙

圑領似染蒙俗不改

胷褙漢楊震傳鸛銜三鱣都講進曰蛇鱣卿大夫服之象則漢時章服畫繪可知矣

韻書曰裲襠註衣當胷背故或謂胷褙爲裲襠角也西京雜記曰趙飛燕女弟遺飛燕金錯繡襠南史齊和帝紀百姓及朝士以方帛塡胸名曰假兩古詩云秦時東陵千戶侯華蟲被體腰蒼璆則秦時章服畫雉可知矣明成祖以胷背繪畫辨文武職品即文章表貴賤也我朝襲明制文官畫鶴以鳥紀官武弁畫虎以象威武也今淸亦繪鳥裳末多少以品秩高下然尙不如羔鴈雉之取義也又今王子駙馬以純金胷褙別於百官未知始於何時也

褙子

韻書曰罽也績羽爲衣又兜鍪上飾今抹額氈笠上毛又旗竿稍戟宋竟陵王參須髮爲稍毦梁元帝子方諸以五色毦辮鮀泉髮今婦女與兒子以緞綃辮髮尚謂麃毦出此

緋袍

韻書緋註絳色又赤練本唐制賜緋然後服之沈佺期罷謫復官未還朱衣因內宴歌回波詞身名已蒙齒錄袍笏未賜牙緋今大臣紫紬袍出於此百濟官制十六品服青今九品黑團領

團領木鞾

芝峯曰團領及靴子出於胡服王世貞云靴子不見於經趙武靈王變履爲靴韻書曰鞾註靴鞠也說文曰胡人革履連脛曰絡鞮即靴也古盖方領故唐詩大浣筸衣緇方領是也今衣皆

抹額應募討吐蕃是也揚子方言鞨巾俗人帕頭是也列子曰北國之人鞨巾而裘薙髮之人覆額禦寒故為北胡之冠似奈僧尼之松絡也今軍門勇字巾亦其遺耶

風領

譯言風遮今揮項俗尊前有禁而腦包漫船杜裡無禁且額掩舊為漫船杜裡丶着矣自趙貞喆始韋服故俗以額掩謂趙君頭

男角女羈

禮記云剪髮為鬌男角女羈註夾顖曰角瞿髻也午達曰羈三髻也今兒生無論男女作羈髻之雖防顖門而實出於此且今童男女不角羈而辮之似出於胡也拓跋束髮為索頭部是也

[illegible]毦

寒以貂皮温額後代效之亦曰憲文漢曰武弁武官冠之侍中常侍加金鐺附蟬爲文貂尾爲飾古今注貂者取其文采而不炳煥蟬者取其清虛識變也漢官儀名鵕鸃冠貉服即此類也芝峯曰舊稱披肩中朝則謂之煖耳掩額掩之額字華音議本掩額而東音差謂耳掩則堂上貂皮堂下鼠皮者以貂鼠屬而取貂内勁悍外温潤杜詩揔戎皆插侍中貂是也謂額掩則形似抹額無老少貴賤男女皆戴之 憲廟甲辰冬以三仙巾附貂代之已酉復舊樣然盖本出於胡服而爲華服上飾

抹額

二儀實録曰禹會塗山有大風雷步卒千餘人不被甲者紅綃帊抹其額因爲軍容盛飾註束額飾如抹也唐史婁師德戴紅

日月角

神異經曰獬豸忠直見人鬪觸不直聞人論則咋不正一名任法獸楚懷王嘗獲之爲執法者服之故名法冠張華曰今御史冠唐侯思止言獬豸何嘗識字而觸邪是也今諫院隷日月角即其象又唐御仗象犦〻抵觸百獸金吾仗刻犦牛於顆首謂千牛衛亦猶以金吾鳥之象名執金吾之官也

納言

漢輿服志曰幘者賾也尙書幘收方三寸名曰納言示以忠直顯近職也

耳掩

胡廣曰趙武靈王胡服以金璫飾前〻挿貂尾爲貴職北土多

上衣下裳之製今爲團領之次幕裨守令軍門執事所着有青紅二色而京各司下隷亦着謂方屛天翼壬亂後有命佩釼盖示復讐之意也倭之扉屨無後趾盖有進無退之意亦壬後事云我 肅廟行幸東郊見麥取挿朱笠故今以虎鬚爲笠飾

金玉貫子

宋志曰金蟬玉貂文選曰戴蟬珥貂盖古則以金爲蟬飾於貂而今爲網巾貫子與珥貂異矣李卓吾所著巾妖慨云綴金結於當面效魏侍中金蜩之儀貫玉瓶於兩旁法漢東京玉笄之製韻書曰蟬取其淸高飮露事類曰秦漢中常侍叅用士人冠皆銀璫左貂漢明帝改金璫右貂悉用閹人故謂宦者爲貂璫然今金玉貫子與銀耳纓子似出此

貝纓左盤

說文嬰註頸飾也從女從賏、貝連也胡人連貝飾頸曰賏女子飾也今貝纓本胡飾也又佛書觀世音普門品經無盡意菩薩解頸下衆寶珠瓔珞亦今僧尼念珠也三禮圖曰珠纓翠緌左傳曰瓊弁玉纓我國笠纓以琥珀蜜花玳瑁等珠貝為之結於頷下而垂趙豐陵以或罥於鬢傍於登馬乃捲左盤之為例

玉鷺鳥

晉史曰元魏謂諸曹之使為鳥鴨以迅速也候望伺察者為白鷺取延頸長望盖魏以鳥紀官也今觀察使兵使玉鷺鳥是也

戎服虎鬚

我太祖以戎服御極故為登王服色即帖裏俗謂天翼本黄帝

仍舊攈云歐公歸田錄曰尖簷帽子俾凡廝短袎鞋兒末厥生公云不知末厥何謂也近世笠子尖簷亦末厥也吾亦不知何謂也今笠帽曰帽罩磻溪曰去笠代以冠巾可也

羅濟笠

芝峯曰不知所始似是新羅百濟時出也

白方笠

麗史辛禑始令吏胥着白方笠本朝爲外方吏所着而黑之壬亂後廢今爲喪者笠

平凉子

唐詩今世褦襶子觸熱到人家註凉笠即蔽陽子或云范陽笠其或始出於范陽耶

說文音蔬類篇絡屬虞衡志練子出雨江州洞似苧織有花曰
花練稱衡着之王導冠之是也

宕巾

宕即唐之訛是氈盖以髮織之謂氈今網巾辮髮氈毦之類本
為髮覆頭以按接紗帽而設也仍為朝官常時所着

笠子

丘瓊山曰今世帽子有二等所謂大帽乃是笠子用蔽雨日所
謂小帽者或紗或羅或段為之二帽外別無他帽古之臺笠亦
今笠子也我東箕子為氈笠以攉夷性云大明初笠臺早而簷
狹壓網巾編子今則臺高簷廣僅蔵椎我 憲廟命臺庳簷狹
謂餅棍帽子即五代史蜀主行禁帽名危腦之意也今上御極

漢向栩傳著絳綃頭釋名綃頭綃鈔也鈔髮使上古無其制而櫛縰註以黑繒韜髮自大明初道士所爲始也高皇帝頒天下無貴賤皆裹頭燕岩曰流球人朝會着之常時則否云盖中華胡服百餘年漢唐裹頭斂髮之樣已失故也

複巾胃帶

韻書曰全幅爲巾隱士之服故今有道者冠之古以皁也明齋若頭風綿裹於是乎始有複巾巾帶者裹腰而農岩胃有冗骨係其下常患緩故於其上於是乎老論胃帶自下喜袷帶而爲兵判佩密符流至腹少論於是乎肚帶一國之內同堂之間巾帶有林宗羊祜之異亦異矣

練也

知天者冠述知地者履絇註述通天冠也前有山展筩爲述今以冠上通不蔽者謂通天冠今髮冠謂斗冠疑出程坡而制而爲也不知之無者彼然京城鎖穴利孔者冒名和靖濁流弁以高士戶士弁以凌雲韻也請嘉佳製冠名也五倫周程杜甫東坡和靖高士凌雲皆巾名也

儒巾

趙重峯奉使中國而還上疏曰儒巾或曰民字巾形如民字故也其制或竹結而裹以緇布或糊紙爲之而着茶雖常着而行于烟雨之道不如我國士巾之遇露輒垂

折風巾

一統志云朝鮮戴折風巾蓋今笠子類其形如弁李白高麗詞金花折風巾是也北史云蘇骨多高麗冠名今未知其樣

綢巾

周史武帝以幅巾裹頭謂幞頭趙重峯曰中朝幞頭軟脚名曰鴈翅其制句曲其端横揷之而曲處向上若舉翮奮迅之象故又名展翅今爲進士唱榜之冠按韻書幞註帕頭自項交額遶髻今手巾裹頭而與幞頭同而異矣

[illegible]頭

玉篇曰[illegible]音感註覆頭亦曰毡巾俗文書作甘奁即笲子東来時烏頭色巾是也即烏匼巾也

緇布冠

太古冠也詩云臺笠緇撮詳於論語註其制小僅撮髻今蔵椎冠

雲長巾 開卷一笑曰盜竊名字竊身異途而煌煌金飾于忠靖奚敢焉僞化讀倫而號五 [illegible]本不註者亦名杖

今雲長巾浩然巾卧龍冠程子冠東坡冠皆以人而名之記曰

帽

說文曰小兒及蠻夷頭衣西戎所謂突何是也猶冠義取蒙覆其首本纚也古者冠無幘冠纚以縱為之或裁纚為帽自乘輿燕居庶人無爵者服之明史洪武初詔官吏烏帽黑靴圓領束帶衣不用黃玄山谷詩桐帽棕鞋稱老夫註桐木作帽漆之今鄉老之冠也

蓆帽

宋初士子襲唐俗皆衣袍垂帶出則蓆帽自隨李選屢舉不第鄉人曰李秀才不知甚時蓆帽離身及第後遺鄉詩為報鄉閭親戚道如今蓆帽已離身今俗反以初壯為着蓆帽者誤矣

幞頭

天子在瀋陽則瀋是我境有下堂之嫌故我王不敢來是禮也且大報壇則俚諺有之貞婦其夫歿迫於飢寒雖從他人不忘舊恩祭其亡日是義也今大淸若鎭撫我小邦如大明則安知異日無爲大淸之報壇乎仍別贈紅貢段朝服一襲拓基不解其由及瀋則天子大怒詰朝鮮使跪之庭問罪拓基對如京城之教天子色稍霽曰爾國本箕子舊封尚用殷禮否今萬國朝會予欲觀先王文物服色也拓基乃着金冠朝服立賀班是時百萬抹額韃裘之域獨中華一人而返云

紗帽

唐實錄云唐初以縠爲帽隋風靡北齊制天子紗帽臣下戎帽馬彦特賜紗帽盧仝茶歌紗帽籠頭自煎喫今紗帽始此

翼善冠

張敞傳注後恵文註趙恵文王所造也秦吏法冠也晉輿服志云恵蟪也文輕細如蟬翼故曰恵文俗傳蟬未化曰復育翼未生以象書吏之冠謂蝇頭也翼欲飛象百官之冠即紗帽也翼立為人君之象今翼善冠是善似是蟬之訛云

金冠朝法

唐書高麗王服烏羅冠飾以金蘤羣臣飾冠以銀蘤宋史黄帝時有雲氣鳥花蘤之象因而作也今金冠朝服亦殷制也世傳乾隆天子之巡瀋陽也嘖我王之来朝又問大報壇之祀王不可往使俞拓基聘而辨焉李宗城教之若辰喜之受命辰禽為曰我小邦素號禮義若天子在明堂則王何敢廢宗海之識今

于必興上言黑為父母青為身宜青衣朝鮮賦云衣皆素白布
縷多麗星湖曰箕子殷人也尚白殷制箕與微等耳微既白馬
朝周此俗可嫌不可惡也李敏求和監軍黃孫茂詩衣冠尚效
殷人白草木猶連岱畝青按俗說東宜尚青而為西之白是木
制於金之象故南冥疏曰音哀服素形象已著而　純祖寅寅
禁白衣然服色之議每有玉欄花折亦異矣哉

衮冕

黃帝作之以龍首卷然故名衮而天子雙龍一升一降諸侯只
降龍矣隋史文帝辛丑始服黃為後世人君服黃之始漢輿服
志曰上古穴居野處衣毛冒皮後世聖人見鳥獸有冠角頓胡
遂制冠冕纓緌今中國賜袍謂蟒袍又我國冕制倣殷冔云

之句相上下而花隱詩有別離間洒丈夫之淚矣

、倭髻 倭史曰倭皇府卓古宮禰以文臣倭皇及百官不剃髮髮帶帽束笏偉衣巨履好乘□不近兵器云今

倭人環頭前後只存顱門一撮以臙塗而立寸許斷其末為椎樣亦陸賈傳所謂尉佗一撮之髻其魁如椎是也大抵髮於身無用之物然被之則伊川之戎祝之則朔方之胡椎之則南蠻之倭皆以便於騎射而佛氏所謂覆以慚愧之衣落其煩惱之髮何也我國謂之象椎古者頭禿以錦囊珠貝餙網巾按接笠子近年成川人以人髮為髻謂成川假椎莊子所謂禿而施髢

、尚白殷制

麗史道詵秘記云我國起於白頭終於智異水根木幹之地以青為身黑為母故色尚青忠烈王時禁白衣恭愍王時司天監

燕岩曰李卓吾以頭煩癢公然剃髮中國人謂其凶性盖中國
薙髮之兆也與伊川被髮無異矣卓吾皇明末人

禮義不剃

燕岩曰北平孫承澤所著春夢餘錄云攷麗史元盛時麗人無
不開剃云清初俘漢人必開剃而丁丑之盟獨不令東人開剃
盖有由然世傳清人多勸汗即太宗開剃我國汗默然不應密
謂諸貝勒曰朝鮮素號禮義愛其髮甚於其頭若強拂其情則
軍還後必相反覆不如因其俗以禮義拘之彼若反習吾俗便
於騎射非吾之利也遂止自我論之幸矣由彼計之特狃我以
文弱也花隱趙明儼送燕行人詩云中原皇帝頭今剃左海衣
冠淚暗傷與許滄海格詩天下有山吾已遯域中無帝子何朝

東夷傳高勾麗漢時常從玄菟郡受朝服衣幘鐘幘城置漢朝服衣幘其中名此城為幘溝婁又魋頭露紒註魋頭猶科頭謂以髮縈繞成科結也說文髮有巾曰幘即覆髻之謂承露是也

剃頭元服

續漢書曰冒頓破東胡其餘衆保烏桓山因為號焉其俗無常居男女悉髡頭為輕便麗史忠烈王始禁白衣剃頭服元衣冠

怯仇兒

忠烈王迎元公主責羣臣不為怯仇兒蒙語開剃也

禁胡從華

麗史辛禑時即洪武初立官制 襲華制禁胡服

頭癢凶性

衣食類

編髮蓋首

原覽曰古世 絢髮潤首蔽皮衣薪黃帝臣胡曹始爲衣服古記曰九種夷無君長草衣木食夏巢冬穴檀君教民編髮蓋首衣服飮食之制與東方衣食之始乎又曰九夷樂皆土着喜飮酒或冠弁衣錦器用俎豆所謂中國失禮求之四夷者也文獻考曰辰韓近倭或有文身者按甌越民披髮文身錯臂左衽 常在水中以象龍子也被髮鶩水神也

從服華制

新羅史曰冠服從華制自眞德王始受漢衣幘

松南雜識